디지털 시대의

유통론

DISTRIBUTION THEORY

박봉두 • 박종희 • 노정구 • 김상조 • 문성암 • 성 민 | 공저

한 경 사

머리말

“어떻게 하면 유통의 본질과 동태적인 유통현상을 쉽게 설명할 수 있을까?” 이 책을 준비하는 과정에서 끊임없이 되새기면서 지침으로 삼았던 물음이었습니다.

돌이켜보면 오랜 인류의 역사 속에서 재화의 생산과 소비를 연결해 주는 기능을 담당하는 유통은 산업혁명이후 본격적인 성장을 시작하였다고 해도 과언이 아닐 것입니다. 공장제 기계생산을 바탕으로 대규모 생산체제가 갖추어지고 한편으로는 노동력이 집약된 도시를 중심으로 한 대중소비의 시대가 본격적으로 전개되면서 19세기 후반이후 유통산업은 눈부신 성장을 지속해 왔습니다.

20세기에 들어서서는 대자본을 바탕으로 한 대규모 소매기업이 시장을 지배하기 시작하였으며, 20세기 중반을 지나면서 다양한 혁신적인 소매업태가 계속 등장하였습니다. 그리고 후반에는 자국 내 시장에서 성장의 한계에 도달한 미국, 유럽, 일본을 중심으로 한 선진국의 유통기업들이 경쟁적으로 해외에 직접 진출하면서 이른바 글로벌 경쟁의 시대를 맞이하게 되었습니다.

또한, 20세기말부터 시작된 각종 정보기술과 통신수단의 혁명적인 발달은 우리의 생활에 엄청난 변화를 가져왔으며, 그 결과 유통산업도 바야흐로 디지털시대를 맞이하게 되었습니다. 이러한 발전과정 속에서 유통부문은 제조기업의 경쟁전략에서도 가장 핵심적인 요소의 하나로 자리잡게 되었습니다.

한편 우리나라에서는 1960년대부터 유통산업이 근대화되기 시작하여 슈퍼마켓과 백화점을 비롯하여 다양한 소매업태가 등장하기 시작하였으며, 1996년 우리나라 유통시장의 완전개방으로 국내에서도 글로벌 경쟁시대를 맞이하였습니다. 그리고 오늘날은 모바일 쇼핑이 일상화되었을 정도로 본격적인 디지털유통 시대를 살고 있는 것입니다. 이제 유통산업은 우리나라에서도 전체산업에서 차지하는 비중이 20%를 넘어설 정도로 중요한 위치를 차지하고 있습니다.

이상과 같은 배경을 바탕으로 2007년에 출간한 「21세기유통론」을 전면적으로 개정하기로 하고 새롭게 집필진을 구성하여 이 책을 발간하게 되었습니다. 우리는 유통학을 배우려는 학생들이 쉽게 이해할 수 있는 유통입문서를 마련해 보자는 취지를 살리면서, 한편으로는 디지털시대를 맞이한 새로운 유통환경의 변화를 교재의 내용에 충실하게 반영하려고 노력하였습니다.

이 책에서는 읽는 사람들의 이해를 돕기 위하여 최근의 동향들을 반영한 생활 속의 적절한 사례들을 함께 소개하였습니다. 또한 정보통신기술과 통신매체의 발달에 따라 급격하게 성장하고 있는 디지털유통을 비롯하여 최근 유통현장에서 핵심과제로 대두되고 있는 내용들을 충실하게 담고자 노력하였습니다. 이 책을 통하여 유통에 대한 기본 원리를 이해하고, 향후 유통현상을 이해하고 그 전개 방향을 내다볼 수 있는데 도움이 될 수 있기를 기대합니다.

마지막으로 이 책이 출간되기까지 많은 분들의 도움이 있었습니다. 이 지면을 빌어 감사의 인사를 드립니다. 그리고 출간을 기꺼이 허락해 주신 한경사 이계남 사장님과 유달리 무더웠던 날씨에도 꼼꼼하게 마지막까지 교정해주시느라 고생해 주신 편집실 여러분께 감사의 뜻을 전합니다.

2016년 8월

DISTRIBUTION THEORY

차례

2부 유통의 흐름 69

3부 유통의 주체별 접근 163

PART 1
유통의 이해

01 경제활동과 유통

우리생활과 유통

오늘날 우리들은 아침에 일어나서 잠자리에 들 때까지, 과거 어느 때보다도 먹을거리를 포함하여 갖가지 필요한 생활용품을 부족 없이 소비하면서 물질적으로 풍요로운 생활을 영위하고 있다. 점포에 가면 과연 무엇을 사야 할지 망설여질 정도로 상품의 종류와 양이 넘쳐나고 있다.

그러면, 오늘날 우리들이 이처럼 풍요로운 소비생활을 할 수 있게 된 배경은 무엇일까? 무엇보다도 그 첫째 요인으로 기술혁신에 의한 생산력의 향상을 들 수 있다. 과학기술의 발전과 생산자의 끊임없는 기술혁신 노력의 결과, 저렴한 비용으로 대량생산이 가능해져, 소비자는 부담 없는 가격으로 상품을 구입할 수 있게 되었다. 그 결과 일찍이 경험하지 못했던 온갖 상품의 범람으로 인류는 풍요로운 소비생활을 하고 있다.

그러나 이와 같이 넘쳐나는 상품도 필요한 장소에 적절하게 공급되지 못하면 아무런 소용이 없다. 현대사회의 풍요로운 소비생활을 가능하게 한, 두 번째 요인은 다름 아닌 유통이란 기능이다. 즉 필요한 장소에 적절한 상품을 적절한 양만큼 적절한 비용으로 제공해 주는 유통 기능이 제 역할을 다하지 못한다면, 결코 풍요로운 소비생활을 영위할 수 없을 것이다. 생산과 소비가 분리되지 않았던 자급자족 시대에는 유통활동이 필요하지 않았다. 그러나 사회적 분업이 발생하여 생산과 소비가 분리되면서, 생산과 소비를 연결시키는 가교의 역할을 담당하는 유통활동이 필요불가결하게 되었다.

생활 속의 유통 모바일쇼핑, 백화점 판매액 첫 추월 (계속)

의류, 여행 예약, 화장품 등 주로 구매

그렇다면 한국의 소비자들은 모바일 쇼핑을 통해 주로 어떤 제품을 구매할까? 올 들어 5월까지 누적 모바일 쇼핑액을 품목별로 살펴보면 옷 구매액이 가장 높았다. 의류 및 패션 지출 비중은 전체 모바일 쇼핑액의 17.6%로 가장 높았다. 다음으로 여행 예약이 15.2%, 생활 및 자동차 용품이 13.7%, 음식료품이 10.8% 순이었다. 화장품도 9.1%에 이르렀으며 서적 구매액은 1.4%에 불과했다.

자료: 서울경제, 2016. 7. 4.

우리생활 전반에 침투한 인터넷과 모바일을 활용하여 상품과 서비스를 구매하고 소비하는 것이 일상화되면서 현대인들은 혁신적인 변화 속에서 맞이하는 새로운 삶을 살아가고 있다.

유통의 중요성

앞에서 살펴본 바와 같이, 유통은 일상생활에서 생산과 소비를 연결해 주는 중요한 역할을 담당하고 있다. 그러면 한 산업분야로서의 유통은 어떠한가?

유통부문이 산업으로서 국민경제에서 차지하는 비중은 결코 적지 않다. 2007년 12월에 제9차 개정한 한국표준산업분류에 의해 만들어진 기준으로 우리나라 도소매업의 성장 추이를 살펴보면 〈표 1-1〉과 같다. 2014년을 기준으로 종사자 수가 300만 명, 매출액이 920조에 달하는 산업의 규모를 보이고 있다. 도·

〈표 1-1〉 도·소매산업의 변화 추이

구분	연도			
	2008년	2010년	2012년	2014년
업체 수(천 개)	860	877	942	997,120
종사자 수(천 명)	2,545	2,618	2,774	2,999
매출액(십억 원)	6,624	8,198	9,185	920,173

〈표 1-2〉 2014년 서비스산업에서 도 · 소매산업의 비중

구분	서비스산업	도 · 소매업	비중(%)
사업체 수(개)	2,715,208	997,120	36.7
종사자 수(천 명)	10,670	2,999	28.1
매출액(십억 원)	1,478,153	920,173	62.3

소매업이 우리나라 전체 서비스산업에서 차지하는 비중을 살펴보면 〈표 1-2〉와 같다. 물론 이 통계수치는 도매업과 소매업 즉, 상적유통부문만으로 계산된 것으로서, 운송업과 보관업과 같은 물적유통부문을 포함한 전체 유통산업을 통틀어 계산하면 그 수치는 훨씬 높아질 것이다.

통계를 통하여 살펴볼 수 있듯이, 우리나라의 유통산업은 국민경제에서 적지 않은 비중을 차지하고 있다.

유통에 대한 편견

이와 같이 유통산업은 제조업 못지않게 국민경제에서 차지하고 있는 비중이 중요함에도 불구하고, 그 동안 유통부문에 대한 경제정책적 관심과 평가는 대단히 낮았을 뿐만 아니라, 직업으로서의 유통업에 대한 사회적 인식도 그다지 좋지 않았다. 이러한 유통업에 대한 부정적인 견해는 어제 오늘의 일이 아니라 동서양을 막론하고 뿌리 깊은 역사를 가지고 있다.

물론 우리나라에서는 사농공상(士農工商)이라는 직업의 귀천의식이 뿌리 깊게 우리의 의식 속에 자리잡고 있었기 때문에, 상업에 종사하는 직업을 천시한 것은 어쩌면 당연한 일이었는지도 모른다. 그 결과 세계 최초로 복식부기를 사용하고 뛰어난 상술을 발휘했던 개성상인이나, 일상생활에 필요한 생필품을 온갖 역경을 무릅쓰고 5일장(향시-정기시장)에 공급했으며 특히 나라가 곤경에 처했을 때는 국난극복에 앞장서 왔던 보부상들에 대한 역사적인 평가가 제대로 이

루어지지 못하였던 것이다.

한편, 서양에서 상인에 대한 편견의 뿌리는 고대 그리스시대의 위대한 철학자 플라톤까지 거슬러 올라간다. 플라톤은 상인을 '신체적으로 가장 허약해서 다른 목적으로는 쓸모가 없으며, 시민이나 국가에 전혀 도움이 되지 않는 믿을 수 없는 존재'로 표현하였다. 그리고 아리스토텔레스는 형태적 효용을 창조하는 농업이나 수공업을 생산적이라고 간주하여 높은 가치를 부여한 반면에, 그 형태적 효용을 교환하는 행위는 바람직하지 못한 것으로 보았다. 즉, 가계의 유지를 위하여 재화를 취득하는 행위는 필요하나, 상업적 교환이란 행위는 다른 사람의 손실을 수반하면서 자신의 이득을 취하는 것이기 때문에 결코 바람직한 행위가 아니라고 간주하였기 때문이다. 이와 같은 아리스토텔레스의 견해는 이후 상업에 대한 서양의 사고에서 주류를 이루게 되고 근세에까지 영향을 미쳤다.

물론 이러한 잘못된 편견은 인간의 욕구를 충족시켜 주는 네 가지 효용(utility) 즉, 형태(form), 시간(time), 장소(place), 점유(possession) 효용 중에서 단지 형태적 효용만을 생산적이라고 보았기 때문이다. 하지만 근세에 들어 유통이 창조하는 시간, 장소, 점유 효용의 가치를 인식하기 시작하면서 비로소 유통에 대한 부정적인 시각도 바뀌었다.

한편, 개별기업의 입장에서 바라보는 유통에 대한 견해도 크게 바뀌고 있다. 우리나라 기업들은 1980년대에 들어서기 전까지는 유통의 중요성을 거의 인식하지 못하고 있었다. 기업에서 유통의 개념은 단순히 생산한 제품을 소비자에게 이전시키는 과정으로서 판매관리 내지 마케팅관리의 한 부분적인 요소로서 이해하고 있을 뿐이었다. 그러나 유통부문의 전근대성으로 말미암은 비효율성이 유통 및 전체 산업의 비용 증대를 초래하고, 나아가 기업뿐만 아니라 국가의 경쟁력을 크게 저해하고 있다는 사실을 깨닫기 시작하였다. 또한 1990년대에 들어서면서, 효율적인 부품 공급망과 생산된 제품 및 서비스의 효율적인 유통경로를 구축하는 것이 기업의 지속적 경쟁우위를 확보하는 주요한 수단 중의 하나임을 인식하기 시작하였다. 말하자면 기업경쟁의 주된 핵심요소가 생산 또는 제조에서 유통으로 이전되기 시작한 것이다.

생활 속의 유통 우리나라의 전통적인 상인정신

보부상의 정신

우리나라의 전통적인 상인 중의 하나가 보부상이다. 이들의 상인정신으로 국가에 대한 충의정신, 상인 상호 간 상부상조하는 협동정신, 강인한 단결력 및 정직, 신용 및 근검절약을 준수하는 상업 윤리정신을 들 수 있다.

그들은 외적의 침입으로 국가가 위기에 처했을 때, 본업인 상행위는 제쳐두고 나라를 구하는 일에 앞장섰다. 임진왜란과 병자호란 때는, 적의 포위로 위협에 처한 성(城)에 위험을 무릅쓰고 군량미를 보급하는 등 앞장서서 싸웠다. 이들은 철저한 조직력과 사발통문(沙鉢通文)을 이용한 기민한 정보활동을 통해 애국정신을 실천하였다.

보부상들의 협조정신도 강해서 서로를 부모형제처럼 생각했다. 병자가 생기면 약을 구하고 간호해 주었으며, 사망자가 발생하면 정성껏 장례를 지내 주었다. 장사하다가 손해를 본 동료들에게는 자본금을 빌려주기도 했다. 이들 간의 신의는 증서 없이도 물건과 돈을 주고받을 만큼 돈독하였다. 그리고 상품을 속여 판다든지, 지나치게 폭리를 취하는 상인에 대해서는 강력한 제재를 가하였다. 이와 같이 그들은 상거래의 규율과 신의를 지키며, 개인의 이익을 위하여 남을 속이거나 상거래 질서를 어지럽히는 일을 하지 않고, 근검절약을 통해 부를 축적하였다.

보부상의 4대 계명

1. 헛된 말을 하지 말라(勿妄言).
2. 도리에 어긋나는 일을 하지 말라(勿悖行).
3. 음란한 짓을 하지 말라(勿淫乱).
4. 도둑질을 하지 말라(勿盜賊).

개성상인의 정신

개성상인 중에는 조선왕조로부터 소외당한 고려왕조의 사대부와 지식계층이 많았다. 개성출신 사대부들은 조선시대로 들어서면서 입신출세를 포기하고 상업에 종사했다. 이들은 국내의 어느 상인 계층보다 높은 지식을 갖춘 상인이었기에, 자연히 상업의 합리적 경영과 탁월한 상술을 개발하여 상인으로서 크게 성공할 수 있었다.

개성상인의 특징은 기회의 포착에 뛰어나고, 신용을 가장 중시하며, 이윤증식에 철두철미하고, 근검절약을 생활신조로 한 점이다. 그래서 송방(개성상인)의 어음표는 전국의 객주와 여각에서도 별 탈 없이 통용되었다고 한다. 즉, 이들은 신용과 근검절약을 바탕으로 한국상업사에 있어서 '개성상인'이라는 독보적인 위치를 차지할 수 있었다.

또한, 개성상인은 탁월한 지식을 활용하여 서양보다 200년이나 앞서서 사개송도치부법(四介松都治簿法)이라는 독특한 복식부기를 고안하여 사용한 것으로도 유명하다.

이상과 같이 유통에 대한 잘못된 인식의 뿌리는 동서양을 막론하고 매우 깊은 역사를 갖고 있다. 그러나 오늘날 우리생활에서 유통부문이 수행하고 있는 중요한 역할과 국민경제에서 유통부문이 차지하고 있는 커다란 비중, 그리고 기업과 국가 경쟁력에서 유통부문이 갖는 중요성을 새삼 깨닫지 않을 수 없다.

이 책의 구성

이 책은 총 12개의 장으로 구성된다. 1장에서는 경제활동과 유통을 통해서 유통이 경제생활에서 차지하는 역할과 중요성을 중심으로 다루었다. 그리고 2장과 3장에서는 유통의 생성과 기능, 유통경로와 유통기구를 중심으로 유통에 대하여 개괄적인 소개를 한다.

4장부터 6장까지는 유통의 세 가지 흐름 즉, 소유권의 흐름, 재화의 흐름 그리고 정보의 흐름에 대하여 알아본다. 이러한 세 가지 흐름은 유통부문에서 핵심적인 사항으로 고려되기 때문이다.

7장부터 9장까지는 소매유통, 도매유통, 제조업자의 유통(유통경로 관리)에 대하여 살펴본다. 이는 유통 주체별 접근이라고 할 수 있다.

마지막으로 10장에서는 디지털유통 그리고 11장과 12장에서는 유통의 변화 추세 및 동태성에 대하여 살펴보고자 한다.

〈그림 1-1〉 이 책의 구성

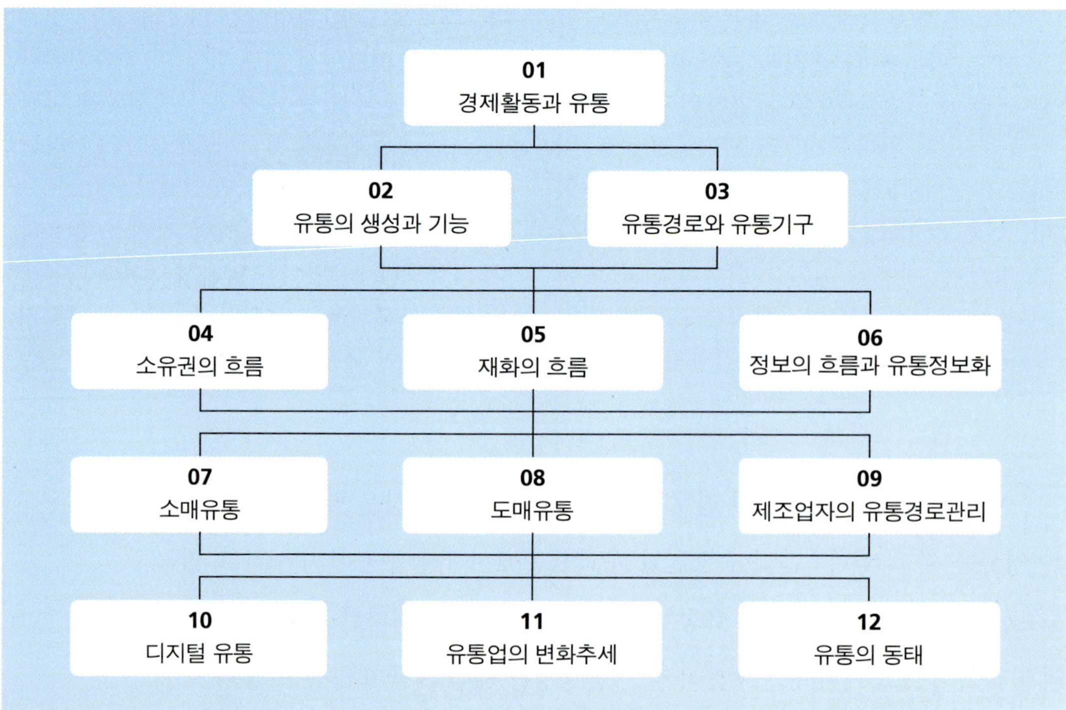

02
유통의 생성과 기능

오늘날 일반적인 경제활동은 〈그림 2-1〉과 같이 상품이 생산된 후, 유통단계를 거쳐 소비자에게 도달하여 소비되는 생산-유통-소비로 이루어지며, 또한 순환적인 구조를 가지고 있다.

먼저 생산단위인 기업은 소비단위인 가계로부터 노동력을 조달하고 다른 생산요소와 결합시켜 상품을 생산한다. 생산된 상품은 유통업자에게 판매되고, 유통업자는 그것을 최종소비자에게 소비재로서 재판매하든지, 다른 생산자에게 산업재로서 재판매한다.

이와 같이 생산-유통-소비는 서로 깊은 관련성을 가진 하나의 경제시스템으로서 기능을 한다. 이러한 순환시스템 가운데에서 유통은 생산과 소비를 중개하

〈그림 2-1〉 경제활동의 순환

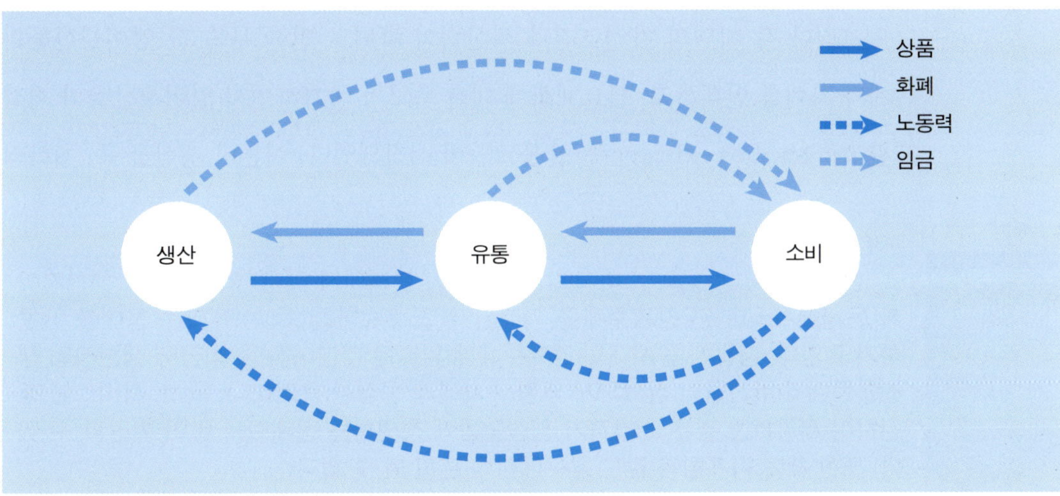

는 위치로서 그 사회적 역할을 담당하고 있다. 따라서 유통의 목적을 생산과 소비를 연결하는 것으로 이해할 수 있다. 이러한 관점에서 유통을 '생산단계로부터 소비 · 사용단계에 이르는 재화 및 서비스의 사회적 이전에 관련된 모든 인간활동'으로서 정의를 내릴 수 있다.

그러면 이러한 유통활동은 언제부터 발생한 것일까?

유통의 생성

인간은 삶을 영위하기 위하여 의식주에 필요한 재화를 취득하지 않으면 안된다. 먼 옛날 인류의 조상들은 추위와 더위를 피할 수 있는 동굴을 찾아 거주하면서, 산과 들에 있는 열매를 채취하든지 아니면 수렵과 어로행위를 통하여 생활을 유지하였다. 그리고 동물의 가죽이나 식물의 잎으로 신체를 보호하면서 기나긴 인류의 역사를 이루어 왔던 것이다.

그러한 시기는 소비자가 직접 생산활동을 함으로써 필요한 물자를 충당한 이른바 **자급자족**(自給自足, self-sufficiency)의 시대였다. 이 시대에는 재화의 사회적 교환이나 유통은 존재하지 않고, 오로지 생산자가 소비자이며 소비자가 곧 생산자였다. 이 때의 생산주체는 주로 집단 즉, 혈족관계에 있는 부족이며, 이들은 공동으로 생산하고 공동으로 소비하는 생활양식을 취했었다.

그러나 각 지역의 자연조건과 생산력의 차이로 인한 부족 간 잉여생산물의 존재와 차이를 인식하고, 필요재화에 대한 욕구가 증가하면서 잉여생산물의 **직접교환**(直接交換, direct exchange) 즉, 물물교환이 시작되었다. 이른바 생산물 즉, 재화의

알아두기

프로슈머 (prosumer)

생산자(producer)와 소비자(consumer)가 분리되지 않은 개념으로서, 생산자이자 동시에 소비자인 경제주체를 가리켜서 '프로슈머(prosumer)'라는 용어를 사용하기도 한다. 자급자족 시대의 경제주체에 알맞은 개념이지만, 최근에 생산자의 생산활동에 소비자들이 참여하게 되면서 새롭게 등장한 용어이다. 특히, 서비스를 생산하여 제공하는 경우 소비자가 생산활동에 참여하는 형태로서 많이 발견할 수 있다. 또한 체험 마케팅과 같은 경우에서도 흔히 볼 수 있다.

생활 속의 유통 프로슈머를 활용한 마케팅

식음료업계가 '프로슈머 마케팅'을 활발히 펼치고 있다. 소비자 의견을 반영한 제품이 속속 히트를 치고, 브랜드 이미지 제고와 고객과의 소통 확대에 도움이 되기 때문이다.

프로슈머(Prosumer)란 생산자(Producer)와 소비자(Consumer)의 합성어로 기획 단계부터 개발 · 제조에 이르기까지 제품 탄생의 전 과정에 참여하는 소비자를 의미한다.

관련 업계에 따르면 CJ제일제당은 신제품 아이디어를 제시하고 시제품을 직접 제작하는 '톡톡(Talk Talk) 주부연구원'을 모집한다.

요리에 대한 관심과 열정으로 먹거리에 대해 소신이 있거나, 신제품이나 새로운 요리는 꼭 시도해 보는 만 25~49세 주부를 대상으로 한다. '톡톡 주부연구원'으로 선발되면 맛집 탐방이나 시판 제품에 대한 조사 등 여러 가지 활동을 통해 얻은 정보를 바탕으로, 다양한 의견과 아이디어를 도출해 제품을 개발하게 된다.

CJ프레시웨이도 고객들의 다이어트 효과 체험 수기를 바탕으로 제작된 '체중DOWN 건강 UP!-저칼로리 저염레시피'를 최근 발간했다. 앞서 하이트진로음료도 서울 서초동 본사에서 '하이트진로음료 서포터즈' 발대식을 진행하였다.

롯데푸드는 주부 마케터 '그린스푼'을 모집한다. 지원 자격은 1~15세 자녀가 있는 주부 파워블로거다. 그린스푼은 온라인 마케팅 위주로 활동하게 되며, 봉사활동과 같은 오프라인 활동도 하게 된다. 선발된 주부에게는 활동비 및 롯데푸드 제품이 제공되고, 활동 우수자의 경우 포상도 이뤄진다.

또한 롯데푸드는 대학생 마케팅 프로그램 '히든서포터즈'를 모집한다. 모집은 일반전형과 디자인전형으로 나눠어 진행되며, 총 12명의 대학생이 선발된다. 히든서포터즈에게는 롯데푸드 제품은 물론 명함, 인증서, 활동비 등 다양한 혜택이 제공된다.

롯데푸드 관계자는 "기존 히든서포터즈 참여자들은 요리 콘텐츠, UCC, 프로모션 등에서 참신한 아이디어로 좋은 성과를 보여왔다"며 "이 프로그램이 미래 식품업계를 주도해 나갈 예비 마케터들에게 성장할 기회로 작용할 것"이라고 말했다.

자료: 아시아경제, 2014. 2. 21.

사회적 이전이 시작된 것이다. 이것이 인류역사에서 유통이라고 하는 현상이 발생한 기원이다. 그 후 교환방식은 모든 생산물의 직접교환 형태로부터, 다른 교환 매개물(화폐)을 개재시키는 형태와, 다른 중개자(상인)의 손을 거쳐 교환하는 형태로 발전하게 된다. 그리고 교환의 주체도 집단 대 집단에서 개인 대 개인으로 바뀌었다. 즉, 생산자와 소비자가 분리되고 재화의 이전이 시작된 것이다.

한편, 채집 · 수렵 · 어로활동을 중심으로 이루어지던 생활도 농경활동을 시작하면서 정착생활로 발전하였다. 그 결과 물자의 교환 횟수와 양도 급격히 증가

〈그림 2-2〉 유통의 생성

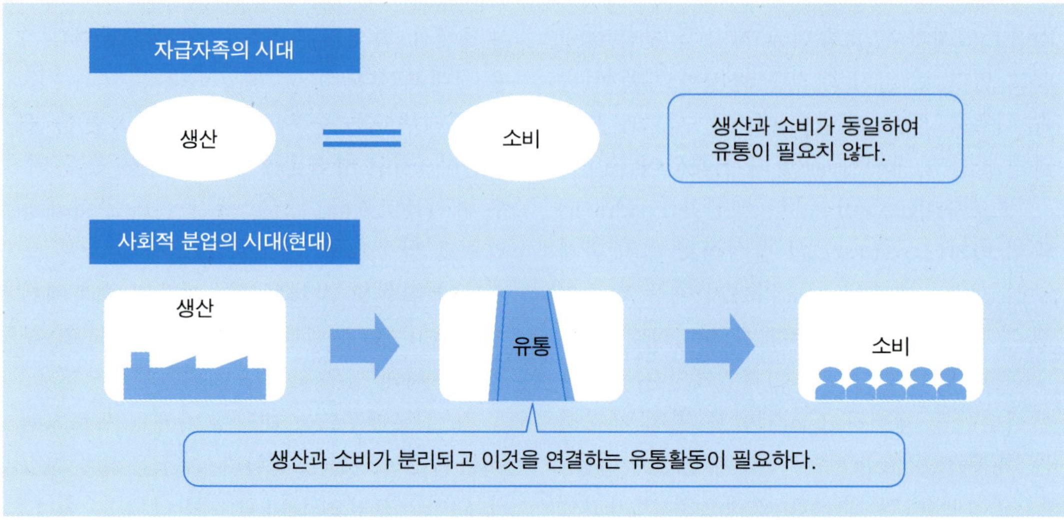

하기 시작하였다. 공동집단의 규모가 커지면서 협업과 분업체제에 기초한 공동체 상호 간의 분업체제가 정착되면서 집단적인 직접물물교환이 활발해졌다.

교환의 효율성을 높이기 위하여 일정한 교환장소가 '시(市)' 또는 '시장(市場)'의 형태로서 나타나고 교환의 도구로서 화폐가 등장하였다. 교환의 도구인 화폐는 처음에 모피, 곡식, 옷감, 조개, 농기구, 수산물, 소금 등이 사용되었으나 점차 쌀과 사금으로 축소되다가 나중에는 금속화폐가 등장하였다. 금속화폐로서는

생활 속의 유통 로빈슨 크루소와 유통

로빈슨 크루소는 원래 아프리카 서부를 무대로 교역하던 상인이었다. 그러나 그가 난파되어 무인도에 남게 되었을 때, 그는 더 이상 상인이 아니었다.

무인도에서 그는 사냥을 한다든지, 밭을 경작하는 등 생산활동에 종사하였다. 물론 그는 생산한 재화를 직접 소비하였다. 그러나 재화를 교환한 것은 아니었기 때문에 상품을 생산한 것은 아니었다. 재화의 교환이 유통의 출발이기 때문에, 로빈슨 크루소는 유통활동에 종사하지는 않았다.

재화의 획득과 생산물을 집까지 운반하는 활동 그리고 재화를 저장하는 활동이 있었지만, 그것은 어디까지나 소비 준비단계로서의 생산활동의 일부에 지나지 않으므로, 유통활동은 아니었다. 상품의 생산과 유통은, 다른 사람 또는 사회를 전제로 했을 때 비로소 성립되는 개념인 것이다.

로빈슨 크루소는 무인도에서 생환한 후 비로소 상인으로 되돌아갔던 것이다.

알아두기

필요한 재화의 획득 방법	인간이 필요한 재화를 직접 생산하지 않고 획득할 수 있는 방법에는 교환, 도둑질, 그리고 강제에 의한 약탈(강탈)이라는 세 가지가 있다. 이 중에서 도둑질과 약탈은 상대방의 희생을 통하여 이루어지는 수단이므로 계속적으로 쌍방 간에 지속될 수 있는 방법은 아니다. 서로가 이익이 발생한다고 평가할 때 쌍방의 합의에 의해 이루어질 수 있는 교환이야말로 인류가 선택한 최선의 방법인 것이다.

주로 은전(銀錢)과 동전(銅錢)이 사용되었다. 비로소 **시장이 형성**되고 **화폐에 의한 유통**이 시작된 것이다. 그 후, 농업기술과 가내수공업이 발전하면서 도시를 중심으로 대규모 시장이 형성되고 유통은 본격적인 발전을 시작하였다.

결론적으로 원시적 자급자족 경제에서 잉여생산물의 직접물물교환 즉, **사회적 분업**이 시작되면서 유통현상이 생성되고, 그 후 화폐에 의한 간접교환 방식과 교환장소인 시장의 등장으로 크게 발전하여 오늘에 이르게 된 것이다.

생산과 소비의 불일치(유통 불일치)

자급자족 시대에는 생산과 소비가 분리되지 않았으나, 현대사회는 사회적 분업이 고도로 발달하여 대부분의 생산물은 상품으로서 생산되어 유통과정을 거쳐서 소비되고 있다. 이러한 사회적 분업 현상은 생산과 소비를 분리시킨다. 즉 생산하는 사람과 소비하는 사람이 분리되며(인격적 분리), 생산하는 장소와 소비하는 장소가 분리되며(장소적 분리), 생산하는 시점과 소비하는 시점에 차이가 발생하는(시간적 분리) 등 생산과 소비 사이에서 갖가지 불일치가 나타나게 된다. 이것을 **유통 불일치**라고 한다.

유통의 사회적 역할은 유통 불일치에 다리를 놓아 생산과 소비의 수급을 결합하는 데 있다. 이와 같이 수급이 결합될 때 유통효용이 발생한다. 유통 불일치에 대해서는 여러 가지 견해가 있으나, 생산과 소비의 격차를 요소별로 구분하여 보는 **요소적 불일치**와 전체의 수급결합에 관련된 **시스템적 불일치** 두 가지로 크게 나눌 수 있다.

생활 속의 유통 우리나라의 시장

우리나라 최초의 시장은 신라 소지왕 12년(서기 490년), 경주에 개설된 「경사시(京師市)」라고 알려져 있다. 그 후, 역사의 기록상 정기시장(定期市場)만 존재하다가 고려 희종(1205-1211)때 개성시장에 비로소 상설(常設)점포가 등장하였다.

조선시대에 들어와 정종 때(14C말), 관설(官設) 상설소매시장인 시전(市廛)이 한양에 등장하여 관청에서 필요한 각종 물자를 조달하는 대신에 공납물(貢納物), 외교사절의 지참품 등에 대한 독점판매권을 가졌었다. 한편 지방에서는 정기시장 즉, 향시(鄕市)가 계속 존재하고 있었는데, 향시의 중심상인인 보부상(褓負商)들은 수공업 제품과 일용잡화, 건어물과 같은 생필품의 유통 기능을 담당하였다.

임진왜란 이후, 농업기술의 혁신과 사영(私營) 공장(工匠)의 출현으로 생산력이 급속하게 증대함에 따라 기존의 시전 · 향시 중심의 상업구조가 점차 변화하면서 난전(亂廛)이 등장하였다. 그 이후, 시전의 자본축적과 독점에 따른 폐단을 막기 위한 신해통공(辛亥通共)에 의해 관상도매(官商都賣)가 위축되고, 거대한 사상(私商) 조직이 18세기 후반부터 출현하였다. 개성상인의 등장이 그 대표적인 예이다.

19세기 후반 개항 이후, 외국상인이 국내로 진출하여 개항지 밖으로 영업활동을 확대하기 시작하면서 조선상인은 점차 위축되었다.

그런 가운데서도 향시(재래시장)는 계속 성장하여 1910년 일제강점 당시 전국에 980개나 존재하였다. 그러나 일제는 경제수탈 정책의 일환으로서 1914년, 총독부령 제136호로서 '시장규칙'을 제정하여 재래시장을 통제하였다. 이것이 공설(公設)시장의 기원이 되었다.

광복 후, 1961년 제정된 시장법에서 민간에 의한 시장의 개설이 가능하게 되면서, 전국 각지에서 사설(私設)시장이 봇물 터지듯 개설되었다. 이러한 사설시장의 개설자들은 시장점포의 분양을 통한 투자수익의 극대화에 주된 목적을 두었기 때문에, 효율적인 시장경영을 위한 내부적인 관리체제를 마련하지 않았다. 그 결과 대다수의 시장들은 경쟁력을 내부에서 자체적으로 배양할 수 있는 조건을 가질 수 없었다.

1960년대 경제개발계획을 추진하면서 우리경제는 고도성장기를 맞이하기 시작했으나 유통업은 전근대성을 여전히 탈피하지 못하였다. 즉 기본구조는, 도시에서는 상설소매시장과 도매시장이, 지방에서는 5일장인 정기시장이 여전히 국민생활의 중요한 부분을 담당하고 있었다.

그러나 우리나라의 유통업이 근대화 · 다양화되기 시작한 1970년대부터 슈퍼체인, 백화점, 상점가 등이 본격적으로 출현하기 시작하였다. 1980년대에 들어서서 유통부문의 근대화가 더욱 가속화되면서, 오랜 세월에 걸쳐 우리민족의 생활 속에서 애환을 함께 해 온 재래시장은 경쟁력을 상실하면서 급속하게 쇠퇴의 길을 걷게 되었다. 게다가 1990년대 후반에 등장한 할인점도 재래시장의 쇠락에 결정적인 영향을 미쳤다.

또한, 1990년대 국내유통시장의 개방화 · 국제화 · 다양화 시대를 맞이하여 존폐의 위기에 놓여 있는 우리나라의 재래시장은 이제 생존과 재활성화를 위한 방향을 모색하기 위하여 몸부림치고 있는 중이다. 이에 정부도 재래시장 활성화를 위한 특별법을 제정하여 많은 지원책을 실시하고 있으나, 이러한 노력들이 어떠한 결실을 맺게 될지는 불투명한 실정이며, 아직까지도 많은 과제를 남기고 있다고 볼 수 있다.

1. 요소적 불일치

요소적 불일치에는 제품속성에 관련된 형태, 소유, 시간, 공간과 같은 네 가지 불일치가 존재한다.

(1) 형태적 불일치

기능, 디자인, 크기와 같이 제품속성에서 나타난 불일치를 의미하며, 주로 생산단계에서 조절된다. 그러나 기성복의 치수 조정, 청과물의 소분(小分) 판매, 선물용 포장과 같은 형태 조정은 유통단계에서 유통가공을 통하여 이루어지며, 주문생산의 경우에는 주문을 받는 과정에서 형태에 대한 의사결정을 통해 조정된다. 형태적 불일치가 생산단계에서 이미 조절된 사전포장 소비재의 경우, 유통 불일치의 조절은 소유, 시간, 공간의 세 가지가 초점이 된다.

(2) 소유적 불일치

생산자와 소비자(혹은 사용자) 사이에서 누가 어떻게 소유권과 위험을 부담할 것인가라는 문제가 발생한다. 생산자나 소비자 모두 특정 상품을 소유함으로써 이점과 손실을 함께 공유하게 된다. 특정 상품을 소유하고 있을 때 가격이 상승하게 되면, 해당 상품에 대한 가치가 올라가서 이점이 될 수 있으나 동시에 반대 상황이 발생하게 되면 손실이 될 수도 있다.

생산된 상품은 우선 소유권이 생산자에게 국한되지만, 생산자는 이점과 위험을 동시에 고려하여 소비자나 유통업자에게 소유권 등을 이전하게 된다. 이전된 소유권을 가지고 유통업자나 소비자는 자유로운 유통과 소비를 영위할 수도 있다. 이러한 소유적 불일치는 주로 거래를 통하여 조절된다.

(3) 시간적 불일치

생산은 시간적으로 집중되어 이루어지지만, 일반적으로 소비는 오랜 시간

〈그림 2-3〉 유통의 기능

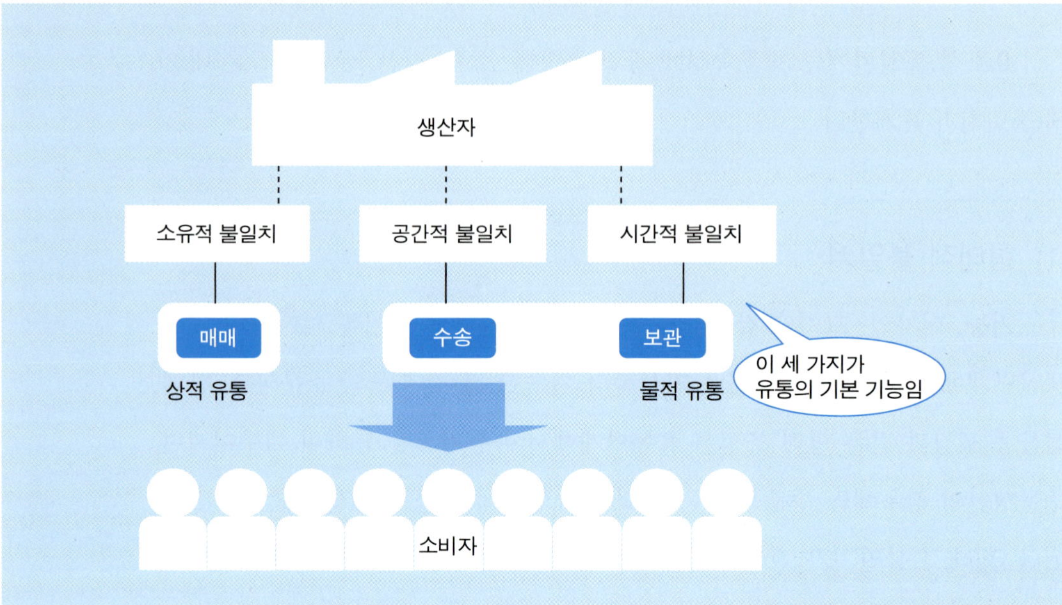

을 경과하면서 천천히 조금씩 이루어진다. 이러한 특성으로 시간적 불일치가 발생한다. 재화의 적절한 보관을 통하여 시간적 불일치를 조절하고, 재화의 유용성을 높이기도 한다.

(4) 공간적 불일치

공간적 불일치는 생산은 특정 장소에서 집중적으로 이루어지지만, 소비는 수많은 장소에서 분산적으로 이루어지기 때문에 발생한다. 적절한 수송을 통하여 공간적인 불일치를 해소시킨다.

이러한 요소적 유통 불일치를 해소시키기 위해서는 그것에 대응하는 유통활동이 필요하다. 즉 유통 불일치를 해소하기 위해서는 크게 소유권과 화폐의 흐름(상류), 재화의 흐름(물류), 정보의 흐름(정보류)과 같은 세 가지 흐름이 생성되어야 한다. 이것들을 **유통흐름**이라고 한다. 여기서 상류(商流)는 소유적 불일치에, 물류(物流)는 시간적 · 공간적 불일치에 대응하고 있다. 그리고 정보류(情報流)는 상류와 물류를 움직이게 하는 중추신경과 같은 역할을 한다.

2. 시스템적 불일치

유통 불일치를 요소별로 분해하여 살펴보는 것은 유통활동 각각의 관계에 대하여 쉽게 이해할 수 있게 하지만 유통 불일치 전체에 관련된 문제를 살펴보기 힘들다는 결점도 있다. 상품의 수량과 조합, 가격과 부가서비스, 정보와 같은 수급결합 전체에 관계하는 유통 불일치를 요소적 불일치와 구별하여 시스템적 불일치라고 부른다. 이러한 시스템적 불일치가 발생할 경우 재고와 구색 갖춤이 조절 기능을 담당하고 있다.

(1) 재고

생산과 소비의 조정은 재고를 통하여 이루어진다. 상품의 대부분은 재고를 통하여 그 수급을 조절할 수 있다. 생산과 소비 사이의 시스템적 불일치의 조절은 이러한 **재고의 수급조정 기능**에 의존하고 있다.

안전재고(safety stock)란 생산과 소비의 수급조정 과정에서 발생하는 불확실성을 흡수하기 위한 완충재라고 볼 수 있다. 안전재고는 곳곳에 존재하고 있다. 공장에서는 원활한 조업을 유지하기 위한 원재료나 부품의 재고가 있고, 도매상의 창고나 소매상에서는 상품재고를 보유하고 있어 거래가 원활하게 이루어지도록 하고 있다. 이 모든 것이 안전재고라 할 수 있다. 재고가 존재함으로써, 제조업의 생산과 판매, 중간상인의 상품구매와 판매, 그리고 소매상의 판매와 소비가 연결되어, 생산으로부터 소비에 이르는 재화의 원활한 흐름이 가능하다.

한편, 재고는 유통단계에서 완충재로서 수급조정 기능을 발휘할 뿐만 아니라, 수요를 반영하는 거울의 기능도 갖고 있다. 생산자와 상인은 적절한 생산 · 유통활동 계획을 위하여, 소비자의 욕구를 파악하려고 노력하지만, 소비자의 소리를 들을 수 있는 것은 결코 쉬운 일이 아니다. 오늘날 시장에서는 소비자가 좋아하는 상품은 팔리고, 좋아하지 않는 상품은 팔리지 않는다. 재고의 움직임은 이와 같은 소비자의 선호에 따른 상품의 수급상태를 반영하는 귀중한 거울과도 같다.

이와 같이, 재고는 생산 · 유통활동의 불확실성을 흡수하는 완충재로서, 정보 면에서는 수급상황을 나타내는 신호로서 기능을 하고 있다. 그러나 재고를 유지하기 위해서는 비용이 들며, 팔리지 않고 남아 폐기해야 할 위험이 항상 존재한다. 따라서 재고비용과 재고위험을 줄이기 위하여, 기업은 재고를 필요 이상으로 유지하는 것은 바람직하지 않다.

(2) 구색 갖춤

재고를 초점으로 한 수급조절 기능은 개별상품별로 이루어지는 것을 의미하지만, 유통과정에서 특정상품의 수급조절이 각각 개별적으로 이루어지고 있다는 의미는 아니다. 물론 생산자는 개별상품의 관점에서 고려하고 있지만, 상인의 관점에서는 다수의 재화를 조합하는 과정을 통하여 수급조절을 하고 있는 것이다. 그것이 구색 갖춤이라는 개념이다.

구색 갖춤은 유통과정의 구성원이 취급하는 재화의 종류와 그 재고량에 의해 결정된다. 구색 갖춤에서 재고는 단순한 재화가 아니라, 구색이라고 하는 별개의 가치 있는 집합물로서 다루어진다.

구색 갖춤은 유통단계마다 다르다. 소비재의 경우, 생산단계에서는 비교적 단순한 재화의 조합으로 성립된다. 공장이나 농산물 산지에서는 비교적 대규모이며 동질적이며 획일적이다. 그러나 소비단계에서 재화의 조합 상태는 대단히 복잡하다. 소비자들의 가정이나 식탁에서 나타난 구색은 공장이나 산지와는 대조적으로 소규모이며 이질적이며 개별적이다. 그리고 생산단계에서는 생산지와 출하지가 재화의 구색 갖춤의 기준이 되는데 반하여, 도매단계에서는 고객이나 재화의 특성, 소매단계에서는 소비자의 욕구가 구색 갖춤의 기준이 된다.

이와 같이 구색은 생산에서 소비로 이전하는 과정에서 변화하며, 점차로 그 불일치가 해소된다. 그리고 결국, 구색 갖춤은 유통의 말단에 위치하는 소비자를 위해 맞추어진다. 그 과정에서 소비생활에 필요한 정보나 서비스까지도 부가된다. 상인들은 이러한 구색 갖춤의 우열을 가지고 서로 경쟁한다.

그러나 소비재 중에서도 맞춤옷과 같은 주문생산의 경우에는 구색 갖춤이 전혀 필요치 않으며, 기계설비나 철강재와 같은 산업재의 경우에도 고객의 주문정보에 기초한 수주생산이 일반적이기 때문에 구색 갖춤이 필요하지 않다.

결국 구색 갖춤이란, 일반 소비재 상품을 생산하여 제품재고가 발생하는 경우에 필요한 수급결합 방식이다. 유통단계에서 재고가 발생할 때, 생산과 소비·사용의 사이에는 구색물의 차이라고 하는 소유적 불일치라는 현상이 전형적으로 나타나지만, 제품형태를 결정하기 전에 고객의 주문이 투입되는 주문생산에서는 소유적 불일치가 발생하지 않는다. 주문생산은 이와 같이 주문정보를 투입함으로써 수급을 직접 연결한다.

일본식 생선초밥집의 사례에서 세 가지 형태가 발달한 과정이 이와 같은 수급결합 방식의 다양화를 잘 설명해 주고 있다.

생활 속의 유통 일본식 생선초밥집의 발달 과정

일본에서는 가게에 찾아와 자리를 잡은 손님의 주문을 받아 비로소 생선초밥을 만들기 시작하는 전통적인 방식의 에도(江戶)식 생선초밥집과, 슈퍼마켓이나 초밥전문집과 같이 미리 다양한 메뉴세트를 만들어 매장에 진열해 놓고 손님이 선택해서 구매해 가도록 하는 형태, 그리고 식당 내 벨트를 따라 회전하고 있는 메뉴 접시를 취향대로 집어서 먹는 회전식 초밥집의 형태로 발전해 왔다.

전통적 에도식의 장점은 개별고객의 욕구를 최대로 만족시킬 수 있다는 점이다. 그러나 주문 후 상품이 도달되기까지의 리드타임이 길어 장시간 고객이 대기해야 할 뿐만 아니라, 주문에 의한 개별적인 소량생산이기 때문에 원가가 높아 가격이 비싸다. 또한 모든 고객의 주문을 소화할 수 있는 초밥 기술자의 양성이 단기간에 쉽지 않다는 어려움도 있었다.

이러한 단점을 해소한 것이 두 번째 형태이다. 정해진 메뉴세트에 맞추어 미리 대량의 시장생산을 하여 원가를 대폭 절감함으로써 저렴한 가격으로 제공할 수 있으며, 리드타임을 최소화시켜 고객의 욕구에 즉각적으로 대응할 수 있다는 장점을 가졌다. 그러나 수요예측이 잘못된 경우 재고 리스크가 대단히 높다는 결정적인 단점을 가지고 있다.

이상의 두 가지 형태가 갖고 있는 단점을 일시에 해소시킨 것이 회전식 초밥집이다. 이 형태는 생산자가 벨트 위를 회전하고 있는 한정된 메뉴접시들의 판매현황을 눈으로 확인하면서 판매가 이루어진 만큼 메뉴별로 보충생산을 하는 방식이기 때문에, 즉각적인 고객욕구를 만족시키면서도 재고 리스크를 최소화하였다. 즉 시장의 판매정보를 실시간로 확인하면서 고객의 욕구에 신속한 대응이 가능한 시스템이다.

유통의 기능

앞에서 살펴본 바와 같이 생산과 소비의 불일치를 연결하는 것이 유통의 본질이자 목적이며, 그러한 연결고리를 분석해 보면 유통이 수행하는 기능을 파악할 수 있을 것이다.

유통이 수행하는 기능에 대하여 가장 먼저 학문적으로 정리를 한 사람은 미국의 쇼(A. W. Shaw)이다. 그는 중간상인이 수행하는 기능으로서 위험부담(sharing the risk), 재화의 운송(transporting the goods), 금융(financing the operations), 판매(selling), 수집 · 구색 갖춤 · 재발송(assembling, assorting and reshipping)의 다섯 가지로 정리하였다.

한편 이러한 개념을 더욱 발전시켜 고전적인 유통 기능의 분류로서 널리 알려진 것이 클라크(F. E. Clark)의 분류이다. 그는 유통 기능을 크게 교환 기능, 물적공급 기능, 조성 기능으로 나누고 다시 다음과 같이 세부적으로 분류하였다.

- 교환 기능(functions of exchange)
  - ① 판매-수요창조(selling-demand creation)
  - ② 수집-구매(assembling-buying)
- 물적공급 기능(functions of physical supply)
  - ③ 운송(transportation)
  - ④ 보관(storage)
- 조성 기능(facilitating functions)
  - ⑤ 금융(financing)
  - ⑥ 위험부담(risk-taking)
  - ⑦ 시장정보 수집과 해석(market information, its collection and interpretation)
  - ⑧ 표준화(standardization)

물론 이러한 유통 기능 가운데에서 가장 본질적인 기능은 교환 기능에 의한 소유권의 이전일 것이다. 이것은 매매(판매와 구매)라는 기능을 통하여 인격적 불일치를 조정하는 역할을 한다. 물적공급 기능인 운송과 보관은 장소적 및 시간적 불일치를 조정하는 재화의 실질적 공급 기능으로서, 교환 기능과 결합하여 재화의 소유권이전과 함께 재화의 실질적 이전을 달성시키는 역할을 한다.

그러나 현대적인 의미에서 유통 기능을 상품의 생산자와 소비자 사이에 있는 경제적 불일치를 조정하여 수요와 공급의 적합화를 도모하는 것이라고 정의할 때, 유통의 주된 기능을 다음과 같이 분류할 수 있다.

1. 인격적 통일 기능: 수집(구매), 분산(판매), 매매거래(소유권이전)
2. 장소적 통일 기능: 운송 기능
3. 시간적 통일 기능: 보관 기능
4. 양적 통일 기능: 생산 · 소비의 수량적 통일(수집 · 분산)
5. 품질적 통일 기능: 등급화, 표준화
6. 금융적 기능: 금융(생산자 및 소비자에 대한 금융)
7. 위험부담 기능: 물리적 위험, 경제적 위험
8. 시장정보 기능: 시장조사 · 정보

이상의 유통 기능들을 정리해 보면 상적유통 기능, 물적유통 기능, 유통조성 기능으로 크게 분류할 수 있다. 그리고 그 세 가지 기능 속에 여덟 가지 기능을 〈표 2-1〉과 같이 정리할 수 있다. 다음에서는 유통 기능 여덟 가지에 대하여 보다 자세히 다루어보기로 한다.

〈표 2-1〉 유통의 기능

상적유통 기능	물적유통 기능	유통조성 기능
① 인격적 통일 기능 (거래유통 기능)	② 장소적 통일 기능(운송)	④ 양적 통일 기능 ⑤ 품질적 통일 기능(표준화)
(수집) 구매 (분산) 판매	③ 시간적 통일 기능(보관)	⑥ 금융적 기능(금융) ⑦ 위험부담 기능(보험) ⑧ 시장정보 기능(시장조사)

1. 인격적 통일 기능

경제생활의 발달은 생산과 소비의 인격적 · 장소적 격리를 확대시켜 수요와 공급의 불일치가 나타난다. 오늘날과 같이 기술적 분업이 발달한 사회에서는 일반적으로 재화의 생산과 소비는 인격적으로 크게 격리되기 때문에, 재화를 생산자로부터 소비자에게 사회적으로 유통시키고, 인격적으로 이전시키는 기능이 필요하다. 특히 유통이라고 하는 것은 사회적, 인격적으로 분리된 생산자와 소비자의 인격적 통일 기능이 있다면, 다른 기능이 없어도 성립된다. 다시 말해, 인격적 통일 기능이 빠진 단순한 장소적 기능은 운송이며, 시간적 기능은 보관에 지나지 않고 유통은 결코 성립될 수 없다.

인격적 통일 기능은 다수의 유통기관의 교환(매매) 활동 즉, 수집(구매) 및 분산(판매) 기능을 통하여 상품의 소유권이전이라는 형태로 이루어진다. 여기서 매매는 상품의 소유권을 인격적으로 이전시키기 위한 상업의 기본적인 기능이다.

- 수집(assembling): 분산된 생산자로부터 상품을 매집(買集)하는 것
- 분산(dispersion): 최종소비자에게 상품을 분할하여 흘러가는 것

2. 장소적 통일 기능

현대사회의 경제가 발달하면 할수록 상품 및 재화의 생산과 소비 사이의 공간적 · 장소적 불일치는 점점 증대한다. 이러한 불일치를 해소하는 것이 장소적 통일 기능이며, 운송이 그 역할을 담당한다. 그러나 시장범위가 확대되고 공간적 · 장소적 불일치가 증대되면서 상인자신이 운송활동을 수행하기가 어려워져서 운송을 기업목적으로 하는 전문기관인 운송업이 탄생하여 그 역할을 수행한다.

3. 시간적 통일 기능

시간적 통일 기능이란 상품이 생산되어 소비될 때까지 저장함으로써 상품의 (시간적) 효용 가치를 창조하는 기능이다. 즉 수급의 시간적 조절 기능이다. 경제생활의 발달로 인해, 상품의 소비가 확대되고, 생산자로부터 소비자에게 상품을 필요할 때 유통시킬 수 있도록 수급관계를 조정하고 가격의 시기별 안정과 평준화를 도모할 필요가 있게 되었다.

특히 다음과 같은 경우, 생산과 소비 사이의 시간적 불일치를 조정할 필요가 있다.

- 생산이 계절적인 경우: 농수산물
- 소비가 계절적인 경우: 계절성 상품(에어컨, 스키용품)
- 계절적인 변동을 갖는 상품의 경우: 의류
- 소비수요나 판매예측이 곤란하여 과잉생산이 된 경우
- 생산자 및 유통기관에서 일정한 재고량의 확보가 필요한 경우
- 가공하기 위해 저장하는 경우: 소비에 적합할 때까지 일정기간을 제조공정의 일부로서 보관이 이루어짐(연초, 바나나, 위스키)

4. 양적 통일 기능

현대산업사회에서는 대부분의 상품들이 대량생산되고 있지만, 소비단위는 소량으로 이루어지기 때문에 생산과 소비의 수량이 일치하지 않는다. 즉 수량적 불일치가 발생한다. 다음과 같은 네 가지 경우에 수집과 분산을 통한 생산과 소비의 양적 통일 기능이 필요하다.

- 소규모 생산(소량생산) ———————— 대규모 소비(대량소비)
  : 농산물 및 원료품, 지역적 · 분산적 생산 → 집적 → 집중적으로 사용 · 소비

- 대규모 생산(대량생산) ———————— 소규모 소비(소량소비)
  : 일시에 대량으로 생산 → 소량으로 분할 판매
- 대규모 생산(대량생산) ———————— 대규모 소비(대량소비)
  : 광산물 · 임산물 · 원료품, 공장생산을 통해 대량소비에 대응
- 소규모 생산(소량생산) ———————— 소규모 소비(소량소비)
  : 소규모로 생산된 상품을 수집한 후, 소량 소비자에게 그것을 적합하게 분산해야 하므로, 도매시장의 역할이 중요함

5. 품질적 통일 기능(표준화)

품질은 소비자의 기대수준에 부합되는 정도를 의미하며, 이 경우 품질은 다양한 요소를 포함하고 있다. 예를 들면 적합성, 신뢰성, 감성 등을 들 수 있다. 적합성은 본래의 의도대로 만들어졌는지에 대한 부합성 정도를 나타낸다. 신뢰성은 소비자가 상품이 고장 없이 지속적으로 사용하여 해당 상품에 대하여 믿음을 갖는 경우라고 할 수 있다. 한편 감성 품질이라는 것은 소비자가 상품에 대하여 가지는 이미지 등과 관계가 있다.

이와 같이 품질은 다양한 측면으로 구성되며, 이들 요소들에 대한 소비자의 기대수준에 부합하는 것이 매우 중요하다. 그러나 일반적으로 생산자가 생산한 상품과 소비자가 인식하는 상품 간에는 품질적 불일치가 있게 마련이다. 품질적 불일치는 표준화(standardization)를 통하여 해소된다. 즉 생산된 제품을 소비자의 욕구에 맞게끔 표준화함으로써 거래의 신속성을 꾀한다. 그 결과 표준화는 상품의 사회적 유통을 촉진시키고 상거래의 영역을 확대시키는 기능을 한다.

6. 금융적 기능

상품의 생산과 소비 간의 경제적 불일치를 조정하는 사회적 유통을 원활하게 하기 위해서는 상업자금이 필수적이다. 생산자와 유통업자는 소비자에게 상

품을 전달하고 반대급부로서 화폐나 그에 상응하는 대가를 받는다. 이 경우 화폐의 흐름이 원활하게 이루어질 필요성이 있는데 이를 담당하는 기능이 금융적 기능이다.

상품의 유통을 촉진시키기 위하여 생산자와 소비자 사이에 있는 유통기관이 상품대금의 융통이라는 금융상의 편익을 제공하게 되는데, 시장과 거래 규모가 확대됨으로써 거액의 유통자금이 필요하게 되어 금융 기능은 더욱 중요해지고 있다.

이러한 유통상의 금융 기능을, 크게 도매금융과 소매금융으로 구분할 수 있다. 도매금융에는 어음결제나 어음할인이 대표적이다. 소매금융에는 외상매출, 할부판매, 소비자금융이 포함된다.

7. 위험부담 기능

일반적으로 상품이 생산자로부터 소비자에게 유통되는 과정에서 물리적인 위험과 경제적인 위험이 발생하게 된다. 이러한 위험을 상업기관(유통업자)이 부담하게 되는데 이를 위험부담 기능이라 한다.

물리적 위험은 상품의 유통과정에서 발생하는 천재지변, 풍수해, 화재, 도난, 부패, 파손 등에 의해 상품이 물리적으로 또는 화학적으로 변화가 발생하여 상품의 질이 떨어지는 것을 말한다. 이러한 위험은 상품 관리를 보다 효과적, 효율적으로 함으로써 어느 정도는 방지할 수 있으나 완전히 제거할 수는 없다.

경제적 위험은 주로 가격 변동에 의한 것으로 시장 상황, 경쟁조건, 관련 법률의 변화로 인하여 상품 가격이 변하는 경우에 발생한다. 가격의 변화는 해당 상품의 큰 위험 요인으로 작용한다. 특히 농축산물의 경우에는 경제적 위험이 큰데 이러한 위험부담을 줄이기 위하여 헤징(hedging: 연계매매) 또는 선물거래를 행하고 있다. 이외에도 경제적 위험은 보험업자를 통해 줄일 수 있다. 경제적 위험의 또 다른 유형으로는 신용공제 위험을 들 수 있다. 거래 당사자 간의 부도 등으로 인한 경제적 부담의 경우이다.

8. 시장정보 기능

생산자는 영속성을 바탕으로 기업활동을 영위한다. 따라서 생산자는 지속적인 생산을 위하여 시장에 대한 정보를 끊임없이 파악해야 한다. 현재의 수요뿐만 아니라 잠재적 수요에 대하여 계속적인 정보수집 활동을 하지 않으면 안 된다.

생산자를 대신하여 소비자의 욕구와 필요를 조사하고, 그 수요에 적합하도록 생산자의 제품계획과 제품개발을 도와주는 역할을 하는 것이 유통업자이다. 왜냐하면 생산자는 최종 소비자와의 거리(앞에서 제시한 각종 불일치)가 유통업자에 비하여 멀기 때문에 동일한 정보를 얻기 위해서는 더 많은 비용이 지출되기 때문이다.

마찬가지로 생산자와 관련된 정보를 소비자에게 전달하는 시장정보 기능을 유통업자가 담당하는 것이 또한 비용이 적게 든다. 그러므로 생산자와 제품에 대한 정보, 신제품에 대한 소개, 제품 재고에 대한 정보를 소비자에게 전달하는 기능의 상당한 부분을 유통업자가 담당하고 있다.

유통분석의 접근방법

등산을 할 때, 대부분의 사람들은 기후, 지형, 위험에 관하여 미리 정보를 수집하고 지도, 장비, 식품 등을 준비한다. 유통학과 같은 학문을 공부할 때에도 마찬가지로, 사고의 틀과 방법을 미리 익혀두면 가야 할 길을 찾는 데 많은 도움이 된다.

유통론을 연구하고 분석하는 접근방법은 다양하지만, 여기에서는 기능별, 기관별, 상품별 접근방법에 대해서만 설명하기로 한다.

1. 기능별 접근방법

기능별 접근방법은 유통이 수행하는 다양한 기능을 중심으로 분석하는 것을 말한다.

유통 기능의 분류는 20세기 초부터 유통과 마케팅에 대한 연구가 시작된 이후, 많은 연구자들에 의하여 작성되었다. 그러나 앞의 〈표 2-1〉과 같이, 일반적으로 재화의 경제적 흐름과 관계되는 상적유통(교환) 기능, 물적 흐름과 관계되는 물적유통 기능, 이들 두 가지의 흐름을 촉진시키기 위한 유통조성 기능이라는 세 가지 기능으로 크게 분류하고 있다. 그리고 상적유통 기능에는 구매와 판매, 물적유통 기능에는 수송, 보관, 유통가공 등이 포함되고, 유통조성 기능에는 금융, 위험부담, 시장정보 및 표준화 기능 등이 포함된다. 이들 기능에 대해서는 이미 앞에서 설명하였기에 자세한 설명은 생략하기로 한다.

교환(상적유통) 기능의 초점은 가격결정에 있다. 정보탐색, 조건협상, 합의 형성의 과정을 거쳐, 유리한 가격조건을 획득하는 것이 교환 기능의 목표가 된다. 구매(수집)는 유리한 공급업체의 발굴 및 관계유지, 상품의 집하 · 납품 등에 대한 활동과 관련되어 있다. 한편, 판매(분산)는 구매자가 희망하는 구색, 진열, 구입장소 · 시간 · 로트(lot), 그 외 정보 · 서비스 등 상품의 폭넓은 제공방법을 주로 기획하고, 가격설정을 하는 활동과 관련되어 있다.

물적유통 기능에는 수송, 보관, 하역, 포장 및 유통가공 등 다양한 활동들이 포함되나 수송, 보관 및 유통가공을 주요 활동으로 볼 수 있다. 특히 유통가공은 재화의 기본적인 기능은 바꾸지 않고, 구매자의 욕구와 용도에 맞추어 재화를 부분적으로 가공하는 것을 말한다. 이것은 재화의 기본적인 기능을 변환시키고 가치를 만들어 낸다는 점에서 생산과 차이가 있다.

유통조성 기능은 교환과 물적유통 기능을 촉진시키기 위한 활동들을 포함한다. 금융 기능은 설비투자와 재고투자를 위한 융자를 의미하며, 위험부담 활동은 재화의 소유권을 가짐과 동시에 손실부담 방법의 문제와 관련이 있다. 한편 시장정보 기능은 가격 메커니즘을 유효하게 작동시키기 위한 매우 기본적인 기능을 담당하고 있다. 수요정보, 경쟁정보, 판매촉진정보를 포함한 폭넓은 정보의 수집 · 처리 · 전달 · 축적은 원활한 유통활동의 윤활유가 된다. 품질적 통일 기능(표준화)은 교환과 물적유통뿐만 아니라, 시장정보의 수집 등에도 넓게 관계된다. 유통의 객체인 재화의 질 · 양과 거래방법에 관하여 계약(결정)이 이루어지면, 복잡한 유통활동은 단순화된다. 제품규격이 정해지면, 실물재고 없이 먼 거리에서의 거래가 가능해지고, 재화의 집하와 배분이 용이하게 된다.

2. 기관별 접근방법

유통기관별 분석방법은 유통 기능을 담당하는 유통기관(경로 구성원)을 바탕으로 하는 분석방법이다. 유통 기능의 주체 즉, 유통 기능을 수행하는 유통기관으로부터 유통문제를 생각하는 것이 기관별 접근방법이지만, 유통 기능을 어떤 유통기관이 수행할지는 유동적이다. 소매상이라고 해도 그 종류에 따라서 담당하는 기능이 달라지기 때문이다.

유통 기능 가운데 교환 기능을 직접적으로 담당하는 중개자를 협의의 유통기관이라 하면, 여기에는 소매상, 도매상, 대리상 및 중개상의 세 형태가 포함된다. 여기서 소매상과 도매상은 취급하는 상품의 소유권을 가지지만, 대리상과 중개상은 소유권은 갖지 않고 의뢰인의 대리인으로서만 행동한다.

소매상은 소비자에게 재판매를 할 목적으로 상품을 구매하고 취급하는 유통기관으로 정의된다. 일반적으로 많은 수가 분산적으로 시장에 존재하는 것이 특징이다.

도매상은 주로 소매상과 도매상, 산업사용자, 정부 등을 대상으로 재판매한다. 소매상과 비교하면, 거래단위가 크며, 매매가격이 낮고, 경영규모가 큰 특징이 있다. 소매상과 도매상의 구분은 '주된 재판매처'가 최종소비자인가 아닌가로 결정된다. 도매상에는 종합상사뿐만 아니라 특정 제조회사의 제품을 전문으로 취급하는 제조업자 판매회사도 포함된다.

대리상 및 중개상은 소유권과 위험을 갖지 않고, 판매자와 구매자를 연결하는 기능 그 자체만 제공하는 유통기관이다. 이들은 매매차익이 아닌 중개수수료를 수입원으로 한다.

이외에도 보조적 기관으로 수송, 금융, 시장조사, 정보처리 등의 전문기업이 다수 존재한다. 이들은 주로 유통기관의 활동을 지원하고 있다.

3. 상품별 접근방법

상품이란 매매의 대상이 될 수 있는 재화나 서비스를 말한다. 다시 말해서, 상품은 교환을 위하여 생산되는 유통의 객체라 할 수 있다. 기관별 접근방법이 유통주체로부터 유통문제를 다루는 반면, 상품별 접근방법은 그 객체로부터 유통문제를 다룬다.

유통의 기능, 기관, 그리고 시스템은 상품특성에 따라 크게 다르다. 신선한 선도유지를 필요로 하는 농수산품과, 공장에서 생산되는 가전제품과는 유통시스템의 구조가 다를 수밖에 없는 것이다.

상품은 크게 소비재(consumer goods)와 산업재(industrial goods)로 그 용도에 따라 분류한다. 똑같은 PC라도, 소비자가 자기욕구를 충족시키기 위하여 구입하면 소비재가 되고, 기업의 구매부서가 생산과 그 외 다른 업무수행을 위하여 구입하면 산업재가 된다.

먼저, 소비재는 다시 소비자의 구매행동을 기준으로 다음과 같이 분류된다.

편의품 편의품(convenience goods)은 구매빈도가 높고, 소비자가 과거의 구매경험으로부터 상당한 상품정보를 가지고 즉각적으로 욕구충족을 하려는 경향이 있는 상품이다. 편의품의 경우, 소비자는 품질비교와 점포선택에 최소한의 구매노력만 하므로 품질차별화의 여지가 거의 없다. 생필품과 일용잡화가 주로 여기에 해당한다. 이런 상품은 즉각적인 욕구충족을 원하기 때문에, 찾는 상표가 없으면 다른 상표로 쉽게 바꾸어 구매하므로 가까운 장소에서 구입된다. 수요량은 비교적 호 · 불황에 관계없이 안정되고, 소득탄력성이 낮다.

선매품 선매품(shopping goods)은 소비자가 구매 시 상품의 가격, 품질, 디자인 등에 관하여 정보탐색을 희망하여 점포순회를 하는 상품군이다. 소비자들은 편의품을 구매할 때와 같이 즉각적인 욕구충족을 추구하지 않고, 욕구발생으로부터 구매실현에 이르기까지 제법 긴 정보탐색기간을 가진다. 여성의류, 장신구, 가구 등이 전형적인 예이다. 비교적 고가의 상품이 많고, 구매빈도는 낮다. 수요량은 경기로부터 영향을 받기 쉽고, 소득탄력성은 높은 편이다.

전문품 전문품(specialty goods)은 가격이외의 요소, 예를 들면 특정 메이커의 브랜드력이나 품질 신뢰성, 소매점의 명성 등이 주요 경쟁요인으로 작용하는 소비재이다. 소비자는 판매하고 있는 점포를 방문하기 위하여 특별한 노력을 한다. 유명 디자이너 상표 제품, 특정 타입의 승용차나 취미성향이 높은 상품이 여기에 해당한다. 편의품, 선매품 중에서도, 특정산지에서 재배되거나, 유기농업과 같은 독특한 방식에 의하여 재배된 청과물 등은 전문품이라고 할 수 있다. 수요량은 경기와 소득에는 그다지 좌우되지 않는다.

한편, 산업재는 주로 용도를 기준으로 다음의 세 가지로 구분된다.

1. 설비: 제품을 만들기 위한 설비로서, 장기간 사용되면서 감가상각되는 내구재이다. 공장에 설치된 대형공작기계와 플랜트 등과 같은 주요설비와 그것을 보조하는 비품, 소형기계, 차량 등이 있다.
2. 소모품: 설비의 원활한 가동을 촉진시키기 위한 비내구재로서, 연료, 사무용품 등을 포함한다.
3. 원재료 등: 제품의 일부가 되는 원재료, 부품, 반제품 등이다.

상품유통을 이해하면, 유통기관의 행동과 그 상호관련 구조를 명확하게 이해할 수 있다. 편의품 생산자는, 소비자가 가까운 장소에서 구매하는 경향이 강하기 때문에, 매출액을 신장시키기 위해서는 가능한 한 많은 소매점에 상품을 배급시키는 개방적 유통경로를 취한다. 다수의 분산적인 상품유통을 실현하기 위해서는, 자기자본의 영업망만으로는 한계가 있기 때문에 각지의 도매를 거쳐서 상품취급 소매점 수를 최대한 증대시키는 길을 선택한다. 이런 이유로 편의품에서는 유통경로가 긴 경향이 있다. 편의품 분야에서 독자적으로 분산적인 소매유통시스템의 구축에 성공한 것이 편의점 체인이다. 편의점은 욕구의 발생-구매행동-소비가 단시간에 끝나는, 소비의 긴급성이 높은 소비자 욕구에 초점을 맞추고 있다.

선매품의 생산자는 편의품과 같은 다수의 분산적인 배급을 할 필요는 없고, 소비자가 순회 내지 비교구매를 하기 쉽도록 소비자가 많이 모이는 장소 즉, 상업 집약적인 입지에 중점적으로 배급시키는 것이 바람직하다. 유통경로는 선택적이며 짧아지는 경향을 보인다.

선매품과 달리, 전문품의 경우 소비자가 그것을 구매할 때 특정상표를 취급하는 점포에 대한 애호도가 높다. 따라서 교통이 편리한 장소가 바람직하지만, 먼 길도 마다 않는 소비자의 특성상, 배급점포 수는 적어도 좋다.

DISTRIBUTION THEORY

03 유통경로와 유통기구

유통경로

1. 유통경로의 개념

(1) 유통경로의 개념과 역할

유통경로는 재화의 생산에서 소비에 이르는 흐름의 경로(channel)로서 소비자의 수요를 충족시키기 위해 생산된 제품과 서비스를 제공하는 과정이라 할 수 있다. 다시 말해 소비자가 제품이나 서비스를 구매 또는 사용하는 과정에 참여하는 상호의존적인 조직들의 집합체인 것이다. 이러한 과정을 통해서 유통은 판매자와 구매자 사이의 교환을 원활하게 해 주는 것이다. 이는 국민경제적으로는 생산과 소비를 연결시켜 주는 역할을 하는 것이며, 생산자에게는 생산물을 소비자에게 전달 판매하는 수단을 제공해 주는 것이다. 이런 점에서 유통경로는 재화의 사회적 이전에 종사하는 구성원 간의 관계로 이루어진 체계이다. 어떤 재화를 어떻게 이전할 것인가 하는 목표와 그것을 수행하는 과정상의 역할에 관해

생활 속의 유통 복합몰, 야구장도 경쟁 대상

워터파크 · 놀이동산 수요까지 흡수… 생활형 랜드마크로 우뚝

부산 해운대에 있는 신세계 센텀시티는 2009년 문을 열면서 기네스에 등재된 세계 최대 백화점이자 국내에서 가장 성공한 복합쇼핑몰 중 하나로 꼽힌다. 부산에 있지만 주말이면 쇼핑객 2명 중 1명은 외지인일 정도로 광역상권 고객이 많다. 지난 해 부산을 방문한

생활 속의 유통 복합몰, 야구장도 경쟁 대상 (계속)

외국인 280만 명 중 50만 명이 찾았을 정도로 해외 관광객들에게도 부산을 대표하는 랜드마크로 자리잡았다.

신세계 센텀시티의 오픈 첫해 매출은 5,000억 원. 올해는 매출 1조 원 돌파가 유력시된다. 성공 비결로 프로젝트 초기부터 경쟁 대상을 기존 백화점으로 한정하지 않았던 점을 꼽는다. 관계자는 "쇼핑시설뿐만 아니라 스파랜드 · 골프레인지 · 아이스링크 · 최신 영화관, 지난 해 오픈한 테마파크 쥬라지에 이르기까지 다양한 여가 · 레저시설을 갖췄다"며 "야구장이나 워터파크, 놀이공원과도 소비자 유치를 놓고 경쟁할 수 있도록 설계한 게 성공 요인"이라고 설명했다.

이에 따라 신세계는 지난 1월 착공한 센텀시티 B부지 개발에도 마담투소, 키자니아 등 가족 단위 쇼핑객들이 함께 즐길 수 있는 패밀리형 시설 확대에 주안점을 두고 있다. 신세계 관계자는 "앞으로 센텀의 C부지까지 완공하면 그룹이 초기에 목표로 했던 UEC(도심형 엔터테인먼트 센터) 프로젝트가 완료되고 명실공히 부산을 대표하는 쇼핑 · 관광 랜드마크로 입지를 굳히게 된다"며 "15년 내에 매출 2조 원을 올리는 아시아 대표 쇼핑 · 관광시설로 안착시킬 것"이라고 말했다. 센텀시티의 성공 신화는 신세계가 다른 지역 복합쇼핑몰 사업을 펼칠 때 벤치마킹 사례이자 뛰어넘어야 할 도전과제가 되고 있다. 정용진 신세계그룹 부회장이 하남 복합쇼핑몰 착공식에서 "유통업의 경쟁 상대는 테마파크와 야구장"이라고 재차 강조했던 것도 같은 맥락이다.

한편 롯데는 서울 도심 한복판에서 유통과 엔터테인먼트 산업의 역사를 다시 쓸 채비를 마쳤다. 올 상반기 1차로 저층부 오픈을 앞두고 있는 잠실의 '롯데월드타워&몰'을 통해서다. 현재 롯데백화점 잠실점과 롯데월드 등이 들어서 있는 구역에 이어 롯데타워와 몰이 들어서는 구역까지 합하면 총 연면적은 140만 6,808m^2. 아침부터 들어가 저녁에 나와도 내부 쇼핑 · 엔터테인먼트 시설을 다 즐길 수 없을 정도로 초대형 복합시설이다.

롯데의 목표는 롯데월드타워&몰을 서울은 물론 아시아를 대표하는 랜드마크로 키우겠다는 것. 현재 60층 정도까지 올라간 롯데타워가 123층으로 완공되고 나면 이곳은 두바이의 '몰 오브 아라비아', 중국의 '사우스차이나 몰'과 '골든리소스 몰', 필리핀의 'SM 몰 오브 아시아'에 이어 세계에서 다섯번째로 큰 복합몰 자리에 오른다. 규모로는 5위지만 최신 건축물인만큼 설계 기술과 내외부 인테리어, 디자인, 매장 구성에 있어서는 세계 최고 수준을 자랑하게 될 것으로 예상하고 있다. 롯데는 이곳에 들어서는 명품관을 비롯해 면세점 · 마트 · 시네마 · 호텔 등 계열사와 콘서트홀, 아트갤러리, 아쿠아리움에 모두 '최신' 또는 '최대' 등의 수식어가 붙을 수 있도록 설계 초기부터 목표를 명확히 했다. 또한 어린이, 성인, 젊은 여성, 외국인 관광객 등으로 타겟층을 세분화해 엔터테인먼트 시설을 다양화했고, 건설 과정에서 버스환승센터와 잠실길은 지하화하는 대신 지상은 녹색공간으로 변신시키는 등의 작업을 통해 주변 환경 변화도 시도했다. 롯데 관계자는 "신개념의 최첨단 복합 공간을 추구하는 만큼 문을 열면 연간 1조 원의 매출과 3,000억 원 수준의 관광 수입이 발생하는 거대 상권으로 자리잡게 될 것으로 기대하고 있다"고 말했다.

자료: 서울경제, 2014. 3. 4. 발췌인용

생활 속의 유통 "뭉쳐야 산다" 프랜차이즈 브랜드 협업 활발

떡+전통차 · 맥주+닭강정 등 메뉴 · 매장 복합화로 불황타개 프랜차이즈 · 식품기업 손잡기도

경기침체와 각종 규제의 여파로 창업시장의 불황이 올해도 이어질 것으로 전망됨에 따라 프랜차이즈 브랜드들이 메뉴 · 매장의 복합화를 통해 차별화를 시도하고 있다. SPC그룹의 떡 전문점 '빚은'과 본아이에프의 차 · 커피 전문점 '차오름'은 지난달 서울 종로구 인사동에 '빚은&차오름 콜라보' 1호점을 열었다. 떡과 차가 잘 어울린다는 점을 감안해 각종 떡을 선보이는 '빚은'과 다양한 차 음료를 갖춘 '차오름'이 함께 손을 잡은 것이다. 이러한 브랜드 간 협업은 메뉴 개발에 따르는 위험 부담 및 투자비용을 줄이는 대신 매장에서 취급하는 메뉴 구성을 대폭 확대할 수 있어 소비자들에 선택의 폭을 넓혀줄 수 있다는 게 장점으로 꼽힌다.

외식프랜차이즈기업 대대에프씨가 지난해 하반기에 론칭한 브랜드 '바보스'는 스몰비어 전문점 '바보비어'와 오리엔탈 볶음면 브랜드 'Mr. 면장', 닭강정 브랜드 '꿀닭'으로 구성된 3개 브랜드가 상권 특성에 맞게 함께 입점한 형태다. 바보스는 3,000~5,000원대의 가격으로 생맥주와 함께 닭강정, 볶음면요리 같은 안주 메뉴를 즐길 수 있는 게 특징이다. '바보스'는 이달에만 대전, 인천, 부산 등 전국 각 지역에 7개 매장을 새로 열며 성장세를 달리고 있다.

놀부NBG도 2013년 7월 제주도에 놀부보쌈, 놀부부대찌개, 담다 등 3개 브랜드가 한 건물에 입점한 '놀부 한식마을 매장'을 열어 운영하고 있다. PC방 프랜차이즈 시즌아이는 커피전문점 네스카페와 협업을 진행 중이다. 매장 내에 별도의 카페 카운터를 만들고 네스카페 커피머신을 설치해 다양한 커피 메뉴를 판매하면서 카페 분위기를 연출하고 있다.

고객층 확대를 위해 서로 다른 종류의 메뉴를 함께 선보이는 경우도 있다. 국수 · 육개장전문점 '셰프의국수N육개장'은 국수와 육개장 메뉴를 함께 내놓는 프랜차이즈 브랜드다. 본아이에프의 '본죽&비빔밥카페'는 고객들의 선택 폭을 넓히기 위해 죽과 비빔밥을 함께 갖추고 있다.

외식 프랜차이즈기업과 식품기업끼리 협업하는 사례도 있다. 오리온과 카페베네는 밸런타인데이 마케팅의 일환으로 카페베네의 850개 매장에서 아메리카노 2잔을 주문하는 고객에게 오리온의 '마켓오 리얼브라우니 빅'을 무료 증정하는 이벤트를 진행했다. 카페베네 입장에서는 고객 확보에 도움이 되고 오리온은 제품 홍보 효과를 얻을 수 있어 서로 '윈윈'이라는 평가다.

자료: 서울경제, 2014. 2. 16.

구성원 사이에 합의가 이루어지면 구성원 사이에 협력관계가 발생하고, 안정적인 유통경로 구조가 형성되는 것이다.

생활 속의 유통 제약업계, 신유통채널로 '드럭스토어' 관심

제약사들이 신유통채널로 드럭스토어 시장을 관심있게 지켜보고 있다. 드럭스토어 시장의 급속한 팽창으로 기존 약국의 건강기능식품과 약국전용화장품의 매출이 급격히 줄어들고 있기 때문이다. 하지만 제약사는 판매 품목 제한 및 오랜 유통채널을 유지했던 약국과의 관계 등을 고려해 아직 적극적이지는 않다. 제약업계에 따르면 올리브영과 더블유스토어, GS왓슨스 등 드럭스토어에 진출한 제약사는 10개사 내외로 추정되고 있다.

CJ제일제당은 비타민 제품과 헛개수나 컨디션 등의 음료를 올리브영을 통해 판매하고, 코오롱제약과 한독약품은 이너 뷰티 전문제품을, 고려은단이 비타민 제품을 드럭스토어를 통해 판매하고 있다. 유한양행의 경우 기존 제약사들과 달리 직접 화장품을 수입해 드럭스토어를 통해 판매하고 있지만 그외 제약사들은 드럭스토어가 팽창하고 있음에도 이 시장 진출에 적극적이지 않은 모습이다.

국내에서의 드럭스토어는 '드럭'이 붙었음에도 일반의약품은 판매할 수가 없고 대신 화장품 등 뷰티 제품이 많기 때문이다. 또 드럭스토어 매출에서 건강기능식품 매출은 전체 매출의 10%도 되지 않는다. 제약업계 관계자는 "드럭스토어가 커지고는 있지만 판매할 수 있는 품목이 한정돼 있고 기존 약국이라는 유통망이 있기 때문에 쉽게 진출하기 어렵다"고 말했다. 또 이 관계자는 "약품 판매에 대한 여러 제약이 많고 한국에서의 드럭스토어에 대한 정체성이 정립되지 않은 것도 원인일 것"이라고 지적했다. 한편 또 다른 관계자는 "드럭스토어가 아직까지는 뷰티 제품 판매에 집중돼 있지만 건강보조식품 등을 취급하는 만큼 이 시장 확대도 예의주시하고 있다"고 말했다.

자료: 데일리안, 2013. 11. 14. 발췌인용

증대시키는 역할도 하게 된다. 제품이 유통경로를 흘러가면서 제품이 지닌 가치 이외에 추가적인 가치를 창출한다는 것이다. 여기에는 소유권이전 효용, 시간적 효용, 장소적 효용, 형태적 효용 등 다양한 형태가 있는데, 이에 대한 자세한 설명은 2장에서 다룬 바 있다.

3. 유통경로의 유형

유통경로가 일단 형성되면 복잡한 유통활동이 일정한 패턴으로 단순화되고 규칙적으로 이루어지게 된다. 그러므로 안정적인 유통경로의 형성은 경로 구성원의 경영불확실성을 감소시킨다. 그러나 유통경로의 구체적인 모습은 다양하며, 변화를 거듭하고 있다. 그것은 누가 어떠한 목표를 설정하고 유통을 조직화

할 것인가에 따라 경로구조가 크게 달라지기 때문이다. 따라서 유통경로의 유형은 다양하게 형성되며 변화해 가는 것이다.

(1) 직접유통과 간접유통

유통경로상에 필요한 기능을 제조업자와 유통업자가 어떻게 나누어 수행하느냐에 따라 유통경로의 유형이 달라진다. 제조업자가 직접 모든 유통 기능을 수행하면 직접유통의 형태가 되며, 유통 기능을 유통업자에게 위임을 하면 간접유통의 형태가 된다. **직접유통경로**는 생산자가 소비자와 직접 접촉하기 때문에 정보전달이 확실하게 이루어지고 상품이 신속하게 이전된다는 이점이 있지만 전문유통업자에 비해 유통 기능 수행의 효율성이 떨어지면 유통비용이 증대할 수도 있다. 반면에 **간접유통경로**는 도·소매업자 등의 중간상을 개입시키는 것으로 다수의 소비자에게 상품을 유통시킬 수 있고, 전문적인 유통 기능이 효율적으로 수행될 수 있다는 장점이 있다. 또한 총거래 수 최소화의 법칙에 따르면 오히려 총유통비용이 줄어들 수도 있다. 이러한 이점 때문에 유통의 기능이 분화되고 전문화되면서 간접유통경로의 활용이 증대되어 왔다. 그러나 간접유통경로의 이용에 따라 직접유통경로의 이점이 상실되는 것은 피할 수 없다.

이와 같은 유통경로의 형태는 결국 중간상의 개입 여부와 정도에 따라 나누어지는 것이다. 경로수준은 중간상의 개입수준에 따라 구분하는데, 대개 중간상이 개입하지 않고 제조업자와 최종고객이 직접 접촉하는 0단계부터 3수준의 중간상을 포함하는 3단계까지가 보통이나 그 이상인 경우도 있다. 일본의 경우 식품 유통경로는 6개 수준 이상이 개입되기도 한다. 생산자의 입자에서 보면 경로수준의 수가 늘어남에 따라 실행·통제의 문제와 최종소비자에 대한 정보획득이 어렵다는 문제가 생기게 된다. 제조업자와 최종고객의 0단계 유통이 직접유통(direct marketing channel)에 해당되며 1단계 이상은 간접유통(indirect marketing channel)이 된다.

생활 속의 유통 화려한 시절 지우는 화장품 '방판'

편리한 온라인 구매 중저가 브랜드숍에 밀려 반세기 저력도 힘 못 써

화장품을 쓰는 중장년 여성이라면 방문판매(방판)의 추억이 있다. 화장품 매장이 별로 없던 시절, 유니폼 차림의 여성 판매원들은 큰 가방을 끌고 집집마다 방문하며 화장품을 팔았다. 마사지 관리원이 동행하는 날이면, 동네 주부들은 한 집에 모여 너나 할 것 없이 얼굴마사지를 받기도 했다. 1960년대 처음 등장한 방판은 우리나라 화장품산업의 저변을 넓힌 1등 공신이었다.

50년이 지난 지금 방판의 풍경은 크게 바뀌었다. 스마트폰으로 고객들의 화장품 구입 시기와 수량을 관리하며, 관심상품을 추천하고, 피부에 대한 상담뿐 아니라 메이크업에 대한 조언까지 해준다. 최근에는 카카오톡을 통해 주문을 받고 상담을 하기도 한다. 판매원들은 더 이상 '화장품 아줌마'가 아니며, '뷰티 컨설턴트'로 불린다.

하지만 방판 시장도 서서히 저물어가는 분위기다. 화장품 매출은 계속 늘고 있지만 방판 매출은 정체 또는 감소하고 있다. 온라인 판매와 중저가 브랜드숍이 활성화되면서, 가장 오프라인적인 방판은 급속도로 쇠퇴하고 있다. 관련업계에 따르면 아모레퍼시픽의 경우 전체 매출에서 방판매출은 2008년까지만 해도 57.1%를 차지하며 판매채널 1위를 차지했지만 2009년 40.2%, 2010년 30%대에 이어 지난 해에는 23.7%까지 줄었다. 올 상반기에는 22.3%까지 내려앉아, 조만간 20% 선도 무너질 전망이다. 올 상반기 방판 매출은 3,264억 원으로 지난해 같은 기간 3,786억 원보다 13.7% 감소했다. 대신 같은 기간 온라인 매출은 30%, 면세점 매출은 16%나 늘었다.

LG생활건강도 2008년 전체 매출에서 방판이 차지하는 비중은 32%에 달했으나 지난해 19%로 내려간 데 이어 올 상반기에는 10%에 머물고 있다. LG생활건강의 경우 방판매출이 소폭 증가하고 있어, 전통의 방판 강자였던 아모레퍼시픽보다는 다소 나은 편이지만 다른 채널의 약진에 비하면 초라한 수준이다.

그러다 보니 방판직원 수도 줄어드는 추세다. 아모레퍼시픽의 경우 2008년 이후 3만 7,000여 명 수준에서 정체되어 있고, LG생활건강은 지난해 1만 3,500여 명에서 올해는 1만 3,100여 명으로 줄었다.

사실 일찌감치 사라졌을 법도 한 방판채널이 지금껏 유지될 수 있었던 건 나름 변신 때문이었다. 화장품 업체들은 방판을 고가 주력제품의 유통채널로 삼아, 부유층 고객을 공략했다. 실제로 지금도 방판을 통해 주로 판매되는 브랜드는 중저가 품목이 아니라 아모레퍼시픽의 설화수와 헤라, LG생활건강의 후와 오휘 등 고가제품들이다. 구매력 강한 고객들이 이용하는 고가제품인 만큼, 화장품 업체들로서도 방판은 '돈 되는' 채널이었다.

하지만 소비시장의 변화흐름은 거스를 수 없는 법. 주된 고객이었던 30~50대들은 서서히 온라인에 익숙해져 갔고, 품질이 상대적으로 좋으면서도 저렴한 중저가 브랜드숍이 뜨면서 방판의 설 자리는 더 좁아지고 있는 상황이다. 업계 관계자는 "품목을 다양화하고 서비스를 강화해 젊은 고객층을 끌어들이는 것 말고는 현재로선 방판 채널 활성화를 위한 뾰족한 대책은 없다"고 말했다.

자료: 한국일보, 2013. 9. 4. 발췌인용

1) 직접유통

직접유통에는 우편주문(mail-order) 판매, 공장직영점(factory outlet)을 통한 판매, 방문판매(door-to-door) 등이 있는데, 최근에는 홈쇼핑(home shopping), 텔레마케팅(telemarketing), 온라인쇼핑, 모바일쇼핑 등을 이용하여 새로운 직접유통의 형태가 증대되는 추세를 보이고 있다. 직접유통경로는 인적판매 여부에 따라 직접마케팅과 직접판매로 구분할 수 있다. 직접마케팅은 카탈로그나 잡지, TV, PC, 모바일 등의 정보매체를 통하여 소비자에게 상품을 보내고 우편, 전화 등의 통신수단으로 주문을 받는다. 반면에 직접판매는 판매원이 소비자와의 대면접촉을 통하여 상품을 제시하고 주문을 받게 된다. 직접판매의 예로서 에이봉(Avon)사는 판매원들의 방문판매를 활용하여 화장품을 판매하며, 터퍼웨어(Tupperware)사는 홈파티를 통해 식기와 같은 주방용품을 판매한다.

이러한 직접유통은 상업이윤의 배제, 중간상인의 배제를 통해 유통경로를 단축하려는 일련의 움직임에 따른 것이기도 하다. 예를 들면 소비자는 소비자생활협동조합에 의해 공동구입하고 생산자는 직영 소매기관이나 협동조합을 통해 생산물을 공동판매하고 생산수단을 공동구매함으로써 중간상인을 배제할 수 있다. 소매상 역시 협동조합을 설립하여 도매상을 배제하고 생산자로부터 직접 구매할 수 있다.

기본적으로 중간상을 배제하는 것은 소매상과 소비자생활협동조합이 생산자로부터 직접 상품을 구입하여 제품의 유통경로를 단축하는 것이며, 결과적으로 중간유통기관의 수가 감소된다. 그러나 중간상인을 배제한다고 하더라도 중간유통기관의 수가 감소하지 않는 경우도 있다. 예를 들어 소비자가 소비자생활협동조합을 구성하고 직접 도매상으로부터 상품을 구입하는 경우, 소매상이 배제되긴 하지만 소매상의 기능을 협동조합이 대신하는 것이므로 중간 유통기관의 수가 줄어든 것은 아니다.

직접유통은 사회적으로 유통비용을 절약하고 유통효율을 높이려고 하는 것이지만 중간상의 배제가 모두 가능한 것은 아니다. 생산과 소비 사이에 격리가 확대됨에 따라 유통경로가 연장되고 중간상인이 개재됨에 따라 오히려 유통효

생활 속의 유통 소비자협동조합

'살아있는 전설', '메시아'로 불리며 최고의 축구 선수로 꼽히는 리오넬 메시가 속해 있는 스페인의 축구구단인 FC바르셀로나는 축구협동조합이다. 오렌지주스로 널리 알려진 미국 썬키스트, 포도주스로 유명한 웰치스, 미국 뉴욕에 위치한 다국적 통신사 AP통신, 네덜란드 우량 금융기관인 라보방크(Rabobank), 뉴질랜드의 낙농업체 폰테라, 뉴질랜드산 키위 전세계 수출량 40% 이상을 차지하는 제스프리(Zespri), 캐나다 등산장비 협동조합 MEC(Mountain Equipment Co-Op), 스위스 대표 유통기업 미그로(Migros), 덴마크의 미들그룬덴 등 이들은 세계적으로 성공한 기업이자 글로벌 시장에서 성공적으로 운영되고 있는 협동조합이다. 우리나라도 다수의 협동조합들이 운영되고 있다. 농협·수협·신협·생협 등은 우리 주변에서도 흔히 볼 수 있는 협동조합이다.

국가 간 혹은 각국 내부의 사회통합에 노력하고 있는 UN은 세계적인 협동조합 기업들의 글로벌 경제위기 극복 능력과 자본주의를 보완할 수 있는 경제모델로서의 가능성을 바탕으로 일자리 창출과 지속가능한 성장의 대안으로서 협동조합을 제시했다. 결국 2012년을 '세계협동조합의 해'로 지정했다. 이에 따라 UN은 협동조합의 목적을 달성하기 위하여 협동조합에 대한 사회적 인지도를 높이고 협동조합의 설립이나 발전을 촉진하며 협동조합의 설립이나 발전을 위한 정책을 권고하도록 정부나 관계 기관에 요청한다는 방향을 제시했다. 이 협동조합 모델이 조명 받고 있는 것은 세계적으로 성장이 둔화 또는 정체되면서 성장보다 지속 가능성에 대한 관심이 높아지고 있고 협동조합의 본질적 속성이 특히 경제위기 기간에 긍정적으로 작용할 수 있다는 기대 때문이다.

국제협동조합연맹(ICA)은 협동조합을 '공동으로 소유하고 민주적으로 운영되는 기업을 통하여 경제적·사회적·문화적 필요와 열망을 충족시키고자 하는 사람들이 자발적으로 결성한 자율적인 결사체'로 정의하고 있다. 우리나라도 금융·보험업을 제외한 모든 분야에서 5인 이상이면 신고만으로 협동조합을 설립할 수 있게 한 협동조합기본법이 제정되었다. 특히 서울특별시가 볼로냐 같은 협동조합도시를 선언하는 등 협동조합 설립이 서울시의 중요한 정책이 되면서 2013년 8월 말 기준 2,400건의 일반협동조합 신청이 물밀 듯이 들어왔으며, 대리운전협동조합, 퀵서비스 협동조합, 다문화 공동체 다문화협동조합 등 다채로운 조합들이 활동 중이다.

자료: 자유경제원세미나, 2013. 10. 17. 발췌인용

율이 증대된 측면도 있기 때문이다. 제조업자가 중간 도매상인을 배제하고, 자사의 판매기관을 설립하여 상품을 소매상이나 소비자에게 직접 판매하는 경우에도 제조업자가 유통기관으로서의 유통 기능을 피할 수 없다. 따라서 제조업자가 유통 기능을 수행하는 데 있어 효율성이 떨어지는 경우 오히려 전체적인 유통효율성이 저하될 수도 있다.

생활 속의 유통 외산가전업계, 한국법인 설립 봇물

관련 업계에 따르면 스위스 소형가전 전문브랜드 스테들러폼은 올해 콜러노비타와 제습기 판매 대행 유통계약이 종료하는 대로 내년부터는 직접 판매에 나선다. 또 지난해까지 국내 업체인 리큅에 유통을 맡겨왔던 미국의 진공청소기 전문 브랜드 후버도 판매 대행 계약기간이 종료되자 영업망을 확보, 직접 판매에 나섰다. 홍콩에 아시아태평양 본부를 둔 드롱기그룹도 드롱기켄우드코리아 설립을 마치고 홍보, 마케팅 등 본격적 판매 확대 활동에 돌입했다.

국내 기업들이 전자제품 국산화에 성공하면서 TV, 냉장고, 에어컨 등이 급속하게 보급된 이래 외산 가전시장은 2008년 금융위기 및 부동산 시장 정체 등으로 위기를 맞았다. 이에 전략을 바꾼 브랜드들은 경쟁이 치열한 백색가전 대신에 청소기를 필두로 한 소형가전 부문으로 눈을 돌렸다. 특히 2012년부터 다이슨, 일렉트로룩스, 밀레 등이 40만 원대 이상 프리미엄 청소기 시장을 열고, 지난해 삼성전자가 모션싱크 시리즈를 선보이며 프리미엄 시장이 대폭 커졌다.

외산 업체들은 일부 고가 제품 위주로 국내 백화점이나 부유층 소비자에게만 소개됐던 것에서 벗어나 홈쇼핑이나 일반 할인유통점도 적극 공략하겠다는 계획이다. 소득 수준의 향상으로 시장 전반에 눈높이가 높아지면서 기능은 물론이고 디자인을 개선한 프리미엄급 제품에 대한 수요도 크게 늘었다는 판단이다. 여기에 건강에 대한 관심이 높고, 유행에 민감해 아이디어형 소형가전 제품의 테스트베드 역할도 충분하다고 분석했다.

업계 관계자는 "프리미엄 청소기 시장뿐만 아니라 제습기 시장만 해도 전년 대비 2배 이상 성장이 예상되며, 향후 3년간 제습기 보급률만 약 40%까지 내다보고 있기 때문에 급성장이 기대되고 있다"며 "직접 법인을 설립해 판매하는 만큼 기존 병행수입 판매와는 차별화된 서비스 및 AS 지원 등을 갖춰야 할 것"이라고 말했다.

자료: 전자신문, 2014. 2. 3.

2) 간접유통

간접유통 가운데 제조업자-소매상경로는 식품이나 의류업계에서 많이 사용되는 것으로 제조업자가 소매상만을 유통경로에 개입시키는 것이다. 그리고 도매상과 소매상을 활용하는 제조업자-도매상-소매상 경로는 소비자가 전국적으로 분산되어 넓은 지역의 소매상에게 제품이 전달되어야 할 경우에 많이 활용된다. 어떤 제조업자에게는 소비자의 구매편의성이나 소비자에 대한 제품의 노출이 중요할 때가 있다. 이 경우 보다 많은 소매상을 경로에 포함시키게 되는데, 이때 도매상을 활용하게 되는 것이다.

그리고 제조업자는 중개상이나 대리점을 이용하여 제품을 유통시키기도 하

는데, 이 경우 제품의 소유권이 중간상에게 이전되지 않고 유통활동이 이루어진다는 차이가 있다. 중개상이나 대리점은 판매활동에 따른 수수료를 받게 된다. 3단계 중간상을 이용하는 경우는 그만큼 시장의 범위가 넓거나 소매상의 수가 많을 때 활용하게 되는데 제조업자-도매상-중매상(jobber)의 경로가 된다. 중매상은 중간도매상으로 대형도매상과 거래가 잘 이루어지지 않는 보다 영세한 소매상에게 판매를 한다.

기업경영자는 간접유통경로의 제약을 극복하거나 또는 간접유통경로 전략을 취하는 기업에 대한 경쟁수단으로서 직접유통경로를 택하기도 한다. 예를 들어 카탈로그판매는 상권이라는 지리적 제약에서 자유로울 수 있기 때문에 전문성이 높은 상품을 판매하는 데 유리하다. 또한 유명상품이 시장을 지배하고 있는 화장품과 같은 분야에서 유용한 시장 침투방법이기도 하다.

간접유통경로는 시장거래적 경로와 조직거래적 경로로 구분할 수 있는데 시장거래적 경로는 생산과 소비를 연결하는 상업자가 다수 존재하고 각 유통단계에서는 원칙적으로 각 거래가 한 번에 한해 익명성으로 이루어지게 된다. 현실세계에서는 엄밀한 의미의 시장거래를 찾기는 쉽지 않으나 길거리에서의 구매나 여행할 때 낯선 곳에서의 구매 등 비교적 가격 메커니즘이 순수하게 작용되는 경우를 예를 들 수 있겠다. 조직거래적 경로는 자주 거래가 일어날 경우 매번 발생하는 거래비용을 줄이기 위해 안정된 거래구조를 외부조직구성원과 구축하는 것이다. 이는 수직적 유통경로시스템이라고도 하는데, 여기에는 관리형 경로, 계약형 경로, 기업형 경로 등이 있다. 이에 대한 자세한 설명은 '12장 유통의 동태'에서 다루도록 한다.

이와 같은 직접경로, 간접경로 등을 포함하여 판매경로수준에 대한 의사결정에는 기업의 특성, 특정 산업의 현실과 경쟁상태, 시장의 특성과 규모, 제품특성, 중간상의 이용가능성 등의 요인들이 작용하게 된다. 어떤 산업의 경우 유통구조가 단일 구조로 고착되어 있어 제조업자에게 선택의 여지가 없는 경우도 있고 반대로 유통구조가 유연한 경우 비교적 단기간에 변화시킬 수 있는 경우도 있다.

생활 속의 유통 신세계 맥주사업 '에일'로 승부 … 롯데 '라거맥주'에 맞짱

롯데의 맥주사업을 견제하기 위한 신세계의 움직임이 발빠르게 진행되고 있어 국내 유통업계의 양대 산맥인 롯데와 신세계의 맥주 전쟁은 불가피하게 됐다. 그동안 신세계L&B를 통해 해외 유명 맥주를 수입, 판매하던 방식에서 벗어나 맥주 제조에 직접 나서겠다는 것이다. 특히 롯데가 프리미엄 라거 맥주 출시를 앞두고 맥주시장에 본격 진출할 계획을 세우자 이를 견제하기 위한 것으로 풀이되고 있다. 롯데와 같이 대규모 생산은 아니어도 장기적으로 맥주사업을 확대할 기반을 다진다는 전략이다.

'롯데 견제용'으로 선택한 신세계의 무기는 '하우스맥주'와 '에일'이다. 신세계 관계자는 "신세계푸드를 통해 라거맥주가 아닌 에일맥주로 승부수를 띄울 것"이라며 "이르면 올 연말 우선 계열사에서 운영 중인 '보노보노', '자니로켓', '에그톡스', '그랜드델리아 등 외식매장에서 맥주를 판매할 것"이라고 말했다.

맥주 제조업에 진출하기 위해서는 국세청에서 주류 제조 면허를 취득해야 하는데, 대형 제조 공정을 완비하고 제조 면허를 받기 위해서는 많은 시간이 소요된다. 때문에 롯데의 맥주사업 견제가 시급했던 신세계는 제조 면허 취득이 용이한 중소규모 맥주업자(하우스 맥주업자) 등록을 선택한 것으로 보인다. 업계는 신세계가 계열 외식매장에 하우스 맥주를 공급할 것으로 보고 있다. 특히 주세법이 개정되면서 하우스 맥주업자도 제조 외에 포장판매가 가능해지기 때문에 신세계는 자사 외식매장에서 병맥주 등을 판매할 수 있고, 대형마트와 백화점에도 납품이 가능해진다.

신세계는 롯데와 달리 '에일'이라는 차별점을 둬 특정 소비자층을 공략하겠다는 계획이다. 에일맥주는 라거맥주와 다른 발효공법으로 만들어진 제품으로 묵직한 맛이 특징이다. 이와 같이 신세계가 본격적인 맥주 사업에 나설 경우 장기적으로 오비맥주와 하이트진로가 양분해 온 국내 맥주 시장에 판도 변화가 생길 것이라는 전망이 나온다. 신세계그룹은 이마트 등 막강한 유통망을 보유하고 있어 초기 시장 안착이 유리하기 때문이다. 업계 관계자는 "신세계 그룹이 당장 대규모 맥주제조 공장을 건설할 가능성은 크지 않지만, 초기 소규모 맥주 공장을 가동해 노하우를 축적하고 중장기적으로는 대규모 맥주공장을 건설할 가능성이 있다"고 분석했다.

자료: 아주경제, 2014. 3. 18. 발췌인용

(2) 소비재 유통과 산업재 유통

1) 소비재 유통

소비재는 최종소비자가 자신들의 소비를 위해 구매하는 제품으로서 편의품, 전문품, 선매품 등이 여기에 속한다. 소비재 유통경로에는 다양한 형태가 있으나 유통경로의 수준에 따라 네 가지 유형으로 구분해 볼 수 있다. 〈그림 3-2〉에서 보는 바와 같이 중간상이 전혀 개입하지 않고 생산자와 소비자가 직접 연결되는 경

〈그림 3-2〉 소비재 유통경로의 유형

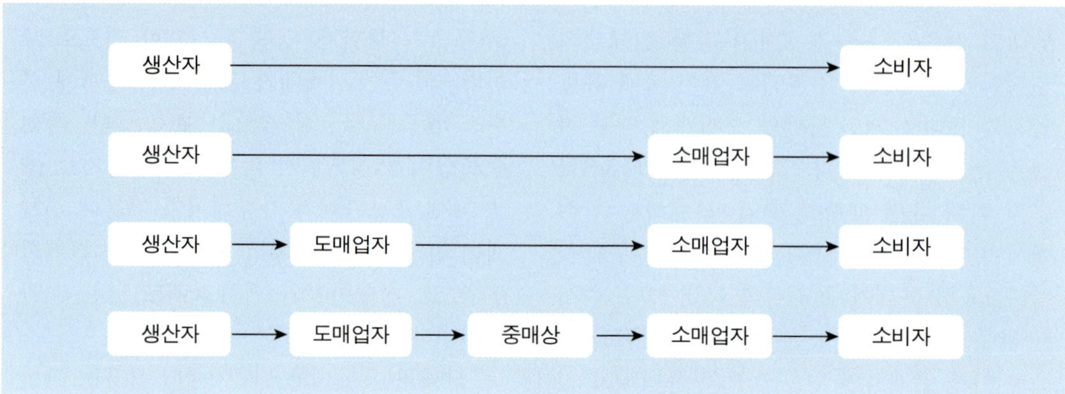

우, 소매상만 활용하는 경우, 도매상과 소매상을 활용하는 경우, 도매상, 중간도매상, 소매상을 모두 활용하는 경우로 나누어 볼 수 있다. 일반적으로 소비재 유통에서는 한 가지 유통경로가 아닌 복수의 유통경로를 사용하는 것이 보통이다.

소비재 유통을 제품의 종류나 속성에 따라 구분해 볼 수도 있다. 제품의 종류에 따라서는 식품유통, 의류(패션)유통, 주생활용품유통, 연료유통 등으로 나눌 수 있으며, 상품의 속성에 따라 가전제품과 같은 내구재 유통 및 일상용품과 같은 비내구재 유통으로 구분된다.

2) 산업재 유통

산업재는 다른 재화를 생산하거나 서비스를 제공하는 산업소비자를 대상으로 한 제품으로서 자재와 부품, 소모품, 자본재 등이 여기에 속한다. 산업재는 소비재와 비교하여 상대적으로 소비자의 규모가 크고 수가 적으므로 생산자가 직접 유통하는 경우가 더 많다. 그러나 역시 중간상을 활용하기도 한다. 산업재 유통경로는 〈그림 3-3〉에서 보는 바와 같이 구분될 수 있다. 제조업자 판매지점이나 대리점을 이용하거나 도매상을 이용하는 것이 산업재 간접유통의 주요 형태이다. 이렇게 볼 때 산업재의 유통경로는 0단계, 1단계, 2단계의 유통경로가 일반적이다. 이밖에 산업재 유통은 상품의 종류에 따라 원료품유통, 설비품유통 등으로 나눌 수 있다.

〈그림 3-3〉 산업재 유통경로의 유형

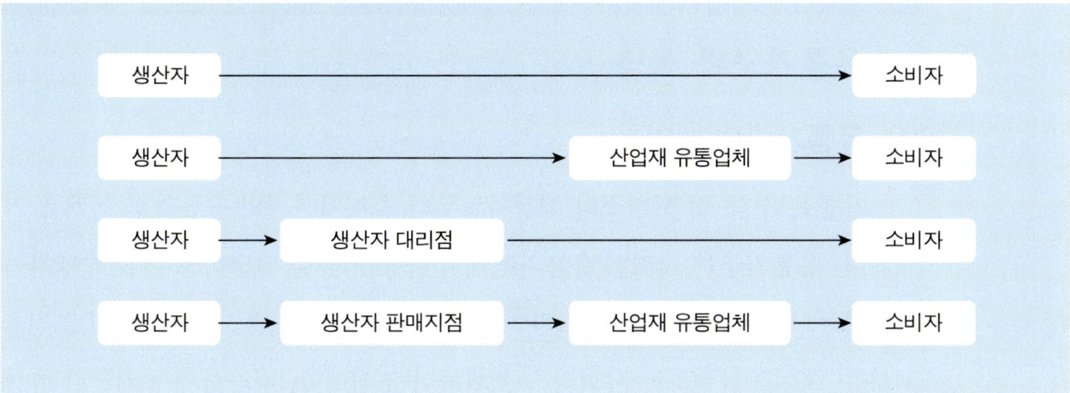

(3) 서비스 유통

유통경로는 눈에 보이는 재화뿐만 아니라 서비스를 유통시키는 역할도 한다. 예를 들어 은행은 금융서비스를, 학교는 교육서비스를 최종소비자에게 유통시켜야 하는 것이다. 이와 같이 서비스와 아이디어를 파는 생산자 역시 그들의 상품을 소비자들이 접근하여 구매할 수 있도록 어떻게 표적시장에 제공할 것인가 하는 과제를 안고 있다.

예를 들어 병원은 환자들에게 완벽한 의료서비스를 제공할 수 있는 지리적 위치에 입지하여야 하며, 학교는 학생들이 있는 곳 가까이 세워져야 한다. 소방서는 화재가 발생할 위험이 있는 곳에 신속하게 도착할 수 있도록 입지를 해야 하고, 투표소는 유권자들이 시간, 노력, 비용을 낭비하지 않고 투표할 수 있는 곳에 설치되어야 한다. 근래 스포츠, 레저, 엔터테인먼트 등의 서비스산업이 커지면서 서비스유통은 더욱 중요해지고 있는 실정이다. 서비스의 유통도 기술이 발전함에 따라 서비스의 전달이 더 용이해지고 편리해지고 있으며, 향후 더욱 비중이 커질 것으로 전망되고 있다.

유통기구

1. 유통기구의 개념

(1) 유통기구의 개념

유통은 상품 및 서비스의 생산자로부터 소비자까지의 유통과정 전체를 가리킨다. **유통기구**는 이러한 유통과정에서 유통 기능을 담당하고 이를 수행하는 유통활동의 주체로서 생산과 소비의 사이에 존재하는 공간 거리(격리)의 조정을 꾀하는 기능을 완수하는 사회적 구조체이며 조직이다. 따라서 유통기구란 유통기관의 연쇄적 결합기관으로서 생산자로부터 소비자에게 상품 및 서비스를 유통시키는 사회적 메커니즘(mechanism)이며 구조라 할 수 있다. 기구란 어떤 조직형성에 의해 어떤 기능이나 역할을 수행하는 조직의 구성체를 뜻한다. 제조업체나 유통업자들은 각기 자신에게 필요한 교환활동을 수행하는 것이나 동시에 유통경로상에 필요한 기능이나 역할을 담당하게 된다. 즉, 유통경로의 기능을 수행하는 구성체에 해당되므로 전체 유통시스템의 관점에서 유통기구로 인식되는 것이다.

(2) 유통기구의 범위

유통기구는 넓은 의미에서 생산자, 도매업자, 소매업자, 보조유통업자, 소비자까지를 포함하는 개념이다. 보조유통업자란 제품의 소유권이전에는 관여하지 않으나 제품의 유통이 원활하게 이루어지도록 보조해 주는 기구들을 말한다. 여기에는 수송을 담당하는 운수업자, 저장을 담당하는 창고업자를 포함한 물류업자와 보험, 금융, 시장조사 등의 기능을 담당하는 기구들이 있다. 소비자도 조직화되고 있어 유통 기능을 일부 분담하는 추세도 나타나고 있다. 최근 나타나고 있는 생활협동조합은 조합원인 소비자가 공급자와의 직거래를 통해 구매활동을 함으로써 기존의 중간상이 하던 기능을 수행하고 있다. 이와 같이 생협은 소비자가 직접 유통경로에 참여함으로써 안전한 제품과 믿을 수 있는 품질의 제품을 구매하거나 구매비용을 절감하는 것을 목적으로 하고 있다.

중간상은 생산자와 최종소비자 및 산업소비자 사이에 존재하는 독립사업체로서 재화와 서비스의 흐름을 원활하게 하는 역할을 한다. 생산자들이 생산한 재화와 서비스의 구색과 소비자가 원하는 구색 사이에 차이가 있는 경우 이를 메우기 위해 중간상이 필요한 것이다. 또한 중간상을 이용함으로써 표적시장에 쉽게 접근할 수 있고 소비자의 제품의 구입을 용이하게 해 준다. 중간상들은 그들의 영업관계, 경험, 전문화, 영업영역을 통하여 유통상의 효율성을 증진시켜 주는 것이다.

(3) 유통기구의 분화

유통활동은 전문화하면서 양적 분화와 질적 분화가 동시에 일어나므로 유통기구도 기능적 측면과 경로적 측면에서 살펴보고 분석하지 않으면 안 된다. 전자는 각종 유통기관이 시장의 유통기구 구성요소의 단위경영체로서 각기 다양한 기능을 수행하고, 각 기구가 분담한 기능이 종합적으로 상품의 사회적 유통을 담당하게 된다. 후자는 상품 및 서비스가 생산자로부터 소비자에게 이전되는 경로로서 유통기구를 구성하는 유통기관에 의해서 형성된다. 예를 들어 개방형 유통경로는 많은 소매상에게 유통시키기 위해서 많은 도매상을 활용하여 유통경로를 길게 하는 것으로서 주로 가공식품과 같은 편의품에 적합하다. 그리고 선택형 유통경로는 짧은 경로이며, 상품설명과 애프터서비스가 필요한 가구와 자동차 등 선매품, 전문품의 경우는 그 목적에 합치하는 점포를 선별하여 유통시키는 것이다. 유통기구는 상업경영의 성과를 실현하고 소비자의 욕구 및 필요를 충족시키는 것에 그 사회경제적 존재 이유가 있다.

2. 유통기구의 유형

(1) 업종과 업태의 개념

유통업을 구분하는 기준으로 업종과 업태의 개념이 있다. **업종**은 취급하는 상품을 기준으로 구분하는 것으로서 식품점, 의류점, 가구점과 같이 분류하는 개념이다. **업태**는 영업하는 형태나 방식을 기준으로 구분하는 것으로서 일반적으로 소매점을 슈퍼마켓, 백화점, 전문점과 같이 분류하는 개념이다.

전통적인 유통기구의 형태인 도매상과 소매상의 구분은 점차 그 성격과 경계가 모호해지고 있다. 그것은 도매 기능과 소매 기능, 그리고 제조 기능이 점차 혼합되고 있는 양상을 보이고 있기 때문이다. 도매상은 상품개발분야에 진출하여 도매업자 상품을 개발하여 이를 제조업자에 생산을 위탁하기도 하고 다른 업종과 제휴를 맺기도 하며, 소매업에도 진출하고 있다. 소매업에 진출하여 직영점을 운영하거나 소매점과의 협력을 통해 무점포 판매를 하거나 백화점 및 대형점에서 매장을 운영하기도 하는 것이다. 이와 같이 도매업이 다른 분야에 진출하는 한편 도매 기능이 소매업, 제조업, 물류업에 흡수되는 경향도 있어 이들 사이의 경계가 점점 허물어지고 있는 실정이다.

각 점포들이 상품화의 차이를 점차 줄이면서 업종과 업태의 구분도 명확성이 줄어들고 있다. 〈표 3-1〉에서 보는 바와 같이 제품의 형태와 점포의 형태가 분명하게 구분되고 있지 않으며, 각 점포의 **혼합식 상품화**(scrambled merchandising)

〈표 3-1〉 제품과 점포의 구분

구분	편의점	선매점	전문점
편의품	가장 가까운 곳에서 어떠한 상품이건 구매한다.	서비스가 좋고 가격이 싼 상점을 찾기 위해 비교하고 다닌다.	상점이 중요하며 상표는 별로 중요하지 않다.
선매품	선택을 원하나 가장 가까운 상점에 구색이 있으며 구매한다.	제품과 상점의 믹스를 비교하여 이미지가 좋은 상점에서 구매한다.	상점을 선호하나 충분한 구색을 원한다.
전문품	특정제품을 선호하나 편리한 상점에서 구매한다.	특정 제품을 선호한다. 그러나 최선의 제품과 상점믹스를 찾아서 구매한다.	상점과 특정 상표를 둘 다 선호한다.

자료: E. Jerome McCarthy and William D. Perreault, Jr., *Basic Marketing*, 11th ed., 1993, p.367.

로 인해 더욱 구분이 어려워지고 있다.

일본의 백화점은 미국의 백화점과는 조금 다른 성격을 띠고 있는데 업종을 종합화하여 일괄구매(one-stop shopping)의 기능을 높였다는 평가를 받고 있다. 따라서 업태를 취급하는 상품의 종류로 구분하기는 어렵다. 결국 업태는 취급상품을 포함하여 경영형태, 경영규모, 판매방식, 입지특성, 점포 수, 표적 소비자 등을 종합적으로 판단하여 구분되어야 한다.

이런 관점에서 소매업태도 최종소비자를 대상으로 구체적인 소매업경영의 장인 점포에서 소매업의 경영자가 채택하고 실천하는 경영전략을 종합하여 판단하게 된다. 즉, 취급하고 있는 상품구색뿐만 아니라 점포입지, 판매방법, 점포규모, 가격정책, 부대서비스, 점포시설 등 다양한 특징을 토대로 업태가 구분된다. 따라서 비슷한 상품을 취급한다 하더라도 다른 요인에서 차이가 나면 다른 업태로 분류될 수 있는 것이다. 이를 달리 표현하면 이들 요인들의 새로운 특징을 개발하거나 새로운 믹스를 개발함으로써 얼마든지 새로운 업태를 개발할 수 있다는 것이다.

(2) 유통기구의 분류

유통기구를 분류하는 방법은 다양하나 크게 기능별, 상품별, 기관별로 구분하여 볼 수 있다.

1) 기능별 유통기구

유통기구의 역할은 생산, 소비의 인격적 통일 기능을 달성하는 것이며, 이를 위해 생산자로부터 소비자에게 상품 및 서비스를 유통시키기 위한 기능을 가지며, 이러한 유통 기능을 실현시키기 위해 사회적 기구가 형성된다. 유통기구가 수행하는 기능 가운데 특히 수량적 기능을 표준으로 분류하는 것으로서 유통기구를 수집기구와 분산기구로 대별하고 그 중간에 중계기구가 존재한다.

2) 상품별 유통기구

상품의 종류에 따라 유통을 담당하는 기구의 구성은 달라진다. 상품의 특성과 유통환경이 다르므로 상품이 생산자로부터 소비자에게 유통되는 경로도 달라지는 것이다. 여기에서는 각종의 상품을 개별적 및 종단적으로 파악하고 유통기구는 여러 종류의 상품군에 따라 분류한다.

3) 기관별 유통기구

토탈시스템(total system)으로서 유통기구를 유통기관의 형태를 기준으로 분류한다. 일반적으로 도매상업 유통기관과 소매상업 유통기관으로 나눈다. 이런 구분은 주로 업종 개념에 의해 구분된 것이기도 한데, 판매대상이 누구인가에 따른 구분이다. 도매기관은 소매상이나 다른 중간도매상과 같은 재판매업자나 업무용으로 제품을 구매하는 산업소비자를 대상으로 영업을 하며, 소매기관은 사업용이 아닌 개인용으로 상품을 구매하는 최종 개인소비자를 대상으로 영업을 하는 것이다.

3. 유통기구(상인)의 필요성

유통 기능을 수행하는 데 생산자나 소비자가 직접하지 않고 중간상을 활용하는 경우를 많이 보게 된다. 왜 생산자나 소비자는 유통 기능을 중간상에게 위임하는가? 중간상에게 유통 기능을 위임한다는 것은 유통경로상의 통제력을 상실하는 것이므로 기업의 입장에서는 상당한 이유가 있지 않으면 안 될 것이다. 다시 말해 중간상을 활용함으로써 얻는 이점이 있어야 한다는 것이다. 이는 중간상이 존재할 수 있는 이유가 된다.

(1) 총거래 수 최소화의 원리

중간상은 생산자와 소비자가 제품과 서비스를 교환하기 위하여 필요한 거

〈그림 3-4〉 거래 수 최소화

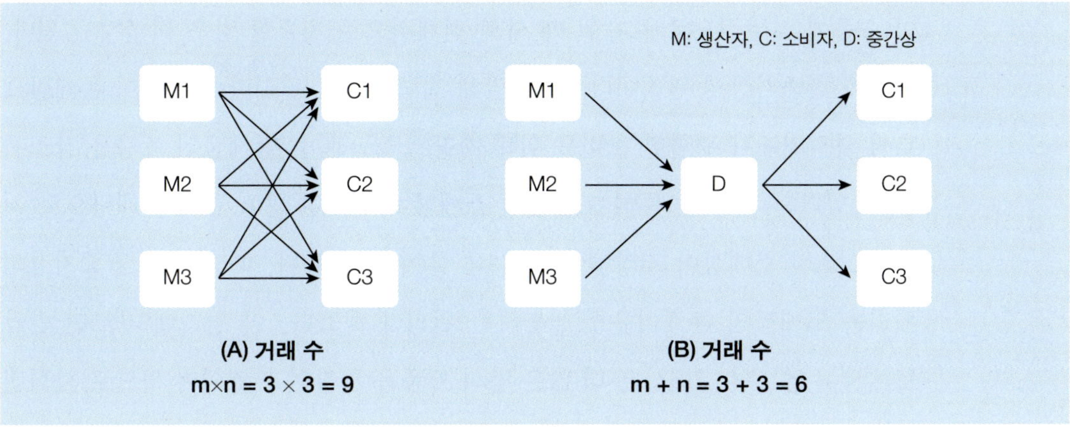

래 수를 절약시켜 주는 역할을 한다. 만약 중간상이 없다면 생산자와 소비자는 직접 거래하여야 할 것이다. 따라서 〈그림 3-4〉의 (A)와 같이 세 명의 생산자가 세 명의 소비자와 직접거래를 한다면 9번의 거래가 발생하게 된다. 그러나 〈그림 3-4〉의 (B)와 같이 중간상을 통해 제품을 거래하는 경우 동일한 세 명의 생산자와 세 명의 소비자인 경우 6번의 거래만 일어나면 된다. 따라서 3번의 거래가 감소하게 되는 것이다.

이와 같이 중간상이 개입함으로써 다수의 생산자와 다수의 소비자가 직접 거래하는 경우에 비해 총거래 수를 줄이는 효과를 내게 된다. 중간상이 존재함으로써 총유통비용이 감소하게 되어 거래의 효율성을 증진시킬 수 있으므로 중간상의 존재가 정당화되는 것이다. 여기서 거래의 수가 줄어듦에 따라 거래비용이 줄어든다는 것은 개별 거래비용이 모두 같다는 것을 전제로 하고 있다. 그렇다고 해서 중간상의 존재가 무조건 거래 수를 줄이는 것은 아니다. 중간상의 수가 적정 수준을 넘어서면 오히려 총거래 수는 많아질 수도 있다.

(2) 집중저장의 원리

생산과 소비는 시간적으로나 공간적으로 분리되어 있기 때문에 상품의 일정량은 항상 유통과정에 체류하면서 수요와 만나기를 기다려야 한다. 이것이 재고인데 이 재고량이 각각의 생산자에게 분산적으로 보유되고 있는 것보다 상인의 수중에 일괄적으로 보유될 때 사회 전체적으로 필요한 양은 적어지게 된다. 이것이 집중저장의 원리이다. 다시 말해 집중저장의 원리란 중간상이 존재함으로써 사회전체가 원활한 소비를 위해 저장(storage)해야 할 제품의 총량을 감소시킬 수 있다는 것이다. 특히 도매상이 소매상이 필요한 많은 품목을 대량으로 저장함으로써 소매상이 저장해야 할 양을 줄여 주게 된다. 따라서 이 집중저장의 원리는 도매상의 존재이유를 설명하는 원리라 하겠다. 이 원리에 따르면 만약 도매상이 없으면 소매상은 더 많은 양의 제품을 저장하고 있어야 하므로 사회전체의 저장량이 증대되어 유통의 효율성이 떨어진다는 것이다.

(3) 정보축약 · 정합의 원리

상인이 형성하는 중간 구색 갖춤은 생산자와 소비자 양쪽에서 상대방을 탐색하는 창이다. 생산자는 상인을 통하여 수요정보를 획득하고 소비자는 상인을 통하여 공급정보를 입수한다. 물론 개개인의 상인이 실제로 모든 수요정보와 공급정보를 탐색하는 창이 되지는 않을 것이며, 개개인의 상인이 제공하는 정보 기능은 제한되어 있을 것이다. 그러나 상호경쟁 관계에 있는 복수의 상인이 전체로서 발신하는 정보는 대체로 전체의 수요정보와 공급정보를 대표할 수 있다. 수요정보와 공급정보는 유통과정을 통하여 집약적으로 표현되는데, 이것이 정보축약 · 정합의 원리이다.

유통과정에서 수요정보를 정확하게 축약하면 생산자는 상인의 중간구색 갖춤의 변화를 관찰함으로써 수요동향을 파악할 수 있다. 예를 들면 상품이 판매되지 않았을 경우 그 이유가 애당초 수요가 존재하지 않았던 것인지, 공급이 많았던 것인지, 아니면 우연히 수요를 찾지 못했을 뿐인지 번민할 필요가 없다. 적어도 우연히 수요가 발견되지 않았을 가능성은 극소화되며, 생산자는 즉각적으로 수요정보를 획득하고 이를 차기계획에 반영시킬 수 있다.

이러한 역할은 전통적으로 도매상이 담당하여 왔다. 도매상의 기능이 원활하게 이루어지면 수요정보와 공급정보는 도매단계로 집약된다. 각기 다른 생산자의 상품수요와 공급동향, 각기 다른 소매상에서의 수요동향이 도매단계로 집약되는 것이다. 이 정보에 의해 생산자는 생산을 조정하고 소매상은 구입・판매를 조정하여 공급과잉이나 공급부족의 사회적 비용을 극소화하게 된다.

(4) 분업의 원리

작업의 효율성을 높이기 위하여 분업의 원리가 적용된다. 일을 나누어 전문화함으로써 경험효과에 따른 숙련도 및 노하우 증진으로 작업의 효율성이 높아지게 된다. 유통경로상에서 수행되는 다양한 기능에도 이와 같은 분업의 원리가 적용된다. 즉, 협상, 주문, 촉진, 정보수집, 재고 등의 기능을 생산자가 모두 수행하기보다는 이를 분업화하여 중간상이 전담함으로써 유통의 효율성을 높일 수 있다는 것이다. 이는 중간상이 수행하는 유통 기능의 효율성이 제조업자나 소비자가 직접 수행하는 것보다 높다면 전체 유통비용이 줄어들 수 있고 가격은 오히려 낮아질 수 있다는 것이다.

특히 유통 기능을 수행하기 위해서는 상당한 양의 투자가 소요된다. 많은 생산자들은 독자적인 유통망을 직접 구축할 만한 자금력을 가지고 있지 못하다. 따라서 중간상에게 유통 기능을 위임하게 된다. 유통 기능을 독자적으로 수행할 수 있는 능력이 있는 생산자라 하더라도 중간상을 활용하는 경우가 있는데, 이는 자신들이 더 잘 할 수 있는 사업에 투자함으로써 더 많은 이익을 낼 수 있기 때문이다. 다시 말해 소매 기능을 직접 수행함으로써 10%의 수익률을 올릴 수 있고 제조부문에의 투자로는 20%의 수익률을 올릴 수 있다면 직접 소매 기능을 수행하려 하지 않을 것이다.

(5) 변동비 우위의 원리

생산비용을 고정비와 변동비로 나눌 때, 대부분의 제조업의 경우 고정비의 비중이 크다. 이 경우 생산량이 증가할수록 단위당 고정비가 감소되어 총생산비

생활 속의 유통 배추 한 포기 산지선 290원 소매선 1,400원…정부 '유통비 살뺀다'

정부가 최대 7단계에 이르는 현행 농산물 유통 단계를 절반 이하로 줄여 유통 비용을 15%가량 끌어내릴 계획이다. 또 1985년 이후 경매 중심으로 운영되던 농산물 도매시장의 정가·수의매매 비중을 확대한다. 정부는 '농산물 유통구조 개선 종합대책'을 통해 "우리나라 농산물 유통의 절반을 차지하는 도매시장 관련 각종 규제를 풀어 도매시장 법인, 중도매인 등이 대형 유통업체 등과 경쟁할 수 있도록 하겠다"며 "정부 종합 대책의 효과로 생산자는 최대 5% 더 받고 소비자는 10% 싸게 살 수 있을 것으로 기대한다"고 말했다. 이번 대책은 과거 정부가 경매담합 같은 도매시장 내부의 비합리적 요소를 바로잡으려는 데 치중한 것과 달리 도매시장 구성원들의 전문화와 규모화를 통해 도매시장의 경쟁력을 키우려는 의도로 보인다.

우선 정부는 현행 최저가 낙찰 방식의 경매 위주 도매시장이 농산물의 가격 변동성을 키운다는 판단 아래, 예측 가능성이 높은 정가·수의 매매를 현행 9%대에서 2016년까지 20%로 늘릴 방침이다. "농산품의 경우 40~50%가 유통비용이며 무·배추의 경우는 70%에 이르고 가격이 늘 급등락해 소비자와 생산자 모두 불만이다"라고 지적했다.

정부는 또 생산자(단체)와의 직거래 등 대안 유통경로를 강화하기로 하고 생산자(단체)와의 직거래 유통 규모를 15%에서 2016년까지 30%로 늘려 대형 유통업체를 견제할 수 있도록 하겠다는 것이다. 이를 위해 수도권·충청권, 영남권, 호남권, 강원권, 제주권 등 5개 권역에 도매물류센터를 건립하고 물류센터로 농산물을 출하할 산지 공동출하 조직을 육성한다. 직거래 활성화를 위해선 직매장, 직거래 장터, 온라인 직거래몰 등 직거래 유형별로 맞춤형 지원책을 마련할 방침이다.

정부는 최근 양파 파동처럼 일부 농산물의 가격이 급등락하면 정부가 즉각적으로 수급 안정 대책을 시행할 수 있도록 하는 장치도 마련했다. 배추·양파 등 주요 품목의 5개

배추 한 포기의 유통 과정과 가격

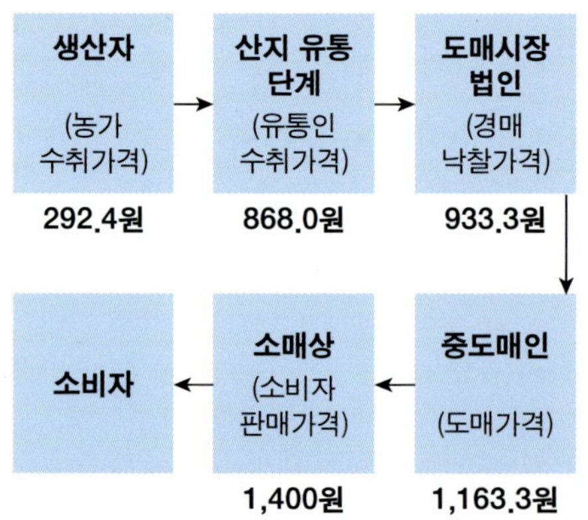

자료: 한국농촌경제연구원 농산물 유통구조 개산 사업군 재정 사업 심층 평가, 2012년 기준

주요 농축산물의 유통비용율

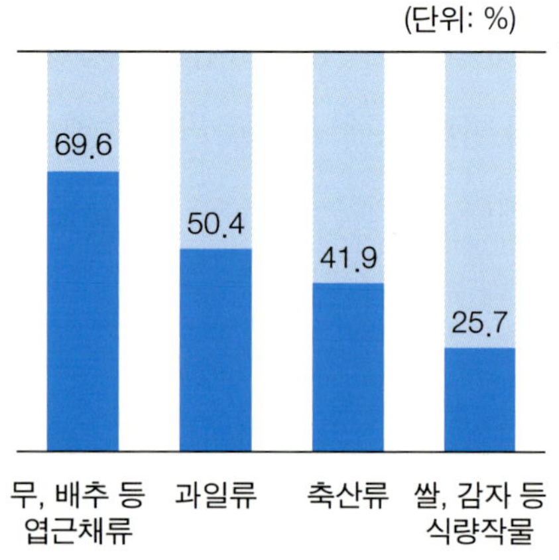

자료: 농수산식품유통공사, 2011년 기준

생활 속의 유통 배추 한 포기 산지선 290원 소매선 1,400원…정부 '유통비 살뺀다' (계속)

연 평균 가격 분포를 분석해 '가격 안정대'를 설정하고, 농산물 가격이 이 범위를 벗어나면 주의-경계-심각 단계의 경보를 발령해 단계별로 산지 동향 점검, 비축 물량 공급, 관세 인하 등 수급안정대책을 시행한다.

자료: 한겨레, 2013. 5. 27. 발췌인용

용이 감소하는 규모의 경제효과가 나타나게 된다. 그러나 유통부문의 비용은 제조업체에 비해 변동비의 비중이 상대적으로 크므로 생산자가 제조와 유통을 통합하여 대량판매를 하여도 규모의 경제효과가 그리 크게 나타나지 않는다. 따라서 제조와 유통을 통합하여 대형화할 때 나타나는 이점이 적을 경우 이들 두 기능을 분리하여 수행하는 것이 바람직하다. 결국 변동비우위의 원리란 유통분야의 비용구조에서 변동비의 비중이 크기 때문에 규모의 경제효과가 작게 나타나게 되므로 제조와 통합하기보다는 역할을 분담하는 것이 비용면에서 효율적이라는 것이다.

PART 2
유통의 흐름

04 소유권의 흐름

유통이 본래의 사회적 역할을 달성하기 위해서는 소유권이전 기능이 수행되지 않으면 안 된다. 생산, 유통, 소비라고 하는 사회적 분업이 확실히 자리 잡고 있는 현재의 경제상태 하에서는 자신이 직접 생산하지 않는 재화는 시장에서 그것을 구입하여 소유권을 획득하지 않으면 소비할 수 없다. 즉 소유권이전 기능을 통해 유통은 생산과 소비를 연결시키는 사회적 역할을 수행하고 있는 것이다. 한편 소유권의 흐름에 관한 기능을 고찰함에 있어서 또 한 가지 고려해야 할 요소는 소유권이전 기능과 불가분의 관계에 있는 위험부담 기능이다. 즉, 중간상이나 소비자가 판매나 소비를 목적으로 어떤 재화에 대한 소유권을 획득하면 그들은 그 재화를 보유함으로써 발생하는 여러 가지 위험을 함께 부담해야 한다는 것이다. 다시 말하면 시장에서는 판매나 소비를 목적으로 소유권이전 기능이 이루어지지만 그것에는 위험부담 기능도 함께 따른다는 점을 이해해야 한다.

소유권이전 기능

소유권이전 기능이란 생산자와 소비자 사이의 소유권적 분리를 조정하기 위해 수행되는 기능으로서 판매자와 구매자가 특정한 상품 및 서비스의 소유권 이전과 관련하여 최종적으로 대금결제를 할 때까지 발생되는 모든 활동을 포함한다. 따라서 이에는 거래처 결정, 상품선택, 가격결정, 대금의 지불과 수취, 필요하다면 금융 기능이 수반되는 등 여러 가지 활동들이 포함된다.

1. 교환

재화가 한 경제주체(가계 · 기업 · 정부)의 소유에서 다른 경제주체의 소유로 이전하는 데는 증여, 약탈, 정치권력에 의한 공(헌)납 등이 있을 수 있지만, 가장 기본적이고도 정상적인 과정을 거치는 것은 교환(exchange)이다. 유통의 가장 본질적인 기능은 생산과 소비의 연결이며, 이것은 결국 교환 기능을 통해 수행된다.

교환의 역사를 살펴보면 초기에는 물물교환의 시기로서 잉여생산물의 상호교환이 이루어지다가 교환을 목적으로 생산이 이루어지는 단계로 발전되어 갔다. 그 다음에는 화폐를 매개로 하는 교환이 출현하였는데, 물품화폐, 금속화폐, 주조화폐, 지폐로 발전해 가다가 최근에는 전자화폐가 도입되어 교환의 매개체로서의 화폐의 사용범위가 점점 더 확대되고 있다.

2. 매매계약

교환 당사자 간에 상품매매에 관한 교섭이 타결되면 매매계약을 체결하게 되는데, 매매계약은 대개 법적인 구속력을 가지게 되며, 다음과 같은 내용들이 포함된다.

(1) 상품의 종류 및 품질

상품의 종류와 품질의 결정에 있어서 대전제가 되는 것은 소비자의 욕구가 무엇인가를 파악하는 것이다. 즉 상품을 구매하는 구매자 입장에서는 소비자가 원하는 상품은 어떤 종류이며 어떤 수준의 품질인가를 먼저 파악한 다음 구매결정을 하고 구매에 대한 계획을 세워야 한다. 이 문제에 관하여 주어진 자유재량의 폭은 구매자의 유형에 따라 차이가 있다. 즉 일정규격의 원재료를 계속 사용하는 일반 제조업자의 경우는 구입상품의 종류 및 품질에 관한 한 선택의 폭은 좁기 마련이다. 이에 비하여 도 · 소매상과 같은 중간상인들은 구매목적이 재판매에 의한 이윤 획득에 있으므로 같은 종류의 상품을 계속 구매하는 일도 있지만, 시장상황이나 소비자 욕구의 변화 등에 따라 상품선정의 기준이 수시로 바뀔 수 있기 때문에 제조업자의 경우보다 상품선택의 폭이 상대적으로 넓어지게 된다.

상품의 품질을 판단하는 방법으로는 크게 다음과 같은 세 가지 방법이 있다. 즉 실제로 일일이 상품을 검사해 보고 판단하는 방법(by inspection), 견본을 통해서 검사하는 방법(by sample), 그리고 통명(通名)에 의하여 결정하는 방법(by description)이 그것이다. 부패성이 강하거나 표준화가 제대로 되어 있지 않은 상품은 실제로 하나씩 검사를 해야 하지만, 비용이 많이 들고 번거로움이 따르기 때문에 대량거래 시에는 적절한 방법이 되지 못한다. 그러나 표준화된 상품의 경우는 견본구매가 보편화되어 있다. 이는 모든 상품을 구매자가 하나하나 체크하는 것이 아니라 거래상품의 일부를 구매자가 검토한 후 매매계약을 체결하는 방법이다. 이 경우에는 구매자가 상품을 인수한 후 이것이 견본품과 현저히 차이가 난다는 것을 발견하게 되면 구매자는 판매자에게 클레임을 제기할 수 있다.

표준화에 의해 품질을 결정하는 것도 대상 상품이 공산품이냐 농산품이냐에 따라 그 내용이 다르다. 즉 공산품에서는 애초에 품질의 표준화에 의해 규격생산이 행해지고 있는데 비하여 농산품의 경우에는 분류(sorting) 및 등급화(grading)가 품질평가의 바탕이 되고 있다.

그리고 통명에 의한 거래는 지명도가 높거나 표준화가 완벽하게 이루어져서 상품의 대체성(fungibility)이 매우 큰 상태에 있는 상품일 때 해당된다. 이 경우에는 견본마저도 볼 필요 없이 상표 또는 통명만 제시함으로써 매매계약의 체결이 가능하다.

(2) 수량

구매자의 경우 구입할 상품의 수량을 적절하게 결정하는 일도 매우 중요한데, 구매수량은 최종판매를 위해 계획되어 있는 목표수량에 대응해서 결정되어야 한다. 생산자의 경우에는 생산일정에 따라 작업을 원활하게 진행하는 데 필요한 수량을 산정하여 원재료의 과부족을 초래하지 않도록 적당한 수량을 결정하여야 하며, 이 경우에도 최종적으로는 제품의 예상매출액을 기준으로 하여 구매수량이 결정되어야 한다.

중간상인이 구매상품의 수량을 결정하는 것도 생산자의 경우와 거의 동일하다고 볼 수 있는데, 도매상이나 소매상이 구매상품의 수량을 결정할 때의 기준도 일정기간 내에서의 목표매출액이다. 그리고 이 때도 목표매출액과 더불어 재고수준을 어느 정도로 유지하느냐가 구매수량결정에 있어서 중요한 요소가 된다.

매매계약에서 수량은 일반적으로 상품의 개수(個數)로 표시된다. 그러나 광석이나 철강제품 등과 같이 무게가 많이 나가거나 목재 등과 같이 부피가 큰 제품의 경우에는 중량(重量)이나 용적(容積) 등으로 상품의 수량을 표시하기도 한다. 그리고 내용물에 비해 포장이나 용기의 비중이 상대적으로 큰 경우에는 포장과 용기의 크기 및 중량에 관해서도 구체적으로 표시되어야 한다.

(3) 단가

대체로 판매자가 제시하는 판매가격은 구매선을 결정하는 데 중요한 요인이 되지만 그러나 항상 이것이 결정적인 조건이 되는 것은 아니다. 예컨대 가격은 품질과 함께 비교되어야 하며, 또한 운임부담을 구매자와 판매자 중 누가 부담할 것인가 하는 문제와 대금의 지불조건 등도 아울러 고려하여 비교할 필요가 있다. 특히 운임의 경우 운임부담에 관한 여러 조건들이 있으므로 이에 대한 확실한 사항을 매매계약에 표시해야 한다.

매매단가와 관련해서 또 하나 고려해야 할 것은 할인에 관한 내용이다. 사실 구매자와 판매자가 매매단가에 관한 협상을 할 때 처음에 제시된 가격이 마지막까지 그대로 적용되는 경우는 드물고 대부분 다양한 가격할인을 적용하게 된다. 대표적인 가격할인에는 다음과 같은 것들이 있다.

1) 현금할인

현금할인(cash discount)은 상품대금을 외상이나 어음이 아닌 현금으로 지불할 경우 가격을 할인해 주는 것을 말한다. 판매자의 경우 어음을 할인하기 위한 이자지급분이나 외상매출 회수비용 등을 줄일 수 있고, 자금력이 있는 구매자의 경우 구매단가가 떨어지는 이점이 있다.

2) 수량할인

수량할인(quantity discount)은 대량으로 구매하는 구매자에게 가격을 할인해 주는 것이다. 판매자의 입장에서 볼 때 대량 판매는 재고비용, 수송비, 주문처리 비용 등을 절감할 수 있으므로 이에 상응하는 금액을 할인해 줄 수 있다.

3) 계절할인

계절할인(seasonal discount)은 계절이 지난 상품이나 서비스를 구매하는 구매자에게 가격을 할인해 주는 것을 말한다. 예를 들면 여름에 난방용품 등과 같은 겨울상품을 구매한다든지, 반대로 겨울에 에어컨 등과 같은 여름상품을 구매하는 경우에 판매자는 일정액의 가격할인을 해주게 된다.

4) 거래할인

거래할인(trade discount)은 기능적 할인(functional discount)이라고도 하는데 판매, 보관, 장부정리 등과 같이 판매자가 해야 할 일을 대신 수행하는 중간상에 대한 보상으로 할인을 해 주는 것이다.

(4) 인도

매매계약에는 상품인도에 관한 사항도 포함되어야 하는데, 여기에는 인도기일과 인도장소의 두 가지 요소가 고려되어야 한다. 인도기일은 매매계약 후 상품을 언제 구매자의 손에 넘겨주느냐 하는 것으로서, 이에는 계약체결 후 즉시 인도하는 방법, 수확후 인도하는 방법, 상품이 도착한 후에 인도하는 방법, 그리고 검사 후 인도하는 방법 등이 있다.

발주 상품의 인도기일은 구매자나 판매자 모두의 경우에 있어서 가급적 짧은 것이 바람직하지만, 경제호황기에 기업 활동이 왕성한 시기나 판매자가 대량의 주문을 받고 있어 수급관계가 불균형적일 때는 인도기일을 단축하기가 힘들다.

그리고 상품을 인도할 장소는 상품의 가격을 결정하는데 있어 중요한 요소이므로 가격결정 시에는 상품인도장소가 어딘지가 명시되어야 한다.

(5) 대금지불

대금지불의 가장 기본적인 형태는 구입한 상품에 대해 현금으로 지불하는 것이다. 일반적으로 계약금과 잔금은 구분하여 지불하며, 계약을 위반할 시에는 배상을 하여야 한다. 그리고 잔금지불의 경우 한꺼번에 일시불로 지불할 수도 있으나, 만약 구매자와 판매자 간에 지속적으로 거래가 이루어지는 경우에는 정기적으로 매월 특정일에 분할하여 결제할 수도 있다.

한편 대금을 지불하는 방법으로는 현금결제, 어음결제, 수표결제, 그리고 판매자의 금융계좌에 직접 불입하는 방법 등이 있다.

(6) 소유권과 위험부담의 이전

일반적으로 소유권은 재화의 인도가 이루어진 시점에서 이전되며, 대금지불이 어음으로 이루어진 경우에는 어음결제가 완료된 시점에서 소유권이 이전된다. 그리고 재화에 대한 위험부담은 재화의 인도시점까지는 재화에 대해 발생한 손해를 판매자가 부담하는 것이 원칙이다. 한편 위탁판매인 경우에는 소유권이 위탁판매자로부터 구매자에게로 직접 이전된다. 예컨대 판매자가 도매상이고 소매상이 도매상으로부터 상품판매를 위탁받았을 경우에는 소매상에게는 수수료만 지급하고, 소유권은 도매상에서 소매상의 고객 즉, 소비자에게로 직접 이전된다. 위탁판매인 경우에는 반품이 가능하기 때문에 신제품으로 판매예측이 불가능한 경우에는 반품 가능한 위탁판매계약을 체결하는 것도 바람직한 방법 중의 하나이다.

(7) 기타

기타 매매계약에 있어 고려해야 할 사항으로서 리베이트(rebate)가 있는데, 이는 판매하고 대금회수가 종료된 후 이익의 일부를 구매자에게 되돌려주는 것을 말한다. 원래는 감사의 의미를 가지고 판매자의 판매를 촉진하는 효과를 기대하는 것이지만, 실제로는 많은 문제점을 내포하고 있는 것이기 때문에 사용상에 주의가 필요하다.

3. 유통금융

상품이 먼저 인도되고 대금이 나중에 지불되는 경우, 대금지불을 원활히 하기 위해 유통금융이 필요한데, 유통금융의 주요형태로는 다음과 같은 것들이 있다.

1. 외상매출: 외상매출은 단순히 상품대금의 지급기일을 연기하는 방법이다.
2. 어음지불: 상품대금을 어음으로 지불하는 것에는 크게 약속어음과 어음할인의 두 가지 방법이 있는데, 먼저 약속어음은 일정금액을 지불할 것을 약속하는 증권으로서 법에 정하는 바의 요건을 구비하여야 한다. 어음할인은 지불약정일 이전에 금융기관으로부터 지불기일까지의 이자를 차감한 금액을 수취하는 것으로서, 이것은 금융기관으로서는 어음대금의 지불일까지 어음금액을 대출하고 이자를 먼저 수령하는 형태를 취하는 것이다.
3. 금융기관으로부터의 대출: 이것은 금융기관으로부터 자금을 대출받아 상품대금을 지불하는 것이다.
4. 신용카드에 의한 지불: 상품대금을 신용카드에 의해 결제하는 경우 실제로 대금을 지불하는 것은 일정기간이 경과한 후 카드대금의 결제일에 행해지는 것이기 때문에 이것도 유통금융의 한 형태가 된다.

4. 리스

리스(lease)는 재화의 소유권을 취득하지 않고 임대차에 의해 사용하는 방식으로서 대개의 경우 기계나 설비 등과 같이 고가의 상품에 많이 사용된다. 예컨대 기계나 설비를 리스에 의해 새로 조달하는 경우 리스거래는 다음과 같은 절차에 의해 행해진다. 먼저 리스를 이용할 구매자는 리스대상상품을 선정한 후 그것을 리스회사에 신청하면 리스회사는 생산자와 매매계약을 체결하고 대금을 지불하게 되는데, 이 때 상품의 소유권은 리스회사로 이전된다. 그런 다음 기계설비의 사용자는 리스회사와 장기 임대차계약을 체결하고, 기계설비를 사용하면서 리스료를 지불하면 된다.

리스의 장점으로는 고가의 장비도 손쉽게 이용할 수 있고, 장비의 장기보유에 따른 진부화의 위험이 없으며, 리스료가 경비로 처리되어 세금절감의 효과를 가져오고, 원가계산이 용이하며, 최신의 기계설비를 적은 예산으로 사용 가능하다는 것이다. 리스와 유사한 것으로 대여(rental)가 있는데, 그 차이점은 리스가 장

〈그림 4-1〉 리스의 구조

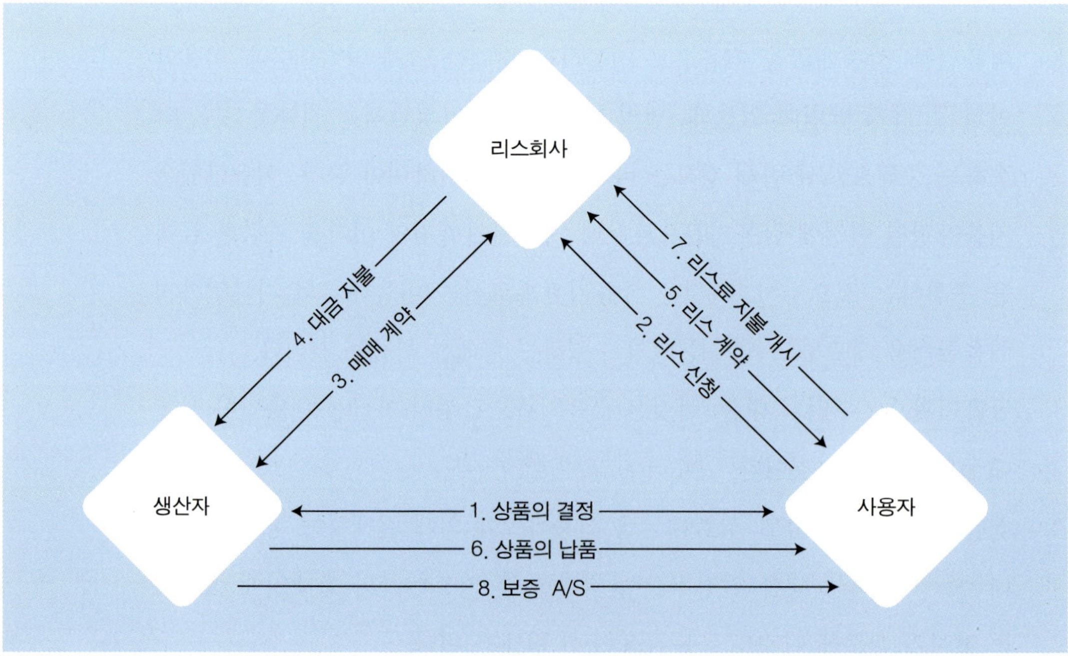

기적인 계약을 체결하는 것인데 반해 대여는 기계 또는 설비를 일시적으로 사용하는 것이다.

5. 시장

(1) 시장관계

시장은 구매자의 수요와 판매자의 공급이 만나는 장으로서 매우 많은 요소들로 구성되어 있으며, 그 요소들은 서로 직간접적으로 연결되어 나름대로의 시장 기능을 수행하고 있다. 그런데 우리가 실제로 시장을 생각하게 되면 대단히 복잡하고 무질서한 것처럼 보이는데, 시장관계를 보다 명확하게 파악하기 위해서 시장을 구성하고 있는 요소들 중 시장을 형성하는데 반드시 필요치 않은 요소는 제외하고 꼭 필요한 요소들만 간추려 보면 구매자, 판매자, 상품, 화폐라는 네 가지 요소만 남게 되며, 이들 중 어느 한 가지만 빠지더라도 시장은 형성되지 않는다. 그리고 이들 네 요소는 서로 연결되어 회합(會合)관계, 가격형성관계, 교환관계라고 하는 세 가지 시장관계를 형성하고 있다.

1) 회합관계

시장이 형성되기 위해서 반드시 필요한 두 주체는 구매자와 판매자이다. 즉 시장이란 상품을 구매하려는 사람과 그 상품을 판매하려는 사람이 만나는 장소이며, 그 두 주체는 시장에서 회합관계를 형성하게 된다.

2) 가격형성관계

상품과 화폐가 연결되어 있는 관계가 가격형성관계이다. 옛날에는 거의 모든 상품들이 시장에서 수요와 공급관계에 의해 가격이 결정되었으나 오늘날에는 특히 공산품의 경우처럼 상품이 시장에 나오기 전인 제조단계에서 미리 가격이 결정되는 경우가 많이 있다. 하지만 아직도 농수산물처럼 1차상품인 경우에는 시장에서의 가격결정력이 살아 있는 경우도 있다.

〈그림 4-2〉 시장관계

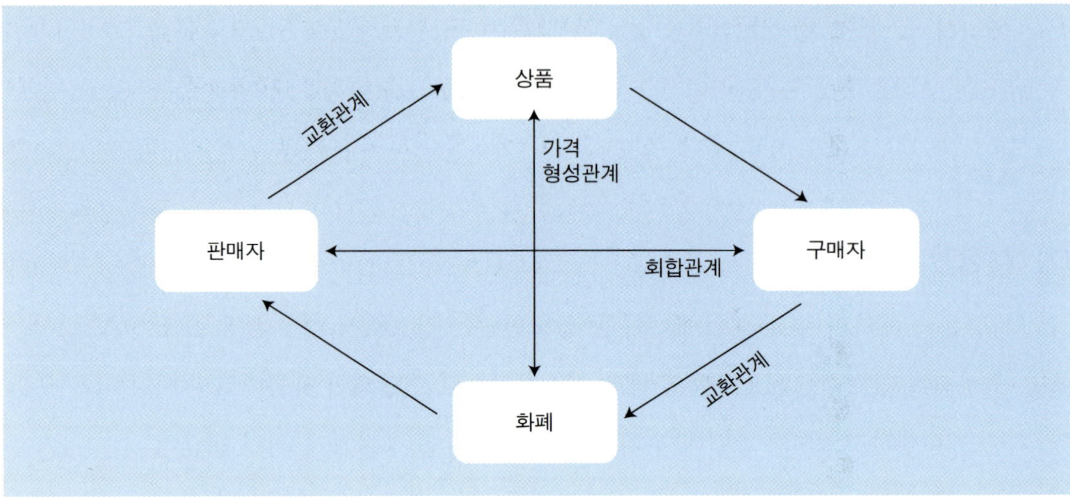

3) 교환관계

상품이 판매자에서 구매자로 이동하고, 그에 대한 대가로 화폐가 구매자에서 판매자로 이동하는 시장관계가 교환관계이다. 이것은 시장 기능 중에서 가장 핵심적인 기능인 매매 기능, 거래 기능, 또는 소유권이전 기능을 나타낸다.

(2) 시장의 종류

오늘날 시장이란 말에는 기본적으로 두 가지 뜻이 포함되어 있다. 하나는 협의 즉, 구체적 의미의 시장이고 다른 하나는 광의 즉, 추상적 의미의 시장이다. 구체적 시장이란 재화의 매매를 목적으로 판매자와 구매자가 일정한 장소에 모여서 현실적 · 가시적으로 거래를 행하는 특정한 장소 또는 건물을 의미한다. 그러나 교통 · 통신 및 상거래제도가 발달함에 따라 수요자 및 공급자가 굳이 일정한 장소에서 만나지 않더라도 하나의 교환거래가 마치 일정한 장소에서 행하는 것과 동일한 결과를 초래할 수 있게 되었는데, 이와 같이 개개의 거래가 별개의 장소에서 이루어지면서 그 정보가 전달되어, 수요와 공급 전체가 마치 한 장소에 모인 것과 같이 가격결정에 영향을 미치는 것을 추상적 시장이라 한다. 교통과 통신이 발달하고, 국제교역이 활발하게 진행되고 있는 오늘날에는 구체적 시장

보다는 추상적 시장의 중요성이 점점 더 증대되고 있다.

이외에도 시장의 종류를 시장에 참가하는 판매자나 구매자의 수와 관련하여 구분할 수도 있다. 예를 들면 거래에 참여하는 판매자가 한 사람 또는 소수인 독·과점 시장에서는 판매자가 교환의 조건을 보다 유리하게 일방적으로 결정할 수 있는 반면, 판매자와 구매자가 각각 다수인 순수경쟁시장에서는 양측 모두가 시장의 결정에 따를 수밖에 없다.

그리고 시장이라고 하는 단어가 수요만을 의미하는 경우도 있는데 해외시장, 유아시장, 노인시장 등이 그 예이다.

위험부담 기능

1. 위험부담 기능의 의미

소유권이전에 의해 어떤 상품이 다른 사람의 손으로 넘어가게 되면 그 상품의 보유에 따른 위험도 함께 이전된다. 즉 상품을 소유한다는 것은 동시에 위험도 함께 부담한다는 것을 의미하기 때문에 소유권이전과 위험부담은 불가분의 관계라 할 수 있다.

2. 위험의 종류

소유에 따른 위험부담의 종류로는 다음과 같은 것들이 있다.

(1) 재화의 선택과 구매조건에 관한 위험

이것은 재화의 구매과정에서 발생하는 위험으로서 첫째, 구매자가 최상의 구매목적을 달성했는가? 둘째, 구매한 재화의 결점을 간과하지는 않았는가? 셋째, 구매조건이 가장 바람직한 것인가 등의 위험이 있다.

(2) 구매 후 경제조건의 변동에 수반되는 위험

이것은 재화를 구매한 후 여러 가지 경제적 환경이 변화함으로써 발생하는 위험으로서 첫째, 경기변동, 수요의 변화, 기후의 변화 등으로 인해 시장가격이 변동하는 경우 둘째, 경쟁상품이 출현하거나 유행이 변화함으로써 상품의 진부화가 발생하는 경우 셋째, 상품판매시점에서의 가격이 그 상품의 구매시점에서 예상했던 판매가격보다 낮은 경우 넷째, 판매량이 예상을 밑돌아 재고가 발생할 경우 등이 있다.

(3) 물리적 손실에 의한 위험

이것은 재화의 보유 도중에 물리적 손실이 발생하는 경우와 관련된 위험이며 첫째, 화재 · 지진 · 풍수해 등에 의한 물리적 손실 둘째, 운송도중의 사고에 의한 물리적 손실 셋째, 고온이나 습기에 의한 변질로 발생하는 상품가치의 감소 등과 같은 경우이다.

3. 위험에의 대응

이상에서 본 바와 같은 유통과정에서 발생하는 여러 가지 위험은 상업 기능의 분화가 미숙했던 과거에는 주로 유통업자 스스로가 부담했던 것이지만, 보험제도가 생겨나고 그것이 하나의 영업으로 독립되면서부터는 많은 부분의 위험이 보험제도에 전가될 수 있게 되었다. 보험회사 및 상품거래소는 유통업자들의 유통위험부담을 제도적으로 경감시켜 주는 전형적인 기관이라 할 수 있다.

유통위험 중 물리적 손실에 기인하는 것은 보험에 가입함으로써 어느 정도까지 위험을 보험회사에 전가시킬 수가 있으므로 이 경우는 위험의 공동부담이 되는 셈이다. 또한 시세변동에 기인하는 유통위험은 상품거래소에서의 **헤징**(hedging)거래에 의해 투기업자에게 전가시킬 수 있다. 그러나 어느 경우이든 간에 유통업자가 부담해야 할 부분은 역시 어느 정도 남게 되는 것이다. 그래서 유

알아두기

헤징 (hedging)

일반적으로 헤징(hedging)은 상품가격, 증권가격, 환율, 이자율 등 현물가격의 변동으로 야기되는 위험을 감소 또는 제거시키기 위한 제반거래를 말한다. 이를 좀 더 자세히 말하면 헤징이란 현재 보유하고 있거나 미래에 보유할 예정인 자산의 가치가 하락하는 가격변동위험을 없애거나 줄이기 위한 행위를 일컫는다. 선물을 이용할 경우 기존의 현물포지션(spot position)에 대해 선물시장에서 반대포지션을 취하는 것을 말한다. 여기서 기대하는 효과는 미래에 현물포지션에서 발생할 수 있는 손실을 포지션이 반대인 선물포지션의 이익으로 상쇄하여 가치변동위험을 없애는 것이다. 이 경우 헤징거래는 미래의 불확실한 가격변동위험에 효과적으로 대응하지만, 그 대가로 이익의 기회도 잃게 된다. 다시 말해 미래에 현물시장에서 이익이 발생하더라도 이는 선물시장에서의 손실로 상쇄되는 것이다.

헤징의 유형에는 선물포지션에 따라 선물을 매입하는 매입헤징(long hedging)과 선물을 매도하는 매도헤징(short hedging)이 있다. 이를 보다 구체적으로 설명하면 보유상품의 가격이 미래에 하락할 위험이 있는 경우에 선물시장에서 매도포지션을 취하는 것이 매도헤징이다. 우려한 대로 보유상품의 가격이 미래에 하락하더라도 선물가격도 동시에 하락하므로 당초의 매도가격보다도 싼 가격으로 선물을 되살 수 있다. 이 선물의 매매이익으로 현물의 손실을 보전할 수 있다. 반면 미래에 구입할 예정인 상품의 가격상승위험을 헤징하기 위해 선물을 사두는 것이 매입헤징이다. 미래에 현물가격이 구입 전에 상승해서 기회손실이 발생하더라도 이미 구입한 선물을 보다 비싼 가격으로 되파는 것에 의해 얻어지는 이익으로 손실을 상쇄하는 것이 가능해진다.

그리고 헤징의 정도에 따라 예상손실이 0이 되어 가격변동위험을 완전히 없애주는 완전헤징과 부분적으로 헤징하는 불완전헤징의 두 가지 경우가 있는데, 현실적으로 완전헤징은 거의 불가능하다고 할 수 있다.

통업자들은 보험이나 헤징거래를 이용할 수 있을 때는 그렇게 하고, 그렇지 못하는 부분에 있어서는 재고상품을 감축시키는 등의 방법으로 위험을 최소화하려고 노력하게 된다.

DISTRIBUTION THEORY

05 재화의 흐름

물류활동은 원재료에서 최종 고객까지 재화가 흘러가는 데 관여하는 모든 활동을 말한다. 이 장에서는 물류활동에 대한 기본적인 이해를 돕기 위하여 물류활동의 행동원리에 대한 소개를 먼저 한다. 그리고 물류활동에 대한 접근에 대하여 알아보고 수송, 보관, 포장 등 기본적인 물류활동을 살펴보고자 한다.

물류의 정의

기업은 고객에게 가치(value)를 제공해야 한다. 고객이 원하는 제품을(right product), 적절한 시간에(right time), 적절한 장소에(right place), 적절한 품질로(right quality), 적절한 가격으로(right price) 전달해야 가치를 제공할 수 있다. 이러한 고객에 대한 가치 창출에 있어 근원적 요소는 재화의 흐름 즉, 물류이다. 이것은 생산자와 고객이 분리되어 있기 때문이다.

미국의 로지스틱스 관리협회(Council of Logistics Management)는 **물류** 및 물류관리에 대하여 '제품의 기원에서 소비시점까지 고객의 요구에 부응하기 위하여 효율적이고 효과적인 제품 재고, 서비스, 정보의 흐름을 계획, 실행, 통제하는 과정'이라고 정의를 내리고 있다. 한편 램버트, 스톡 그리고 엘람은 물류란 '고객의 요구에 대응하기 위하여 제품의 기원(origin)에서 소비(consume)까지에 관련되어 있는 제품, 서비스, 정보의 효과적이고 효율적인 흐름과 저장을 계획, 실행, 통제하는 과정'이라고 정의를 내리고 있다.

〈표 5-1〉 물류 및 물류관리에 대한 관점

연구자	정의
미국 로지스틱스 관리협회	제품의 기원에서 소비시점까지 고객의 요구에 부응하기 위하여 효율적이고 효과적인 제품 재고, 서비스, 정보의 흐름을 계획, 실행, 통제하는 과정
스티븐스 (Stevens,1990)	공급자로부터 부가가치적인 생산과정과 유통채널을 거쳐 고객에게 이르는 자재의 흐름을 통제한다.
쿠퍼와 엘람 (Cooper & Ellram,1990)	공급자로부터 최종고객에게까지 이르는 유통채널의 전체흐름을 관리하는 통합적인 철학이다.
토윌 등 (Towill et al., 1992)	물류는 원자재 공급자, 생산 설비, 유통서비스, 고객 간에 원자재는 순방향으로 정보는 역방향으로 흘러가도록 연결되어 있는 하나의 시스템이다.
크리스토퍼 (Christopher, 1997)	공급자, 유통기관, 고객과의 상향적 및 하향적 관계를 관리하는 것으로 그 목적은 총비용을 절감하면서 높은 가치를 달성하는 것이다.

연구자에 따라서 물류 및 물류관리에 대한 정의가 조금씩 차이가 나는데, 이는 〈표 5-1〉에 잘 나타나 있다. 하지만 이들 연구자들의 물류에 대한 정의에서 공통된 것은 물류 및 물류관리 영역과 이를 관리함에 있어 통합성이라고 할 수 있다.

물류의 영역은 원자재로부터 최종 고객에 이르는 일련의 과정을 모두 포함하며, 물류관리는 공급사슬과 관계된 제반 사항들을 통제 관리하는 것으로 개념을 정리하면 적절할 것이다.

이상의 논의에 따라 재화의 흐름인 물류, 그리고 이를 계획 · 통제하는 물류관리를 정의하자면 '제품의 기원에서 최종 소비까지 관계하는 일련의 활동'이라고 할 수 있다. 물론 재화의 흐름에 관한 많은 용어들이 사용되고 있다. 물적유통(physical distribution), 로지스틱스(logistics), 공급사슬(supply chain) 등이 있다. 이들 용어들은 관리 범위에 따른 차이라고 할 수 있다.

물적유통의 경우 일반적으로 원자재 구매와 관련한 활동을 제외하고, 생산에서 최종 소비까지의 재화 흐름을 의미한다. 그리고 로지스틱스라 함은 구매부문까지 포함한 것으로 주로 통용되고 있다. 한편 공급사슬은 로지스틱스의 범위에 더하여 고객 관리, 신제품 개발, 서비스 관리 등 기업의 핵심적 사업관련 프로세스를 포괄한다.

그러나 이 용어들의 의미 차이에도 불구하고 최근 들어서는 모두 비슷한 의미로 사용되고 있다. 따라서 이 장에서는 이 용어들을 물류활동 또는 물류관리로 통칭한다.

물류활동의 행동원리

1. 리드타임갭

물류활동은 소비자와 생산자가 지역적 또는 시간적으로 떨어져있기 때문에 발생한다. 그렇지만 물류활동을 단지 제품을 전달하는 기능으로 간주해서는 안된다. 물류활동에는 수많은 관리 및 과정들이 포함되어 있으며, 매우 복잡하게 얽혀있다. 그러면 여기서는 물류활동이 왜 복잡성을 가지는지부터 살펴볼 필요가 있다.

앞에서 고객이 원하는 제품을 전달하기 위한 일련의 활동을 물류활동이라고 했는데, 다양한 활동들이 상호 맞물려 재화가 최종고객까지 전달되며 이에는 시간이 소요된다. 시간의 격차가 발생할 수밖에 없다. 물류활동에서 기본적으로 시간은 〈그림 5-1〉처럼 나타낼 수 있다. 〈그림 5-1〉은 물류리드타임, 고객주문사이클, 리드타임갭을 보여주고 있다.

〈그림 5-1〉 물류리드타임과 리드타임갭

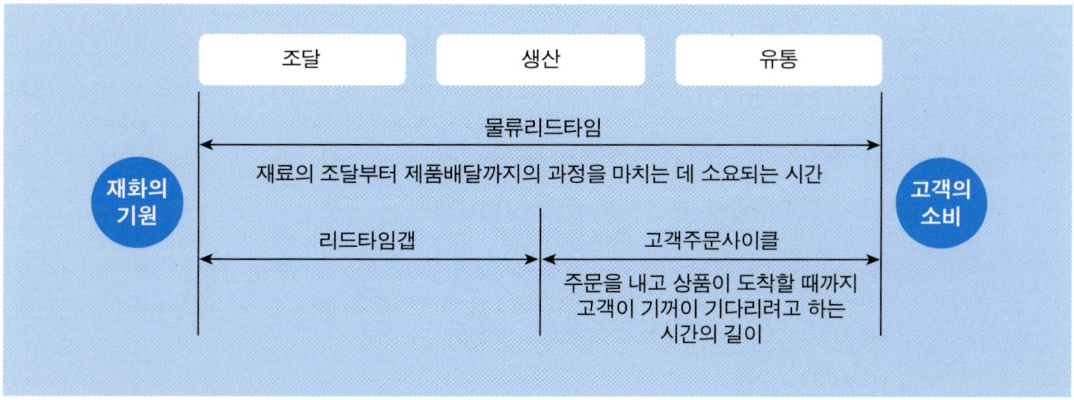

먼저 **물류리드타임**은 원료를 구매하여 생산, 유통을 거쳐 고객에게 전달되는 총 시간을 의미한다. 물류리드타임 안에는 제품을 전달하는 데 소요되는 수송 시간, 제품을 만드는 데 소요되는 구매 및 생산시간 등 운영적 시간이 포함된다. 그리고 관련활동들에 대한 의사결정 및 계획 등에 소요되는 시간도 포함된다. 예를 들면 자동차의 물류리드타임은 원재료인 철판, 엔진에 소요되는 부품 등을 구매하여 조립라인에서 조립하고, 이를 유통센터 등을 통해 소비자에게 전달하는 데 소요되는 총시간을 말한다.

고객주문사이클은 고객이 주문을 하고 상품이 도착할 때까지 기꺼이 기다리려고 하는 시간을 의미한다. 예를 들면 한 고객이 자동차를 구매하고자 할 때 원하는 사양을 정하고 주문을 낸 다음, 고객이 자동차를 획득하여 타기까지 소요되는 시간으로, 고객이 기꺼이 기다려 줄 수 있는 시간을 의미한다. 고객이 자동차를 주문한 후 일주일 이내에 그 자동차를 탈 수 있기를 기대한다면 이 고객의 주문사이클은 1주일이다.

제품에 따라서 고객주문사이클 시간의 차이가 발생하는데, 일반적으로 제품의 종류가 다양한 경우에는 고객주문사이클 시간이 길며, 단일 표준화된 제품의 경우에는 주문사이클 시간이 짧은 경향을 보인다.

맥주와 부엌가구의 경우를 예로 들어보자. 고객은 맥주를 마시기 위해 편의점에 들러서 진열되어 있는 다양한 브랜드의 맥주 가운데 하나를 선택하여, 돈을 지불하고 구매한다. 맥주의 경우 고객주문사이클의 시간은 매우 짧다. 거의 1분 이내에 이루어진다. 하지만 부엌가구는 맥주처럼 짧은 주문사이클 시간을 가지지 못할 것이다. 집마다 부엌의 크기가 다르기 때문이다. 한 가정주부는 집 근처의 부엌가구 대리점으로 가서 여러 가지 모델을 보고 마음에 드는 것으로 주문한다. 부엌가구 대리점은 종업원을 파견하여 고객의 부엌치수를 알아내어서 부엌가구 생산자에게 재주문한다. 그리고 생산된 제품은 적어도 1주일 정도의 시간 후에 제품이 배달된다. 이러한 부엌가구의 경우는 주문사이클 시간이 1주일인 셈이다. 맥주는 거의 표준화된 제품이며, 부엌가구는 매우 다양화된 제품이라고 할 수 있다.

리드타임갭(lead-time gap)은 물류리드타임에서 고객의 주문사이클 시간을 뺀 값이다. 예에서 고객의 주문사이클 시간이 1주일이었는데 물류리드타임이 1개월이라면 리드타임갭은 1달에서 1주일을 뺀 약 3주일이 리드타임갭이 된다.

기업에게 가장 이상적인 물류활동은 재고를 가지지 않고, 고객이 주문을 하는 즉시 일련의 물류활동을 통해 고객이 원하는 장소에 제품을 공급하는 것이다. 즉 리드타임갭이 0인 경우이다. 이런 경우에는 조달, 생산, 유통의 모든 활동을 고객주문의 발생과 동시에 시작하여 고객주문사이클 시간 안에 상품을 제공할 수 있다. 그리고 물류리드타임과 고객주문사이클 시간의 길이는 일치한다. 이러한 이상적인 물류활동 속에서는 재고가 존재하지 않아서 기업은 재고 보유에 따른 엄청난 부담을 덜 수 있다.

그러나 문제는 고객의 주문이 발생한 후에 조달, 생산, 유통의 활동을 거쳐서 고객에게 제품을 전달하기 어려운 데 있다. 일반적으로 물류 리드타임은 고객주문사이클 시간보다 훨씬 길기 때문이다.

그러면 기업은 어떻게 하면 제품을 고객의 만족하는 범위 안에 제공할 수 있는가? 해답은 재고에 있다. 기업은 고객이 어느 정도 구매할 것인지를 미리 예측하여 재고로 쌓아두게 된다. 이 재고는 고객주문사이클 시간 안에 위치하여 고객의 만족을 유도하게 된다. 이러한 특성상 물류활동은 고객에 대한 시간 효용성 창출이 근본 목적이 된다.

제조 기업은 고객주문사이클 시간 안—주로 유통업자—에 재화를 쌓아둔다. 그러면 고객은 필요한 시기에 필요한 양만큼만 사게 되고, 제조 기업은 팔려나간 재화를 보충하는 물류활동을 전개한다. 예를 들면, 고객은 편의점 등에서 맥주를 사게 되고, 편의점의 맥주는 맥주 도매상에서 보충하게 되는 것이다. 연이어 도매상의 맥주 재고는 생산자나 상위의 공급업자가 보충하게 되는 것이다.

이상에서 살펴본 바와 같이 리드타임갭이 존재함으로써 물류활동은 발생하게 되며, 그 특성이 결정된다. 그리고 물류활동은 매우 복잡한 형태로 발전하게 된다. 더욱이 고객주문사이클 시간이 줄어들고, 제품 다양성에 대한 니즈(needs)가 높아짐으로써 그 복잡성은 한층 가해지고 있다.

〈그림 5-2〉 대응지점의 구분

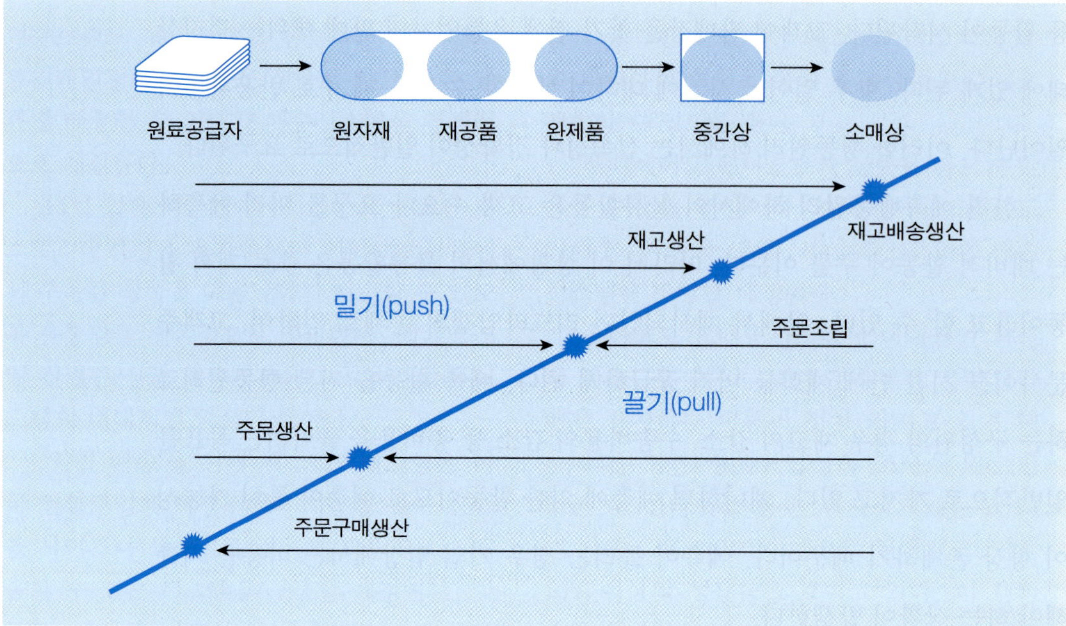

로 들어본다. 컴퓨터는 다양한 유통경로를 형성하고 있다. 삼성, LG, 소니(Sony) 등의 완제품별로 구매하는 경우도 있고, 용산 전자 상가 등에 가서 부속품을 구매하여 조립할 수도 있다. 전자의 경우 대응지점은 소매상이다. 소매상에서 완제품별로 주문을 받아서 고객에게 공급하고, 애프터서비스를 하게 된다. 후자의 경우는 컴퓨터 산업에서 도매상 위치를 차지하고 있는 지점에서 최종 수요가 결정된다. 자기가 원하는 부속품을 선택할 수 있게 해준다.

이렇듯 제품마다 또는 하나의 제품 안에서 재화의 흐름 구조가 달라지는 것은 제품의 특성, 고객의 다양성에 대한 요구, 제품에 대한 생산자의 의도, 유통업자의 의도 등 많은 요인들 때문이다.

대응 지점에 따라서 그 상류 지점과 하류 지점은 행동원리가 달리 나타난다. 앞에서 언급한 바와 같이 대응 지점의 상류에서는 예측행동원리가, 하류에서는 반응행동원리에 의해 물류활동이 이루어진다. 반응행동원리에 의한 관리를 풀 관리(pull management)라고 하며, 예측행동원리에 의한 관리를 푸시 관리(push management)라고 한다.

3. 연기와 예측매입

공급체인 구성원은 반응활동과 예측활동을 수행한다. 이러한 반응활동과 예측활동은 매우 동태적으로 변한다. 기업 스스로 변화시키는 경우도 있으며, 시장 환경에 따라 어쩔 수 없이 변화되는 경우도 있다. 반응 및 예측활동의 변화는 일반적으로 대응 지점의 변화를 수반하게 되는데 최근 들어 대응 지점의 변화에 따른 기업 경쟁우위 확보 노력들이 많이 등장하고 있는데 대표적인 것이 **연기**(postponement)이다.

연기는 제품의 형태나 구성이 이루어지는 지점을 고객 쪽으로(하류로) 미루는 것을 의미한다. 페인트의 경우를 예로 들어본다. 고객은 다양한 색상의 페인트를 요구한다. 가령 1,000가지 색상의 페인트가 팔리고 있다고 하자. 페인트 생산자는 1,000가지 색상의 페인트를 자체에서 생산 조달하는데, 원료 공급을 빨간색, 파랑색, 노란색 등 기본 색상을 구매한다. 이것을 적절히 배합하여 1,000가지의 완제품을 생산, 소매상에게 전달한다.

하지만 이러한 제품 다양성에 따른 구조에서 색상의 구분 지점을 연기하는 경우가 있다. 페인트 생산자가 소매상에게 기본 색상 세 가지를 제공하고, 이와 함께 색깔 배합 지시서를 주는 것이다. 고객이 보라색의 페인트를 사러 오면, 소매상은 배합 지시서에 따라서 빨간색과 파란색을 적절히 배합하여 고객에게 판매하는 것이다.

페인트의 예에서 전자의 경우에는 생산자의 완제품 상태에서 수요가 결정된다. 고객이 보라색을 요구하면, 소매상은 이 주문을 받아서 자체 보라색 재고를 조사한 뒤, 재고가 없는 경우, 생산자에게 보라색을 주문하여, 받아서 고객에게 제공한다. 이 경우 생산자는 1,000가지 제품에 대한 수요예측을 실시하고, 적정 재고량을 결정하여 보관해 둘 것이다.

연기를 적용한 후자의 경우에는 물류활동에 큰 변화가 일어난다. 생산자는 기본 색상 세 가지에 대해서만 수요예측을 통해 보관하면 된다. 공급체인에서 연기전략이 실행되면 소매상의 경우 관리해야 할 사업활동이 늘어나기는 하지

생활 속의 유통 휴렛 팩커드의 연기 전략

휴렛팩커드(HP: Hewlett-Packard)는 1939년 윌리엄 휴렛(William Hewlett)과 데이비드 팩커드(David Packard)에 의해 설립되었다. HP는 기술, 과학, 의학, 교육, 비즈니스 분야에서 사용되는 전자제품과 계측기, 컴퓨터와 통신제품을 디자인하고 제조, 서비스하는 기업이다. HP는 24,000가지 이상의 제품을 생산하는 미국의 대표적 기업으로 컴퓨터 산업에서 선두그룹 위치를 차지하고 있다. 2014년에 매출 1,115억 달러, 순이익 50억 달러를 낸 기업이다.

HP는 연기전략(postponement)을 통한 대량고객화(mass customization)를 실현하고 있다. 이 프로그램은 다음의 세 가지 원칙하에서 시행된다.

- 제품을 저렴한 비용으로 쉽게 다른 형태로 조립될 수 있도록 독립적인 모듈로 구성되도록 설계한다.
- 제조공정도 이동과 재배치가 용이한 독립적인 모듈로 구성되도록 설계한다.
- 공급 네트워크의 설계 즉, 재고의 위치선정이나 제조 및 유통 시설의 입지, 개수 구조 등에 있어 다음을 고려한다. 첫째 고객화를 수행하는 생산설비에 저렴한 비용으로 기본 제품을 공급할 수 있어야 한다. 둘째 고객의 개별 주문에 대한 유연성과 반응성이 확보되어야 하며 고객화된 완제품을 신속하게 배달하여야 한다.

HP는 이러한 원칙들을 모듈러 제품설계, 모듈러 공정설계, 공급 네트워크의 변화를 통한 단계를 거쳐 대량고객화를 실현하고 있다.

먼저 모듈러 제품설계의 예를 들어본다. HP는 유럽과 북미시장에서의 레이저 프린터의 수출에 있어 이 방식을 도입하였다. 과거에는 일본의 협력업체가 110V와 220V 전력 공급장치를 공장에서 각기 생산하여 각 지역으로 선적하였다. 이러한 생산은 제조업자에게 많은 생산지와 시장에 대한 유연 대응 능력에서 비효율을 일으켜서 대량고객화를 이루는 데 장애가 많았다. 그러나 설계 방식을 모듈화하여 모든 국가에서 작동될 수 있는 공통적인 전력 공급장치를 제품에 내장하였다. 이로 말미암아 HP는 레이저 프린터의 표준화를 꾀하고 제조, 재고 및 완제품 수송 등의 총비용을 약 5% 절감할 수 있었다.

HP는 유럽과 아시아시장에서의 데스크젯 프린터를 시판함에 있어 다른 접근 방식을 사용하였다. 이는 연기 전략의 구체적인 사례라고 할 수 있다. HP는 프린터 제조공장에서 이루어지던 최종 고객에 대한 고객화를 현지 유통센터에서 이루어지도록 한 것이다. 예를 들면, 싱가포르에 있는 공장에서 유럽으로 선적하기 전에 데스크젯 프린터를 고객화하는 대신 독일의 슈트트가르트 인근의 유럽 유통센터에서 이 일을 하도록 한 것이다. HP는 이를 지원하기 위하여 각 국가에 맞는 외부 전력 공급장치를 프린터에 장착하도록 설계를 변경했다.

이러한 모듈러 설계를 통해 다음과 같은 이점을 얻고 있다. 첫째, 모든 종류의 제품에 사용되는 표준 부품의 수를 최대화할 수 있다. 조립공정의 초기단계에 표준부품을 조립하고 제품을 차별화하는 부품의 조립은 조립공정의 후기단계로 연기할 수 있다. 둘째, 제품 모듈을 별개로 만들 수 있다. 즉 동시에 다른 모듈을 제조함으로써 생산에 필요한 총 소요시간을 줄일 수 있다. 셋째, 생산공정상

생활 속의 유통 휴렛 팩커드의 연기 전략 (계속)

의 문제를 보다 쉽게 진단하고 잠재적인 품질 문제를 파악할 수 있다.

모듈러 공정설계에 있어서는 HP의 디스크 드라이브의 경우를 예로 들어본다. 에이티엔티(AT&T), 넥스트(NeXT) 등 대량 고객의 경우 마지막 순간에 주문을 수정하는 경우가 있으나 디스크 드라이브를 생산하는 공정에서는 이러한 수정을 수용하기 힘들다. 따라서 다양한 형태의 수급 불균형 문제를 초래해왔다. 이전 제품 생산공정에서는 수요 예측에 따라서 특정 디스크드라이브를 미리 생산하고, 이를 원하는 고객에 한정하여 판매하는 방식이었다. 왜냐하면 생산 공정의 결정이 초기에 이루어지며 중간에 공정 변경이 불가능하였기 때문이다. 이에 HP는 제품 공정에서 표준공정과 고객화 공정으로 구분하고, 표준공정까지는 모든 제품을 생산해 두었다. 그리고 고객의 주문에 따라서 마지막 고객화 공정을 처리하여 개별 고객의 주문에 대응하는 시스템을 구축하였다. 이는 제품 차별화의 시점을 성공적으로 연기함으로써 해당 부문의 유연성을 증대시키고 재고비용을 실질적으로 감축시키는 역할을 하였다.

공급 네트워크 부문에서는 앞에서 제시되었던 모듈러 설계 및 생산의 결과에 따른 변화가 일어났다. 1994년 초에 HP는 PC제조업체와 유통업체에 관한 분석을 실시하였는데, 분석결과 제품과 생산공정의 모듈러화에 의해 최종조립의 모든 단계를 연기하는 것이 가능한 것으로 밝혀졌다. 이에 따라 HP의 유통 네트워크는 고객과 인접한 창고에서 제품을 만들 수 있게 되었다. 1995년 초에 모든 유통센터에서 주문 생산 방식을 실시하게 된다. HP는 이러한 새로운 연기전략을 도입함으로써 어느 경쟁업체보다 더 저렴하고 신속하게 고도로 고객화된 제품을 제공할 수 있게 되었다. 앞에서 제시한 유통 가공의 중요성을 일깨우는 사례라고 할 수 있다.

만, 생산자의 경우 재고가 줄어듦에 따른 비용 감소를 꾀할 수 있으며 전체 비용 측면에서 상쇄될 수 있다. 전체 물류활동의 합리화에 따라 가격하락을 유발하고, 이는 고객을 보다 많이 유인하는 작용을 한다. 이러한 면에서 연기는 매우 획기적인 방법이라고 할 수 있다.

결과적으로 연기는 수요가 보다 쉽게 예측될 경우, 가능하면 제품 다양성의 차별화 지점을 최종 고객의 구매지점에 가까이 가져감으로써 비용을 절감하자는 것이다. 연기는 특히 다양성이 높은 제품의 경우에 많이 사용된다. 최근 고객 니즈의 다양성이 높아지고 있음을 감안한다면 매우 효과적인 전략으로서 많은 산업에서 활용되고 있다.

예측매입(speculation)은 연기의 반대 개념이다. 예측매입은 시장이나 공급자

〈표 5-2〉 예측매입을 하는 경우

- 대량 생산에 의한 규모의 경제성을 발휘할 수 있는 경우
- 주문량을 크게 함으로써 주문처리에 수반되는 비용을 줄이며, 수송비용을 줄일 수 있는 경우
- 재고 부족에 따르는 비용이 높은 경우
- 불확실성을 줄일 수 있는 경우

등의 환경 불확실성이 높은 경우에 주로 활용된다. 예측매입은 불확실성이 높은 경우 재고를 미리 확보하여 재고 부족에 따르는 비용을 줄일 수 있다. 예측매입은 〈표 5-2〉에 제시된 경우에 마케팅비용을 줄일 수 있다.

예측매입은 대응지점을 보다 상류로 옮김으로써 제반 비용을 줄이는 전략적 활동이라고 할 수 있다. 예측매입은 주로 성숙기 제품에서 발생하는데 성숙기 제품의 경우 수요가 안정적이며, 지배적인 제품이 선정된다. 제품이 처음 출시될 때에는 다양한 종류가 시장에 나와 고객에 의한 평가를 받게 되고, 성숙기로 가면서 다양한 종류 중 지배적인 제품이 선정되게 된다. 지배적인 제품이 선정되는 경우 해당 제품에 대하여 대량 생산을 통해 규모의 경제성을 확보할 수 있고, 이는 대량으로 소비된다.

이 과정에서는 수요가 안정적이므로 대량으로 예측매입해도 큰 위험 부담이 없다. 그리고 대량으로 제품이나 원료를 구매하는 경우 수량 할인을 받을 수도 있다. 이러한 상황에서는 대부분의 물류활동이 매뉴얼화 또는 자동화됨으로써 매우 효율적으로 이루어진다.

따라서 예측매입은 제품의 수명주기에 따라 제품에 대한 물류활동이 변화됨을 설명할 수 있다. 제품이 도입기에서 성숙기로 변화되면서 예측매입을 보다 많이 하게 되는 경우를 잘 설명하고 있다.

이상에서 살펴본 바와 같이 연기와 예측매입은 하나의 제품이 시간적 변화나 제품에 대한 제조업자나 유통업자의 의도에 따라서 물류활동이 변한다는 점을 잘 설명하고 있다. 일반적으로 제품이 출시되어 시간이 경과되면서 점차 연기 또는 예측매입의 방법 중 하나로 옮겨가고 있다.

물류관리를 위한 접근

제품이 원재료에서 최종 고객에게까지 흘러가는 과정은 복잡하게 얽혀 있어 많은 물류문제들이 발생한다. 효과적인 물류관리를 실행하기 위해서는 물류활동에 대한 관점을 정립하고, 물류활동상에서 발생하는 여러 가지 문제들에 대한 충분한 이해가 무엇보다 중요하다.

먼저 물류활동을 효과적으로 관리하기 위해서는 종합적인 관점이 중요하다. 여러 가지 물류활동들은 제각기 목표를 가지고 있다. 예를 들면 수송 기능은 수송비용을 줄이는 것을 목표로, 보관 기능은 보관비용을 줄이는 것을 목표로 하고 있다. 하지만 이들 물류 각 기능들이 별개로 움직인다면 전체적이면서 효과적으로 관리하기 힘들다. 부분최적화는 전체최적화를 결코 유발할 수 없기 때문이다. 왜냐하면 물류 각 활동 간에는 상쇄관계가 존재하기 때문이다. 따라서 물류 전체를 위한 합리화와 최적화가 이루어져야 한다.

그리고 동시에 물류관리에서 요구되는 관점으로 시스템적인 접근이다. 시스템적인 접근은 개별 기능들이 서로 유기적으로 연계되어 있음을 인식하는 것이라 할 수 있다. 물류활동은 기본적으로 각 개별 기능의 활동보다는 개별 기능들의 연계에 의한 활동이라고 보아야 할 것이다.

1. 총비용 접근

물류활동에 대한 종합적인 접근에서 반드시 고려되어야 하는 것이 총비용 접근이다. 기업의 수익 극대화를 위하여 물류활동비용 감소는 필수적인 요소이기 때문이다. 총비용 접근에서 기본적으로 이해해야 하는 것은 기능 간의 **상쇄관계**(trade-off)이다.

먼저 수송과 보관 간에 발생하는 상쇄관계를 살펴본다. 〈그림 5-3〉은 수송과 보관 간의 상쇄관계에 관한 것이다. 이러한 상쇄관계는 비단 수송과 보관 관계에서만 발생하는 것이 아니라 대부분의 물류활동 간에서도 발생한다. 하지만 그 중에서도 수송과 보관 간의 상쇄관계는 전통적으로 매우 중요하게 여겨왔으며, 보관에 대한 이해를 돕기 위해 구체적으로 설명하기로 한다.

한 소매상의 한 달 판매량이 300개이고, 한 달에 3번 생산자에게 제품을 공급받는다고 가정하자. 따라서 1회 주문량은 100개이며 이때 한달 평균 재고량은 50개이다(가장 많을 때 100, 가장 적을 때 0, 이들을 평균하면 50이 된다). 소매상은 50개에 대한 비용을 지불하고 있다. 보관하는 데 따르는 비용과 기회비용을 모두 합한 것이다. 여기에 수송비용(3회×1회당 주문비용)이 발생하게 된다.

만약 〈그림 5-3〉의 아래 그림처럼 한 달에 6번 수송하는 형태로 변경해보자. 소매상은 평균 재고량을 25개 지니게 된다. 물론 수송비용은 두 배로 증가하게 된다. 동일한 양을 공급받는데 수송비용과 재고비용 간에는 상쇄관계가 있음을 알 수 있다.

소매상, 도매상, 제조업자 등 모든 참여자들은 재고비용과 수송비용 간의

〈그림 5-3〉 수송 및 재고 간의 상쇄관계

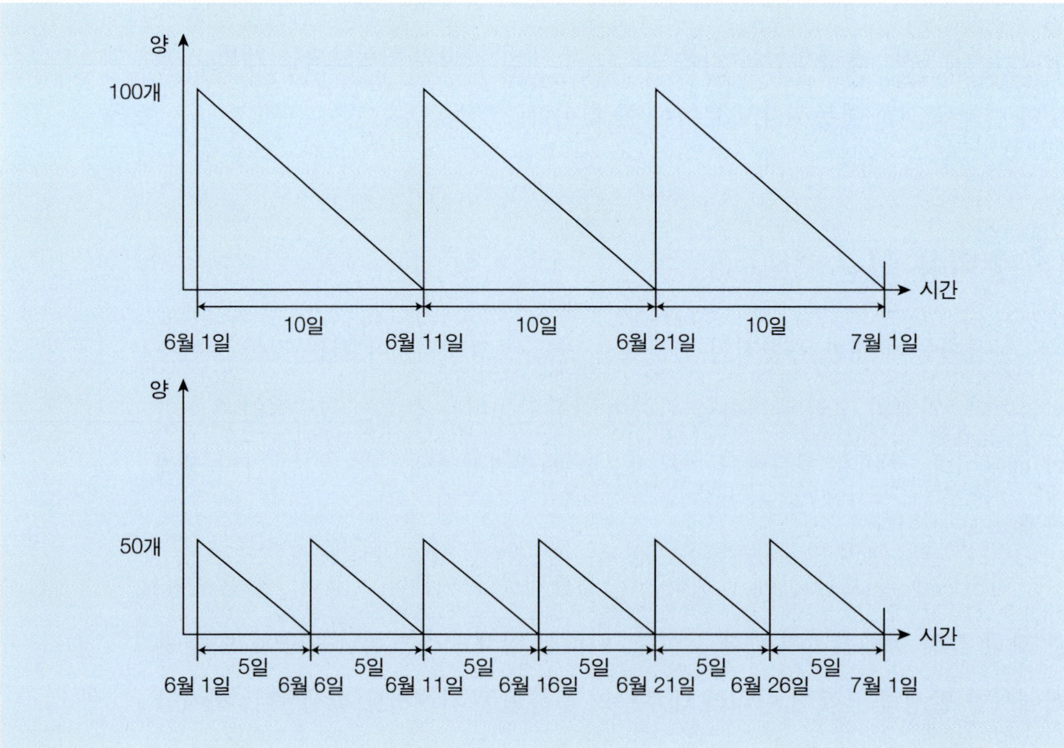

상쇄관계를 고려하여 총비용이 가장 적게 드는 시스템을 구축하려고 한다. 이것이 보관에서의 재고관리 개념이라고 할 수 있다. 물론 실제 재고관리에 있어서는 각종 불확실성 요인들을 모두 고려해서 이루어져야 한다.

고객서비스와 관련하여 다른 비용 간의 상쇄관계는 어떠한지 살펴본다. 고객은 원하는 시간, 원하는 장소에서 제품을 공급받고자 한다. 따라서 공급자의 입장에서는 충분한 재고를 가지고, 원할 때마다 수송해주면 고객의 만족도는 높게 나타날 것이다. 하지만 비용상의 문제로 재고를 적게 가져가거나 수송 횟수를 줄이게 되면 재고비용과 수송비용은 줄게 되지만 고객 만족은 떨어진다. 이것이 상쇄관계이다.

수송과 보관 사이뿐만 아니라 상쇄관계는 거의 모든 물류활동 사이에 발생한다. 〈그림 5-4〉에서 물류활동 부문은 아래에 있다. 고객서비스, 재고비용, 수송비용, 로트량 비용, 창고비용, 주문처리 및 정보비용 등 이들 모든 조합은 상쇄관계를 유발한다.

여기서 로트량 비용은 물류시스템 변화에 따라 발생하는 비용으로 생산 및 구매와 관련되어 있다. 이상적인 생산시스템은 주문 하나 하나에 대응하는 유연생산시스템이라고 할 수 있다. 하지만 이는 이상적인 것이고 현재는 일정량을 묶어서 생산하는 배치(batch)생산이 주류이다. 예를 들면 빨간색 스웨터 100벌과 파란색 스웨터 100벌을 생산함에 있어 빨간색과 파란색 스웨터를 하나씩 생산하게 되면 재봉틀이나 기타 설비를 교체하는 데 상당한 시간과 비용이 발생한다. 따라서 빨간색 스웨터 100개를 먼저 생산하고 난 다음 파란색 스웨터 100개를 생산하게 된다. 여기서 한 번에 생산되는 양인 100개가 생산 로트가 된다.

로트량 비용은 따라서 생산 준비에 소요되는 비용, 로트량 변화에 따른 설비 비용, 자재 취급 비용 등이 포함된다.

로트량을 늘리면 로트량 비용은 줄어들지만 동시에 재고 유지비용은 늘어날 수밖에 없다. 동시에 창고비용 또한 증가한다. 앞에서 보았던 스웨터 100개를 만들어 놓고 이것이 소매상 등의 유통업자에게 수송되기 전까지는 창고에 보관되어야 하기 때문이다.

〈그림 5-4〉 물류활동 간의 비용 상쇄관계

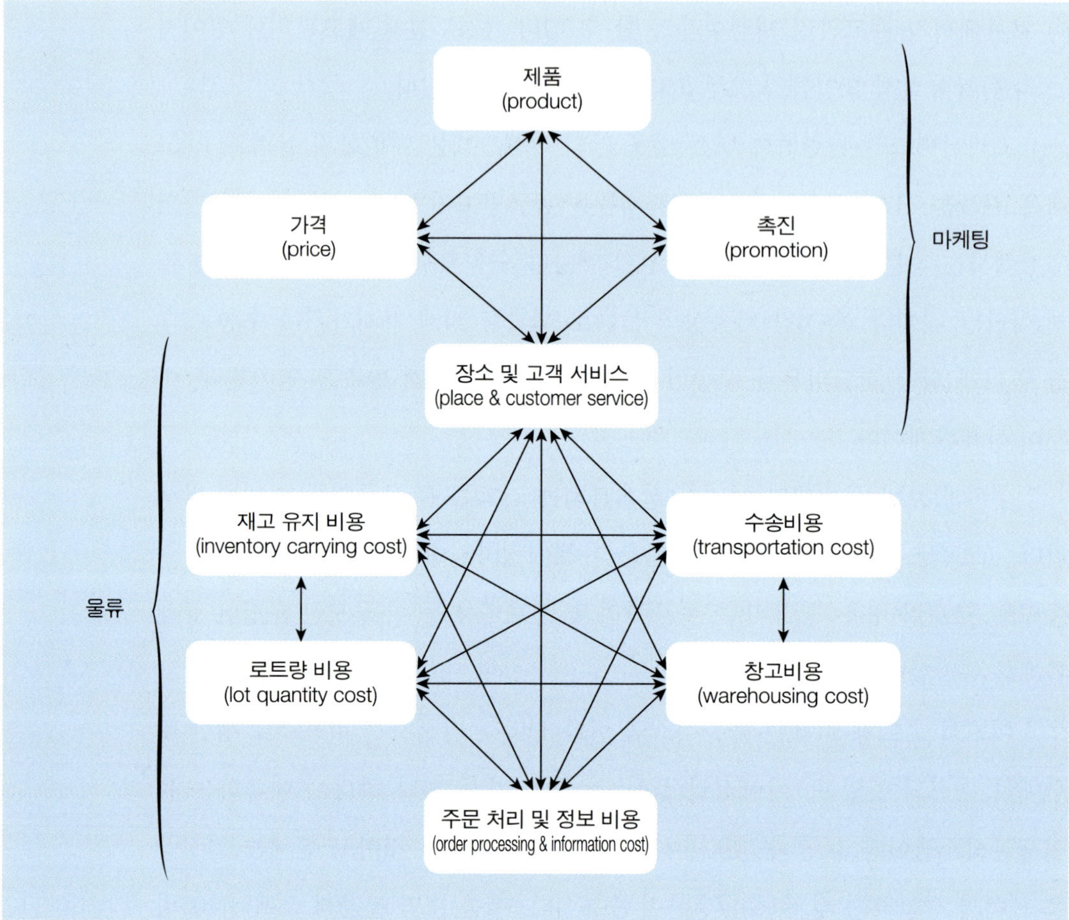

자료: Douglas M. Lambert, *The Development of an Inventory Costing Methodology: A Study of the Costs Association with Holding Inventory*, Chicago: National Council of Physical Distribution Management, 1076, p.7.

따라서 물류활동을 효과적으로 관리하기 위해서는 개별 물류비용의 총합을 구하고 총합이 가장 적은 지점을 찾아야 한다. 이 점을 최적화지점이라고 하는데, 최적화지점에 따라 개별 물류활동 수준이 정해지게 된다. 이 활동 수준은 물론 개별 활동 수준에서의 최적화지점과는 거리가 멀 수 있다.

2. 시스템적 접근

물류시스템은 크게 정보시스템, 의사결정시스템 그리고 운영시스템으로 구분할 수 있다. 정보시스템 및 의사결정시스템을 한데 묶어서 조정(coordination)시스템이라고도 한다.

주문 정보를 받아서, 이에 따른 의사결정을 하고, 의사결정에 따라 물류활동을 운영하게 된다. 정보시스템, 의사결정시스템, 운영시스템을 명확히 구분하는 것은 어렵다. 그러나 다음의 정의에 따라 구분하고자 한다.

정보시스템은 주문 정보와 재화 흐름 정보의 하드웨어적 시스템을 기본으로 하여, 부서 간, 조직 간의 정보 공유를 위한 시스템을 말한다. 예를 들면 전화나 POS(Point of Sale)를 들 수 있다.

의사결정시스템은 주어진 정보에 따른 의사결정 메커니즘과 의사결정을 위한 기구 등이 포함된다. 경제적 주문량의 결정에서 재주문점을 설정하거나, JIT(Just-In-Time)의 실행, 또는 각종 설비 계획 등은 이러한 의사결정시스템의 한 예이다.

운영시스템은 기능별 시스템으로 주로 이루어진다. 예를 들면 구매, 생산, 영업, 마케팅 등이다. 운영시스템은 실제 기업에서 운영되고 있는 시스템으로 제도화 또는 공식화(formalization)되어 있는 것을 의미한다.

〈그림 5-5〉에서 보는 바와 같이 조정시스템과 운영시스템은 그 범위가 중복되어 있으며 상호 관련성이 매우 높다. 앞에서 제시한 물류활동들은 운영시스템의 한 부문만을 나타낸 것이다.

물류활동을 이해하기 위해 시스템적인 접근이 이루어져야 하는데, 그 이유는 물류시스템들이 서로 맞물려서 작용하고 있으며, 전체 물류활동을 효율적이고 효과적으로 관리하기 위해서는 어느 하나의 시스템의 개선만으로는 이루어지지 않기 때문이다. 운영시스템의 일종인 JIT시스템을 도입하였다고 하더라도 이를 받쳐줄 수 있는 정보시스템과 의사결정시스템이 제대로 작동하지 않는다면 물류 성과를 개선시키기 힘들다.

시스템적인 접근이 이루어져야 하는 또 다른 필요성은 물류활동의 제도화 또는 공식화 때문이다. 물류활동을 수행하고, 통제하기 위한 제도 마련들이 암묵적이고 가변적인 특성을 가지는 사람 손에 의해 이루어지는 경우가 많다. 하지만 이러한 가변적인 행위들은 영속성을 가지기 힘들다. 가령 홍길동 부장이

〈그림 5-5〉 물류시스템의 구성요소

수송 기능을 담당하였을 때와 전우치 부장이 담당하였을 때 의사결정이 달라진다면 서비스의 일관성 측면에서 상당한 애로 요인이 될 수 있다. 또한 충분한 교육을 통해 한 사람을 관리자로 키웠는데, 이 사람이 어느 날 갑자기 회사를 그만둔다면 업무의 공백이 생기기 쉽다.

따라서 기업들은 이를 사람의 손에 좌우되게 두는 것보다는 구조화시키는 노력을 하게 된다. 보다 객관적이고, 비가변적인 행위로 변화시키는 작업이다. 또한 제도화 및 공식화 과정이기도 하다.

전통적인 물류활동

전통적인 물류활동은 수송, 보관, 하역, 포장, 유통가공, 정보활동으로 크게 구분할 수 있다. 이러한 전통적인 방법은 매우 기능 중심으로 이루어졌다고 할 수 있다. 다음에서는 수송, 보관, 하역, 포장, 유통 가공 활동의 기본적인 개념과 기능들에 대하여 살펴본다. 단, 정보활동에 대해서는 다음 장에서 자세히 다루므로 이 장에서는 생략하였다.

1. 수송

지역 경제의 활성화와 소비 지역의 글로벌화 등 제반 경제 여건에 따라 수

생활 속의 유통 시스코의 복원적 공급사슬

최근 들어 공급사슬의 복원력에 대한 관심이 증대되고 있다. 그도 그럴 것이 하루가 멀다 하고 세계 각 곳에서 재앙 수준의 사고들이 발생하고 있는데 이런 사고들이 공급사슬에 지대한 영향을 미치기 때문이다. 어떻게든 이런 난국을 헤쳐 나가야 생존이 가능하다. 그런 면에서 시스코(Cisco)사는 사고에 잘 대처한 대표적인 사례로 꼽히고 있다. 2014년 MIT의 슬론스쿨에서 시스코 사례가 특별히 다루어진 다음, 세계 기업들은 시스코사와 같은 복원력 시스템을 어떻게 구축할 것인지에 몰두하고 있다.

2005년 미국에서 카트리나 허리케인이 발생하였다. 거대도시가 물에 잠겼고, 엄청난 이재민들이 발생했다. 컴퓨터 통신장비들 또한 못쓰게 되었다. 이 허리케인 하나로 새것으로 대체해야 하는 통신장비는 1조 원을 넘었다. 라우터 등 장비를 생산하는 시스코사는 갑작스러운 수요 폭발상황에 맞닥뜨리게 된다. 그런데 시스코사는 이때 잘 대처하지 못해 시장을 잃었다고 판단했다. 그래서 복원적 공급사슬(Resilient Supply Chain)을 구축하기 위한 본격적인 작업에 나섰다.

그로부터 6년 후 일본에서 유례를 찾기 힘든 지진과 쓰나미가 발생했다. 경제적 손실만 해도 21조 원을 넘어서는 엄청난 재앙이었다. 이번에는 시스코가 준비되어 있었다. 역설적이지만 재앙을 통해 제2의 전성기를 맞이한 시스코사의 대처방식은 이후 모범적 사례로 여겨지고 있다.

시스코사는 크게 5단계의 복원 프로그램을 가동하고 있다. 요약하자면 철저한 준비와 빠른 대응이라고 할 수 있다. 첫 번째 단계는 전략적 우선순위를 결정하는 것이다. 평소 데이터(제품별 가치와 반응시간, 서비스 요구수준 등)를 구축하고 강하게 유대관계가 되어 있는 구조로 바꾸었다. 이를 학자들은 시스코의 린(Lean) 방식이라고 한다. 두 번째는 취약지점을 파악하고 그것에 적합한 공급사슬을 디자인하고 있다. 제품별로 다르면서 나름 적합한 방식을 접목하면서 지금까지 역설로만 여겨지던 가벼우면서 충격에 잘 견딜 수 있는 구조를 만든다. 이 과정에서 온라인상에서 이루어진 외부 기업들과의 협동이 많은 역할을 한다. 세 번째로 시스코는 공급사슬에 대한 위험 여부를 공유하고 있다. 제품별 공급체인별 복원력을 제고하기 위해 어떻게 반응시간 및 사고 후 복원시간을 줄일 수 있는지 외부 공급자들과 계속적인 토의 및 실행을 전개한다. 네 번째로 복원력을 모니터링한다. 투명성과 복원력을 위해 객관적이고 비교가 가능한 지표를 만들고 지속적으로 모니터링한다. 지표를 바탕으로 중단없는 개선작업을 할 수 있다. 그리고 마지막으로 사건을 지켜보는 단계이다. 하루 24시간 연중무휴로 어떤 사건들이 발생하는지 살펴본다. 그리고 이 사건들에 대응하기 위한 위원회조직을 만들어 빠른 대응을 실제로 행할 수 있다. 일본 지진 발생(첫 번째 쓰나미 발생) 후 40분 안에 그 사실을 알았고, 57분 이내에 대책위원회가 열렸다. 시스코사의 공학자들은 사건들이 어떤 영향을 미치는지에 대해서도 시나리오 분석과 시뮬레이션 사용을 통해 정교한 대응 방안을 만들고 있다.

글로벌화되면서 공급사슬은 길어지고 있다. 길어지면 각종 사고에 접할 가능성이 높아지고, 품어야 할 재고량은 많아진다. 문제는 효율화를 위해 재고를 줄이면 그만큼 사고 대처능력이 떨어진다는 점이다. 시스코사가 보여준 복원적 공급사슬관리는 효율성을 높이면서도 사고 대처능력을 제고시킨 창조적인 사례라고 평가받고 있다.

송 문제가 중요해지고 있다. 특히 인터넷의 확산으로 인한 전자상거래의 비중이 높아지면서 물류 문제에 대한 관심이 고조되고 있다. 특히 수송 문제는 제반 사업의 성공 요인이 되고 있다.

또한 물류 기능에 있어서 수송이 차지하는 비중은 매우 높다. 전체 물류비용 중 수송비가 차지하는 비중이 절반을 넘어서고 있다. 이러한 비중 때문에 생산업자나 유통업자의 경우 수송 차량의 소유에 대한 높은 관심을 가져왔고, 소비수준의 증가에 따른 보다 높은 수준의 수송서비스를 요구하는 고객이 늘어남에 따라 전문 수송활동 또한 활발히 전개되고 있다.

수송 활동은 크게 통합화와 고급화 추세를 보이고 있다. 고객의 수송에 대한 요구 수준이 높아지면서 이를 충족시키기 위해서는 다양한 수송 수단을 통합적으로 관리해야 하기 때문이다. 그리고 기차나 선박에 의한 수송보다 항공이나 자동차에 의한 수송 비중이 높아지고 있는 것도 고객의 요구수준 상승 때문이라고 할 수 있다. 향후 국제화와 개방화에 발맞추어 선진 전문 수송업체들이 대거 본격적인 국내시장에 진입할 경우 수송 기능은 보다 세분화, 구체화될 것이다.

먼저 수송 수단별 특성을 살펴본다. 수송수단은 크게 육상수송, 해상수송,

〈표 5-3〉 우리나라 국내화물수송 현황

운송수단		2009	2010	2011	2012	2013
철도	수송량	38,898	39,217	40,012	40,309	39,822
	분담률	5.1	5.0	2.5	2.3	4.5
공로	수송량	607,480	619,530	1,439,703	1,563,486	721,377
	분담률	79.2	79.1	89.7	90.7	82.0
해운	수송량	120,032	124,225	125,588	119,057	117,860
	분담률	15.7	15.9	7.8	6.9	13.4
항공	수송량	269	262	281	265	253
	분담률	0.0	0.0	0.0	0.0	0.0
합계	수송량	766,679	783,234	1,605,584	1,723,117	879,312

자료: 건설교통부, 『건설교통통계연보』, 2014

〈표 5-4〉 우리나라 국제화물수송 현황

운송수단		2009	2010	2011	2012	2013
해운	수송량	848,298	966,193	1,069,566	1,108,538	1,123,205
	분담률	99.7	99.7	99.7	99.7	99.7
항공	수송량	2,872	3,327	3,238	3,209	3,246
	분담률	0.3	0.3	0.3	0.3	0.3
합계	수송량	851,170	969,520	1,072,804	1,111,747	1,126,451

자료: 건설교통부, 『건설교통통계연보』, 2014

항공수송으로 구분되며, 육상수송에는 철도수송, 차량수송 등이 포함된다. 해상수송에는 범용선박수송과 전용선박수송 등이 있으며, 항공수송에는 비행기수송이 있다.

우리나라 화물수송의 실적을 살펴보면 자동차에 의한 수송이 75% 이상을 차지하고 있다. 철도 수송의 경우 그 증가율이 미미한 것으로 나타나고 있는 반면, 항공수송의 증가율이 가장 높게 나타난다.

(1) 철도수송

철도수송의 경우 시간에 대한 안정성을 가장 큰 특징으로 삼을 수 있다. 안정성이라는 것은 시간의 오차가 크지 않음을 의미한다. 그리고 제품 단위당 수송비용이 높지 않아서 대량이면서 먼 거리 수송에 적합한 특성을 보인다.

하지만 철도수송의 경우 역과 역을 연결하는 레일에 의한 수송이므로 수송지역의 한계를 가지게 된다. 또 출발점과 도착점에서 반드시 자동차 등의 보조를 받아야만 가능하다. 이를 수송수단의 변화 즉, 철도에서 자동차로 물건을 옮기는 것을 **환적**이라고 한다. 철도수송은 환적이 필요하기 때문에 실제 수송하는데 소요되는 시간보다는 제품을 기차에 싣고 내리는 데 시간이 많이 소요되는 단점이 있다.

또한 철도수송은 기후의 영향을 비교적 받지 않으며 사고가 적은 특성을 보

〈표 5-5〉 철도수송의 장 · 단점

장점	단점
• 대량의 제품을 일시에 효율적으로 운송하는 데 적합함 • 중 · 장거리 운송일수록 운송비가 싸고 경제적임 • 시간에 대한 안정성이 높음 • 계획 운행이 가능함 • 기후의 영향을 비교적 받지 않음 • 전국적인 운송망을 가질 수 있음	• 근거리 운송에서는 운임비율이 대체로 높음 • 환적 작업이 필요함 • 열차 편성에 시간 소요 • 긴급 시 배차 관계로 운송이 불가능함 • 운임 설정이 비탄력적임 • 화물차 소재 파악이 곤란함

이며 대량의 상품을 일시에 수송하는 데 적합하다. 하지만 근거리 운송에서는 비용이 많이 들며 긴급 수송이 필요한 경우에는 배차관계 때문에 운송이 힘들다. 기타 철도수송의 장 · 단점은 〈표 5-5〉에 나타나있다.

(2) 자동차수송

자동차는 도로가 있는 곳이면 어디든지 갈 수 있어 자동차수송은 근접성에 있어서 가장 우수한 수송 방식이다. 따라서 도시 내 수송을 전담하고 있다. 고속도로를 중심으로 한 도로망의 확충과 더불어 자동차수송은 더욱 확대되고 있다.

자동차수송에서는 이용목적에 따른 전문화된 자동차들이 등장하고 있다. 예를 들면 냉동차, 냉장차, 탑차(음료수 등이 흔들리지 않게 하기 위하여 자동차 내부에 선반을 설치한 차), 윙바디차(제품의 선적이나 하역 시 지게차의 활용을 높이기 위하여 트럭의 좌우 측면을 열 수 있게 만들어 놓은 차) 등이 있다. 이러한 전용차량의 증가는 더욱 자동차수송 비중을 높게 만든다.

하지만 자동차수송은 대량운송이 힘들며, 장거리 운송의 경우에도 비용이 많이 소요되는 단점이 있다. 기타 자동차수송의 장 · 단점은 〈표 5-6〉에 나타나 있다.

〈표 5-6〉 자동차수송의 장 · 단점

장점	단점
• 소량 및 중량 제품의 근거리 운송 시 경제적임 • 문전에서 문전까지(door to door)의 운송에 적합함 • 긴급 운송에 탄력적임 • 운송 도중 하역이 거의 필요 없음 • 운송중의 충격이 적어 포장이 비교적 간단함	• 대량 운송에 적합하지 않음 • 원거리 운송 시에는 제품 단위당 운송비용이 비쌈 • 중량과 기후의 영향을 많이 받음 • 교통 정체로 인한 운송 시간의 안정성이 떨어짐

(3) 파이프라인수송

파이프라인수송은 원유, 석유, 천연가스 등 주로 액체를 중심으로 이루어진다. 파이프라인수송을 위해서 막대한 자금이 투여되나 운영상에 있어서의 수송 변동비용은 매우 낮은 특성을 보인다. 즉 고정비는 높은 반면 변동비는 낮은 특성을 보인다. 파이프라인수송에서는 수송을 위한 인건비 등은 거의 들지 않으므로 변동비는 거의 0에 가깝다. 그리고 시간에 대한 안정성이 매우 높으며, 기후에 의한 영향을 거의 받지 않는 장점을 가지고 있다. 하지만 파이프라인수송은 지역적 특성에 영향을 많이 받는 단점이 있다.

우리나라와 같이 평지보다는 산이 많은 경우에는 파이프라인수송이 어렵다. 현재 우리나라에서 파이프라인수송이 이루어지는 제품은 석유와 천연가스가 대표적인데 주로 수도권 중심으로만 이루어지고 있다. 천연가스 파이프라인은 점차 전국적으로 확대하려고 하나 강원도 등은 지역적 제약이 강해 불가능한 실정이다. 현재 석유 수송에 있어 강원도 지역의 경우 파이프라인수송보다는 탱크로리에 의한 수송이 이루어지고 있다. 파이프라인수송의 장 · 단점은 〈표 5-7〉에 나타나 있다.

(4) 선박수송

대량의 장거리 화물수송에 있어 가격이 매우 저렴한 특성을 보인다. 선박은 대형화와 각종 전용선의 등장으로 꾸준한 성장세를 유지하고 있는 수송수단이

〈표 5-7〉 파이프라인수송의 장·단점

장점	단점
• 대량의 연속적인 수송에 적합함 • 변동비는 거의 0에 가까움 • 기후에 의한 영향을 거의 받지 않음 • 시간에 대한 안정성이 매우 높음	• 원유, 가스 등에 국한되어, 제품에 따른 제한이 매우 심함 • 고정비가 매우 많이 소요됨 • 지역적 특성에 영향을 많이 받음 • 환적이 필요한 경우가 있음

다. 선박수송은 대륙 간 수송의 대부분을 차지하고 있다.

선박수송의 경우에도 출발점과 도착점에서 환적이 필요한 단점을 안고 있다. 일부 전용선의 경우 환적의 어려움을 줄이기 위한 설비(알아두기의 로로(RoRo)선을 참고)를 갖추고 있기도 하다. 로로(RoRo)선의 경우 선박의 뒷부분을 통해서 지게차가 바로 선박의 안쪽 저장 지역까지 제품을 운반할 수 있도록 되어 있어, 기중기를 통한 선적 및 하역에 소요되는 시간과 비용을 절감하고 있다.

선박에 의한 운송은 해상운송과 하천운송으로 구분되는데, 우리나라의 경우 해상운송이 주류를 이루고 있다. 우리나라 해상운송업은 선박 수 등의 규모에 있어 매우 높은 경쟁력을 갖추고 있어 국제적인 선진 해상운송국으로서의 위치를 차지하고 있다. 이러한 해상운송을 통해 수출입 물량의 대부분을 소화하고 있다.

한때 한 나라의 국력을 평가하는 잣대로 여겨지기도 한 해상운송은 컨테이너운송의 발달과 함께 비약적인 발전을 하게 된다. 동시에 해상운송은 고속화, 대형화, 전용화 등과 어울려 그 중요성을 더해가고 있다.

해상운송은 기본적으로 국제적인 자원을 배분하는 역할을 함으로써 국제적인 교역이 발생하는 기본적인 역할을 담당한다. 이를 통해 국제수지 개선은 물론 국민소득 증대에도 크게 영향을 미친다. 또한 해상운송과 관련한 조선업, 보험업 등의 확대를 기대할 수 있으며, 심지어 분단 상황에서의 국방력 강화에도 일조하고 있다. 일반적으로 여겨지는 선박수송의 장·단점은 〈표 5-8〉에 나타나 있다.

〈표 5-8〉 선박수송의 장 · 단점

장점	단점
• 운임 부담이 작은 대량 상품의 원거리 수송에 있어 경제적임 • 대륙 간 운송이 가능함 • 벌크 화물의 경우 전용선 개발 등에 의해 수송 합리화가 가능함	• 수송 속도가 느림 • 항만시설을 필요로 함으로 하역비 등이 소요됨 • 기후에 의한 영향을 많이 받음 • 수송 시간의 안정성과 정확성이 떨어짐

해상운송에 사용되는 선박은 크게 여객선과 화물선으로 구분할 수 있으며, 화물선은 다시 건화물선과 유조선으로 구분된다. 건화물선 안에 일반화물선, 전용선, 겸용선, 특수선이 있으며, 유조선 안에 유송선과 특수액체 운반선 등이 포함된다. 이처럼 화물선의 경우 그 수송물의 종류에 따라 매우 다양하게 발전해 왔으며, 점차 전용화되는 특성을 보이고 있다.

하천운송은 해상운송과는 달리 중요성이 상대적으로 떨어지는 면이 있다. 왜냐하면 우리나라의 경우 하천을 이용한 수송비중이 매우 낮기 때문이다. 보다 구체적인 이유로는 한강의 끝 지점이 군사분계선과 맞물려 있는 점을 들 수 있다. 수도권 화물 물동량 비중이 매우 높지만 한강을 통한 수송이 불가능하기 때문이다. 인천과 김포 간의 운하 완공 후 하천 수송 비중이 높아질 것으로 보인다.

하천운송에는 주로 바지선이 이용되고 있다. 바지선은 화물을 싣는 배(모터가 없어서 스스로 움직이지는 않음)를 모터가 달린 배가 전후에서 끌거나 미는 형태로 움직인다. 현재 국내에서는 일부 하천에서 모래나 자갈 등의 운반을 위해 사용되고 있다. 바지선은 유럽의 라인강에서 가장 활발히 이용되고 있는 수송수단이다.

(5) 항공수송

항공은 신속성을 경쟁 무기로 하여 가장 발전 속도가 높은 수송수단이다. 수송 시간이 짧아서 제품 손상 또한 적게 일어난다. 항공 운송을 이용하는 경우

비용이 비싸다는 단점이 있으나, 수송 시간의 단축에 따른 재고비용의 감소를 고려한다면 큰 부담이 되지 않을 수도 있다. 운임이 비싸다는 특징상 가볍고 작으며 고가인 재화의 수송에 많이 사용된다.

최근 들어 제3자 수송의 증가에 따라 화물 전용선이 대폭적으로 늘고 있고, 수송 물량의 증가에 따른 규모의 경제성을 획득하여 단위당 항공운송비용이 낮아지고 있다. 향후 가장 발전속도가 빠른 수송 수단이 될 것으로 전망된다. 항공수송의 장 · 단점은 〈표 5-9〉에 나타나 있다.

이러한 수송수단의 특징을 살펴보면, 자동차 수송을 제외한 모든 수송 수단들이 자체적으로 수송을 전담하기 힘들다는 것을 볼 수 있다. 배, 철도, 항공 등의 수송에 있어서 출발점과 도착지에서는 자동차에 의한 환적이 이루어져야만 한다. 한편 자동차수송은 외국과의 거래나 바다를 횡단하는 거래의 경우에는 제 역할을 할 수 없다는 단점을 가지고 있다.

따라서 수송에 있어서는 대부분 여러 가지 수송 수단이 동시에 이용된다. 즉 실제 전체 수송시간에서 환적 시 소요되는 시간의 비중은 매우 높다. 비행기로 미국에서 한국으로 제품을 수송하고자 할 때 미국 내 공항에서의 환적과 한국 내 공항에서의 환적, 적어도 2번의 환적이 이루어진다. 이 환적에 소요되는 시간이 전체 수송시간 중에서 차지하는 비중의 절반을 넘어서는 경우가 많다. 그러므로 환적 시 소요되는 시간을 줄이기 위한 노력들이 경주되어 왔는데 대표적인 것이 **일관수송시스템**이라고 할 수 있다.

〈표 5-9〉 항공수송의 장 · 단점

장점	단점
• 수송 속도가 매우 빠름 • 수송의 정확성이 매우 높음 • 단기간 소요로 인하여 수송에 의한 손상의 우려가 낮음 • 긴급, 소형 화물 운송에 적합함 • 하역처리 빈도가 낮음 • 포장이 비교적 간편함	• 수송비용이 가장 높음 • 중량에 제한을 받음 • 공항이 없는 지역의 경우 이용에 불편이 따름 • 환적이 필요함

생활 속의 유통 페덱스

1973년에 설립된 페덱스(FedEx)는 항공특송 분야에서 선두적 위치를 달리고 있는 기업이다. 1997년 현재 아시아, 아프리카, 유럽, 북미, 남미 및 오스트레일리아 등 160여 개 나라에 서비스를 제공하고 있으며 계속해서 전 세계를 위한 서비스 확장에 힘쓰고 있다. FedEx는 차량 4만여 대, 항공기 600여 대 등을 보유하여 익일 배달 및 화물 적재에서 전달까지의 서비스를 할 수 있는 대기업으로 성장하였다.

FedEx의 괄목할만한 성장은 당사의 수송 체계의 혁신에 기인한다. FedEx는 기존 방식과는 다른 허브 앤 스포크(hub and spoke)라는 수송방식을 채택하여 운영하고 있다. 이 개념은 현재 회장으로 있는 스미스가 1968년에 미국 예일대에 제출한 논문에 기원하고 있다. 이것은 물건을 출발지에서 허브라고 불리는 중심축에 보내면 같은 시간대에 다른 곳에서 온 물건과 합류되고, 합류된 화물은 초현대식 분류 시설에 의해 목적지별로 분류되어, 물건을 싣고 온 비행기에 다시 실어서 개별 목적지로 보내는 시스템을 말한다. 이를 그림으로 나타내면 다음과 같다.

스미스는 항공산업에 있어 승객과 화물은 전혀 다른 성격을 가지고 있어 승객을 전혀 태우지 않는 항공화물 전용의 항공망의 필요성과 시장성을 감시하였다. 이에 미국 전 지역에 대한 항공화물 운송을 계획하였다. 이것은 기존 승객 운송의 항공망을 염두에 둘 때 엄청나게 복잡하고 비용이 많이 소요되는 것이었다. 포인트 투 포인트 방식은 승객 운송 시에 사용되는 시스템인데, 이 시스템을 사용할 경우 매우 복잡한 특성을 가진다. 예를 들어 5개 지역의 수송을 위해서 총 10편의 왕복 항공이 요구되기 때문이다 이에 스미스는 허브 앤 스포크방식을 채택하게 된 것이다.

허브 앤 스포크방식에 의할 경우 왕복 항공기의 수는 줄일 수 있는 장점이 있으나 이와 상쇄관계를 가지는 운송 속도 즉, 배달 시간의 문제가 있다. 이러한 상쇄관계를 극복하기 위하여 스미스는 다음과 같은 개선 방식을 꾀하였다.

스미스는 고객 관점에서 시간을 구하였다. 적재, 비행운송, 전달을 합쳐서, 고객이 실제로 기다리는 시간을 계산하고 이를 통합 관리하고자 하였다. 이는 기존에 항공 운송

〈그림〉 포인트 투 포인트 대 허브 앤 스포크

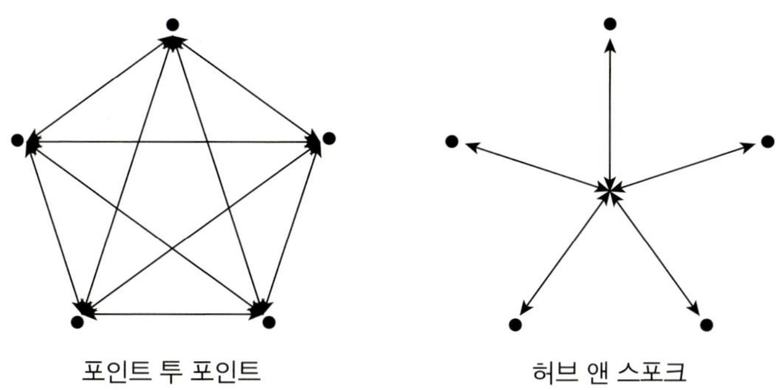

생활 속의 유통 페덱스 (계속)

시간을 단지 비행시간만으로 계산하는 것과는 달리 보다 고객 관점에 접근한 것이라 할 수 있다. 여기에 덧붙여, 스미스는 비용과 관계없이 화물을 정확하고 신속하게 운송하기 위하여 항공편을 고객들이 이용한다는 고객 요구를 도출하여, 운송 신뢰성 개념을 만들어 내었다. 이는 고객이 무조건 짧은 시간보다는, 고객이 원하는 시간의 범위 안에 정확하게 전달되는 것을 보다 선호한다는 것을 의미한다.

FedEx는 고객의 신뢰성을 증진시키기 위하여 다음과 같은 활동을 전개하였다. 첫째 하나의 회사가 적재에서 운송, 전달까지의 전 과정을 담당한다. 둘째 원하는 시간까지 정확하게 배달할 수 있는 시스템을 구상한다. 셋째 자신이 보낸 화물의 상태와 위치를 수시로 파악할 수 있는 서비스를 제공한다.

이러한 개념과 원칙하에 스미스는 항공화물 운송에서 야간운송, 익일오전 배달의 구체적인 운영 원칙을 세우게 되었다. 야간운송과 익일오전배달의 원칙은 수송의 신뢰성에 크게 기여하였다.

일관수송시스템은 환적시간을 최소화하기 위하여 여러 수송 모드 간의 연결을 원활하게 해 놓은 것을 말한다. 이러한 일관 수송을 위해서는 포장 용기의 표준화나 환적설비의 최신화 등 하드웨어적 개선이 이루어져야 한다. 그리고 이들 수송모드 간의 연계를 원활히 하기 위한 각종 프로그램 개발이 이루어져야 한다. 특히 정보연계가 필수적이라고 할 수 있다. 대표적인 것으로 제품추적시스템을 들 수 있다. 제품추적시스템은 수송모드에 각종 기기를 부착하여 위성이나 안테나 등을 통해 그 위치를 파악할 수 있도록 해놓은 것이다. 이 시스템을 사용하게 되면 특정 환적이 이루어지는 장소에서, 재화 공급자와 수요자 간의 연계를 보다 잘 할 수 있게 해준다.

(6) 컨테이너 운송

제품 등 화물을 컨테이너에 넣어서 수송, 보관, 하역 등 일련의 물류활동을 수행함으로써 엄청난 효과를 거둘 수 있다. 따라서 컨테이너화는 물류활동의 혁명이라고 간주된다. 이에 따라 기존의 육상운송, 해상운송, 항공운송 등에서 분리하여 별도의 운송체계로 다루어지기도 한다. 컨테이너는 화물운송에 있어 경제성, 신속성, 안정성의 장점을 가지고 물류부문의 전 과정을 합리적으로 일관운송할 수 있는 혁신적인 운송용기라고 할 수 있다. 국제표준화기구(ISO)에 따르면 컨테이너는 다음과 같은 특성을 가지고 있어야 한다.

- 내구성을 가지고 반복사용이 가능해야 한다.
- 하나 이상의 우송형태에 의해 화물의 운송이 쉽도록 설계되어야 한다.
- 운송형태의 전환(환적) 시 신속하게 취급할 수 있는 기능을 부착하고 있어야 한다.
- 화물을 컨테이너에 싣고 내리는 작업이 쉽게 이루어지도록 설계되어야 한다.
- 내용적이 $1m^3$ 이상이어야 한다.

이러한 컨테이너는 크기, 재질, 용도에 따라 다양하게 구분될 수 있다. 컨테이너의 종류에 대한 것은 〈표 5-10〉에 나타나있다.

또한 컨테이너 운송은 수송모드 연결을 원활하게 해준다. 수송모드 간 연결방식 중 대표적인 경우로 **피기백**(piggyback)**방식**을 들 수 있다. 철도와 컨테이너를 수송하는 트레일러는 서로 경쟁관계에 있었는데 이들 수송모드 간의 연계방식이 다양화되면서 동반자적인 수송모드로 부상하고 있다. 트레일러에 실려 있는 컨테이너만을 적절한 하역기기를 이용하여 기차에 옮기는 것(COFC, container on flatcar)과 기차 위에 컨테이너와 트레일러를 동시에 적재하는 것(TOFC, trailer on flatcar)이 있다. 이외에도 선박과 자동차 간의 연계방식이라고 할 수 있는 페리보트(ferry boat) 등 다양한 방식이 사용되고 있다.

2. 보관

앞에서도 언급한 바와 같이 리드타임갭이 존재하므로 유통업자와 생산업자는 일정량을 보관해두지 않으면 안 된다. 동시에 공급자에 대한 불확실성과 소비에 대한 불확실성에 대처하기 위해서도 재고를 보관하여야 한다. 유통경로의 한 구성원은 전방의 공급자 활동에 많은 영향을 받는다.

〈표 5-10〉 컨테이너의 종류

구분 기준	컨테이너 종류	특성
크기	20 피트	주로 해상운송에 사용되는 컨테이너 길이는 세 가지로 구분되나, 이 중에서 20피트형이 TEU(twenty-foot equivalent unit)이라고 하여 물동량 산출의 기준으로 사용되고 있다. TEU를 바탕으로 선박의 적재 능력이나 운임 지급이 이루어지고 있다.
	35 피트	
	40 피트	
재질	철제 컨테이너	컨테이너 대부분을 차지, 원가가 저렴하나 무겁고 녹이 스는 단점이 있다.
	알루미늄 컨테이너	가볍고 외관이 우수하며 내구성이 뛰어나나 제조원가가 높다.
	강화플라스틱 컨테이너	강화플라스틱을 가지고 합판모양을 만들고 접착제를 사용하여 만든 컨테이너로 유연성이 높다.
용도	건화물 컨테이너 (dry container)	일반잡화 운송을 위한 표준 컨테이너
	냉동 컨테이너 (reefer container)	과일, 야채 등의 냉장 냉동이 필요한 화물운송 컨테이너
	천장개방 컨테이너 (open top container)	컨테이너의 위쪽부터 적재 및 하역을 할 수 있도록 만든 특수 컨테이너
	플랫랙 컨테이너 (flat rack container)	목재, 승용차, 기계류 등과 같은 중량화물 운송에 사용된다.
	동물용 컨테이너 (live stock container)	소, 말과 같은 살아있는 동물을 운송한다.
	탱크 컨테이너 (tank container)	유류, 술, 화학품과 같은 액체상태의 화물을 우송하는 특수 컨테이너이다.
	플랫폼 컨테이너 (flatform container)	중량물이나 부피가 큰 화물을 운송하기 위한 컨테이너이다.
	솔리드버크 컨테이너 (solid buck container)	가축사료 등과 같은 화물을 운송하기 위해 제작된 컨테이너로 내부청소가 용이하고 외부기온 변화에 견디도록 강하게 만들어진다.
	행어 컨테이너 (hanger container)	일반 건화물을 천장에 매달 수 있도록 만들어진 컨테이너이다.

매주 월요일 100개의 제품을 제공하던 공급자가 어떤 주에는 제품이 없어서 50개만 제공할 수도 있고, 어떤 주에는 월요일이 아닌 수요일에 제공할 수도 있다. 이러한 공급자의 불확실성에 대처하기 위해 제품을 재고로 보관해두어야 한다. 재고를 쌓아두지 않으면 제품이 없어서 고객이 그냥 돌아가는 경우가 발생하기 때문이다.

알아두기

컨테이너 선의 종류

컨테이너를 운반하는 배의 종류는 다양한 형태를 가지는데, 배의 컨테이너 전용 정도에 따라 혼재형 컨테이너선(conventional ship), 분재형 컨테이너선(semi-container ship), 전용 컨테이너선(full-container ship)으로 구분할 수 있다. 혼재형 컨테이너는 일반화물과 컨테이너 화물을 함께 실을 수 있는 배이다. 분재형 컨테이너선은 배의 갑판을 개조하여 컨테이너를 실을 수 있게 만든 배이다. 그리고 전용 컨테이너선은 배의 설계 시부터 컨테이너를 실을 수 있도록 한 배이다.

컨테이너선은 또한 적재 방식에 따라 구분할 수도 있는데, 대표적인 것으로 Lo-Lo(lift on/lift off)방식과 Ro-Ro(roll on/roll off)방식을 들 수 있다. 이들 방식에 대한 것은 다음의 그림에 잘 나타나 있다.

〈그림〉 Lo-Lo방식과 Ro-Ro방식의 비교

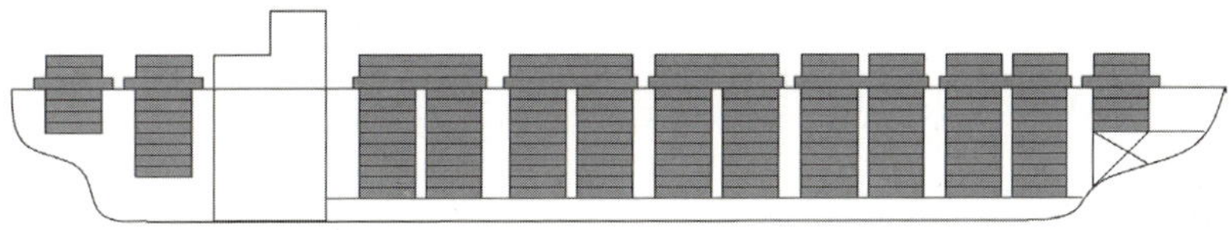
(1) Lo/Lo 컨테이너선

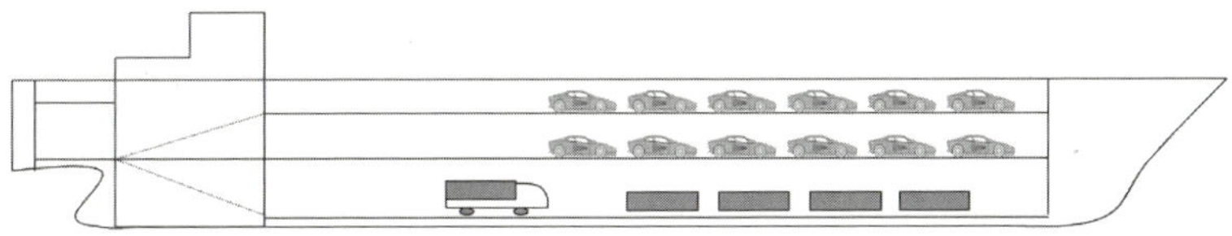
(2) Ro/Ro 컨테이너선

Lo-Lo(lift on/lift off)방식은 크레인을 이용하여 배에 짐을 싣고 내리는 방식을 말한다. 한편 Ro-Ro(roll on/roll off)방식은 자동차나 지게차 등이 배 안에 직접 출입할 수 있는 경우이다. 컨테이너를 실은 트레일러가 배의 뒷부분이나 옆 부분의 램프(ramp)를 통해 직접 배안에 들어가 작업할 수 있으므로 하역작업이 매우 쉬워지는 특징이 있다. 하지만 트레일러 등이 배 안에서 이동하기 위한 공간이 필요하기 때문에 배의 적재량을 떨어뜨리는 단점을 안고 있다.

고객 수요가 불확실한 것도 재고를 쌓아두는 원인이 된다. 일일 평균 판매량이 10개라고 해서 매일 10개씩 판매되는 것은 아니다. 어떤 날은 15개가 팔릴 수도 있고 어떤 날은 5개만 팔릴 수도 있다. 재고를 10개만 쌓아두고 있는데 15개의 수요가 발생한다면 재고 부족 현상을 일으킨다.

수요의 계절 변동이 심한 경우에는 보관의 필요성이 더욱 높다. 크리스마스 시즌의 장난감의 수요는 계절 변동이 심한 대표적인 경우라고 할 수 있다. 크리스마스 시즌을 전후하여 갑작스러운 장난감 주문이 폭발하게 된다. 이 폭발적인 주문에 대응하기 위한 생산업자가 충분한 설비를 확보하게 된다면, 크리스마스 시즌이 끝난 다음에는 대부분의 설비는 가동되지 않게 된다. 따라서 적정량의 설비를 가지고 크리스마스 시즌의 장난감 수요에 대비하기 위해서는 시즌 전에 미리 생산하여 보관해 두어야 한다.

재고 및 보관 기능은 공급체인 구성원 모두에게 있어 매우 중요한 요소이다. 소매상의 경우 상품 진열을 위한 판매대에 과연 몇 개의 제품을 올려놓을 것인지나 자신의 창고에 얼마나 보관할 것인가 등이 모두 이에 해당된다. 하지만 보관활동은 일반적으로 재고활동보다는 창고활동에 주안점을 두고 있어 이하에서는 창고활동을 중심으로 설명하고자 한다.

창고는 제품을 저장 또는 보관하기 위한 시설이다. 창고는 분류 기준에 따라서 매우 다양한 형태를 지니고 있다. 먼저 운영 주체에 따라 구분하면 자가 창고, 영업용 창고, 공공 창고, 보세 창고 등이 있다. 자가 창고는 제조업자나 유통업자가 자기 책임 하에 제품을 보관하는 창고를 의미한다. 영업용 창고는 전문 창고업자로부터 임차하여 제품을 보관하는 창고를 말한다. 공공 창고는 정부기관 및 공공단체의 비축 물자나 공용 물자를 보관하는 창고이다. 마지막으로 보세 창고는 보세 지역 내 수출입화물을 보관하는 창고를 의미한다.

위에서 제시한 창고 유형 중 크게 두 가지 유형의 창고로 구분이 가능한데, 자가 창고와 공공 창고이다. 공공 창고는 자신이 직접 소유하지 않고 계약 등에 따라 사용료를 지불하고 사용하는 외부창고라고 할 수 있다. 이들 창고의 유형에 따라 일반적으로 기업들은 다음과 같은 유형으로 창고를 활용하고 있다. 즉 연간 수요의 변동이 심한 경우를 들어보면, 가장 수요량이 높은 경우 100개의 제품이 팔리고 가장 낮은 경우 50개가 팔린다고 가정하자. 이 경우 해당 기업은 자가 창고의 설비능력을 얼마로 가져가야 할 것인가? 가장 높은 수요를 보일 때를 대비하여 100개의 제품을 일시에 보관할 수 있는 창고를 보유할 것인가? 그렇게 되면 해당 창고는 가장 높은 수요를 보일 때를 제외하고는 창고의 이용도는 낮은 수준을 보일 수밖에 없다. 따라서 일반적으로 기업들은 최소 수요량에 대비

〈그림 5-6〉 자가 창고 및 공공 창고의 활용

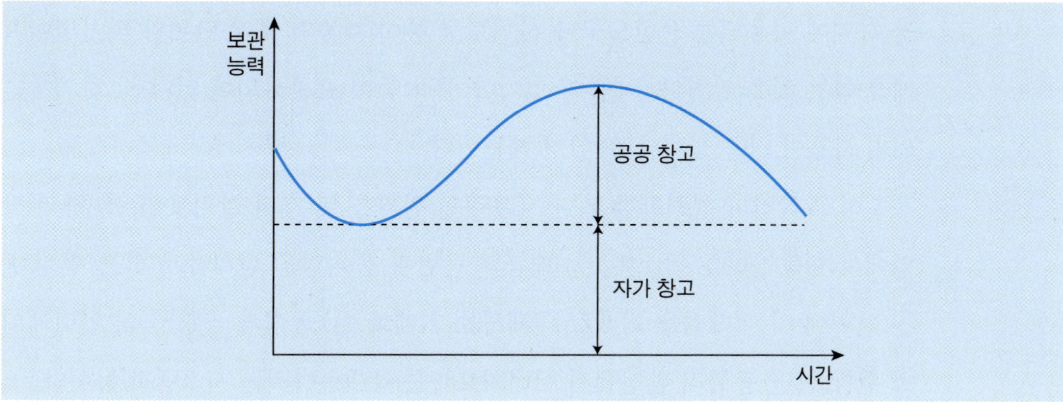

하여 자가 창고를 운영하고, 그 이상의 수요에 대비하여 공공 창고 즉, 외부 창고를 활용하게 된다. 이는 〈그림 5-6〉에 잘 나타나있다.

보관 물품에 의한 구분도 가능한데, 여기에는 원료 창고, 제품 창고, 냉장 창고, 위험물 창고, 농업 창고, 야적 창고 등이 있다. 한편 창고 입지에 따라서 구분하기도 한다. 여기에는 항만 창고, 내륙 창고, 역 창고, 터미널 창고, 도시 창고, 공장 창고 등이 해당된다.

3. 하역

하역이란 창고 내에서 쌓기 등의 보관 관련활동과 수송수단에 화물을 싣고 내리는 활동을 말한다. 하역은 운송 및 보관 활동의 효율성을 제고하는 보조적 역할을 수행하는 것 이외에 제품 보호, 판매촉진 기능까지 담당한다. 제품이 생산지에서 소비지까지 이동하는 유통과정에서 포장, 보관, 운송 등의 활동으로 제품이 파손될 가능성이 있다. 이러한 파손의 위험으로부터 제품을 보호하는 기능을 하역이 맡고 있다. 그리고 제품의 외형을 미화시켜서 고객으로 하여금 구매의욕을 유발하는 판매촉진 기능까지 수행한다.

하역 작업을 효율적으로 수행하기 위해서는 몇 가지 기본방향을 설정해야 한다. 대체적인 방향은 생력화(省力化)와 표준화라고 할 수 있다. 생력화는 하역

작업이 되도록 사람 손을 거치지 않고 기계화, 자동화되는 것을 말한다. 표준화는 하역에 사용되는 운반도구나 하역도구 등이 제품의 포장 단위와 맞아떨어지게끔 하는 것을 말한다. 제품의 크기나 중량 등이 표준화되어 있다면, 하역하는 기기 사용이 더욱 늘어날 수 있기 때문이다.

하역 작업의 생력화를 위한 세부적인 원칙을 몇 가지 살펴보면, ① 하역 작업에서 이동거리를 최소화, ② 제품의 운반과 움직임을 편리하게 하는 활성화, ③ 인력에 의한 작업을 기계로 대체하는 기계화, ④ 공정과 공정 간의 인터페이스 원활화, ⑤ 종합적 관점에서 시너지효과를 극대화하려는 시스템화 등이다.

표준화를 위해서는 제품을 일정 단위로 취합하는 것(unitize)이 필요하다. 일정 단위로 만듦으로써 제품의 손상, 감모, 분실을 줄이고 수량의 확인이 용이하게 하고, 동시에 팔레트화(palletization)를 통해 하역 작업이 능률적이고 효율적이게 한다. 동시에 포장의 규격화와 표준화가 요구된다.

4. 포장

소비재이든 생산재이든 모든 재화가 고객에게 전달되는 경우 포장을 하게 된다. 특히 소비 수준의 증가와 기업 간 경쟁의 심화에 따라 포장의 중요성은 더욱 강조된다. 포장은 단순히 제품을 보호하는 측면 이상의 역할을 담당한다.

(1) 포장의 목적

일반적으로 포장을 하는 이유는 다음과 같다. 제품 보호, 취급 용이, 상품 가치 제고 등이다.

1) 제품 보호

원료 공급에서 최종 고객에게 전달하는 과정까지 발생할 수 있는 충격, 습도, 온도, 빛, 해충 등으로부터 재화를 보호하기 위하여 포장을 하게 된다.

알아두기

팔레트 (pallet)

제품을 한 덩어리로 묶어서 수송, 보관, 하역 등의 작업을 수행함으로써 비용절감을 꾀할 수 있다. 제품을 하나로 묶을 때 사용하는 화물적재판이 팔레트다. 팔레트를 사용할 경우 많은 장·단점을 가지며 이는 다음의 〈표〉에 잘 나타나 있다.

〈표〉 팔레트화의 장 · 단점

장점	단점
• 하역 노력을 줄이고 시간을 단축할 수 있음 • 높이 쌓을 수 있어 적재효율을 높이고 기계화가 가능 • 이동, 정리정돈, 시스템화가 쉬움 • 보관 및 장소관리가 쉬움 • 표준화 및 규격화가 쉬움 • 제품의 검수가 쉬움 • 다품종·대량 취급이 쉬움 • 파손, 오손, 분실, 혼합을 방지하는 등 물품보호가 쉬움	• 작업이 간헐적으로 이루어지므로 연속작업을 힘들게 함 • 운반거리가 길면 작업능률이 저하 • 팔레트가 움직이기 위해서는 넓은 통로가 필요하며, 노면정비도 요구 • 팔레트 관리에 따른 부대비용이 발생

팔레트는 재질이나 형태에 따라 다양한데, 재질에 따른 구분에는 목재 팔레트, 철제 팔레트, 플라스틱 팔레트, 종이 팔레트 등이 포함된다. 형태에 따른 대표적인 구분은 다음의 〈그림〉과 같다.

〈그림〉 팔레트 종류

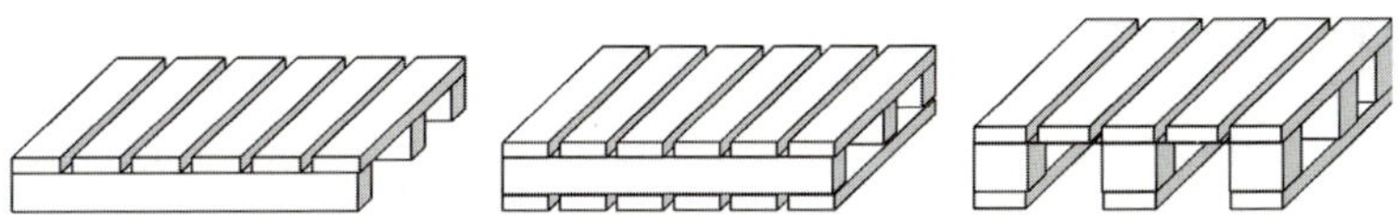

가. 단면형, 2방향 차입식　나. 양면형, 2방향 차입식　다. 단면형, 4방향 차입식

팔레트는 사용하는 측면 수에 따라 단면형과 양면형으로 구분할 수 있으며, 팔레트를 주로 취급하는 지게차가 팔레트를 들어올릴 수 있기 위해 지게차 팔이 들어갈 수 있는 방향 수에 따라서 2차입식과 4차입식으로 구분할 수 있다.

팔레트를 보다 효율적으로 사용하는 방법은 규격의 표준화를 통한 팔레트 풀시스템(pallet pool system)과 유닛로드시스템화(unit load system)를 도모하는 것이다. 현재 KS표준팔레트 규격은 가로세로 1.1미터의 정방형 팔레트이다. 하지만 실제 사용되는 팔레트의 규격은 거의 표준화되어 있지 않다.

팔레트 풀시스템은 팔레트의 상호 교환이 가능하게 하여, 공동으로 사용할 수 있도록 한 것이다. 전국적으로 폭넓은 팔레트 집배망을 갖추어 표준 팔레트를 하주들에게 대여할 수도 있고, 회수 및 재이용도 매우 원활하게 이루어질 수 있다. 이는 물류비용 절감에 큰 도움이 된다.

알아두기 (계속)

팔레트 (pallet)	유닛로드시스템을 구축하기 위해서는 팔레트 표준화가 필수적이다. 유닛로드시스템은 여러 개를 하나로 묶어서 관리하여 관련비용을 줄이는 시스템이라고 할 수 있는데, 이 시스템에 가장 일반적으로 사용되는 것이 팔레트와 컨테이너라고 할 수 있다. 하나의 컨테이너 안에 여러 개의 팔레트가 들어가게 되는데, 이 때 적재효율을 높이기 위해서는 팔레트 규격과 컨테이너 규격간의 연계성이 필수적이다. 예를 들어 우리나라 표준이라고 할 수 있는 T-11형(가로세로 1.1m)은 다음과 같은 취지에 따라 결정되었다. 국제표준화기구(ISO)에서 규정하고 있는 컨테이너의 화물적재 공간(내부공간)의 폭이 2.35m이고, 2열의 팔레트를 실을 경우 한 팔레트 당 1.175m 정도의 폭이 요구된다. 여기에 국제적인 유닛로드 규격이 1.14m인 점을 감안하여 국제 유닛로드 규격에서 화물에 대한 하역작업 시 필요한 여유공간을 확보하여(40mm) 표준형 팔레트를 가로세로 1.1m로 규정하고 있다. 그러나 국내 기업들의 한국 표준형 팔레트 규격의 적용이 미진한 편이어서 유닛로드시스템 구축이 힘든 실정이다.

2) 취급 용이

사람 손에 의해 취급되든지 아니면 지게차 등과 같은 기계에 의해 취급되든지 제품은 취급이 용이해야 하므로 포장을 하게 된다. 적재 시 높이 쌓을 수 있고, 규격화된 컨테이너와 트럭에 깔끔하게 내적할 수 있도록 치수, 형태별로 표준화를 통한 통합의 필요성이 제기된다.

3) 상품 가치 제고

포장의 표면에 덧붙인 문자, 도안, 색상 등의 디자인에 의해서 재화에 대한 정보를 전달할 수 있다. 동시에 이러한 정보전달을 통해 고객에게 호감을 주어 내부의 재화를 보다 가치 있는 것으로 만들 수 있다.

(2) 포장의 형태

이러한 포장의 목적에 따라 다양한 형태의 포장이 이루어지고 있는데 그 형태에 따라 다음과 같이 포장을 분류할 수 있다.

1) 개별 포장

개별 포장(primary package)은 고객이 구매하는 단위별로 포장하는 것이다. 예를 들면 동아제약의 박카스를 구매하는 경우, 고객은 일반적으로 박카스 한 병을 구매하게 된다. 박카스 병 안에 내용물이 들어 있고, 병마다 박카스라는 제품명과 제품 관련한 사항들이 적혀 있다. 이 때 병이 개별 포장에 해당된다.

개별 포장은 고객이 제품 구매 시 직접 눈에 띄는 것이므로 포장 디자인에 있어서 가장 신경을 쓰는 것이다. 개별 포장을 잘 디자인함으로써 상품 가치를 높이는 경우가 많다.

2) 외부 포장

외부 포장(secondary package)은 개별 포장을 둘러싸고 있는 것으로 상자, 자루 등의 용기가 외부 포장에 해당된다. 박카스의 경우 10개 들이 파란 상자 포장이 외부 포장에 해당된다. 외부 포장은 주로 취급을 용이하게 하거나 운반시 상품을 보호하기 위한 목적을 가진다.

3) 선적용 포장

선적용 포장(shipping package)은 목적상 주로 취급을 용이하게 하기 위한 것이다. 개별 포장이나 외부 포장을 위하여 제품을 운송하기에는 그 단위가 작으므로 이를 묶어서 취급하기 위한 것이다. 〈그림 5-7〉에서 보이는 바와 같이 트럭에 싣는 단위 포장이 선적용 포장이 된다.

이외에도 내부 포장이 있는데, 내부 포장은 개별 포장과 외부 포장의 중간에 위치하는 것으로 내용물을 보호하기 위한 충진물(종이, 등겨 등), 방습재료 등을 의미한다.

(3) 포장 관련한 이슈들

이러한 포장과 관련한 의사결정에 있어 중요한 몇 가지 이슈를 언급하고자

〈그림 5-7〉 포장의 연계성

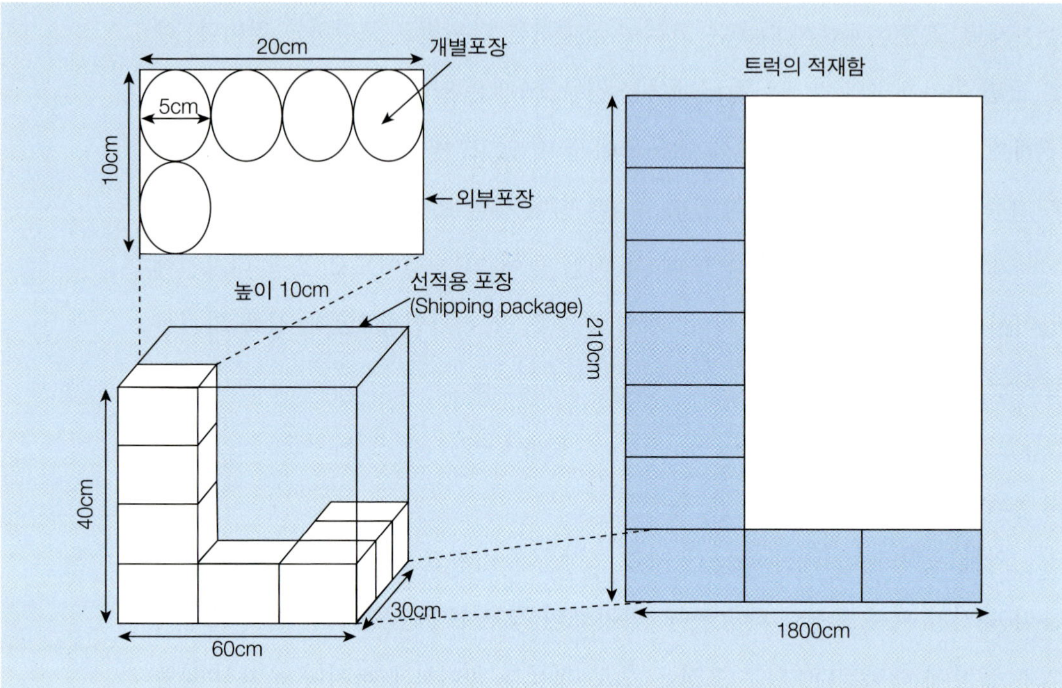

한다. 여기서는 포장의 연계성과 포장의 환경 문제에 대해서 살펴본다.

1) 포장의 연계성

하나의 제품과 관련한 포장은 다단계 구조를 가진다. 〈그림 5-7〉에서 보는 바와 같이 개별 포장, 외부 포장, 선적 포장 등이 있다. 이들 포장 간의 연계성을 고려한 제품 개발, 운송 수단 선택, 하역 설비 디자인 등이 동시에 고려되어야 한다. 개별 포장을 외부 포장에 넣을 때 원하는 수량이나 계산상의 편리성을 제공하는 수량이 담겨질 수 있도록 해야 하고, 연이어 외부 포장을 담는 선적용 포장의 경우 트럭의 적재 효율을 최대화하도록 해야 한다.

〈그림 5-7〉에서는 트럭의 적재율을 100% 달성할 수 있는 경우이다. 그러나 만약 개별 포장과 외부 포장, 선적용 포장이 상호 연계성을 고려하여 디자인되지 못하였다면, 트럭의 적재율은 매우 떨어지게 된다. 가령 선적용 포장이 가로 60cm로 되어 있고, 트럭의 가로 길이가 180cm로 되어 있는데, 실제 트럭이 2m

라고 한다면 가로 20cm에 해당하는 면적이 여유 공간으로 남게 된다. 트럭의 적재율은 그만큼 감소하게 된다.

트럭의 사이즈를 결정하는 것은 생산업자나 유통업자가 관여할 문제가 아니라고 한다면, 제품 개발에 있어 트럭의 사이즈를 고려해야 한다는 의미이다.

2) 환경 친화적 포장

한편 환경 문제의 대두에 따라 환경을 고려한 포장 개발이 이슈화되고 있다. 환경을 고려한 포장 활동은 크게 두 가지 방향에서 이루어지고 있는데 하나는 포장을 생략하는 것이고 다른 하나는 포장 재료의 개선이라고 할 수 있다. 포장을 생략하는 경우로는 탱크의 사용을 예로 들 수 있다. 배나 트럭, 화물기차 등에 설치된 탱크로리를 이용하는 경우라고 할 수 있다. 또 다른 예로는 내부 포장의 생략을 들 수 있다. 앞에서 언급한 박카스의 경우, 예전에는 내부 포장을 하였다. 격자무늬의 종이를 외부 포장 안에 두어 병과 병이 부딪혀서 깨지는 것을 방지하였다. 그러나 병과 병 사이의 간격을 두지 않는 자동화된 포장 기술을 사용함으로써 취급 시 병이 움직이지 않게 함으로써 내부 포장을 생략할 수 있었다.

환경 문제를 고려한 포장 개선 활동으로 포장 재료의 변화가 뚜렷이 이루어지고 있다. 최근 유통업체들의 비닐 사용을 제한하는 것이라든지, 종이봉투의 사용을 늘린다든지 하는 예가 여기에 속한다. 생산 및 유통 측면에서 취급을 용이하게 하면서 환경 문제를 동시에 고려해야만 한다. 종이의 사용에 있어서도 재이용된 재료를 사용하거나, 기존에 플라스틱이나 스티로폼을 대체하는 종이 재료의 개발 등도 요구된다.

1994년경 환경 문제에 대한 인식이 높아지면서 쟁점이 되었던 사안으로 우유병과 관련한 문제가 있었다. 당시 정부 측에서는 환경 문제를 고려하여 우유팩 대신 우유병으로 전환하기를 권고하려고 했다. 우유병은 회수를 통한 재이용이 가능한 반면 우유팩은 썩는 데 몇백 년이 소요된다는 논리였다. 그러나 일부 연구진에 의한 우유팩과 우유병의 환경영향 평가 결과 우유병이 11번 이상 회수된다면 우유팩보다 환경친화적이라고 보고되었다. 우유병을 11번 회수한다는 것은 거의 불가능하다. 따라서 지금은 우유팩으로 거의 통일되었다. 만약 우유병을 보다 효과적으로 관리할 수 있는 방법이 등장한다면 다시 우유병을 사용할 가능성도 크다.

5. 유통가공

유통가공은 유통단계에서 제품의 간단한 가공이나 조립, 재포장, 주문에 따른 조정 등의 작업을 행하는 것이다. 예를 들어 가전제품의 경우 가정으로 배달된 후 바로 조립되는데 이 작업이 유통가공에 속한다. 또는 백화점 등에서 생선을 구입할 때 생선의 내장을 제거하는 작업이 유통가공에 해당된다. 유리 등을 주문에 따라 절단하는 것도 유통가공의 예이다.

유통가공은 고객의 니즈에 보다 부합되기 위한 활동으로 부가가치와 직결된다. 물류활동의 기본 행동원리 부문에서 연기(postponement)에 대한 설명을 하였다. 이 연기는 유통가공과 밀접한 관련을 가지고 있다. 제품의 다양성을 제공하거나, 고객의 다양한 서비스 요구에 부합하기 위하여 제품의 결정 지점을 보다 고객 쪽으로 옮기는 행위가 연기이며 이는 유통 가공에 의해 대다수 행해지기 때문이다. 따라서 유통 가공은 제품의 다양성 제공 이외에도 상품 가치나 고객의 편리성을 제공하는 등 고객 가치를 제고하는 역할을 수행하게 된다. 유통 가공의 활동에는 제품 자체의 변경 이외에도 가격표 부착, 마킹, 상표 부착 등도 포함된다.

물류산업 동향

1. 물류사업의 구분

수송, 보관, 하역 등 물류활동을 특화한 기업이 등장하고, 이러한 기업들의 등장에 따라 물류사업이 태동하게 되었다. '물류사업'이라 함은 타인의 수요에

응하여 유상으로 화물의 운송 · 보관 · 하역 또는 포장과 이와 관련된 제반활동을 통해 수익을 창출하는 것을 말한다. 〈표 5-11〉은 한국표준산업분류의 대분류에 나와 있는 주요업종이다.

2. 물류산업 현황

물류활동을 행하는 기업들이 모여 물류산업이 형성된다. 우리나라의 물류산업 구분 역시 앞의 물류사업 구분과 동일하다. 우리나라 물류업체 수는 2004년 15만여 개에서 2013년 36만 개에 달할 정도로 급격하게 증가하였다. 하지만 이들 물류업체의 종사자 수나 매출액을 살펴보면 그 영세성을 가늠할 수 있다. 2014년 기준으로 물류업체당 평균 종사자 수는 3.0명이며, 평균 연간 매출액은 3.9억 원이다.

우리나라 물류산업이 영세성을 보이는 것은 지리적 특성 및 사회간접자본의 미약 등이 주요 원인이 된다. 우리나라에서는 수출 · 입 중심의 경제 활동이 이루어지는데, 부산항 등을 통해 들어온 물자는 주로 서울 및 경기권에서 사용되고, 전역에서 만들어진 제품 또한 주요 항구를 통해 수출된다. 이러한 수출입물자의 수송은 주로 트럭 등 육상 운송이 담당하고 있다. 대규모 시설 등이 필요한

〈표 5-11〉 물류사업 주요업종

분류	주요업종
육상운송 및 파이프라인 운송업	철도운송업, 도시철도운송업, 시내버스운송업, 마을버스운송업, 시외버스운송업, 고속버스운송업, 일반택시운송업, 개인택시운송업, 전세버스운송업, 장의차량운송업, 일반화물운송업, 용달화물운송업, 개별화물운송업, 택배업, 늘찬배달업, 파이프라인운송업
수상운송업	외항여객운송업, 외항화물운송업, 내항여객운송업, 내항화물운송업, 기타 해상운송업, 내륙수상여객운송업, 항만내 운송업, 기타 내륙수상 및 항만내 운송업
항공운송업	정기 항공운송업, 부정기 항공운송업
창고 및 운송 관련 서비스업	일반창고업, 냉장 및 냉동창고업, 농산물창고업, 위험물품보관업, 기타 보관 및 창고업, 철도운송지원 서비스업, 여객자동차터미널운영업, 화물자동차터미널운영업, 도로 및 관련시설 운영업, 주차장 운영업, 항구 및 기타 해상터미널운영업, 도선업, 기타 수상운송지원 서비스업, 항공운송지원 서비스업, 항공 및 육상화물취급업, 수상화물취급업, 육상운송주선업, 복합운송주선업, 화물포장 및 접수관련 서비스업, 그 외 기타 분류 안 된 운송관련 서비스업

출처: 통계청, 「운수업조사보고서」, 2013

〈표 5-12〉 업종별 물류산업 통계

구분		2012	2013 (구성비)		증감률
업체 수 (개)	전체	343,697	359,587	100.0	4.6
	육상운송업	325,048	340,654	94.7	4.8
	수상운송업	502	613	0.2	22.1
	항공운송업	34	33	0.0	-2.9
	창고 및 운송관련서비스업	18,113	18,287	5.1	1.0
종사자 수 (명)	전체	1,077,839	1,094,319	100.0	1.5
	육상운송업	904,074	918,769	84.0	1.6
	수상운송업	27,006	27,538	2.5	2.0
	항공운송업	31,578	32,488	3.0	2.9
	창고 및 운송관련서비스업	115,181	115,525	10.6	0.3
업체당 종사자 수 (명)	전체	3.1	3.0	—	-3.2
	육상운송업	2.8	2.7	—	-3.6
	수상운송업	53.8	44.9	—	-16.5
	항공운송업	928.8	984.5	—	6.0
	창고 및 운송관련서비스업	6.4	6.3	—	-1.6
매출액 (십억 원)	전체	141,568	140,268	100.0	-0.9
	육상운송업	56,521	58,621	41.8	3.7
	수상운송업	44,986	40,787	29.1	-9.3
	항공운송업	21,361	20,966	14.9	-1.8
	창고 및 운송관련서비스업	18,700	19,894	14.2	6.4

자료: 통계청, 「운수업조사보고서」, 2013

선박이나 항공수송에 비해 육상 운송업은 상대적으로 영세한 것이 사실이다. 최근 국가 지도자들이 한반도 운하나 중국 열차 페리 등을 공약으로 내세우고 있는 것 또한 육상 운송 중심의 물류업 구조를 잘 보여준다 하겠다.

물류산업은 비록 영세하지만 꾸준한 성장세를 보여주고 있다. 최근 20년간 기업체당 매출액은 1.6억 원에서 3.9억 원으로 증가하는 등 성장세를 나타내

생활 속의 유통 제3자 물류

제3자 물류(3PL, third party logistics)는 최근 물류 전문화의 형태로 미국 및 유럽을 중심으로 급속히 발전하고 있는 물류형태의 하나로써 기업이 외부 전문 물류업체에게 물류 업무를 아웃소싱하는 형태를 말하며, 생산자와 판매자 사이에 제3자가 물류를 대행하는 것이다. 이 용어는 1988년 미국물류관리협회에서 처음 사용하였으며, 1990년대 통합물류서비스의 필요성이 제기되며 등장하여 물류분야의 핵심적인 개념으로 자리잡았다.

물류형태는 크게 세 가지로 나누어 볼 수 있는데, 첫째, 자사물류(1PL, first party logistics)로써 사내 물류조직을 두고, 물류업무를 수행하는 형태이고, 둘째, 자회사물류(2PL, second party logistics)로 사내 물류조직을 별도로 분리하여 자회사로 독립하여 물류업무를 추진하는 형태이며, 셋째, 제3자 물류(3PL, third party logistics)로써 외부 물류업체에게 물류업무를 아웃소싱해서 물류업무를 추진하는 형태이다. 이러한 제3자 물류는 주로 창고관리나 운송서비스 부문에서 이용하며 물류비용 절감, 인력전문성 향상, 운영 효율성 개선 등의 효과를 얻고 있다.

제3자 물류와 외주물류는 기업의 물류활동이 외부에서 운영된다는 공통점이 있지만, 제3자 물류는 기업의 물류활동을 완전히 아웃소싱 함으로써 운영뿐만 아니라 물류관리, 계획까지 전략적으로 운영된다는 점이 틀리다. 즉, 제3자 물류는 외주물류에 비하여 장기적 계획에 의해 수행되며, 협력적 파트너십 관계를 형성하고, 경쟁 계약에 의해 파트너가 결정되며, 최고경영자의 전략적 의사결정을 요하며, 다양한 분야의 서비스를 지원하는 종합물류를 지향한다. 반면, 외주물류는 단기적이고, 일시적인 서비스를 제공하는 단기계약으로 구성되고, 중간관리자급에서 의사결정이 이루어지며, 기능별 서비스를 제공하는 특징이 있다.

제3자 물류를 통한 기대효과는 첫째, 물류관련 업무를 전문적인 업체에 위탁 관리함으로써 고정비용을 감소시키고 효율성을 높일 수 있다. 둘째, 전문적 물류서비스를 제공함으로써 고객과 기업 모두에게 물류서비스에 대한 신뢰성, 보관창고의 신속한 입·출고 관리, 화물추적서비스 제공 등 다양한 부가서비스 제공을 통해 고객 만족도를 높일 수 있다. 또한 전문기업의 다양한 연계수송방식과 물류시설을 이용함으로써 종합적인 서비스를 받을 수 있다. 셋째, 제3자 물류의 도입은 기업의 공급사슬상에 존재하는 기업들 간의 물류관련 기능 및 업무연계를 통해 경영성과를 개선하는 전략이며, 이를 통해 기업은 핵심사업에 기업의 역량을 집중함으로써 자원의 효율적 활용이 가능하게 된다.

제3자 물류의 사례로는 미국 반도체 회사인 내셔널(National Semiconductor)은 페덱스(FedEX)와 전략적 제휴를 맺고 반도체 및 관련 부품에 대하여 운송 및 물류정보처리를 하는 물류 아웃소싱을 시행하여 물류비용을 2.9%에서 1.2%로 절감하였고, 제품 배송기간도 60일에서 2~7일로 단축시키며 글로벌 네트워크 구축 성과를 얻게 되었다. 제3자 물류를 지원하는 대표적인 기업으로는 페덱스, DHL, UPS등이 있다. 최근 전자상거래 발달과 부가가치물류의 개념이 중시되면서 e-logistics, 사이버물류, 4PL(fourth party logistics) 등으로 확대되고 있다.

고 있으며, 이는 다른 산업에 비해 높은 편이다. 향후 물류산업의 성장성은 높을 것으로 전망된다. 세계적으로 아시아의 생산 기지화가 꾸준히 진행되고 있으며, 이에 아시아에서 생산된 제품은 전 세계로 수송되어야 한다. 또한 많은 인구가 아시아 지역에서 살고 있으며 이들의 소득 수준이 높아짐에 따라 아시아가 세계 소비의 중심이 될 것이라 보는 전문가들이 많다. 생산 및 소비의 중심으로서 이에 수반하는 물자 흐름은 기하급수적으로 증가할 것이다. 특히 중국의 WTO 가입은 이러한 움직임을 더욱 가속시킬 것이다.

이에 동북아 허브(동북아 물류 중심)가 되려는 각국의 움직임이 활발한 가운데 우리나라도 동북아 허브가 되기 위한 투자를 아끼지 않고 있다. 이러한 상황에서 우리나라의 물류산업은 보다 대규모화와 함께 꾸준한 성장세를 보일 것으로 예상된다.

06 정보의 흐름과 유통정보화

정보기술과 통신의 발달은 우리의 생활과 사회전반에 걸쳐서 엄청난 변화를 초래하였다. 오늘날 유통산업에서도 이러한 정보화의 도입이 유통경쟁에서 혁신적인 변화와 발전을 이끌어낼 수 있는 중요한 경쟁우위의 원천으로 인식하면서, 많은 기업들이 유통에서의 정보화를 적극적으로 추진해 왔다. 생산과 소비에 이르기까지의 유통전반에 걸쳐 발생하는 정보와 그 흐름을 보다 효과적으로 관리하고 활용할 수 있는 체제를 갖춘 기업이 강력한 경쟁우위를 확보하여 성장을 주도할 수 있는 시대가 되었다고 할 수 있다.

정보흐름의 유형

정보흐름은 생산 및 유통 활동에서 소유권이전과 재화의 흐름을 촉진시킨다. 정보전달 과정은 일반적으로 정보를 주고 다시 돌려받는 형태로 이루어진다. 이러한 정보 교환에 있어서 두 가지 흐름이 존재하는데 예측과 피드백이다.

제조업자는 유통업자와 소비자로부터 취합된 정보를 바탕으로 수요를 예측

생활 속의 유통 ICT 만난 재래시장, 매출 30% 뛰었네

세월의 변화에 밀려 움츠렸던 전통시장이 첨단 정보통신기술(ICT)과의 융합을 통해 새로 태어났다. '스마트시장 제1호'로 불리는 서울 광진구 중곡제일시장이 선두주자다. 지난해 SK텔레콤과 업무협약을 체결한 이래 9개월간 매출은 30% 이상 뛰었고 방문자도 50%

생활 속의 유통 ICT 만난 재래시장, 매출 30% 뛰었네 (계속)

급증했다. 제일시장 상인들은 지난 2003년 기존의 상인회를 협동조합 형태로 만들어 출자금을 모아 공동으로 시장 활성화에 나섰다. 환경개선사업과 공영주차장 마련으로 접근성을 높였고, 더 나아가 전통시장 최초로 독자적 브랜드 '아리청정'을 만들어 직접 상인들이 생산한 참기름 · 건어물 · 수산물 등을 온라인 쇼핑몰에서 판매하기 시작했다.

이같은 자구 노력이 널리 알려지면서 사회공헌의 일환으로 '전통시장 활성화 프로젝트'를 구상하던 SK텔레콤과 손잡는 계기가 됐다. SK텔레콤 관계자는 "협력대상을 찾아 전국 유명 재래시장을 모두 돌아보며 고심했다"면서 "혁신하려는 중곡제일시장 상인들의 의지를 보고 ICT를 이용한 마케팅으로 날개를 달아준다면 양자가 모두 성공을 거둘 것으로 확신했다"고 말했다.

시장경영진흥원의 조사 결과에 따르면 전통시장 상인들은 '대형마트나 SSM의 출점 규제(12.7%)'보다도 '시장환경 · 편의시설 개선(13.7%)'을 더 시급한 과제로 꼽았다. 대형마트에 손님들을 뺏기는 것도 문제지만 전통시장의 '브랜드파워'와 서비스 경쟁력 강화가 더욱 절실하다는 것이다. 이에 따라 SK텔레콤은 시장 상인들이 저렴하고 편리하게 점포 운영을 할 수 있는 기반을 구축하기 위해 ICT 솔루션, 경영 · 마케팅 솔루션, 상인 역량 강화의 세 분야에서 체계적 지원방안을 마련했다. 태블릿으로 이용하는 소상공인 경영지원서비스 '마이샵' 서비스가 보급됐다. 상인들이 기존에 쓰던 카드결제단말기(포스)보다 저렴해 부담을 줄였고, 하루의 매상관리 · 분석은 물론 재고관리나 고객 마케팅 등의 정보도 화면 터치 몇 번으로 해결됐다. 또 스마트폰 애플리케이션을 통한 간편결제 솔루션 '띡'은 배달 판매가 많은 점주들의 부담을 덜 수 있게 했다. 스마트폰 전자지갑 앱 '스마트월렛'으로 중곡제일시장 상품권을 할인 제공하면서 판매가 두 배로 늘었고, 온라인쇼핑몰 '11번가'에 '아리청정' 참기름을 입점시키면서 한달만에 매출이 60배 넘게 뛰었다.

이같은 성공이 이어지면서 스마트 솔루션 도입을 어려워하거나 망설이던 시장 상인들의 참여도 계속 늘고 있다. 중곡제일시장 상인협동조합 이사장은 "절박하고 어려운 상황이 오히려 시장 상인들이 똘똘 뭉치고 발상을 전환하는 계기가 됐다"면서 "시장의 경쟁력을 높이기 위한 다양한 지원이 큰 힘이 되고 있다"고 말했다.

SK텔레콤과 중곡제일시장은 116개 점포가 참여하는 가운데 매주 금요일 점포별로 품목 하나씩을 할인 판매하는 '금요장터'를 진행하고 있다. 또 시장 전체에 무선인터넷 네트워크를 설치해 소비자들의 편의를 높임은 물론 다양한 온라인 마케팅이 가능한 인프라를 구축했고, 스마트 기기에 익숙하지 않은 상인들에 대한 체계적인 교육프로그램도 제공하고 있다.

SK텔레콤은 지난달 20일부터 인천 신기시장을 '전통시장 활성화 프로젝트'의 두 번째 지역으로 정하고 또 다른 도전을 시작했다. 신기시장에서는 구매금액의 일정 부분을 적립하는 '전용 멤버십'제도가 도입되며, ICT 솔루션 제공과 함께 인천이 연고인 SK와이번스 야구단과의 연계마케팅 등도 시도할 계획이다.

자료: 아시아경제, 2013. 6. 21. 발췌인용

한다. 이 예측치를 바탕으로 각종 계획을 수립한다. 얼마를 생산하여야 할지, 언제 생산을 해야 할지 등을 결정한다. 이러한 예측 및 계획된 정보에 따라서 원료 공급자로부터 제품의 원료를 공급받는다. 그리고 유통업자가 특정의 예측활동을 수행하지 않는 경우 생산자에 의해 예측된 수요량만큼 유통업자에게 재화가 전달된다. 유통업자는 예측된 양을 받아들여 영업하게 되며 영업 결과를 생산자에게 피드백하게 된다. 따라서 예측과 피드백은 순환적이며 영속적으로 발생하게 된다. 정보전달 과정은 예측과 피드백으로 이루어지지만 유통경로 구성원 간에 이루어지는 정보전달은 각기 다른 내용으로 구성된다.

유통정보의 내용은 제조업자, 도매업자, 소매업자 간의 관계에 따라 달라진다. 우선 유통정보의 기본적인 구성 내용들을 살펴본다. **유통정보**에는 소유권이전에 관한 정보, 물류에 관한 정보, 판매촉진정보, 시장정보로 구분해 볼 수 있다.

첫째, 소유권이전에 관한 정보는 다시 교섭정보, 수발주정보, 소유권이전정보, 대금지불정보로 구성된다. 교섭정보는 특정 상품의 구매자 또는 판매자를 탐색하고, 교환조건을 교섭하고 설득하는 데 따르는 정보를 의미한다. 수발주정보는 구매자가 구입을 결정하고 판매자에게 그 의사를 전달하기 위한 발주정보 및 판매자가 그것을 수락할 것을 나타내는 수주정보이다. 소유권이전정보는 판매 및 구매를 위한 계약이 실행되고 소유권이 이전된 것을 확인하는 정보이다. 마지막으로 대금지불정보가 있다. 이는 지불 및 수령에 관한 것이다. 금융기관에의 지불 지시 정보, 금융기관으로부터의 입금정보가 포함된다. 여기에 외상 매출액이나 외상 매입금에 관한 정보가 있다.

둘째, 물류에 관한 정보를 들 수 있다. 물류정보는 크게 재고정보와 수송정보가 중심이 된다. 재고정보는 입고에서 출고에 이르는 정보와 현재 창고에 보관된 재고정보 등이 있다. 수송정보에는 발송과 하역에 관한 정보로 구성되는데 수송업자와의 사이에 수송지시, 하역, 제품 추적과 같은 정보가 포함된다.

셋째, 판매촉진정보를 들 수 있다. 판매촉진정보는 광고 및 판촉 활동과 관련된 것을 의미한다. 판매촉진정보는 거래정보와 유사하지만 상품에 관한 정보는 거의 갖고 있지 않으면서 판촉 대상을 위한 것이고, 거래정보는 구입 가능성이 있는 거래 대상에 대한 설득, 교섭을 위주로 한다는 점에서 차이가 있다. 즉 정보흐름 목적에서 차이가 발생한다.

마지막으로 시장정보가 있다. 이는 구매, 생산, 유통의 단계를 거쳐 최종 소비자에게 전달될 때, 최종 소비자의 시장에 관한 정보이다. 시장정보는 다시 크게 수요정보와 경쟁정보로 구분할 수 있다. 수요정보는 최종수요자의 수요와 관련한 정보로서 수요 지역, 품목, 품질, 양, 시기 등과 관련한 시계열적인 정보로 이루어진다. 한편 경쟁정보는 경쟁 브랜드를 중심으로 유통 단계의 수평적 경쟁 관계를 보여주는 정보이다. 동종업종 간의 기업 간 경쟁 관계나 다른 업태 간의 경쟁에 관한 정보를 담고 있다.

이러한 유통정보를 유통 참여자 간의 관계 속에서 재할당될 경우 〈그림 6-1〉과 같이 나타낼 수 있다. 크게 세 가지 형태의 관계를 통해서 그 내용을 살펴보기로 한다.

1. 관계 A

제조업자와 소비자가 직접 정보유통을 교환하는 관계를 말한다. 이 관계에서는 크게 소비자 욕구에 대한 자료의 흐름과 매체 촉진에 관한 정보흐름이 발생한다. 소비자 욕구 자료는 제품개발과 판매촉진에 사용하기 위하여 제조업자

〈그림 6-1〉 유통참여자 간의 관계에 따른 유통정보의 내용

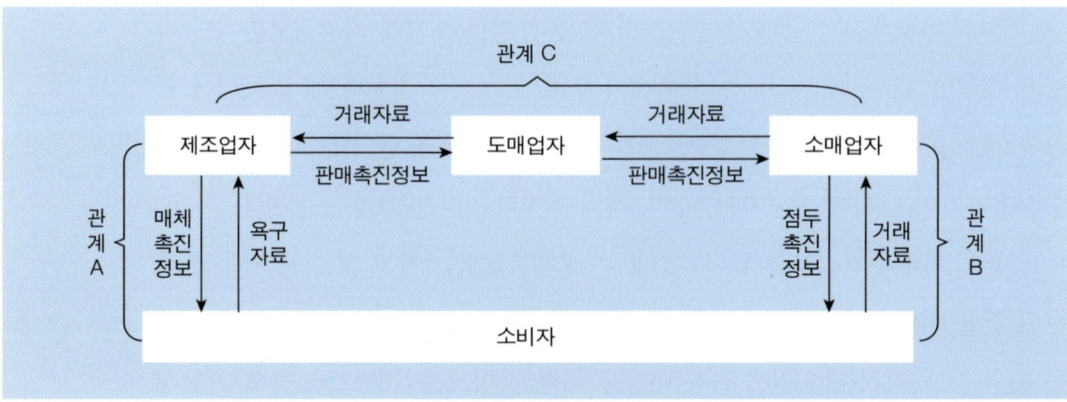

가 최종 소비자에 대하여 취합한다. 여기에 시장조사자료 등이 포함된다.

매체촉진정보는 광고나 직접마케팅 매체를 이용하여 제조업자로부터 소비자에게 전달되는 정보이다. 주로 제조업자의 이미지 제고나 제품 사용을 높이기 위해 제공되는 정보이다.

2. 관계 B

관계 B는 소매업자와 최종 소비자 간의 관계이다. 이 관계에서 발생하는 정보는 주로 소비자에 대한 판매정보가 주를 이룬다. 관계 B에서의 정보는 크게 점두촉진정보와 거래자료이다.

점두촉진정보는 일선 소매점이 최종 소비자에게 상품 속성이나 가격 등에 관한 정보를 전달하는 것과 관련된 것이다. 상품 견본이나 인쇄물 광고의 배포, 매장 내 재고 보유 정도에 따른 구매 가능성에 관한 정보 제공 등 소매업자가 소비자에게 제품을 판매하기 위한 각종 정보가 포함된다.

소매업자와 소비자 간의 거래 자료는 매우 중요하다. 구매 시기, 구매량, 소비자와 관련한 간단한 정보 등이 포함된다. 여기에 제품에 관한 선호도 등도 해당된다. 이러한 자료는 POS(Point of Sale)시스템 등을 통해 소매업자의 데이터베이스에 저장될 수 있다. 이외에도 소비에 따른 매장에서의 재고 자료나 일별 매출 자료 등이 포함된다.

3. 관계 C

관계 C의 정보는 유통경로 구성원 간에 발생하는 것이다. 유통경로 구성원은 각기 이질적인 정보를 가지고 있어서 효과적인 유통을 위해서는 상호 의존적이며 상호 보완적인 정보 교환이 필요하다.

제조업자는 제품 속성이나 매체촉진에 관한 정보를 보유하고 있으며, 소매업자는 소비자에 관한 상세한 정보를 가지고 있다. 도매업자의 경우는 다수의 지역별, 소매점별 거래 자료를 가지고 있으며, 동시에 다수의 제조업자 판매촉진 정보와 거래 자료를 가지고 있다. 따라서 이들 유통경로 구성원들은 각기 다른 형태의 정보를 가지고 있으며 전문화되어 있다. 이들 정보들이 공통의 목표를 위하여 공유되어야 하는 것이다.

관계 C의 정보전달에서 지금까지는 주로 소매업자에서 제조업자 쪽으로의 전달에 초점을 두어왔다. 도매업자는 소매업자의 거래 자료에 따라 제품을 전달하고, 동시에 도매업자의 거래 자료를 바탕으로 제조업자가 제품을 전달하기 위한 정보가 주를 이루어왔다. 이러한 정보흐름을 하류에서 상류로의 일방적 정보전달이라고 한다. 그러나 최근 들어서는 정보전달의 방향이 쌍방향으로 바뀌고 있다. 소매업자와 도매업자의 거래 자료가 POS 등을 통해 실시간으로 제조업자에게 전달됨과 동시에, 제조업자의 생산계획이나 재고 상황정보, 도매업자의 재고정보 등이 소매업자에게 전달된다. 판매촉진 정보도 물론 전달된다. 이렇듯 상류에서 하류로의 정보전달이 이루어지는 것은 소매업자가 최종 소비자에 대한 재화와 서비스 제공 수준을 높여 고객 가치를 높이고자 하기 때문이다. 소매업자가 충분한 재고를 보유하지 못하는 경우 도매업자나 제조업자의 재고 및 생산 일정을 알 수 있다면 제품 전달에 대한 약속 수준을 높일 수 있기 때문이다.

유통정보화

1. 유통정보화의 개념 및 필요성

오늘날 유통 기능은 새롭게 전개되고 있다. 그것은 지금까지의 수급결합 기능과 그것에 부수되는 제 기능이라는 유통본래의 기능적 측면으로부터 발전하여, 소비구조변화에 대응하고 정보화라는 새로운 요소의 추가에 따라서 유통 기능이 변화하고 있음을 의미한다. 예를 들어 그 기능을 소매단계에서 살펴보면, 상품의 구매행동에 즐거움을 수반하는 오락성, 쾌적성 외에 생활문화와 정보의 제공 및 발신 기능까지도 수행해야 한다. 동시에, 유통의 기능은 지금까지의 전문화와 분화의 경향에서 통합화의 시대로 변하고 있다. 즉, 유통의 각종 기능은 정보화의 진전에 따라 각 분야에서 통합되는 움직임이 나타나고 있다.

이러한 점을 보면, **유통의 정보화**는 '소비자 정보를 바탕으로, 소매업에서 제조업체까지의 각 단계에 있어서 다양한 정보시스템, 기능, 조직의 인적자원을 유효하게 활용하고, 정보 네트워크를 형성함으로써 전체 유통시스템의 효율화를 목표로 하는 것'이라고 정의가 내려진다. 그리고 유통정보화는 상품관리, 수발주(受發注), 물적유통 등에 영향을 미치고, 기업 내 및 기업 간 네트워크화로 발전하는 의미를 가지고 있다. 따라서 유통정보화는 당연히 유통시스템 전반에 걸쳐 많은 영향을 준다. 정보화가 유통시스템에 미치는 영향을 종합해 보면, 첫째, 시스템의 활용에 의해 다양성에 대한 대응이 가능해지고, 또한 정보수집으로 인해 창조성의 발휘가 쉬워진다. 둘째, 이 시스템으로 인해 상황변화에 따라 적절한 제품(right product), 적절한 시간(right time), 적절한 양(right quantity)으로 즉시 대응할 수 있게 된다. 셋째, 유통의 부수적 기능을 정비함으로써 물류, 금융면의 효율화가 진전된다. 넷째, 그 외 시장에의 진입조건과 경쟁조건에 영향을 미칠 수 있다.

이러한 **유통정보화의 필요성**은 사회경제적인 측면에서도 논의될 수 있다. 국내 유통업에서 일어나는 다음과 같은 변화들이 유통업에서의 정보화 추진을 피할 수 없게 만들고 있다.

첫째, 소비자 욕구가 다양화되면서 대중시장이 분할되고 있다. 소비자 욕구가 동일한 대중시장의 시대에는 불특정 다수의 고객을 상대로 소품종 대량생산 및 대량판매가 가능하였다. 그러나 이제는 소비자 욕구가 분화되고 다양화됨에 따라서 다품종의 상품을 갖추어 판매하여야 한다. 그러나 다품종의 상품구비는 소매업에게 재고를 증가시키는 요인으로 작용한다. 따라서 소매업은 팔릴 수 있는 상품과 팔리지 않는 상품을 신속하게 구별하여 관리하는 능력을 가지고 있어야 한다.

한편 이러한 변화로 도매업자는 다빈도소량배송과 정시배송을 할 수 있어야 한다. 따라서 도매업자는 소매업자의 다품종 소량발주에 대응한 배송시스템을 갖추어야 한다. 그러나 이러한 배송체제는 물류비용을 증가시킨다. 그러므로 고도의 효율적인 물류체제를 정보화를 바탕으로 구축해야 한다. 또한 도매업자는 여러 소매업자들로부터 수집 및 분석한 매출정보를 다시 소매업자에게 제공하는 등 종합적인 지원을 해야 할 필요성이 높아진다. 이러한 변화에 대응하기 위하여 도 · 소매업자들은 유통정보화를 할 수밖에 없다.

둘째, 사회 전체적으로 정보화가 급속하게 진행되고 있다. 이러한 정보화는 기업을 비롯한 사회 모든 조직 간 정보네트워트 구축을 목표로 하고 있다. 유통부문도 결코 예외가 될 수 없다. 즉 제조업, 도매업, 소매업, 물류업 및 금융업을 모두 망라한 정보 네트워크가 구축되고 있다. 여기에 편승하지 못하는 유통업체는 영원히 경쟁에서 낙오될 수밖에 없다.

셋째, 할인점과 같은 가격파괴형의 업태가 등장하면서, 저원가운영(LCO, low cost operation)이 유통업계가 해결해야 할 중요한 과제로 부각되고 있다. 즉, 저가격을 실현하면서 이익을 확보하기 위해서는 저원가운영을 통하여 세부비용을 통합적으로 관리하는 것이 중요한 과제로 등장한 것이다. 저원가운영을 위해서는 상품구입가격, 점포시설과 운영비용, 물류비용뿐만 아니라 인적자원 관리비용까지 절감해야 한다. 이러한 저원가운영을 실현하기 위해서는 정보의 시스템화가 필수적이다. 그 중에서도 특히 물류비용과 인적관리비용은 유통부문의 정보화를 통하여 크게 절감할 수 있다. 유통정보 네트워크가 구축되면 상품수발주와 물류작업이 보다 신속, 정확, 간편해진다. 상품발주작업의 경우만 하더라도 상품지식을 충분히 가진 숙달된 인력이 아닌 시간제 인력으로도 충분히 소화해 낼 수 있기 때문에 생력화가 가능하다.

2. 소매업의 정보화

오늘날 소비자들은 소득수준의 상승, 여가시간의 증대, 가치관의 다양화 등에 영향을 받아 그들의 욕구가 점차 개성화, 다양화 및 고도화되고 있으며, 그 변화속도 또한 점점 빨라지고 있다. 따라서 소매업자는 이러한 소비자 욕구의 변화에 대응하기 위해서 무엇보다도 먼저 소비자의 욕구를 신속하고 정확하게 파악하고, 그 욕구에 맞는 상품을 공급함과 동시에 상품정보를 제공해야 한다. 그러기 위해서는 유통정보시스템을 효과적으로 활용하지 않을 수 없다. 즉, 유용한 정보를 신속하고 정확하게 수집하고 정리, 분석하여 소매경영에 활용하려는 계획입안(정보화)이 대단히 중요한 과제이다. 더욱이 소매점이 대형화되면서 정보화를 지향하는 기업과 그렇지 않는 기업 간의 격차가 확대되고 있다. 정보화 노력을 게을리 하는 기업은 도태되는 냉혹한 경쟁시대가 도래하고 있다.

일반적으로 소매업에서 정보화의 필요성은 다음과 같은 경우에 발생한다.

- 널리 산재해있는 점포와의 사이에 정보의 즉각적인 전달과 처리가 필요할 때
- 다종다양한 대량의 정보자료를 전달, 처리하는 것이 필요할 때
- 대량의 정보 집적이 필요하고, 또한 그것을 수시 점검하는 것이 요구될 때
- 고객수가 대단히 많아질 때
- 멀리 떨어져있는 지역의 정보를 입수할 필요가 있을 때

소매업에서 정보화를 추진할 경우 다음과 같은 활용효과를 얻을 수 있다.

- 기업활동의 합리화, 효율화
    - 업무처리의 생력화, 신속화, 정확화
    - 대금결제의 신속화, 운용의 효율화
- 대고객서비스의 향상
    - 고객서비스의 개선, 충실
    - 서비스 지역의 확대
    - 고객의 확보
    - 고객 데이터의 유효한 활용
- 소비자에 대한 정보제공수단의 다양화
- 새로운 사업분야로의 전개

알아두기

채찍효과

지연이 정보왜곡 현상(information distortion)과 접목될 때 공급체인에서의 수요증폭현상이 발생한다. 정보왜곡은 공급체인의 각 구성원이 독자적인 의사결정을 함으로써 주로 발생한다.

예를 들어, 고객에게 계속해서 월 100개 정도 팔리고 있었는데, 어느 달에 갑자기 200개가 판매된 것이다. 이 때 소매업자는 배송업자에게 200개만을 주문하는 것이 아니라 독자적인 수요 예측을 통해서 주문을 하게 된다. 소매업자가 수요 증가가 당분간 계속될 것이라고 판단하여 220개를 주문하였다고 가정하자. 배송업자 또한 220개의 주문을 받아서 생산자에게 다시 주문을 할 때, 소매업자가 한 것과 동일한 의사결정 패턴을 가지고 주문을 하게 된다면 242개(10%의 안전재고)의 주문을 하게 될 것이다. 배송업자에게 제품을 공급하는 생산자의 창고에서도 동일한 현상이 발생하여 약 268개를 생산자에게 주문하게 된다. 생산자는 생산자 창고로부터 다시 주문을 수령하여 295개에 해당하는 제품을 생산하게 되고, 동시에 공급업자에게는 300개가 넘는 원재료를 주문하게 될 것이다.

이렇듯 공급체인 상의 하류에서 상류로 정보가 전달되는 과정에서 정보의 왜곡현상은 공급망을 거슬러 올라갈수록 그 변동폭이 커지게 되며 결국 소매업자의 판매치보다도 훨씬 많은 양이 생산자에 의해서 생산되게 되는데 이러한 수요증폭 현상을 채찍효과(bullwhip effect)라고 한다.

포레스터(Forrester)는 당시 미국 제조기업들에 대한 실제 조사에서 고객의 10%의 수요증가가 생산자에 이르게 되면 60%의 생산량 증가를 유발하고 있음을 발견하였다. 이후 스터만(Sterman) 등에 의하여 맥주배송게임(beer distribution game) 등을 통해 확인되었다. 〈그림〉에서 보는 바와 같이 채찍효과는 시간의 흐름에 따라서 실제 수요보다 높은 실제 공급이 발생하는 것을 말한다.

〈그림〉 채찍효과

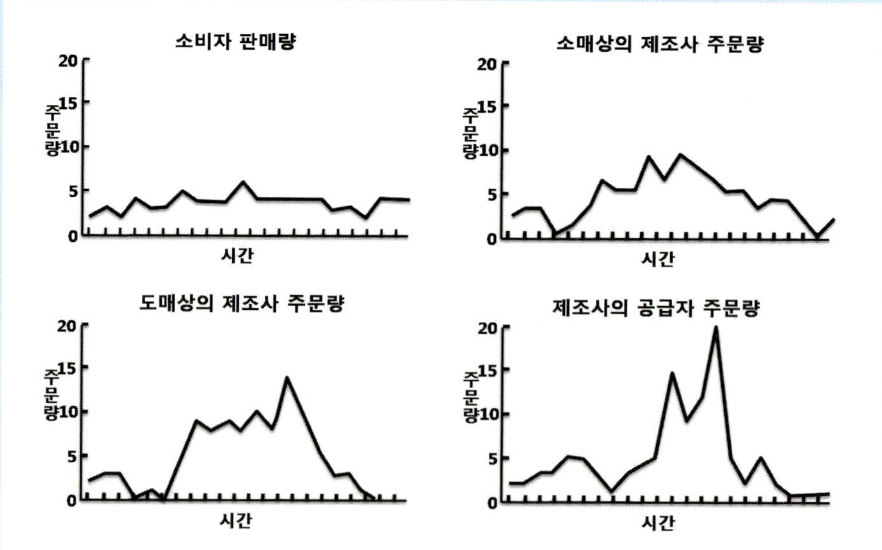

소매업 정보화는 소매업자가 정보화를 추구하는 상대방과의 관계에 따라 다음과 같은 형태로 구분할 수 있다.

개별점포 수준(기업 내)에서의 정보화(단독형) 개별점포 수준에서 사무자동화(OA)나 점포자동화(SA)를 행함으로써 경영의 합리화, 효율화, 생력화를 추구하는 것이다. 여기에서 말하는 점포자동화는 POS시스템의 스토어컨트롤러(store controller)를 중심으로 점내의 각종 설비기기와 정보처리 단말기를 접속시켜 에너지절감, 비용절감, 공간절감을 꾀하는 것이다.

제조업자 또는 도매업자와의 정보화(수직 네트워크형) 유통업의 흐름 상단에 위치한 업종과의 사이에서 네트워크화하는 것이며, 주로 수발주의 효율화, 재고관리의 적정화 등을 꾀하는 것이다.

소매업자 상호 간의 정보화(수평 네트워크형) 소매업자 상호 간에 네트워크화를 행하는 것으로, 개별기업차원의 정보수집력이 불충분한 경우에 네트워크화함으로써 정보의 공동수집과 공동분석을 꾀하려는 것이다. 프랜차이즈 체인이나 볼런터리 체인(임의연쇄점)의 본부가 가맹점에 정보를 피드백하는 형태이다.

한편 소비자의 구매빈도에 의한 취급상품의 특성에 따라서 편의품, 선매품, 전문품으로 나눌 수 있는데, 이들 취급상품의 각 특성에 따른 정보화의 욕구를 고려해 보면 다음과 같다.

1. 편의품: 식료품, 일용잡화품, 가정용품 등 구매빈도가 높고 거주지의 가까운 곳에서 구입되는 상품이다. 이들 상품의 특성으로서는 계절성이 비교적 약하고, 대량생산에 적합하며, POS · EOS를 이용한 판매에 적합한 상품의 적정관리, 수발주의 신속화, 재고의 감축, 계획적인 배송을 위한 네트워트화가 고려될 수 있다.

2. 선매품: 의류, 가전제품, 카메라 등과 같이 구매빈도가 낮고 단가가 높은 상품으로서 쇼핑센터, 백화점 등에서 비교 · 선택구매되는 상품이다. 상품특성으로서는 유행성이 비교적 높기 때문에, POS의 도입에 의한 수요기에서의 효율적인 판매, 신용제공시스템의 충실이 고려된다. 상품관리와 고객관리의 시스템화가 요점이다.
3. 전문품: 자동차, 피아노, 대형가구 등으로 선매품보다 한층 구매빈도가 낮고 단가가 높기 때문에 계획적으로 구입되는 상품이다. 상품특성으로서는 상품이 비교적 크고 배달이 필요하여 애프터서비스가 중요하다. 이러한 특성에서 재고조회와 같은 기능의 충실과 신용제공시스템 등의 정보화가 고려된다.

3. 도매업의 정보화

정보화의 시대는 도매업자에게는 새로운 발전의 계기가 될 수도 있고 도태의 계기가 될 수도 있다. 왜냐하면 도매업자 이외의 소매업자, 제조업자, 물류업자 등이 정보 네트워크를 형성하여 도매 기능을 위협하기 때문이다. 그러므로 이러한 유통구조의 변혁기에서 도매업은 생존을 걸고 그에 대한 대응을 하지 않으면 안 된다.

일반적으로 전통적인 도매업은 상품구비 기능이 불완전하기 때문에 제조업체의 마케팅에 의존하는 형태와 도매업 업종별로 특화하는 전략에 집중되어 왔다. 그리고 도매업자는 판매장에서의 정보력에 한계를 갖고 있어 도매상의 무용론이 대두되기도 한다.

오늘날과 같이 소비자가 다양화되고 개성화된 시대에 도매업은 지금까지의 제조업체지향 경영에서 탈피하여 소비자지향 즉, 소매업의 욕구에 맞추어 그 역할을 다하지 않으면 생존이 불가능하다. 소매업의 욕구에 따르는 것이야말로 도매업 생존의 출발점인 것이다. 소매업의 욕구라는 것은 점포의 재고삭감, 상품회전율의 향상, 발주 정보의 일괄처리에 의한 발주작업의 단순화, 신속화를 도모하는 것, 정보처리시스템에 관한 소매점 경영능력의 향상을 목표로 하는 것 등이다.

이제 정보화시대를 맞이하여 도매업의 사회적 기능은 이제까지의 거래총수 최소화, 불확실한 수요에 대비한 재고 보유와 같은 전통적인 기능에서 한 걸음 나아가 정보화시대에 맞는 새로운 기능 즉, 네트워크 기능, 데이터베이스 기능, 위험부담 기능의 세 가지를 담당해야 한다.

네트워크 기능이라는 것은 수요와 공급의 유기적 결합을 의미하는 것으로서, 다양한 지역에 분산된 다양한 상품을 취급하는 제조업체와 소매업을 연결하고, 상적유통, 물적유통 및 정보와 자금의 흐름을 묶는 것을 말한다.

데이터베이스 기능은 네트워크 기능에 의하여 일상적으로 축적된 제조업체와 소매업체에 관한 정보를 가공, 분석하고 그것을 상품정책과 판매촉진에 활용함과 동시에, 다시 제조업체와 소매업체에 피드백 시키는 것을 의미한다. 도매업의 존립은 이러한 데이터베이스 기능을 어떻게 활용하는가에 달려있다.

위험부담 기능은 수요, 공급의 결합에 있어서 투기적 재고의 소유, 매입대금 지불에서 판매대금 회수까지의 자금부담과 거래처에 대한 신용공여로 크게 나눌 수 있다. 정보화시대에 있어서, 이 위험부담 기능은 네트워크 기능과 데이터베이스 기능에 의해 그 위험의 감소, 시스템화에 의한 자금회전의 원활화 등을 높이는 것이 된다.

일반적으로 도매업이 유통정보화를 추구해야 하는 근본적인 이유는 유통을 둘러싸고 있는 사회경제적 환경변화에 대응하기 위해서이다. 유통정보화로의 이행을 요구하고 있는 사회경제적 환경으로 소비자욕구의 다양화, 경영환경의 변화, 그리고 정보화의 진전을 들 수 있다.

(1) 소비자 욕구의 다양화에 대한 대응

과거와 같은 대중시장의 시기에는 소비자는 모두 동일한 욕구를 가지고 있기 때문에, 불특정 다수의 고객을 상대로 대량판매가 가능하였다. 그러나 오늘날에는 대상으로 하는 고객층을 명확하게 세분하지 않으면, 소비자의 욕구를 확실하게 파악하는 것이 어렵게 되었다. 그 결과 다품종 상품이 요구되면서 소매업의 재고를 증가시키는 요인이 되고 있다.

그리고 도매업자는 소비자 욕구의 다양화와 소매업자의 다품종소량 발주 및 배송에 대응하기 위하여, 상품정보를 정확하고 신속하게 파악하여야 한다. 그렇기 위해서는 정보화는 필수적이다.

(2) 경영환경변화에의 대응

앞으로 소매업자의 다품종소량발주가 일반화될 것으로 예측되는 바, 여기에 대응하는 도매업자로서는 발주작업에 소요되는 시간이 증가한다. 상품지식에 숙달된 인적자원이 요구된다. 하지만 인적자원에만 의존할 수는 없다. 보다 효과적으로 대처하기 위해서는 발주작업을 생력화하고 간편하게 할 필요가 있다. 따라서 도매업자로서는 상품지식에 숙달되어 있지 않는 종업원이라도 민첩하게 발주작업을 소화하고, 게다가 소매업자로부터의 다품종 소량발주의 요구에 응하기 위해서는 유통정보화가 불가결하다.

또한 다빈도 소량배송과 정시배송에 대한 요구의 증가로 물류관련 비용의 상승이 초래되고 있어서 이른바 JIT(Just-In-Time)와 같은 고도의 물류체계를 유통정보화에 의하여 실현해야 한다.

(3) 정보화의 진전과 대응

백화점, 슈퍼마켓, 편의점 등을 중심으로 POS시스템이 도입되고, 각 업계에서 유력한 대기업이 자기의 거래처인 중소기업의 구입처, 판매처를 대상으로 자사주도의 VAN(Value Added Network)을 구축하려 한다. 한편, 소매업자, 도매업자, 제조업자, 물류업자 등의 기업 간에 있어서도 온라인 네트워크를 구축하려는 유통정보화가 이루어지고 있다. 특히 도매업자와 소매업자 간, 도매업자와 제조업자 간에 있어서 수발주 업무 등을 효율화하기 위한 업계VAN, 금융결제를 하는 금융VAN 및 물류VAN 등과 같은 정보처리 네트워크가 차차로 구축될 것이다.

정보시스템 디자인

효과적인 정보시스템을 구축하기 위해서는 기능 간의 통합이 전제가 되어야 한다. 개별 기능에 의해 추구되는 최적화는 전체 시스템에 있어서는 최적화가 안 될 수도 있다. 기능 간의 상쇄관계가 존재하기 때문이다.

상쇄관계를 조정하기 위한 통합적 관점에서 정보시스템이 구축되어야 하며, 정보시스템 구축에 있어서 크게 두 가지 방향에서 논의가 이루어지고 있다. 하나는 앞에서도 나온 기능 간의 통합이고 다른 하나는 시간에 따른 데이터베이스 통합이다.

예를 들어 한 도매업자가 있다고 하자. 도매업자는 합리적 의사결정을 위해 생산자나 소매업자, 나아가 최종 소비자에 대한 정보를 입수하여야 한다. 이 경우 다른 기능과의 연계는 필수적이다. 한편 해당 도매업자는 과거자료 또한 분석해야만 한다. 수요예측을 하기 위해 소매업자의 과거자료를 바탕으로 계절성이나 특정 고객과의 관계 등을 고려하여 보다 합리적인 수요를 예측해야 한다.

따라서 한 유통 기능이 정보를 취합하고, 의사결정을 내리고 운영 활동을 수행하는 것을 지원하기 위해서는 두 가지 정보흐름이 통합되지 않으면 안 되는 것이다. 현재 기업에서 활발히 사용되고 있는 POS데이터의 활용은 기능 간 정보 공유를 위한 것이라고 할 수 있다. 그리고 시간에 따른 정보의 이용 측면에서 데이터베이스 관리, 데이터마이닝 등을 들 수 있다. 개별적인 정보화 노력에 대하여 자세히 살펴보고자 한다.

1. 바코드

바코드(bar code)는 오늘날 거의 모든 소비재에서 볼 수 있다. 바코드는 다양한 넓이를 가진 평행한 바(직선)의 연속으로 이루어진다. 그리고 바(bar) 사이의 거리는 다양하다. 바의 면적과 패턴이 수나 글, 특정 문자 등의 정보를 담고 있다. 이러한 바들은 스캐너에 의해 읽혀진다. 바에 담겨진 정보는 컴퓨터에 바로

〈그림 6-2〉 바코드 모양(표준형과 단축형)

입력된다. 바코드는 유통활동에서 매우 유용하다. 많은 기업들이 주문 발생과 공급 관리에 있어 바코드를 활용하고 있다. 예를 들면 세븐일레븐의 경우 바코드시스템을 이용하여 판매정보를 공급자에게 바로 전달하고 있다.

이러한 바코드시스템은 주문사이클을 1/3수준 이하로 개선할 수 있고, 관련되는 인원수를 줄여 주기도 하며, 창고 보관비용의 감소, 구매 기능의 효율화 등 엄청난 이점을 안겨준다. 게다가 바코드에 의한 주문처리는 주문 절차에서 발생하는 오차를 대폭 줄임으로 주문 정보의 정확성과 시스템의 안정성에 크게 도움을 준다.

현재 바코드 기술의 단점으로 지적되고 있는 것은 저장의 한계성이다. 바코드를 통해서 알 수 있는 정보는 대개가 생산국, 생산 기업 등 일부에 지나지 않는다. 생산자 내부에서 누가 만들었고, 언제 만들어졌고, 도매업자는 누구인지 등에 관한 정보는 담을 수 없다. 현재 2차원 바코드(일명 매트릭스 코드)가 만들어져 기존 바코드보다 저장 공간이 100배 정도 높아진 기술이 사용되고 있다.

이러한 바코딩 기술은 뒤에 나올 POS와 같은 정보시스템 개발을 위한 기반 기술이 됨은 명백하다. 바코딩 기술이 없으면 그 이상의 정보 네트워크 구축이 힘들다.

알아두기

바코드

주변에서 흔히 볼 수 있는 바코드는 표준형과 단축형 두 가지가 있다.

1. 표준형

총 13자리수로 구성된다.

① 국가식별 코드: 3자리

앞의 3자리로 국가식별을 나타낸다. 한국은 지난 1988년 국제 상품코드(EAN: European Article Number) 회원으로 가입하여 880을 국가번호로 취득하였다.

② 제조업체 코드: 4자리

4자리의 숫자로 제조원이나 판매원을 식별한다. 한국유통물류진흥원에서 국내 제조업체에 부여하고 있다.

③ 상품품목 코드: 5자리

5자리의 숫자로 기업이 생산하는 개별품목을 식별한다. 상품품목 코드는 0000에서 9999까지 총 10만 품목에 부여가능하다. 제조업체에서 자사가 생산하는 상품에 각각 다른 5자리를 부여하면 된다.

④ 체크 디지트(check digit): 1자리

바코드 하단에 표시된 숫자가 막대 모양의 바코드로 올바르게 변환되었는지를 검증하는 숫자이다. 체크디지트는 정해진 계산방식이 있으나 통상 필름마스타업체에 12자리 숫자만 통보하면 필름마스타업체에서 자동 계산하여 13자리의 필름마스타를 제공한다.

2. 단축형

① 국가식별코드: 3자리

표준형과 동일하다.

② 제조업체 코드: 3자리

표준형과는 달리 3자리로 구성된다.

③ 상품품목코드: 1자리

단축형의 경우는 상품품목코드가 1자리이기 때문에 업체에서 0에서 9까지 10품목에 부여할 수 있다.

④ 체크디지트: 1자리

체크디지트는 정해진 계산방식이 있으나, 통상 필름마스타업체에 7자리 숫자만 통보하면 필름마스타업체에서 자동 계산하여 나머지 한자리를 부여하게 된다.

e-SCM에 있는 생산업체, 도매업체, 소매업체, 소비자들을 시스템적으로 관리하기 위해 QR코드가 활용되고 있다. 먼저, 생산업체는 제품을 선적하기 전에 제품명, 수량, 입고일 등의 정보가 포함된 QR코드를 부착하고 이를 스캔한다. 그러면 그 정보는 도매업체의 물류센터로 즉시 전송되고, 물류센터에 제품의 입고 시 검수와 출고작업을 위해 QR코드가 사용된다. 예를 들어, 풀무원의 식자재 도매업체인 푸드머스는 식품 생산업체인 풀무원, CJ제일제당, 대상 등에게 제품 선적 시 QR코드를 부착하고 스캔하도록 하였다. 상품이 푸드머스에 도착하면 직원들이 개인용 스마트폰이나 블루투스 스캐너를 사용하여 제품을 검수한다. 이렇게 검수된 정보는 e-SCM 시스템에 전송되어, 공급업체 구성원들이 실시간으로 정보를 확인하고 대응할 수 있다. 이와 같은 시스템을 통해, 생산업체의 오배송을 미연에 방지할 수 있었고, 공급체인 구성원들이 실시간으로 정보를 공유함에 따라 물류속도와 배송 정확도가 향상되었다.

제품이 소매업체에 배송되면, 소매업체는 QR코드에 수록된 정보를 통해 일괄적으로 검수와 발주를 용이하게 실행할 수 있고, 소비자는 QR코드를 스캔하여 제품이력정보를 확인할 수 있다. 푸드머스는 급식이 필요한 학교, 군, 공공기관 등과 같은 소매업체에게 제품을 배송하는데, 이러한 소매업체들은 QR코드를 활용하여 검수와 발주를 쉽게 실행하였다. 또한 실제 소비자인 영양사가 개인 스마트폰으로 QR코드를 인식하면, 제품의 도축과 유통 이력뿐만 아니라 영양성분까지 확인할 수 있다.

(3) u-SCM에서의 RFID의 활용

u-SCM은 유비쿼터스 컴퓨팅 비즈니스 환경을 구성하는 센서 네트워크 기술의 한 부분인 RFID 기술을 SCM에 적용함으로써 기업 내부의 프로세스뿐만 아니라 제품, 유통, 물류 등의 정보를 자동으로 수집하고, 원자재 조달에서 제품 인도까지의 공급체인 과정을 유기적으로 관리하여 경영 효율을 극대화를 추구하는 SCM의 진화된 개념이라 볼 수 있다. 이와 같은 u-SCM을 구현하기 위한 핵심

기반 기술로서 가장 관심을 끌고 있는 것이 바로 RFID이다. RFID를 통해, 제품에 붙이는 RF태그에 생산, 유통, 보관, 소비의 전 과정에 대한 정보를 담고, RF리더기로 하여금 안테나를 통해서 이 정보를 추적할 수 있으며, 인공위성이나 이동통신망과 연계를 통해 정보시스템과 통합하여 사용될 수 있어서 u-SCM을 구현할 수 있는 것이다.

우선, 생산업체는 RF태그가 부착된 제품을 바코드의 경우처럼 수작업을 하지 않고 자동으로 제품정보를 감지하여 출하할 수 있다. 예를 들어 한미약품은 RF태그가 부착된 제품을 업체의 창고로 자동으로 이동시키고, 정보센터에서 보내온 피킹(출하처 별로 분류하는 물품선별작업) 정보와 RF태그의 제품 정보가 결합하여 자동으로 거래처별로 제품이 선별된다.

도소매업체와 같은 유통업체도 재고관리에서 RFID를 도입하고 있다. 모든 재고품에 RFID가 부착되어 있으면 항상 재고관리를 자동으로 할 수 있게 된다. 바코드를 이용한 재고관리에서는 하나하나 수작업으로 바코드를 스캔하여 그 데이터를 관리용 컴퓨터에 송신하는 등의 인위적인 작업이 요구된다. 그와 같이 인간의 손을 거치게 되면 인위적 잘못이나 시간 손실이 발생할 뿐만 아니라, 상황의 변화에 실시간으로 정확하게 대응하기 어렵다. 의약품은 약국에서 판매되지만 재고는 제약사에게 소유권이 있다. 즉, 제약회사가 위탁판매 형식으로 약국에 재고를 잠시 맡겨두는 형태이므로, 약국 내 재고는 제약업체 영업사원이 관리한다. 한미약품의 경우, 약국 내 수많은 다른 약품브랜드가 혼재에 있음에도 불구하고, 영업사원이 RF리더기로 재고를 조사하는데 걸리는 시간은 단지 5~10분에 불과하며, 그 정확성 역시 향상되었다. 과거 바코드로 재고를 파악하였을 때에는 평균 1~2시간이었다. 재고정보가 실시간으로 관리되므로 적정 수요량을 파악하여 계획적인 생산이 이루어져 불필요한 과다 생산이 감소되었다. 또한 RF태그가 부착되어 있어 개별 제품별로 이력관리가 되었다. 영업사원이 RF태그를 인식하는 순간 RF리더기에 제품의 생산이력, 유효기간 등이 표시된다. 유효기간 관리도 쉽게 이루어져 반품율도 감소하는 효과도 나타났다.

한편, 소매업체에서 소비자가 이 태그를 부착한 제품을 고르면 대금이 자동

결제됨과 더불어, 고객관리까지 포괄적으로 이루어질 수 있다. 또한 RF리더기는 1초에 수백 개까지 RF태그가 부착된 제품의 데이터를 읽을 수 있다. 대형 할인점에 적용될 경우 계산대를 통과하자마자 제품가격이 집계되어 시간을 대폭 절약할 수도 있다.

최종 소비자도 가정에서 RFID를 활용할 수 있을 것이다. 예를 들어, RF태그가 부착된 식품을 구매해 냉장고 안에 넣어 두면 냉장고가 자동으로 식품의 재고를 관리해주고 보충할 필요가 있는 식품이나 유효기한이 지난 식품을 디스플레이 상에 표시할 것이다. 또한, 냉장고 안에 있는 식품만으로 조리할 수 있는 조리법을 자동으로 검색하여 표시하는 것도 가능할 것이다.

PART 3
유통의 주체별 접근

07 소매유통

소매의 의의

소매란 소비재를 최종소비자에게 판매하는 행위를 말한다. 도매와 소매를 구별하는 기준은 판매되는 상품이나 금액의 차이가 아니라 판매대상의 차이인데, 최종소비자에게 상품을 판매하는 경우는 소매이고 최종소비자가 아닌 다른 유통업자나 조직에 판매를 하는 것은 도매이다. 즉, 똑같은 모양의 볼펜을 최종소비자인 학생에게 판매하는 경우는 소매활동이지만, 재판매가 목적인 문방구나 사무용 비품으로 사용할 사무실에 판매하는 것은 도매가 된다.

소매를 업으로 하는 소매상은 생산자로부터 소비자에게 이르는 유통경로의 말단에 위치하여 최종소비자에게 상품을 판매하는 상인이며, 생산자나 도매상으로부터 구입한 소비재를 최종소비자에게 되파는 재판매업자이다. 소매상은 생산자나 도매상보다 수적으로 월등히 많기 때문에 고용에 대한 기여도가 높다.

〈그림 7-1〉 도매와 소매의 차이

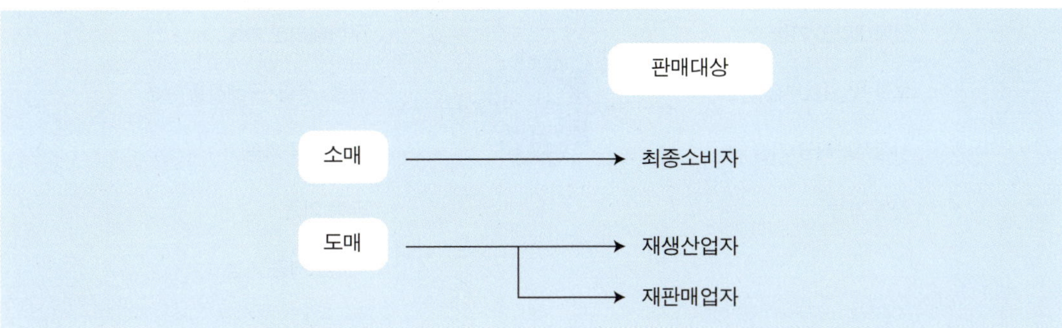

소매상의 기능

소매상은 생산자 또는 도매상과 소비자 사이에 위치하는 중간상인이므로, 생산자나 도매상 그리고 소비자의 양 방향으로 각각을 대신하는 기능을 한다. 소매상은 생산자나 도매상을 위하여 판매 대리인 기능, 보관 및 위험부담 기능, 시장정보제공 기능, 금융 기능 등의 기능을 수행하며, 소비자를 위해서는 구매대리인 기능, 분할 · 조합 · 구색 갖춤 기능, 정보제공 기능, 금융 기능, 서비스제공 기능 등을 수행한다.

1. 생산자와 도매상을 위한 기능

(1) 판매 대리인 기능

유통의 궁극적인 목표는 생산과 소비의 연결이며, 이는 생산자에 의해 생산된 상품이 최종소비자에게 전달될 때 완결된다. 소매상은 생산자나 도매상을 대신하여 그들의 상품을 최종소비자에게 판매하는 기능을 수행하며, 새로운 시장을 개척하거나 광고와 판촉행위를 통해 소비자의 구매 욕구를 자극하여 상품을 판매한다. 또한 소비자로부터의 주문을 통합하여 생산자와 도매상에게 전달하

〈그림 7-2〉 소매상의 기능

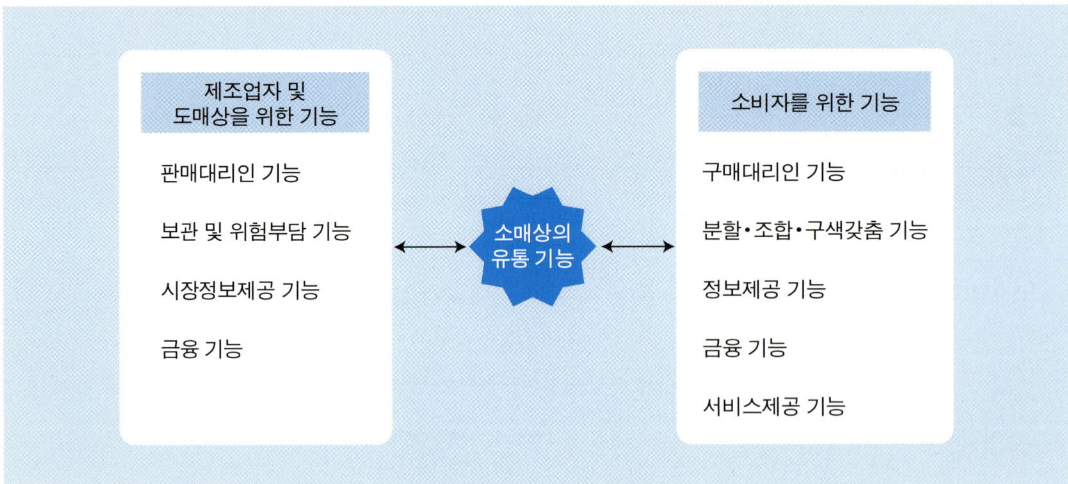

는 주문처리 기능을 하는데, 이러한 기능들을 판매 대리인으로서의 기능이라고 한다.

(2) 보관 및 위험부담 기능

소매상은 생산자나 도매상으로부터 상품을 구입하여 최종소비자에게 판매할 때까지 그 상품을 보관하고 재고를 유지해준다. 그리고 상품 보관 기간에 발생되는 물리적 손실위험과 미처 판매되지 못한 상품의 폐기에 따른 경제적 손실위험도 소매상이 부담한다. 소매상 수행하는 이런 기능 때문에 생산자나 도매상은 상대적으로 적은 양의 상품만 보관하면 되고, 재고유지비나 보험 등에 관한 경비, 그리고 판매 손실 위험을 축소할 수 있다.

(3) 시장정보제공 기능

생산자나 도매상은 생산하고 취급해야 할 상품의 종류나 수량, 그리고 소비자 취향의 변화와 같은 정보가 반드시 필요하다. 소매상은 유통경로의 마지막 단계에 위치하여 소비자와 접촉하고 있으므로, 소비자욕구와 변화의 방향을 다른 경로 구성원보다 비교적 정확히 파악할 수 있다. 소매상에 의해 수집된 정보는 생산자나 도매상에게 전달되며, 이런 정보들은 생산자와 도매상의 상품정책이나 가격, 경로, 촉진과 같은 마케팅전략 수립에 중요한 정보가 될 수 있다.

(4) 금융 기능

소매상은 생산자나 도매상을 위해 신용제공과 같은 금융 기능을 수행하기도 한다. 특히 대형할인점이나 백화점 등의 자금력이 풍부한 대규모 소매상이 중소생산자들에게 상품대금을 미리 지급하거나 기업운영자금을 지원하는 형태로 금융 기능을 수행하는 사례도 많다.

2. 소비자를 위한 기능

(1) 구매대리인 기능

소매상은 소비자와 지리적으로나 시간적으로 떨어져있는 도매상이나 생산자들로부터 상품을 구입하여 최종소비자에게 판매한다. 만약에 소매상이 없다면 소비자는 필요한 물품의 종류만큼이나 다양한 지역에 분산되어 있는 생산자나 도매상과 일일이 접촉하고 거래해야 한다. 이와 같이 소매상은 소비자를 대신하여 그들의 필요나 욕구에 맞는 상품을 매입하는 구매대리인 기능을 수행하며, 그 과정에서 발생하는 각종 거래비용을 소비자와 분담한다.

생활 속의 유통 쇼핑과 식사가 결합된 체험형 소매점 레인포리스트 카페

스티브 슈슬러(Steve Schussler)는 1994년 레인포리스트 카페(Rainforest Cafe)를 세계에서 가장 큰 쇼핑몰 중의 하나인 몰 오브 아메리카(Mall of America)에 처음으로 오픈하였다. 독특한 형태의 소매점포와 테마레스토랑을 개점하기 전에 슈슬러는 12년에 걸쳐 컨셉(concept)을 테스트하였고, 미니애폴리스에 있는 그의 집에 모의점포를 지어보기도 하였다. 앵무새, 나비, 거북이, 열대어 등과 같이 생활한다는 것이 쉬운 일은 아니었지만 이와 같은 슈슬러의 창의성으로 인해 레인포리스트 카페는 높은 수익을 달성했으며 급속한 성장세를 보이는 체인점으로 발전하였다.

1996년 레인포리스트 카페(http://www.rainforestcafe.com)는 미니애폴리스의 몰 오브 아메리카, 시카고, 워싱턴 D.C, 포트 로더데일, 그리고 올랜도의 디즈니월드에 소재하고 있는 점포에서 모두 4억 8,700만 달러의 매출액과 590만 달러의 순이익을 달성했다. 레인포리스트 카페는 2만~3만 평방피트의 매장에다 열대우림을 조성함으로써 독특하고 흥미로운 분위기를 창출하였다. 이 카페는 300~600석 규모의 식당과 3천 개 품목 정도의 독특한 상품구색을 보유하고 있는 매장으로 나누어져 있다.

매장에서 판매되는 상품은 카페가 창출하는 수익의 30%를 차지하고 있으며, 대부분의 테마식당은 20가지 정도의 메뉴를 준비하고 있다. 머천다이징에서는 레인포리스트 카페가 독점권을 갖고 있는 만화화된 캐릭터로서의 8가지 정글동물들에 초점을 맞추고 있는데, 이것들에는 고릴라인 밤바(Bamba), 나무개구리인 차차(ChaCha), 오랑우탄인 오지(Ozzie) 등이 있다. 이러한 캐릭터들은 박제한 동물과 장난감뿐만 아니라 의류와 선물용품 등에도 활용되며, 만화영화와 어린이용 도서에도 활용된다.

이 카페는 환경친화적 의식이 있는 가족들에게 환경과 관련된 경험을 제공하고 있다. 식당에는 살아있는 열대지방의 새와 물고기, 만화화된 악어와 원숭이, 트럼펫을 부는 코끼리, 가슴을 치는 고릴라, 차가운 안

생활 속의 유통 쇼핑과 식사가 결합된 체험형 소매점 레인포리스트 카페 (계속)

개로 둘러싸인 인공폭포, 인공천둥과 번개, 열대지방의 폭풍우, 거대한 버섯인 카나페(canapes) 등이 있다. 슈슬러는 "우리 카페는 마치 디즈니의 만화로써 워너 브라더스(Warner Brothers) 점포를 정교화시킨 것과 같다"라고 말한다.

레인포리스트 카페는 봉사프로그램을 통해 지역사회에도 공헌하고 있다. 매년 30만 명 이상의 학생들이 카페를 방문하여 열대우림이 사라지는 것과 멸종위기에 놓인 동식물에 대한 설명을 카페의 관리자로부터 듣는다. 카페 안에 있는 위싱폰드(Wishing Pond)와 파킹미터(Parking Meter)에 던져진 동전은 멸종위기에 놓인 동식물과 열대우림지역의 훼손을 보호하기 위해 기증된다.

레인포리스트 카페는 효율성과 수익성을 향상시키기 위해 특별한 방법을 이용하였다. 단체손님이 식당 안으로 들어오면 안내원은 단체명을 컴퓨터에 입력하고 단체명과 규모, 그리고 예정된 식사시간(seating time)을 기록한 관람권을 발행한다. 그런 다음 단체는 쇼핑을 하거나 관광을 하는데, 예정된 식사시간의 5~10분 전에 식당으로 가야 할 시간임을 알린다. 단체가 식당으로 돌아올 때, 컴퓨터에서는 사파리가이드(safari guide)에게 단체손님이 앉아야 할 식당자리를 알려준다. 여행가이드와 사파리가이드는 마이크가 달린 헤드폰(headsets)으로 의사소통을 한다. 이러한 기술로 인해 일반 식당들이 테이블을 하루 2~3회 회전시키는 반면 레인포리스트 카페는 하루 5~6회의 회전이 가능했다.

회사는 급속도로 성장하였다. 2000년에 28개 매장에서 2억 달러의 매출액을 기록했으나 이익은 800만 달러 밖에 벌어들이지 못했다. 대부분의 점포가 교통의 흐름이 많은 엔터테인먼트센터보다는 지역쇼핑몰 안에 입지하고 있었다. 2005년에 레인포리스트 카페는 미국의 3개 디즈니랜드 안에 모두 입점해 있는 유일한 레스토랑이 되었다. 레인포리스트 카페는 미국의 16개 주와 캐나다, 중국, 멕시코, 유럽에도 진출하였다.

오랜 협상 끝에 레인포리스트 카페는 Landry's Restaurant에 인수되었다. Landry's는 Joe's Crab Shack, Landry's Seafood House, Crab House, Charley's Crab, Chart House, Rainforest Cafe, and Saltgrass Steak House라는 이름으로 36개 주에서 300개의 레스토랑을 운영하며 2004년에 12억 달러의 수익을 내었다. Landry's의 창업주이자 CEO인 Tilman Fertitta는 레스토랑의 운영에 대한 자신의 전략을 다음과 같이 설명하였다. "우리의 접근법은 항상 간단하다. 좋은 입지에 좋은 컨셉을 두는 것이다. 레인포리스트 카페는 강한 컨셉을 가지고 있다. 문제는 판매에 있지 않다. 가장 나쁜 상점도 연간 500만 달러를 벌어들인다. 그것은 Planet Hollywood나 Hard Rock Cafe 같은 다른 엔터테인먼트 체인점들과는 매우 다른 것이다. 가장 큰 문제점은 높은 임대료를 지불하고도 쇼핑센터에서 나쁜 지역에 입지하고 있다는 것이다." 레인포리스트 카페를 인수한 후 Landry's는 쇼핑센터에 입점하고 있던 여러 개의 레인포리스트 카페를 철수시켰다. 반면 런던의 Piccadilly Circus, 파리외곽에 있는 유럽 디즈니, 나이아가라 폭포, 라스베가스의 MGM 그랜드호텔과 카지노, 샌프란시스코에 있는 Fisherman's Wharf에 새로운 점포를 개설하였다.

자료: Michael Levy and Barton A. Weitz, *Retailing Management*, 6th ed., Irwin/McGraw-Hill, 2007, p.544.

(2) 분할, 조합, 구색 갖춤 기능

개인이나 가계소비자는 생활에 필요한 여러 가지의 상품을 조금씩 구매하여 소비한다. 소매상은 소비자가 원하는 상품을 생산자나 도매상부터 대량으로 구입한 후, 최종소비자가 구입하기 쉽도록 소량으로 분할하여 판매하는데 이를 소분판매라고 한다. 또한 소매상은 상품을 다양하게 갖추어 소비자가 구매를 위해 여러 상점에 들르지 않고도 여러 상품을 구매할 수 있는 **일괄구매**(one stop shopping) 서비스를 제공하기도 하며, 고객이 필요한 경우 선물세트나 과일바구니와 같이 여러 상품들을 하나의 세트상품으로 조합해주기도 한다.

(3) 정보제공 기능

소비자는 합리적인 구매를 위해 상품의 기능이나 품질, 사용법, 사용 시 주의사항, 그리고 가격이나 배송, 사후서비스 등의 구매조건에 관한 정보를 알고 싶어 한다. 소매상은 판매원과 소매광고, 점포 내 진열 등의 방법을 통해서 소비자 구매의사결정과 사용에 필요한 각종 정보를 제공하는 기능을 한다.

(4) 금융 기능

소매상은 상품 구입과정에서 발생하는 소비자의 경제적 부담을 덜어줌으로써 소비생활을 촉진한다. 소비자에게 외상이나 할부로 판매한다든지, 카드수수료나 물류비 등 거래 과정에서 발생하는 비용을 소비자와 분담하는 것들이 예가 될 수 있으며, 그런 기능들을 소비자를 향한 금융 기능이라고 한다.

(5) 서비스제공 기능

소매상은 소비자의 주문에 따라 생산자나 도매상으로부터 상품을 수령하여 소비자에게 전달하고, 판매 후에는 교환, 반품, 수리 등의 각종 서비스를 제공한다. 백화점과 같은 대형 소매상은 갖가지 문화행사를 주최하거나 교육기회와 휴게공간을 제공해주기도 한다. 이러한 행위들이 본질적으로는 소매상의 이익을 위한 것이기는 하지만 해당 서비스들로 인해 고객과 지역사회의 삶의 질이 개선된다.

소매상의 종류

소매상은 최종소비자에게 상품이나 서비스를 판매하는 것과 관련된 모든 활동을 수행하므로, 소매상의 종류는 소비자의 욕구만큼이나 다양하다. 더욱이 소매상은 변화되는 소비자의 욕구에 맞춰 스스로를 지속적으로 변화시키므로 소매상의 형태도 끊임없이 변한다.

소매업은 취급상품의 종류, 점포의 형태, 점포보유여부, 판매방식, 점포규모, 경영방식 등 여러 가지 기준에 의해 분류된다. 소매상을 분류하는 대표적인 방법은 **업종**과 **업태**에 따르는 분류이다. 업종별 분류는 취급하는 상품에 따라서 소매업을 구분하는 것이고, 상품의 판매방식에 따를 경우 업태에 따른 분류라고 한다. 즉 자동차판매, 과일과제, 서점 등은 업종에 따른 분류이고, 편의점, 백화점, 할인점 등은 업태에 따른 분류이다.

소매업을 구분하는 또 다른 기준은 점포보유여부인데, 점포소매상과 무점포소매상으로 분류된다.

1. 점포소매상

상품의 진열과 고객이 방문할 수 있는 물리적 공간을 가진 소매점을 말한다. 구멍가게, 슈퍼마켓, 할인점, 전문점, 백화점, 회원제 도매클럽 등 우리가 실생활에서 방문을 통해 구매하는 거의 모든 소매점이 이 범주에 속한다.

알아두기

쇼핑몰과 아울렛

쇼핑몰, 쇼핑센터, 임대형백화점과 같이 단위지역이나 건물 안에 독립적인 여러 소매점포들을 의도적이고 집중적으로 배치하여 고객의 일괄구매와 쇼핑편의를 지원함으로써 대량소비자를 유인하려는 소매점 배치형태를 몰(mall)이라고 한다. 이들은 상품을 매입하여 소유권을 이전하거나 판매와 재고에 대한 부담을 지지 않기 때문에 소매상 혹은 소매기업이 아니라 상가임대업자로 분류되는 것이 옳다.

특히 단일 지역이나 대형 건물 안에 여러 브랜드 아울렛 점포나 팩토리아울렛 점포, 그리고 녹지와 휴식공간 등을 갖추어 놓고 대량고객을 유인하는 사업장을 아울렛(몰)이라고 한다. 이천프리리엄아울렛, 롯데프리미엄아울렛 등이 여기에 해당된다.

(1) 구멍가게

주택가에 입지하여 주로 일상생활품을 판매하는 근린생활형 영세규모의 소매상을 **구멍가게**라고 한다. 주거와 판매 공간을 공유하는 생계유지형 점포가 많고, 전근대적인 영업방식을 고수하고 있어서 매출이나 영업이익률이 높지 않다. 점포수의 측면에서 가장 큰 비중을 차지하고 있지만, 슈퍼마켓, 편의점 등 현대적 경영기법을 갖춘 소매상이 시장에 진출함에 따라 점차 숫자가 줄어들고 있다.

동네슈퍼 등의 이름으로도 불리는 구멍가게는 매력적이지는 않지만, 서민경제와 고용에 기여하는 바가 크기 때문에 정부의 육성노력이 진행되고 있다. 정부가 2010년부터 시행하고 있는 '나들가게 프로젝트'는 대형 할인마트와 대기업슈퍼마켓(SSM)의 진출로 어려움을 겪고 있는 매장면적 300m^2 이하의 구멍가게를 지원하기 위한 것으로 간판 교체 및 판매시점관리기기(POS)의 무상 지원, 매장 리모델링 등 시설 개선자금 대출 지원, 경영개선을 위한 상담 서비스 등을 지원하는 사업이다.

(2) 슈퍼마켓, 기업형 슈퍼마켓, 슈퍼스토어

1) 슈퍼마켓

식료품 및 생활 잡화를 주로 취급하며, 셀프서비스방식에 의하여 운영되는 소매점이다. 현대화된 경영방식과 생활 편의품들을 한 곳에서 구매하는 일괄구매서비스를 제공하는 저마진의 염가소매점의 하나로, 동네슈퍼보다 넓은 범위에서 고객을 유치하기 위해 주차공간을 갖춘 중대형 규모의 생활밀착형 소매점이다.

슈퍼마켓은 미국의 마이클 커렌(Michael Kullen)이 경제대공황기였던 1930년에 킹 커렌(King Kullen) 뉴욕점을 개점한 것이 그 효시로서, 식료품을 중심으로 셀프서비스 방식을 원칙으로 하였다. 우리나라는 1968년에 개점한 뉴서울 슈퍼마켓이 최초이다. 우리나라의 경우 대형 아파트단지의 등장과 주거환경 개선, 자동차와 냉장고 문화의 확산 등 슈퍼마켓에 유리한 환경들이 지속적으로 전개되면서 백화점과 할인점과 더불어 오프라인소매상을 대표하는 업태로 발전하였다.

〈그림 7-3〉 소매상의 분류

업종별	식료품점, 금은방, 구두점, …
업태별	백화점, 수퍼마켓, 편의점, 할인점, …
점포보유별	점포소매점 ↔ 무점포소매점
판매방식별	대면판매점 ↔ 셀프서비스판매점
점포규모별	대규모소매점 ↔ 소규모소매점
경영방식별	단독점 ↔ 연쇄점
연쇄점 형태별	회사연쇄점, 프랜차이즈, 임의연쇄점

2) 기업형 슈퍼마켓

슈퍼마켓 중에서 대기업 계열의 점포를 '**기업형 슈퍼마켓**(SSM, Super Super Market)'이라고 한다. 매장면적 330m^2(약 100평)이상, 3,000m^2(약 900평) 이하의 매장 규모로 대형 할인점과 동네 슈퍼마켓의 중간 크기이다. 할인점이 흡수하지 못하는 근린소비자를 공략 대상으로 삼는다. SSM은 대기업의 계열 브랜드이므로 인지도와 신뢰도를 확보하기 쉽고, 모기업의 자본과 대량유통망을 배경으로 강력한 구매력(buying power)을 확보할 수 있으므로 일반슈퍼마켓보다 더 나은 원가구조와 상품구색을 갖추고 있다.

기업의 입장에서 SSM은 할인점보다 좁은 부지의 주택가 중심의 소규모 상권에 입지할 수 있고 출점비용이 적으며, 소비자는 SSM에서 상대적으로 저렴한 가격과 현대화된 유통서비스로 전통시장과 개인슈퍼마켓과 동일한 상품을 구매할 수 있다는 장점이 있다. 그러나 같은 이유로 SSM이 골목상권 붕괴의 주된 원인 요소이며, SSM의 본사가 다른 지역에 위치한 경우에 지역에서 획득된 유통수익의 대부분을 타 지역으로 유출하여 지역발전에 공헌하지 못한다는 비난을 받는다.

3) 슈퍼스토어

슈퍼스토어(superstore)는 슈퍼마켓보다 2배 정도 더 큰 규모의 매장으로 일반적인 슈퍼마켓의 상품구성에 일용잡화와 의료부문을 강화시킨 형태의 소매점이다. 슈퍼스토어는 식료품과 비식료품 등 생활필수품 면에서 광범위한 상품구색을 보유하고 있으며, 이외에도 세탁, 구두수선, 수표교환, 간단한 식사장소 제공 등의 부수적인 서비스도 함께 제공한다.

(3) 편의점

편의점(CVS, convenience store)은 소비자의 접근이 용이한 지역에 위치하여 24시간 영업을 하며, 생활필수품 위주의 한정된 상품계열을 취급하는 소매점이다. 편의점이라는 명칭은 편의점이 소비자에게 장소, 시간, 그리고 상품다양성의 세 가지 편의성을 제공한다는 의미로부터 유래되었다. 편의점은 주택가나 유동인구가 많은 장소에 입지하여 고객이 약간의 노력만으로 점포에 접근할 수 있는 장소편의성을 제공한다. 또 연중무휴 24시간 영업하여 고객의 쇼핑시간에 제약을 주지 않으며, 일상생활에서 많이 쓰이는 생활필수품을 위주로 깊지는 않지만 다양한 상품을 구성하여 소비자에게 비교적 높은 수준의 쇼핑만족을 제공한다.

편의점은 슈퍼마켓을 보완하는 측면이 있다. 편의점의 가격은 슈퍼마켓보다 비싸고, 구색은 적은 대신 포장단위가 적다. 상대적으로 비싼 가격과 제한된 구색에도 불구하고 소비자가 슈퍼마켓이 아닌 편의점을 찾는 이유는 위에서 언급된 세 가지 편의성 때문이다. 편의점은 슈퍼마켓보다 거리가 가까우며 구매시간을 제한하지 않는다. 비록 슈퍼마켓보다 구색이 적지만 POS 등의 유통정보시스템과 본사 차원의 데이터분석을 통해 고객이 선호하는 상품을 최우선적으로 배치하고, 상대적으로 비싼 가격으로 빠르게 상품을 회전시킨다. 즉 편의점은 고마진-고회전율의 소매원칙에 따라 점포를 운영한다.

우리나라의 편의점은 1989년 올림픽 선수촌에 등장한 세븐일레븐이 최초이며, 이후에 로손, 써클케이, 훼미리마트, GS 25, BGF리테일(CU), 위드미에프에스(신세계 위드미)등의 대형 CVS업체들의 시장으로 진입하였다. 편의점 산업은 당분간 지속적으로 성장할 것으로 예상되는데, 1인가구와 인구노령화, 맞벌이 부부의 증대 등 우리 사회의 구조변화와 관련되어 있다. 예를 들면 가족규모가 적어지면서 소용량 포장상품에 대한 수요가 늘어났고, 쇼핑과 가사에 소요되는 시간과 비용에 대한 민감도가 낮은 소비자층이 대거 등장하였는데, 이들은 할인점이나 슈퍼마켓에서의 대량구매를 부담스러워하는 경향이 있다. 편의점업계는 다른 유통경로보다 더 빠르게 새로운 고객층의 요구에 반응하는 방법으로 산업규모를 확대해왔는데, 간편식과 소량포장 상품의 개발 및 취급상품과 서비스의 확대 등이 그 예이다.

편의점업계가 당면한 과제로는 시장성숙에 따른 업체 간 경쟁심화문제와 본사와 가맹점의 갈등해소이다. 업체당 적정고객수는 2,500명 정도로 판단되는데, 2011년에 이미 2,400명 아래로 떨어졌다. 그럼에도 불구하고 신규점포의 개

〈그림 7-4〉 편의점 시장 규모와 1인 가구 추이

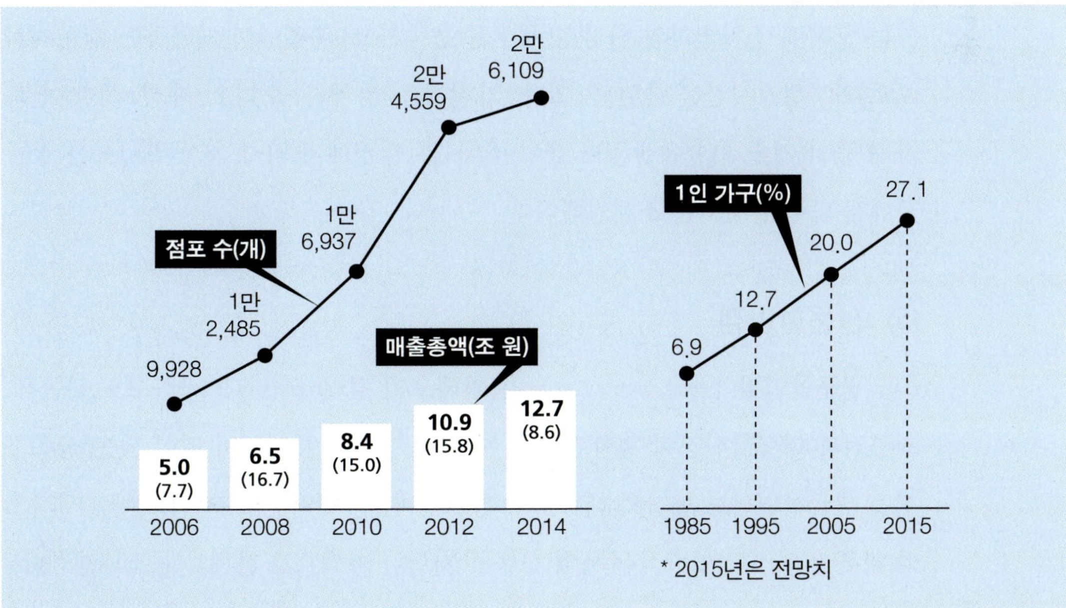

자료: 한국경제(2015.7.5.), 통계청

설이 지속되면서 점포 간 경쟁이 심해지고 수익성은 악화되고 있다. 2013년에 이루어진 중소기업중앙회의 조사결과에 따르면 편의점의 33% 정도는 적자상태인 반면 흑자점포는 18%에 불과하다. 편의점 업계는 간편식과 생활서비스 판매 확대 등을 통해 1인당 객단가를 높이는 방법으로 이 문제에 대응하고 있다.

또 다른 문제는 편의점 본사와 가맹점 간 갈등이다. 갈등의 주된 원인은 수익배분과 불공정 계약조건인데, 지난 수년간 편의점 본사의 영업이익은 크게 증가해왔지만 단위 점포의 영업이익은 개선되지 않았다. 인접지역에 신규점포를 개설하거나 단위점포의 폐점을 인위적으로 유도한 다음에 본사직영사업장을 유치하기도 하고, 경영부실을 이유로 계약기간 중 부득이하게 점포를 폐점할 경우에도 위약금을 부과하는 등 본사가 개별점포의 이익을 저해하는 경우도 있다.

(4) 전문점

전문점(specialty store)은 특정 상품군에 전문화되어 있는 소매점이다. 점포크기는 크지 않으나 특정 상품군 내에서 다양한 구색과 많은 아이템을 소량이라도 구비해두고, 전문상품지식을 가진 종업원을 매장에 배치하여 다양한 고객욕구에 대응하는 방식으로 영업을 한다. 소비자는 전문점이 제공하는 상품의 깊이 있는 구색에서 차별화와 다양성 욕구를 충족하고, 종업원이 제공하는 전문지식으로 의사결정시간을 줄일 수 있다. 가전제품, 카메라, 오디오, 패션, 신발, 건축자재 등의 기술재나 유행품과 같이 구매의사결정에 소비자 지식이 필요한 상품군에서 많이 발견되는 소매업태이다.

(5) 전문할인점

전문할인점(special discount store)은 **카테고리 킬러**(category killer)라고도 하는데, 전문점과 대형할인점이 결합된 형태이다. 특정 상품계열에서 깊이 있는 상품구색을 취급하면서도 매장의 대형화와 창고형 진열, 대량판매, 그리고 셀프서비스와 같은 공격적 경영방식을 통해 상품을 저렴한 가격으로 판매하는 소매점이다.

전문할인점은 미국에서 1970년대에 처음 등장하였으며 현재 미국에서 가장 높은 성장률을 보이고 있는 소매업태 중의 하나이다. 미국의 대표적인 전문할인점으로서는 완구류의 토이저러스(Toys 'R' Us), 의류에서의 리미티드(Limited), 갭(the Gap), 마샬(Marshall), 가전제품에서의 서킷시티(Circuit City), 문구류에서의 스테이플즈(Staples)와 오피스 맥스(Office Max) 등이 있다.

카테고리킬러업태 중에서 건축자재나 철물 등 주택의 보수나 개량에 필요한 자재와 정보를 전문으로 하는 소매점을 특별히 **홈센터**(home-improvement centers)라고 한다. 넓은 국토에 주거밀도가 낮고 노동인건비가 비싸서 DIY(Do it Yourself) 산업이 발전된 미국에 특화된 대형소매업태이다. 홈센터에서 취급하는 상품은 건축자재, 페인트와 페인트도구, 배관재료, 발전기, 철물, 동력기, 정원관리장비 등이며, 홈 디포(Home Depot), 로위즈 컴퍼니(Lowe's Companies), 페이레스 캐쉬웨이(Payless Cashways), 빌더즈 스퀘어(Builders Square), 헤싱거(Hechinger) 등이 유명하다.

(6) 백화점

백화점(department store)은 의류, 가정용품, 식품류 등의 각종 상품을 부문별로 구성하여 소비자가 일괄구매를 할 수 있도록 하는 대규모 소매점이다. 교통이 편리하고 사람들이 많이 모이는 도심지에 입지하며, 화려하고 거대한 점포를 갖고 있다. 취급하는 상품이 다양하기는 하지만 선매품 위주로 구성되어 있다. 대규모의 시설투자가 필요한 백화점은 광범위한 지역으로부터 고객을 흡인해야 하기 때문에 고객이 쇼핑에 투자하는 시간과 비용을 보상할 만한 쇼핑 가치를 제공할 수 있어야 한다. 백화점이 구매자에게 제공하는 가장 큰 효익은 다양한 상품구색과 편리한 입지, 그리고 쾌적한 쇼핑공간이다. 또한 고객이 백화점에서의 상품구매로부터 사회심리적 만족을 얻는다는 점도 주요한 경쟁원천이다.

세계 최초의 백화점은 1852년 프랑스 파리에 개점한 봉 마르쉐(Bon Marche) 백화점이다. 우리나라는 1969년 개점한 신세계백화점이 최초이며, 1979년 롯데백화점 명동점이 개점하면서 산업의 규모가 커지기 시작했다. 외국의 백화점이 패션 관련 상품을 주로 취급하는 데 비해 우리나라의 백화점은 의류, 가전, 가구, 생필품 외에 슈퍼마켓과 식당가까지 포함하고 있는 것이 특이점이다.

백화점은 부문별 책임제나 매장임대제에 의한 합리적 경영방식을 추구한다. 부문별 책임제는 판매 상품별로 구분된 부문별 관리자의 책임 아래, 상품을 직접 매입하고 판매하여 부문별 수익과 손실에 책임지는 방식이고, 임대제는 특정 브랜드에 매장을 임대하여 임대수익을 올리는 방식이다. 미국의 메이시스(Macy's) 백화점은 상품의 직매입 비중이 40% 이상이며, 영국의 막스앤스펜서(Marks & Spencer)는 상품 전체를 고유상표로 구성하고 있다.

그런데 우리나라 백화점의 대부분은 매장을 임대하고 입점브랜드의 매출에 일정 비율의 판매수수료를 부과하는 수수료 매장 운영방식을 채택하고 있다. 이를 통해 백화점은 판매부진에 따른 재고 부담 위험 없이 매장을 운영할 수 있고, 판매율이 낮은 업체를 탈락시키는 방법으로 매장효율을 극대화할 수 있다. 소유권이전과 재고에 관한 위험을 지지 않기 때문에 우리나라의 백화점은 쇼핑몰 또는 점포임대업자의 개념에 더 가깝지만 관념적으로 소매기업으로 분류된다.

수수료 매장제도에서 백화점 입점업체는 비교적 적은 초기투자비용으로 매장을 운영할 수 있고, 백화점의 높은 인지도와 신뢰도를 활용할 수 있을 뿐만 아니라 다른 상품과의 연관구매를 유도하여 매출총액을 늘릴 수 있다는 장점이 있다. 반면에 재고와 촉진비용 등의 판매비용을 입점업체가 부담해야 하고 높은 수준의 판매수수료율로 인해 단위당 마진폭이 줄어들 뿐만 아니라, 백화점이 저지른 부정적 사건이나 나쁜 이미지로부터 부정적인 영향을 받을 수 있다. 그리고 백화점이 판매수수료 수입을 기준으로 브랜드의 입점과 폐점, 재계약여부를 결정하기 때문에 재계약 과정에서 입점업체가 피해를 입기도 한다. 더 높은 매출수수료를 창출할 수 있는 대체 업체나 브랜드를 염두에 두고 기존 업체와의 재계약을 거부하는 경우가 여기에 해당한다.

(7) 할인점, 하이퍼마켓, 슈퍼센터

할인점과 하이퍼마켓, 슈퍼센터는 정상제품을 상시할인가격으로 판매하는 방식을 기본으로 삼는 소매업태로 상품구색, 매장입지와 규모 등을 기준으로 구분한다. 우리나라에서는 세 업태 모두 할인점으로 불리는데, 세 업태 모두 우리나라 고유의 유통환경에 맞도록 매장구조, 입지, 그리고 상품구색 등을 비슷하게 조정하였기 때문이다.

1) 할인점

할인점(discount store)은 소비자에게 널리 알려져 있는 표준상품 즉, 공산품 위주의 상품을 박리다매의 원칙에 입각하여 항상 저렴한 가격으로 대량판매하는 소매점을 말한다. 할인점은 다음의 네 가지 측면에서 다른 소매업태와 다르다. 첫째, **상시저가판매**(EDLP, everyday low price)를 한다. 할인점은 바겐세일, 이월상품 세일 등 특정기간 동안만 저가판매를 하는 다른 소매업태와 구별된다. 둘째, 이월상품이나 B급상품을 저가격으로 판매하는 것이 아니라 표준적인 상품을 다른 소매점보다 싸게 판매한다. 셋째, 할인점은 셀프서비스 방식을 채택하고 있으며, 점포 내의 실내장식을 거의 하지 않는다. 셀프서비스 방식에 의해 인건비를 절감하고, 쇼핑환경개선에 최소수준의 투자를 하는 방식으로 비용을 절감하여 이를 저가격으로 소비자에게 되돌려 준다. 넷째, 할인점은 대량판매를 한다. 대량구매가 가능하도록 다수의 대형점포를 운영하여 구매력을 확보하고, 이를 통해 저가격을 실현한 다음 대량으로 판매하는 박리다매형 소매업태이다.

최초의 할인점은 1948년에 개점한 콜벳(Korvette)이며, 그 후 미국의 월마트(Wal-Mart), 케이마트(K-Mart), 타깃(Target) 등이 등장하였다. 이중 월마트는 글로벌소싱과 물류정책 등 상시저가전략(EDLP)을 가능하게 하는 혁신적인 운영방식으로 세계 최대의 소매기업으로 군림하고 있다. 우리나라는 1993년 11월에 개점한 이마트(E-Mart) 서울 창동점이 최초이며, 이후 롯데, 삼성 등의 대기업들이 할인점시장에 진출하였다. 도입초기의 할인점은 재래시장과 중소형 슈퍼마켓에서의 구매해왔던 주부고객들에게 현대적 시설과 대형주차장을 갖춘 초대형 점포와 시세보다 20~30% 저렴한 가격으로 대량으로 진열된 편의품과 신선품들을 쇼핑카트를 이용하여 마음껏 선택하게 하는 셀프쇼핑제도를 선보임으로써 큰 충격을 주었다. 1990년대 후반에는 미국의 월마트와 프랑스의 까르푸(Carrefour) 등 세계적 할인점업체들이 국내시장에 진입하였으나 시장적응에 실패하고 2007년 초에 모두 철수하였다.

2) 하이퍼마켓

하이퍼마켓(hypermarket)은 창고형 도소매점과 할인점 그리고 대형 슈퍼마켓을 결합한 형태의 복합소매업태이다. 다양한 식품류를 취급하는 대형 슈퍼마켓의 특징과 5만 종 이상의 다양한 상품을 저가에 공급하는 할인점의 특징, 그리고 대형 주차장과 8천 평 내외의 내부 장식이 단순한 창고형 매장에서 상품을 판매하는 회원제 도매클럽의 특징 모두를 갖고 있다. 중심상권이 아니라 대도시 근교입지하고 할인점에 비해 식품류를 강화하였으며, 차량수리센터 등의 편의시설이 제공된다는 점이 특징이다.

하이퍼마켓은 신선식품을 중요시하는 유럽을 중심으로 발전되었는데, 프랑스의 까르푸, 영국의 셍즈베리(Sainsbury)와 테스코(Tesco) 등 해당된다. 미국에서는 1987년 월마트의 하이퍼마트 유에스에이(Hypermart USA), 케이마트의 아메리칸 페어(American Fare)가 있는데 큰 성공을 거두지 못하였다. 우리나라는 1990년대 중반 프랑스의 까르푸와 컨티낭(Continents)이 출점하였으나 적응에 실패한 뒤 철수하였으며, 삼성물산과 합작형태로 한국에 진출한 영국의 테스코는 홈플러스 브랜드로 시장에 안착하였으나 본사 사정에 의해 2015년 한국시장에서 철수하였다.

3) 슈퍼센터

미국에서 하이퍼마켓에 대한 소비자의 반응이 좋지 않자 이에 대한 대응으로 개발된 것이 **슈퍼센터**(supercenter)이다. 슈퍼센터는 슈퍼스토어(대규모의 슈퍼마켓)와 할인점을 결합한 형태의 소매점으로서 근린지역에 하이퍼마켓의 2/3 정도의 규모인 5,000평 내외의 크기로, 식품과 비식품뿐만 아니라 세탁소, 사진현상, 자동차부품, 구두수선 등의 다양한 서비스를 제공하면서도 신선품의 비중이 상대적으로 높다. 근린지역에 입점하고 다양한 품목과 서비스를 제공함으로써 시간절약 및 이동거리를 최소화하려는 1990년대 소비자 욕구에 부합하는 소매점포로, 미국의 경우 해마다 20% 이상 성장해왔으며 우리나라에서 할인점으로 불리는 대부분의 대형소매점포는 슈퍼센터에 가깝다.

생활 속의 유통 배송이 곧 경쟁력

온라인쇼핑몰에 비해 쇼핑편의와 가격경쟁에서 약점을 보이던 오프라인 유통업체들이 빠른 배송을 무기로 꺼내들면서 유통대전이 격화되고 있다. 온라인 쇼핑은 쇼핑시간이 자유롭지만, 최소 하루 이상의 배송시간이 필요하다는 단점이 있다. 이에 슈퍼마켓이나 할인점 등의 오프라인 소매기업들은 배송시간을 획기적으로 줄이는 서비스로 온라인쇼핑몰에 뺏긴 시장의 탈환을 벼르고 있다.

홈플러스와 이마트는 퀵오토바이로 주문 후 1시간 이내로 상품을 배송하는 퀵배송제도를 실시하고 있다. 롯데마트는 패스트푸드점에서 운영 중인 드라이브 스루(Drive-thru, 승차 구매)와 마찬가지로 차 안에 앉아 상품을 바로 건네받을 수 있는 서비스를 제공한다. 인터넷이나 모바일 애플리케이션을 이용하여 집이나 직장에서 상품을 주문한 다음 원하는 시간에 매장을 방문하면, 차량에서 내리지 않고 바로 물건을 실어주는 서비스이다. '드라이브 앤 픽' 서비스를 이용하면 '주문 · 결제→픽업 데스크 정차→출차'의 3단계로 쇼핑을 완료할 수 있기 때문에 쇼핑 시간을 15분 이내로 줄일 수 있다.

편의점 CU도 주문 후 40분 이내에 원하는 시간과 장소에 상품을 배달해주는 서비스를 시행하고 있으며, 커피전문업체인 루소도 소비자가 원하는 날짜와 장소에 커피원두를 배송하는 서비스를 시행 중이다. 뿐만 아니라 커피추출법과 원두보관법 등을 컨설팅해주는 '찾아가는 바리스타서비스'를 시행중이다.

소셜커머스업체 쿠팡은 주문에서 배송에 이르는 모든 과정을 직접 책임지는 '로켓배송'제를 통해 다른 유통업체와의 차별화를 시도하고 있다. 쿠팡의 '로켓배송' 제도는 물류전문기사인 '쿠팡맨'이 주문 당일 배송을 원칙으로 구매고객에게 상품을 직접 전달하는 제도이다. 로켓배송제도는 빠른 배송시간뿐만 아니라 '쿠팡맨'이 상품과 함께 직접 작성한 손편지와 그림을 전달하거나, 비오는 날 상품이 비에 젖지 않도록 우산을 씌우는 등의 감성배송서비스를 더하여 고객의 마음을 움직이고 있다.

유통업계 전반에 걸쳐 배송전쟁이 확대되는 이유는 고객이 느끼는 배송만족도가 재구매 의사의 중요한 잣대가 되고 있기 때문이다. 맞벌이 부부나 1인 가구와 같이 가격효용보다 시간효용을 더 중요하게 생각하는 소비자의 비중이 늘어날수록 유통업계의 배송경쟁은 더욱 치열해질 것이다.

(8) 대중양판점

대중양판점(GMS, general merchandising store)은 많은 종류의 상품을 대량으로 판매하기 위한 중대규모 소매점으로, 중저가 생활용품과 전자제품, 의류 등에 특화된 중대형 슈퍼마켓으로 이해하면 된다. 대중양판점은 상품구성에서는 백화점과 슈퍼마켓의 중간, 그리고 가격 면에서는 백화점과 할인점의 중간 정도에 위치해 있다. 상품 구색은 다양하지만 백화점보다 취급상품의 품목수나 가격대가 낮으며, 본부가 일괄 매입한 상품을 가맹점에서 셀프서비스 방식으로 대량판매하는 것을 원칙으로 한다. 대중양판점 본부는 다점포화를 통한 대량매입과 유통업자상표(PB)확대 등의 방식으로 판매가격을 낮추고 있다.

1920년대 미국에서 등장한 대중양판점은 1930년대를 거치면서 시어즈(Sears), 제이씨 페니(J. C. Penny), 몽고메리 워드(Montgomery Ward) 등의 기업에 의해 전성기를 맞았으나, 이후 할인점, 전문점, 백화점 등의 공세에 밀리면서 쇠퇴하고 있다. 우리나라는 1988년 롯데백화점이 잠실롯데월드에 새나라백화점을 개점한 것이 시초이며, 해태유통에서 해태마트, 한양유통에서 잠실점과 천안점을 개점하여 운영하고 있으나 미국과 비슷한 이유로 쇠퇴 중이다. 우리나라와 미국과 달리 다이에, 이토요카도, 세이유, 쟈스코 등의 일본 대중양판점은 매출규모에서 백화점을 압도할 정도로 성업 중이며, 식료품을 함께 취급한다.

(9) 회원제 도매클럽

회원제 도매클럽(MWC, membership wholesale club)은 일정한 회비를 정기적으로 내는 회원들에게만 상품을 저렴한 가격으로 구매할 수 있는 자격을 부여하는 소매점이다. 실내장식이 거의 없는 거대한 창고형태로 점포를 운영하면서 할인점보다 더 싼 가격으로 상품을 공급한다는 점에서 창고형 할인매장이라고도 한다. 회원제 도매클럽은 창고형 선반에 대량진열된 정상 상품을 시중가보다 30~50% 정도 할인된 가격으로 판매하는데, 식품류, 가정용품, 가구, 전자제품 등의 상품군에서 회전율이 높은 대표상품 3~4천 품목정도를 상자나 묶음 단위로 판매한다.

회원제 도매클럽은 1976년에 샌디에이고의 교외 지역에 개점한 프라이스 클럽(Price Club)이 시초이다. 이후 샘즈 클럽(Sam's Club), 코스트코, 페이스(Pace) 등이 잇따라 이 업태에 진출하였다. 우리나라는 1994년 신세계 프라이스 클럽이 최초로 진출한 이래 킴스 클럽(Kim's Club)이 출점하였으며, 코스트코는 1998년 프라이스클럽과 합병하는 형태로 국내에 진출하였다.

(10) 오프 프라이스 스토어

오프 프라이스 스토어(off-price store)는 유명패션, 생활용품 등을 상당히 낮은 가격으로 판매하는 소매점을 통칭하는 용어로, 오프 프라이스 전문점, 아울렛, 단일가격소매점 등이 포함된다.

1) 오프 프라이스 전문점

오프 프라이스 전문점은 독립된 상인기업으로 도매가격의 20~25%의 수준에서 매입한 유명브랜드의 B급 상품을 염가로 판매하는 소매점을 말한다. B급 상품은 진열상품, 이월상품, 비인기상품 또는 반품상품 등 상품의 기본 기능에는 이상이 없지만 정상품으로 소비자에게 재판매하기 힘든 상품을 말한다. 오프 프라이스 전문점이 파격적인 가격으로 상품을 매입할 수 있는 이유는 해당 브랜드나 중간상인으로부터 구매한 상품을 반품하지 않으며, 가격협상이나 조정없이 정해진 거래규칙에 따라 대금을 즉시 지불하는 조건으로 구매하기 때문이다. 미국의 대표적인 오프 프라이스 소매점은 티제이 맥스(T. J. Maxx), 벌링턴 코트 팩토리(Burlington Coat Factory), 로즈 스토어(Ross Stores) 등이 있다. 우리나라는 떨이몰, 재고정리점포 등의 이름으로 운영되는 상인점포나 B급상품을 전문으로 취급하는 온라인쇼핑몰이 여기에 해당된다.

2) 아울렛

아울렛(outlet stores)은 생산자나 백화점, 또는 전문점이 소유한 오프 프라이스 스토어의 한 형태이다. 이중에서 제조업자가 자신의 B급 상품을 판매하는 아울렛을 팩토리 아울렛(factory outlets)이라고 하는데, 에스에스패션 이코노숍, 제일모직의 하티스트, 파크랜드 아울렛, 이랜드의 2001 아울렛이 여기에 해당된다. 저렴한 판매가격이 특징이지만 B급 상품을 주로 판매한다는 점에서 정상품을 상시저가로 판매하는 할인점과는 차이가 있다.

참고로 흔히 아울렛(몰)으로 표현되는 대규모 아울렛 상점가는 상품의 소유권이전과 재고에 대한 책임 없이 상가를 배치하고 운영하는 점포임대업자 혹은 상가관리업자를 말하는 것으로 소매상인으로서의 아울렛과 다르다.

3) 단일가격 소매점

단일가격 소매점은 거의 모든 상품을 단일 가격으로 판매하는 소매업태로 B급상품이 아니라 자체브랜드(PB)나 무상표 상품을 위주로 판매한다는 점에서 다른 오프 프라이스 스토어와 성격이 다르다. 거의 모든 상품을 1달러에 판매하는 미국의 달러 트리(Dollar Tree), 일본의 '100엔 숍', 우리나라의 '다이소'가 여기에 해당된다. B급상품을 판매한다는 점에서 위에 설명된 소매기업과 성격이 다르지만, 부도상품이나 장기간 팔리지 않아서 품질이 B급 이하로 떨어진 상품, 또는 폐점하는 소매점의 재고상품을 단일가격으로 판매하는 개인상인들도 단일가격 소매점으로 분류된다.

(11) 카탈로그 쇼룸

카탈로그 쇼룸(catalog showrooms)은 매장에 주문코드가 표시된 카탈로그나 일부 샘플상품만을 비치하고, 실제 상품은 매장 옆에 붙은 창고에 보관해 두었다가 구매 결제가 완료되면 창고에서 상품을 꺼내서 소비자에게 인도하는 방식으로 영업을 하는 소매업태이다. 카탈로그 쇼룸의 가격대는 일반 소매점보다 저렴한데, 진열에 필요한 점포공간과 인테리어비용을 최소화할 수 있고 적은 수의 직원으로도 손님 응대가 가능하며, 부동산가격이 상대적으로 저렴한 지역에 입지하는 경향이 있기 때문이다.

유명식기, 보석, 스포츠용품, 고가의 원예장비, 가전제품, 보석류 등 마진이 높고 회전이 빠른 유명상표나, 덩치가 커서 취급이 어렵거나 가격이 높으면서도 표준화된 상품을 주로 취급한다. 대표적인 카탈로그 쇼룸기업으로는 미국의 서비스 머천다이즈(Service Merchandise)와 베스트 프로덕츠(Best Products) 등이 있다.

우리나라의 경우 초기 통신판매기업으로 코오롱그룹에 인수된 '황소의 눈'이 카탈로그 쇼룸 형태로 오프라인 매장을 개설하였는데, 지금은 명맥이 끊어진 상태이다. 하지만 영업방식은 아직 남아있는데, 대형 할인점 등 셀프판매점에서 고가의 소형전자제품이나 시계 등을 기능이 제한된 견본품이나 빈 박스 형태로 전시하고, 판매원에게 해당상품의 구매의사를 전달한 소비자에게만 보관함에 보관된 진품을 인도하는 것이 카탈로그 쇼룸식 판매방식이다.

3. 무점포 소매상

무점포 소매상(non-store retailing)은 말 그대로 점포 없이 소매활동을 하는 소매상을 말한다. 소비자는 점포를 방문하는 대신 구매를 원하는 장소에서 방문판매원, 우편, 인터넷, 케이블TV등의 다양한 수단에 의해 제공되는 상품정보를 비교하고, 대금을 지불하는 방식으로 구매를 한다. 무점포 소매상이 소비자에게 제공하는 가장 큰 혜택은 시간적 · 공간적 제약 없는 쇼핑이다. 소매업자의 입장에서도 점포개설비용이 거의 들지 않고 표적고객에게의 접근이 용이하며, 인터넷을 활용할 경우 전 세계 소비자를 모두 잠재고객으로 만들 수 있다는 장점이 있다.

(1) 방문판매

방문판매는 가장 오래된 무점포 소매상으로서 판매원이 잠재고객을 직접 방문하여 얼굴을 마주 보면서 판매활동을 하는 방식이다. 방문판매는 잠재고객과 대면(face to face)판매하기 때문에 상품의 기능을 실연(demonstration)할 수 있고, 고객의 의문이나 반대의견을 그 자리에서 해결할 수 있기 때문에 강력한 설득능력을 갖는다. 방문판매의 단점은 기업의 입장에서 판매원을 관리하고 유지하는데 비용이 많이 들고, 유망한 고객을 찾아내고 접촉하는 것이 쉽지 않다는 점이다. 화장품, 서적, 우유나 야쿠르트 등과 같은 유제품, 학습지 등의 업계에서 방문판매를 많이 활용하고 있다.

다단계판매(multi-level marketing)도 방문판매의 한 유형이다. 다단계판매는 상품을 사용해 본 소비자가 그 상품의 우수성을 인정하여 스스로의 의사로 판매원이 되어 상품을 주위 사람들에게 권하고 이때 창출되는 수익의 일부를 판매수수

생활 속의 유통 쇼핑몰과 입점업체의 갈등관계

코엑스몰과 입점업체 간 갈등이 깊어지고 있다. 코엑스몰은 3,000억 원을 들여 2년간의 공사 끝에 재개장했지만 리뉴얼 이전보다 매출은 줄어든 반면 임대료 부담은 더 높아졌다. 결국 수십 개의 매장이 손실을 감당 못 하고 철수하는 일이 벌어졌다. 리뉴얼 실패 책임을 물어 임대료를 낮춰 달라는 코엑스몰 상인연합회 측과 경쟁 입찰에서 상인들이 써낸 임대료이므로 낮춰줄 수 없다는 한국무역협회 측이 갈등을 빚고 있다.

지난 2000년 개장한 코엑스몰은 다양한 공연과 전시, 쇼핑을 한곳에서 즐길 수 있는 '몰링(malling)' 개념을 처음 도입한 국내 최대 상권 중 하나이다. 이후 시설이 노후화되고 경쟁 복합쇼핑몰이 늘어나자 대대적인 리뉴얼 작업 후 다시 문을 열었다. 리뉴얼 후 답답했던 지하 공간은 자연채광을 통해 더 화사해졌고, 리뉴얼 이전 12만 2,000m^2이었던 총 면적은 15만 4,000m^2로 더 커졌다. 지하 1층(14만 4,000m^2)의 경우 아시아 최대 규모를 자랑한다(단일층 기준).

하지만 뚜껑을 열어본 결과는 기대와는 정반대였다. "리뉴얼 이전에 비해 매출이 반 토막 났다"는 게 코엑스몰 입점 상인들의 하소연이다. 반면 코엑스몰을 운영하는 한국무역협회 측은 "연 초에 매출이 다소 줄어든 건 맞지만 점진적인 회복세를 보이고 있다"고 반박한다. 코엑스몰에는 총 240여개 매장이 있다. 이 중 약 100개는 코엑스몰 리뉴얼 이전부터 영업을 해온 기존 상인들 소유다. 이들은 코엑스몰을 리뉴얼하면 장사가 더 잘 될 거라는 무역협회의 말을 믿고 재입점을 결정했다. 그러나 상인들은 리뉴얼 효과는커녕 예전보다 더 상권이 가라앉았다고 토로한다. 상인연합회가 제기하는 또 다른 문제는 임대료가 너무 비싸다는 것. 리뉴얼 전보다 매출은 줄었는데 임대료는 평균 3배 가까이 올라 임대료도 못 내는 적자 매장이 속출하고 있다는 주장이다. 실제 리뉴얼 8개월 만에 30여개 매장이 문을 닫았고 10여개 매장도 철수를 검토 중인 상황으로 알려진다.

코엑스몰의 임대료는 수수료와 최소보장임대료 두 가지다. 수수료는 백화점처럼 점포 매출의 일부(업종에 따라 약 10~35%)를 협회가 가져가는 식이다. 최소보장임대료는 매출이 저조해도 한 달에 무조건 내야 하는 최소 금액이다. 수수료율과 최소보장임대료는 코엑스몰 점포 입찰 당시 상인들이 스스로 써낸 금액을 기반으로 정해졌다. 매장 위치나 크기에 따라 차이가 있지만, 보통 월 매출 1억 원에 최소보장임대료는 2,000만 원 수준인 것으로 알려졌다.

상인들은 애초 무역협회가 제시했던 유동인구나 리뉴얼 효과가 예상에 못 미친 만큼, 이를 근거로 책정한 임대료를 다 받는 건 지나치다고 말한다. 협회는 상인들이 입찰 경쟁에서 이기기 위해 써낸 임대료를 이제 와서 내려 달라는 건 부당하다는 입장을 고수한다. 협회 관계자는 "임대차 계약은 사적자치(私的自治)원칙에 따라 체결된 개별 계약이다. 임대료를 내려주면 입찰에서 탈락한 다른 업체들이 특혜 의혹을 제기할 수 있다. 설령 리뉴얼 효과가 예상과 다르다 해도 그만한 위험을 감당하지 않는 비즈니스가 어디 있나"라고 선을 긋는다.

자료: MK뉴스, 2015. 8. 17.

〈그림 7-5〉 다단계 판매조직의 형태

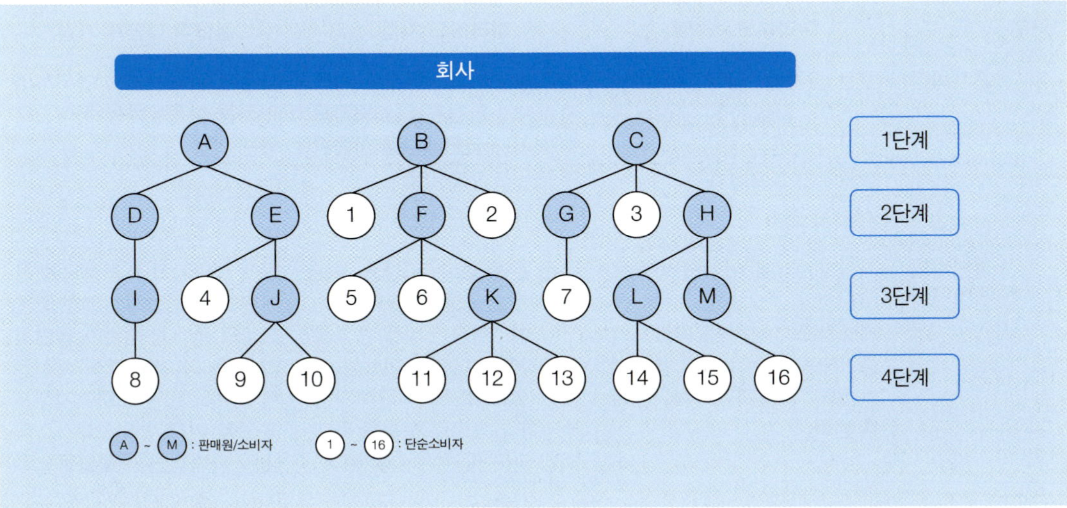

료형태로 취득하는 방식이다. 다단계라는 명칭은 새로이 형성된 소비자가 다시 판매원으로 전환되는 과정이 무한히 반복된다는 점 때문에 등장하였다. 우리나라의 다단계 시장은 한국암웨이, 뉴스킨 코리아 등의 외국계기업이 70% 이상을 차지하고 있다.

(2) 자동판매기 판매

기계식 판매에 적합하도록 포장된 표준상품을 자동판매기(Vending Machine)를 통해 판매하는 것을 자동판매기 소매라고 한다. **자동판매기 판매**는 19세기 중반에 유럽과 미국에서 처음 시작되었으며, 초기에는 담배, 우표, 캔디 등의 판매에 한정되어 있었으나 기술이 발전되면서 점차 거의 모든 상품영역으로 확장되고 있다.

자동판매기 판매의 장점은 다음과 같다. 첫째, 인건비를 절감할 수 있다. 둘째, 설치공간에 대한 제약이 거의 없다. 빌딩로비, 공항, 지하철역, 병원 등 사람이 많이 모이는 장소라면 어디든지 설치할 수 있으며, 큰 공간을 차지하거나 설치비용 많이 들지도 않는다. 셋째, 24시간 영업이 가능하다. 넷째, 고객의 구매저항이 거의 없다. 그러나 취급하는 상품이 규격화된 표준품이 대부분이고, 슈

〈표 7-1〉 피라미드조직과 다단계판매의 비교

구분		피라미드시스템	피라미드 기업	정상적 다단계 기업
기업조직	존재목적	사설 금융업, 금융 피라미드와 같이 가입자를 대상으로 금전의 유통을 목적으로 하는 사행적 금전배당조직 (이익시스템)	상품을 합리화수단으로 하여 사실상의 금전유통을 목적으로 하거나 금전배당을 상품판매에 이용하는 기업 (이익+유통시스템)	상품의 판매사업을 영위하여 건전한 상품유통을 목적으로 하는 기업 (유통시스템)
	가입자의 참가형태	가입자가 2배 이상의 비율로 무한하게 증가하는 것을 전제조건으로 하지만, 가입자의 증가에는 한계가 있어 결국에는 말단 가입자가 필히 손해를 본다.	많은 돈을 벌 수 있다는 사실을 내세워 상품을 판매하고, 구매자의 일정한 비율 증가를 강요하지만 이의 증가에는 한계가 있으며, 말단 구매자는 부당한 가격으로 상품을 구매하게 되어 필히 손해를 본다.	판매 희망자가 자의적으로 판매원으로 가입하고, 일정 비율 이상의 판매원 증가가 필연적인 것은 아니며, 조직확장 정체 시에도 말단의 구매자에게 재정적 피해가 없으며, 조직 내의 지속적인 구매활동으로 조직도 붕괴되지 않는다.
	가입자의 부담	입회금, 출자금, 유지비 등의 명목으로 고액의 일정부담금을 납부하게 하며, 이는 반환되지 않는다.	판매원이 되기 위한 조건으로 고가의 상품을 강제로 구입하게 하거나 매월 상품소비를 강요한다.	가입 시의 부담이 거의 없으며 상품의 구매나 판매도 전적으로 자유의사에 달려 있어 강제적인 부담이 전혀 없다.
	투자금의 회수	하부에서 일정한 수의 인원을 끌어들이지 못하면 투자금 조차 회수하지 못한다.	하부에서 일정한 수의 판매원을 확보하지 못하면 상품에 부가된 금전회수가 불가능하다.	스스로의 의사로 사업진행을 위해 투자된 자금 외에 투입되는 돈이 없어 인원확보와 관계없이 손해가 없다.
	존재형태	반사회적 운영으로서 비밀스러운 사조직 형태	기업 형태를 갖추고 있으나 비밀스러운 배타적 운영	공개된 기업의 형태로 누구에게나 개방되어 운영
상품	품질	상품의 유통이 전혀 없는 단순한 금전 배당 조직	조악한 품질로 현실적 판매가 불가능한 상품	우수한 품질의 상품으로 실제로 판매가 가능한 상품
	종류		고가의 내구재 상품이나 단일 상품	양질의 소비재 상품
	마진율		통상적인 유통마진보다 훨씬 높은 마진	통상적인 유통마진과 같거나 약간 낮은 수준
운영시스템	입회비	대체로 피라미드 기업과 유사함	가입비, 교육비, 사용상품대금, 재고구매 등 다양한 명목으로 높은 입회비 요구	교육교재, 세일즈 보조교재 구입 등에 제한된 낮은 입회비
	보수		단기간에 손쉽게 돈을 벌게 된다는 판매방식	장기적인 차원의 비즈니스
	강제구매 유도		판매원 등록 시 일정량의 상품을 구입하게 하거나, 월별 강제구매액 할당, 승진 등을 빌미로 사실상 상품의 강제구매를 유도	어떠한 경우에도 상품구매는 자유의사에 달려 있고, 은연중에 강제구매를 요청 당하는 일도 없음

〈표 7-1〉 피라미드조직과 다단계판매의 비교

구분		피라미드시스템	피라미드 기업	정상적 다단계 기업
운영시스템	주수입원		판매원을 등록시키는 행위 자체에서 수익이 발생(사람장사, 부당이익)	하위 판매원의 지도에 의한 상품 판매에 의해서만 수익이 발생(노력에 의한 수익발생)
	환불구조		소비자나 판매원에 대한 환불 규정이 없거나 이행되지 않고 있고, 반환규정이 없거나 있다 하더라도 사실상 지켜지지 않음.	통상적인 상행위의 상식 수준에서 소비자 환불 및 판매원 재고 환불 등에 대한 명시된 규정이 있고, 실제로 지켜지고 있음.

자료: 김홍섭, "한국 다단계마케팅의 실태와 발전방안," 1998년도 한국유통학회 특별세미나 논문집.

퍼마켓이나 할인점에 비해 판매가격이 비싼 경우가 많으며, 도난이나 고장이 잦다는 단점이 있다.

(3) 통신판매

통신판매란 신문, 잡지, 라디오, TV등의 대중매체나 카탈로그에 광고되는 상품을 고객이 전화나 우편을 통해 주문하고 대금을 송금하면, 해당 상품을 우편이나 직접 수령하게 하는 방식으로 판매하는 소매업태이다. 통신판매는 실물을 보지 않은 채 주문과 대금지불이 일어나는 상거래이기 때문에, 거래에 대한 강한 신뢰가 있어야만 한다. 그 이유로 통신판매는 국토가 광활하여 쇼핑거리가 멀고, 공장형 표준품의 대량생산과 소비가 가능한 미국에서 발달하였다. 대표적인 통신판매기업은 1872년 설립된 몽고메리 워드(Montgomery Ward)사와 1893년에 설립된 시어즈 앤 로벅(Sears & Roebuck)인데, 양사 모두 교통중심지인 시카고를 본사로 두고 있다. 우리나라는 1976년 신세계 백화점의 주문엽서에 의한 판매를 최초의 통신판매로 간주하고 있는데, 교통과 통신의 발달로 인해 산업경쟁력이 약화되고 있다.

(4) 홈쇼핑

넓은 의미에서 **홈쇼핑**(home shopping)은 상품을 오프라인매장이 아니라 고객이 위치한 장소, 주로 집에서 구매하는 것을 의미한다. 컴퓨터나 전화 등의 통신매체를 활용하여 케이블TV 홈쇼핑, 온라인 백화점이나 슈퍼마켓, 모바일쇼핑몰 등의 무점포 매장에서 구매하고, 원하는 곳으로 배송을 받는다. 그러나 일반적으로는 온라인과 모바일쇼핑과 구분된 개념으로 케이블TV 홈쇼핑만을 홈쇼핑이라고 한다.

케이블TV 홈쇼핑은 방송이라는 공신력 있는 매체를 이용할 뿐만 아니라 TV 화면에서 상품의 사용법이나 효능을 시연하거나, 전화나 인터넷에 의한 상담시스템을 통해 소비자 불신을 즉각적으로 해소해주는 장점이 있다. 소비자는 점포를 방문하는 번거로움 없이 상대적으로 저렴한 가격으로 상품을 구매할 수 있으며, 시연과정에서 상품의 기능과 사용법 등에 관한 교육적 정보를 취득하여 보다 쉽게 상품을 사용할 수 있다.

케이블TV 홈쇼핑산업은 신용사회의 정착과 정보화 사회의 출현, 시간절약형 소비자의 등장 등 여러 가지 조건이 맞아떨어지면서 지속적으로 성장해왔는데, 미국 최초의 CATV 홈쇼핑회사는 1980년대 중반에 설립된 Home Shopping Network사이며, 우리나라는 1995년 8월 개국한 39쇼핑과 한국홈쇼핑이 최초의 기업이다. 2015년 현재 공인 홈쇼핑업자는 CJ오쇼핑(39쇼핑), GS홈쇼핑(한국홈쇼핑), 롯데홈쇼핑, 현대홈쇼핑, 농수산홈쇼핑, 홈앤쇼핑, 공영홈쇼핑의 7개사이다. 2011년과 2015년에 개국한 홈앤쇼핑과 공영홈쇼핑은 기존의 홈쇼핑업체들이 요구하는 높은 수준의 판매수수료와 배송수수료 때문에 어려움에 처한 중소기업과 농축수산 기업을 지원하기 위해 미래창조부 주도로 설립되었다.

(5) 인터넷쇼핑과 모바일쇼핑

인터넷쇼핑(internet shopping)은 인터넷을 이용한 가상공간(cyber space)에서 구매자와 판매자가 만나 쌍방향 커뮤니케이션(interactive communication)을 통해 상품에 관한 정보 교환이나 거래를 하는 것을 말하며, **모바일쇼핑**은 이동통신망에 접속하는 개인용 스마트기기(스마트폰, 태블릿PC) 등을 통해 이루어지는 상거래 활동을 의미한다.

〈그림 7-6〉 인터넷 쇼핑의 거래흐름

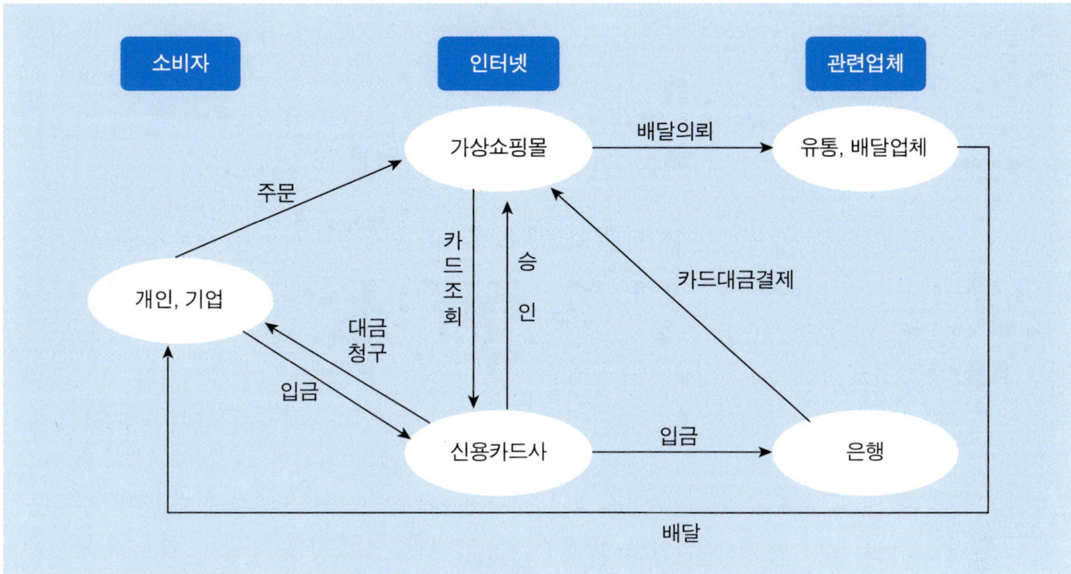

자료: 윤경순(1997), "인터넷 마케팅의 활용방안," 산업경영, 97년 봄호, 서울: 제일경제연구소.

인터넷쇼핑과 모바일쇼핑은 디지털통신기술을 활용하기 때문에 디지털유통이라 불린다. 디지털통신기술에 접속한 소비자는 시간과 공간을 초월하여 상품을 검색하고 주문하며, 신용카드나 핀테크(Fintech) 기술을 활용하여 대금을 결제하고 나면 물류시스템을 통해 원하는 곳에서 상품을 수령한다. 인터넷쇼핑과 모바일쇼핑은 무점포소매업에서 가장 주목을 받고 있는 분야라는 점에서 10장에서 다시 다루기로 한다.

소매상 마케팅전략

소매상이 수행하는 다양한 소매전략의 궁극적 목적은 경쟁경로나 점포보다 더 많은 소비자 선택을 받아서 더 많은 매출을 발생시키는 것이다. 소비자는 소매상으로부터 제시받은 수많은 선택대안들 중에서 자신의 기대를 뛰어넘거나 최소한의 기대를 충족시켜주는 하나의 대안을 선택한다. 따라서 소매상은 자기점포에 대한 소비자 기대를 정확히 이해한 다음, 자신이 선택하고 활용할 수 있는

생활 속의 유통 SNS에서 쇼핑까지? 핀터레스트, 물품 판매 서비스 시작

2015년 7월 이미지 중심 SNS 업체 핀터레스트(Pinterest)가 애플리케이션 안에서 물품 구매가 가능한 서비스를 선보였다. 세계 3위 SNS업체인 핀터레스트는 '구매 핀(Buyable Pins)'이라는 새로운 유형 핀(글)을 추가하였는데, 핀터레스트 이용 고객이 구매 핀을 누르면 앱 안에서 해당 제품을 살 수 있다. 결제 수단은 애플페이나 신용카드이며, 결제 내용은 이메일로 통보되고 새로운 구매 핀이 등록되면 실시간으로 웹이나 안드로이드에서 알림을 받을 수 있다. 제품가격은 소매상이 각자 웹사이트에 올린 것과 같다. 소매상은 자신이 올린 상품을 모아 개별 컬렉션도 갖출 수 있다.

핀터레스트는 두 개의 큐레이터 섹션도 새롭게 내놨다. '우리가 고른 숍'과 '숍'이다. '우리가 고른 숍'은 핀터레스트 측에서 내놓은 제품으로 구성되고, '숍' 탭은 다른 판매자가 최근에 내놓은 구매 핀 목록이 떠 있다. 사용자 홈 피드, 카테고리 피드, 게시판, 장바구니, 검색 결과나 추천 콘텐츠 등의 다양한 서비스가 제공되며, 각 서비스에는 가격 필터링 기능이 적용되어 있다.

사용자들은 이전부터 핀터레스트 서비스에 구매 기능을 추가해줄 것을 요구해왔다. 시장조사업체 밀워드브라운파운드는 구매 버튼이 없을 때에도 90% 가량 이용자가 핀터레스트에서 본 제품을 웹사이트나 오프라인에서 구매하였다. 따라서 구매핀 도입의 효과가 적지 않을 것이다.

핀터레스트가 소매상에게 받는 수수료는 없지만, 소비자에 노출이 필요한 광고주가 많기 때문에 광고비 수입이 상당할 것으로 판단된다. 핀터레스트 월간 활성사용자(active users) 수는 7억 명에 달하는 것으로 알려졌다.

자료: 전자신문, 2015. 7. 1.

마케팅자원들을 효율적으로 결합하여 소비자에게 제시하여야 한다. 다시 말해서 소매상마케팅전략의 핵심은 소비자의 기대와 소매자원의 효율적 결합이다.

1. 소비자기대

(1) 입지 및 시간의 편의성

소비자는 입지와 시간편의성을 제공하는 소매점 즉, 점포까지의 이동시간이 짧으면서도 원하는 시간에 상품을 구매할 수 있는 점포를 선호한다. 소매점 입지편의성의 평가에는 소매점과의 물리적 거리보다 구매에 소요되는 시간적 거리가 더 중요한데, 물리적 거리는 가깝지만 교통이 불편하고 복잡하여 도달까

지 걸리는 시간이 길어지면 입지편의성은 떨어진다. 입지의 편의성에 대한 소비자기대는 소비자마다 다르다. 예를 들면 가격에 민감하면서 차량을 소유한 은퇴부부는 거리가 멀더라도 가격이 싼 점포까지 기꺼이 이동하겠지만, 맞벌이 주부처럼 시간적 여유가 없는 소비자는 가격이 비싸더라도 가까운 점포를 선호할 것이다.

(2) 점포분위기

고객은 편안하면서도 쾌적한 느낌을 주는 점포를 그렇지 못한 점포보다 더 좋아하며, 분위기가 좋은 점포에서 취급하는 상품을 그렇지 않은 경우보다 더 호의적으로 평가하는 경향이 있다. 점포분위기는 점포의 구조, 상품진열, 조명, 내부 인테리어, 음악 등에 의해 형성되지만, 표적고객에 따라 선호하는 점포분위기가 다르다. 예를 들면 청소년들이 많이 찾는 패션이나 액세서리 전문점은 현대적이면서도 경쾌한 느낌의 실내장식이나 음악을 들려주고 있다.

(3) 취급상품

소비자는 자신들의 필요를 충족하기 위해서 상품을 구매하기 때문에, 소매점들은 점포를 방문하는 고객의 필요나 욕구를 정확히 이해하여야 한다. 소비자는 구매과정에서 실용적이거나 상징적, 혹은 경험적 욕구를 해소하려한다. 실용적 욕구는 생활과정에서 느끼는 불편함을 해소하고자 하는 것으로, 식료품, 편의품, 운동화 등의 생활필수품을 구매함으로써 해결된다. 상징적 욕구는 상품을 소비함으로써 사회적 성취나 부를 타인에게 암시하기 위한 것으로 고가의 자동차나 시계와 같은 상품을 소비함으로써 해소된다. 경험적 효용은 심리적 만족과 즐거운 기억들과 관련되어 있으며 영화나 여행, 완구 등의 소비를 통해 해소된다.

소매품을 편의품(convenience goods), 선매품(shopping goods), 전문품(specialty goods)으로 나눌 수 있는데, 소매점이 취급하는 상품군에 따라 방문하는 고객의 욕구가 다르다. 그리고 같은 상품군이라도 품목에 따라 소비자의 욕구나 기대가 달라지기도 하므로 상황에 맞는 적절한 구색과 접객태도가 필요하다. 예를 들면

〈표 7-2〉 소비재의 유형별 특성

특성	소비재 유형		
	편의품	선매품	전문품
구매전 지식	많다	적다	많다
구매 노력	적다	보통	많다
대체품의 수용정도	높다	보통	낮다
구매 빈도	많다	보통	다양하다
구매정보 탐색정도	낮다	높다	낮다
구매 경향	손쉽게 구입할 수 있는 상품을 구매	구매시점에서 상품들 간의 비교를 통한 최적 구매	특정상표에 대한 높은 애호도에 의한 구매

같은 전자제품이라도 타인 노출 확률이 낮은 비데는 브랜드명성보다 가격수준이나 품질을 더 중요하게 생각하는 실용적 구매가 많은 반면 상징성이 강한 TV는 브랜드나 화면크기에 대한 요구가 더 강하다.

(4) 가격

가격은 소비자의 구매의사결정과정에 가장 크게 영향을 미치는 요소인데, 이때 가격은 절대가격과 기대가치를 포괄하는 의미이다. 절대가격은 소비자가 상품구매의 댓가로 지불하는 화폐의 크기를 의미하고, 기대가치(value expectation)는 구매된 상품이나 서비스로 인해 얻게 되는 전체 효용에 대비된 가격을 의미한다. 기대가치는 가격대비 성능뿐만 아니라 브랜드명성이나 멋진 디자인에 의해 얻게 되는 심리적 만족감 등을 모두 포함한다.

소비자는 저렴한 가격이나 가격대비 성능이 좋은 상품을 선호하는 합리성을 추구한다고 알려져 있는데, 실제로는 상징성이나 가치추구 성향을 만족시켜주는 상품의 구매에 돈을 아끼지 않는 경우도 많다. 이것이 다양한 가격대의 점포가 존재하는 이유이다. 마찬가지 이유로 소매점의 형태에 따라 소비자가 기대하는 상품의 가격수준이 다르다. 예를 들면 비슷한 상품이더라도 백화점에서는 고가격을 수용하지만 할인점에서는 저가격을 기대한다.

(5) 정보와 상호작용

구매를 위해 소매점을 방문하는 소비자는 진열된 상품이나 카탈로그를 탐색하거나 견본품을 체험하기도 하고, 전문지식을 갖춘 판매원과 상담시간을 갖기도 한다. 이 모든 행동들은 소비자의 정보탐색행동으로 정의되며, 소비자가 이러한 행위를 하는 이유는 구매의사결정에 대한 확신감을 높이는 대신 후회감은 줄이기 위해서이다. 그러므로 소매상은 효율적인 점포배치와 디스플레이, 그리고 유능한 상담원을 배치함으로써 소비자만족을 높일 수 있다.

소비자가 소매점을 찾는 또 다른 이유는 사회적 욕구의 충족이다. 소비자는 구매에 따른 상품의 소유뿐만 아니라 쇼핑에 참여하는 것만으로 즐거움을 느끼기도 하고, 종업원의 접객행동이나 쇼핑과정에서 만나는 타인과의 상호작용을 통해서 사회적 욕구를 충족하기도 한다. 따라서 소매점은 친절하고 전문적인 종업원을 배치하고, 고객의 참여를 유도할 수 있는 프로그램들을 고객에 제안할 필요가 있다.

(6) 점포서비스

소비자는 소매점에서 제공하는 서비스에 대한 나름대로의 기대를 갖고 있는데, 소매서비스에 대한 기대는 소비자의 점포선택에 영향을 준다. 소비자가 소매점에 기대하는 서비스에는 신용, 배달, 설치, 보증, 판매보조, 판매 후 수리 등이 포함된다. 상대적으로 비싼 가격으로 백화점이나 유명브랜드를 구매하는 소비자는 그렇지 않은 경우보다 기대 서비스수준이 더 높다.

2. 소매믹스전략

소매업 판매전략의 핵심은 고객의 기대에 부응하여, 팔릴만한 상품을 적절한 가격한 가격과 서비스로 소비자에 제안하는 것이다. 소매상이 소비자에게 제시하는 상품과 서비스의 묶음을 소매믹스라고 한다. 소매믹스에는 입지, 구색, 가격, 서비스 등이 포함된다.

생활 속의 유통 추억 마케팅

불황에는 복고가 통한다'는 속설이 또 다시 입증되고 있다. 불황의 장기화로 소비자가 지갑 열기를 주저하고 있지만 그 틈을 비집고 복고 제품들이 의외로 인기를 끌고 있는 것이다. '옛날 방식'으로 만든 먹거리, 의류 등이 중장년층에게 아련한 추억을 되살려 주고, 젊은층에게는 묘한 호기심을 자극한다는 분석이 나온다. 영화계와 방송계에서 불붙은 복고 붐은 패션시장으로 번졌다. 인터넷 쇼핑몰 옥션과 아이스타일24는 복고풍 청바지와 복고 스타일 운동화 판매량이 크게 늘었다고 밝혔다.

'추억의 상품화'는 먹거리에서도 뜨고 있다. 1945년 개업해 가장 오래된 빵집으로 꼽히는 전북 군산 '이성당'은 지난해 롯데백화점 잠실점에 매장을 냈는데 옛날식 단팥빵과 야채빵으로 월평균 5억 원 이상의 매출을 올리고 있다. 신세계백화점은 본점에서 '순이네 빈대떡', '가메골 손만두' 등 남대문시장의 전통 먹거리를 한데 모아 특판행사를 열기도 했다. 뚜레쥬르는 '엄마랑 장볼 때 먹던 그때 그 도나쓰'를 내놨다. 옥수수 가루를 가미해 구수한 맛을 살린 찹쌀 도넛인데 5월까지 판매량이 당초 목표치를 20% 초과했다.

새로운 맛 찾기에만 몰두해 온 치킨업계도 과거로 되돌아가는 분위기다. 그런 기류는 최근 하나둘 늘어나는 옛날식 통닭에서 완연히 느껴진다. 먹기 편하도록 부위별로 잘라 조리하는 요즘 치킨과 달리 닭 한 마리를 통째로 튀긴 게 특징이다. 튀긴 통닭 아래 누런 종이를 깔아 포장하는 것도 옛날 기억을 되살리게 한다.

외식업계도 '추억 마케팅'에 가세하고 있다. 미스터피자는 배달 포장재를 25년 전 창립 당시 디자인으로 바꿨다. 고(故) 신동우 화백이 그린 빨간 앞치마의 요리사 캐릭터와 토종 피자임을 강조하는 '대한의 건아' 슬로건도 그대로 가져왔다. 빕스가 창립 기념으로 한정 판매했던 '빕스 1997 스테이크'는 고객들의 요청에 따라 상시 메뉴로 등록됐다

왕년의 인기 아이스크림과 과자도 새 옷으로 갈아입고 재출시됐다. 롯데푸드는 1962년 국내 최초로 위생화 설비로 생산했던 아이스바 '삼강하드'를 최근 다시 선보였다. 옛날 것보다 우유 맛이 더 진하지만 포장재는 당시 디자인을 살려 복고풍으로 만들었다.

해태제과는 부라보콘 출시 45주년을 기념, 빨간색과 파란색 하트가 그려진 1970년식 포장으로 120만 개를 만들어 5월 초 출시했는데 한 달여 만에 모두 팔렸다. 롯데제과는 '빠다코코낫', '꼬깔콘' 등 장수제품 9종을 1990년대 식 포장에 담아 '추억의 과자 판매전'을 열기도 했다.

'복고'가 효과적 마케팅 콘셉트로 각광받는 이유는 신구 세대를 아우르며 따뜻한 정감을 불러일으키기 때문이다. LG경제연구소 김나경 책임연구원은 "힘든 상황에 놓이면 따뜻하고 즐거웠던 추억을 꺼내보며 위로받고 싶은 욕구가 강해진다"며 "실제로 과거에도 경제위기 때마다 복고 마케팅이 강세를 보였다"고 말했다.

자료: 연합뉴스 월간마이더스, 2015. 7. 18.

(1) 입지

입지는 소비자의 장소편의나 시간편의와 관련된 개념으로 소매점의 가장 중요한 전략적 의사결정 중 하나이다. 점포입지 결정은 상권결정과 구체적인 점포 위치를 결정하는 두 단계 과정을 거친다. **상권**은 소매점포가 흡수할 수 있는 소비자의 분포범위 또는 상업 활동이 성립되는 공간적 범위를 의미하는 것으로, 상위와 하위의 계층적이면서도 위계적인 구조를 가진다. 상권의 범위와 평가는 매장크기나 취급상품에 따라 달라지며 입지해야 할 상권이 결정되면, 단위지역의 인구구조 및 경제적 특성, 접근가능성, 경쟁점포의 존재 등을 고려하여 구체적인 점포 위치(retail site)를 선정해야 한다.

소매점입지는 소매점 성공에 결정적인 요인으로 작용할 뿐 아니라 한번 결정되면 쉽게 변경할 수 없기 때문에 점포입지를 결정하기 전에 이에 대한 철저한 평가와 분석이 필요하다. 소매마케팅에서 상권이 차지하는 비중이 상당히 크므로 자세한 내용은 절을 달리하여 설명한다.

(2) 머천다이징

머천다이징(merchandising)은 소비자의 상품편의 혹은 구색편의기대와 관련되어 있다. 머천다이징은 흔히 상품화계획이라고도 하며 표적고객의 욕구에 맞게 상품믹스를 개발·확보·관리하는 것을 말한다. 머천다이징과 관련하여 소매점은 최적판매에 적합하도록 자신이 취급하는 **상품믹스의 폭**(width)**과 깊이**(depth)를 결정하여야 한다. 상품믹스의 폭은 취급하는 상품계열의 다양성(variety)을 의미하며 상품종류의 수와 관련되어 있다. 상품믹스의 깊이는 구색(assortment)과 관련된 개념으로 특정 상품계열 내에서의 구체적 품목(item)이나 브랜드의 수가 얼마나 많은가를 의미한다. 표적고객의 기대나 마케팅목표에 따라 상품믹스의 폭과 깊이가 달라진다.

시장에는 상품믹스가 비슷한 소매점들이 많기 때문에 점포경쟁우위를 획득하기 위한 다양한 전략들이 필요한데, 그 중 하나가 상품차별화 전략이다. 상품차별화는 좋은 상품을 좋은 조건으로 남보다 빨리 매입하는 능력이나 매력적인 자기브랜드(PB)의 개발 혹은 유명상표를 독점적으로 취급하는 계약을 통해 달성된다. 또 염가상품전이나 국가별 상품 기획전과 같은 촉진이벤트를 통해 차별화시킬 수도 있다. 예컨대 미국의 블루밍데일 백화점은 중국이나 인도 등의 국가별 기획상품전으로 고객의 관심을 끌고 있다.

(3) 마진과 회전율

소비자의 구매의사결정은 소비자가 지불할 수 있는 가격 범위 안에서 이루어진다. 따라서 소매가격은 소매상의 원가구조는 물론 소비자의 가격기대에 맞게 설정되어야 한다. 소매상은 마진과 회전율을 조절함으로써 가격을 결정하는데, **마진**(margin)은 상품판매를 통해 얻는 이익의 크기를 말하며, **회전율**(turnover)은 일정기간 동안 평균재고가 판매되는 횟수를 의미한다.

일반적으로 고마진을 추구하는 소매점은 회전율이 낮은 대신에 고객에게 높은 품질의 서비스를 제공하고, 회전율에 중점을 두는 소매점은 고객에게 낮은 수준이 서비스와 가격을 제시하는 대신 대량판매를 추구한다. 고마진/고서비스/저회전율의 특성을 갖는 대표적인 소매점은 백화점이며, 저마진/저서비스/고회전율의 특성을 갖는 대표적인 소매점은 할인점이다. 편의점은 고가격/고마진/고

〈그림 7-7〉 마진율과 회전율에 의한 포지셔닝 맵

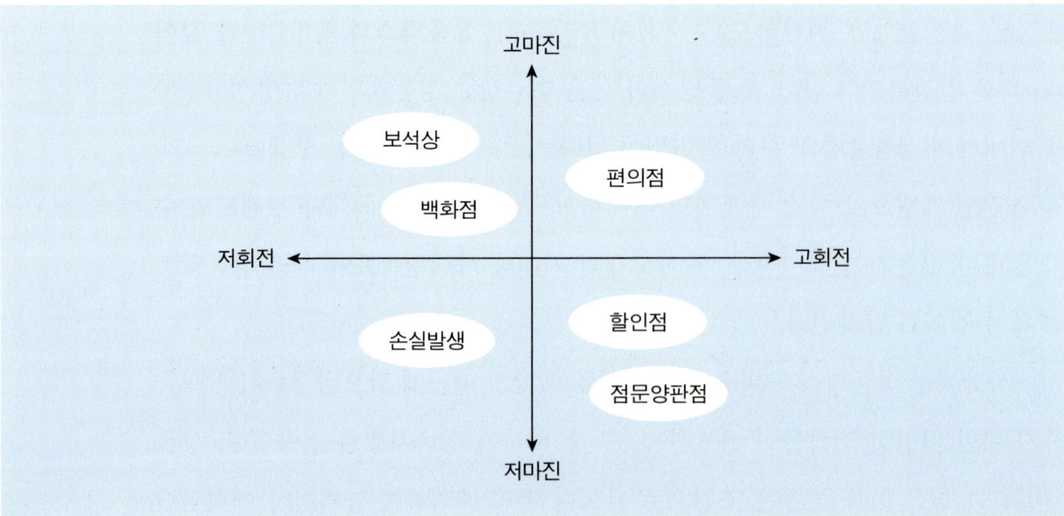

생활 속의 유통 유통업계 'PB상품 전성시대'

대형마트와 편의점 등 유통업계가 'PB상품'을 신성장동력으로 삼으며 'PB제품 전성시대'가 본격화되고 있다. 롯데마트는 '롯데마트 혁신 3.0'을 통해 PB상품 비중을 40%까지 늘리겠다는 비전을 발표했고, 이마트는 식료품 PB 브랜드 '피코크'를 지속적으로 확장시킬 계획이다. 세븐일레븐은 편의점업계 최초로 PB상품 해외수출에도 성공했다. 이처럼 대형마트와 편의점이 PB상품에 사활을 거는 이유는 NB상품에 비해 수익성이 좋고 가격경쟁력 확보가 쉽기 때문이다.

우리나라 대형마트에 PB상품이 처음 등장한 건 1996년이다. 이마트의 이플러스 우유는 우리나라 최초의 대형마트 PB상품으로 꼽힌다. 이마트는 화장지, 칫솔 등 생필품 위주의 PB상품을 잇달아 내놓았고 다른 대형마트에서도 PB상품 출시가 이어졌으나 PB상품이 매출 증대에 큰 도움을 주지는 못했다. 저가인 만큼 품질도 나나쁠 것이란 소비자인식이 팽배했기 때문이다.

2000년대 중반 이후 지속적인 홍보와 소비자들의 PB상품 사용 경험이 누적되면서 'PB상품도 쓸 만하다'는 인식이 확산됐다. 특히 2010년 롯데마트의 통큰치킨 판매는 출시와 동시에 큰 사회적 파장을 불러일으켰다. 통큰치킨 논란이 대기업의 골목상권 침해 문제로까지 비화하면서 며칠 만에 역사의 뒤안길로 사라졌지만, 롯데마트 PB상품에 대한 인지도가 크게 올라가면서 그간의 열세를 순식간에 만회했다. 롯데마트의 '통큰' '손큰' PB브랜드는 2010년 출시 이후 별다른 주목을 받지 못했으나, 통큰치킨 논란 이후부터 롯데마트 PB상품의 핵심 브랜드가 됐다.

**식료품, 화장품, 전자제품까지…
모든 분야로 PB상품 확대**

2001년 처음으로 PB상품을 선보인 홈플러스는 현재 1만 3,000여 개에 달하는 PB상품을 판매하고 있다. 상품 종류는 쌀, 계란, 후라이팬 같은 생필품부터 의류, 소형가전을 아우르며 다양한 제품군으로 확대되고 있다. 이마트는 올해 1월 화장품브랜드 상품 가격의 절반 수준에 불과한 노화방지 화장품 '솔루시안 리페어 라인업'을 출시했다. GS25는 여성 패션브랜드 트라이엄프와 손잡고 PB 스타킹 제품을 선보였으며, 롯데하이마트는 자체 전자제품 브랜드 '일렉시온'을 내놓기도 했다. 그동안 자체 유통망을 통해 롯데하이마트와 가전 소매시장 주도권 경쟁을 벌여온 삼성전자·LG전자 등의 가전업계에 대한 협상력 제고는 물론 매출 증가도 기대하고 있다.

**PB상품, 수익성 좋고 가격경쟁력 확보 쉬워…
성장가능성 큰 것도 매력**

유통업체들이 PB상품을 신성장동력으로 주목하는 가장 큰 이유는 수익성과 가격경쟁력 때문이다. PB상품은 유통과정이 NB상품에 비해 단순하며 브랜드 로열티를 지불할 필요가 없어 수익성이 좋다. PB상품을 자사 유통채널에서만 판매할 수 있기 때문에 가격경쟁력 확보도 NB상품에 비해 쉽다. 국내 PB상품 시장이 성장 가능성이 높은 것도 유통업체들의 관심을 받는 이유이다. 글로벌 시장조사 회사 칸타월드 패널에 따르면 한국 소비재 시장의 PB상품 비중은 3% 미만으로 영국(47%) 등에 비해 초기 수준이다. 업계에서는 국내 PB상품 시장이 꾸준히 상승세를 유지할 것으로 내다보고 있다.

자료: 조선비즈, 2015. 4. 19.,
서울경제, 2014. 2.24 발췌인용

서비스/고회전율의 특이한 구조를 가지는데, 현대화된 재고관리기법과 ICT(정보통신기술)를 활용하여 회전율이 높은 상품군을 선별한 다음 대량구입을 통해 구입원가를 낮추고, 높은 서비스를 제공하는 대신 비싼 가격에 판매하는 전략을 사용하기 때문이다.

(4) 서비스

소비자는 자신이 선택한 소매점으로부터 다양한 서비스를 기대한다. 여기에는 점포 외관이나 인테리어, 조명과 환기, 점포레이아웃 등의 점포환경은 물론 종업원 응대와 같은 상호작용성에 대한 기대 모두가 포함된다. 백화점을 찾는 소비자는 비싼 가격을 지불하는 대신 고품격 서비스를 추구하는 성향이 크기 때문에, 백화점은 그에 부합하는 서비스(중심가 입지, 화려한 실내장식, 고객에 대한 대면서비스)를 소비자에게 제공하여야 한다. 반면에 소비자의 저가격기대가 높은 할인점이나 회원제 도매클럽은 소비자에게 저가격혜택을 제공하는 대신, 고객응대나 주차, 포장 등의 서비스는 낮은 수준을 유지한다.

(5) 촉진과 상호작용

소비자는 구매과정에서 재무적 위험이나 기능위험, 혹은 사회심리적 위험 등 다양한 형태의 위험을 지각한다. 소비자의 위험지각은 구매행동에 부정적인 영향을 미치므로 소매상은 적절한 정보제공과 상호작용을 통해 소비자의 위험지각을 해소해주어야 한다.

소매상이 수행하는 상호작용 행동은 장기적인 성과를 얻기 위한 촉진과 성과를 단기간 안에 개선하려는 촉진활동으로 나눌 수 있다. 장기적인 성과개선을 추구하는 것으로는 점포이미지나 점포포지션 개선을 위한 포지셔닝이나 호의적인 태도 형성을 위한 PR 활동 등이 있고, 단기적인 판매성과를 촉진하기 위해서 인적판매나 할인행사, 쿠폰 등의 판매촉진기법들이 사용된다.

상권

1. 상권의 의의

상권(trading area)은 한 점포가 고객을 흡인할 수 있는 지역적 범위이다. 즉, 상권은 그 점포를 이용하거나 이용할 가능성이 있는 소비자의 주거 범위를 의미하며, 모든 점포는 고유한 상권을 가지고 있다. 상권은 점포의 규모나 취급상품의 종류, 소매마케팅전략 등에 따라 범위가 넓어지기도 하고 좁아지기도 한다.

상권분석은 주고객 예측과 분석, 매출구조분석, 경쟁점 분석 등의 전략적 결과물을 포함하기 때문에, 분석결과는 신규점포의 출점 여부나 마케팅전략을 수립할 때 중요한 자료가 된다. 상권은 환경 및 소비자선호에 따라 항상 변화되므로 출점 후에도 정기적인 감시와 분석이 필요하다.

2. 상권의 구조

(1) 상권의 계층성

한 점포의 상권은 해당 점포가 입지한 구체적 주소지를 기준점으로 하여 상호 중첩된 동심원 형태로 정의될 수 있다. 상권은 지리적 범위가 넓은 순서로 지역상권(general trading area), 지구상권(district trading area), 개별점포상권(individual trading area)의 세 단계로 구분되며, 개별점포상권은 다시 3차 상권, 2차 상권, 1차 상권으로 세별된다. 이와 같이 상권은 범위를 기준으로 상하위의 계층적 구조를 가지는데, 이를 상권의 계층성이라고 한다.

대부분의 경우에 지역 상권은 도시의 행정구역을 기준으로 한다. **지역상권**의 크기는 해당 도시 내의 위치하는 모든 점포의 개별상권을 합한 것이며, 규모는 그 도시 전체의 인구수와 같다. **지구상권**은 한 도시 안에 분포하고 있는 몇 개의 하위 중심 상권을 의미하는 것으로, 부도심 상권이라고도 한다. 지구상권의 규모는 상권에 속한 대형 집적시설이나 소비지구 전체가 유인하는 고객의 범위와 같다. 개별점포상권은 지역상권 또는 지구 상권에 속해 있는 단위 점포가 고객을 흡인할 수 있는 지리적 범위이다.

(2) 개별점포의 상권

개별점포의 상권은 1차 상권, 2차 상권, 3차 상권으로 구분된다. **1차 상권**은 점포 구매고객의 75~80%가 거주하고 있는 지역이다. 특정 점포와 지리적으로 인접한 지역에 거주하고 있는 소비자로 구성되며, 해당 점포의 이용 빈도와 매출 공헌도가 가장 높다. 따라서 1차 상권의 소비자는 소매마케팅전략 수립에 가장 중요한 표적집단이 된다.

2차 상권은 한 점포의 구매고객의 15% 내외가 거주하고 있는 지역이다. 2차 상권의 고객은 1차 상권 고객의 외곽에 위치하며, 1차 상권 고객에 비해 지리적으로 넓게 분산되어 있다. **3차 상권**은 1차 상권과 2차 상권을 제외한 나머지 고객이 거주하고 있는 지역이며 한계상권이라고도 한다. 3차 상권은 2차 상권의 외곽에 위치하며 지리적으로 상당히 넓은 범위에 고객이 분산되어 있으며, 점포 재방문 빈도가 낮아서 매출 공헌도가 높지 않다.

〈그림 7-8〉 개별점포의 상권

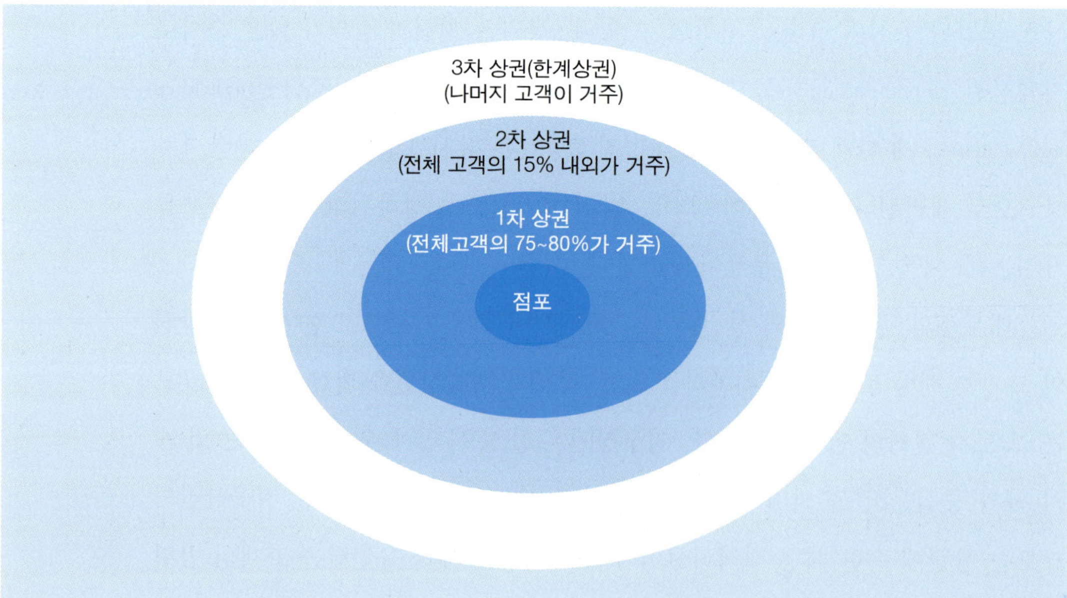

생활 속의 유통 상권 활성화의 역설, 젠트리피케이션

젠트리피케이션(gentrification)은 상권이 개발되지 않았던 지역에 입점한 소규모 가게들에 의해 상권이 활성화되는 과정에서 상가 임대료가 높아지고, 그 결과 처음부터 상권을 개발해 온 임차 상인들이 밖으로 내몰리고 그 지역은 상업지역으로 바뀌는 현상을 일컫는다. 젠트리피케이션은 '젠트리파이(gentrify)에서 파생된 말로, 본래는 낙후 지역에 외부인이 들어와 지역이 다시 활성화되는 현상을 뜻했지만, 최근에는 외부인이 유입되면서 본래 거주하던 원주민이 밀려나는 부정적인 의미로 많이 쓰이고 있다.

뜨거운 상권 중 하나인 '홍대'가 젠트리피케이션의 전형적인 예가 될 수 있다. 상권이 형성되지 않았던 초기 홍대는 상가임대료가 상당히 저렴했다. 이때 독특하고도 창의적인 예술가들이 하나 둘씩 매장을 열었고, 그 때문에 홍대 특유의 독특한 문화와 분위기가 형성되면서 상권이 활성화되기 시작했다. 상권이 커지자 대형자본가와 대규모 프랜차이즈점들이 입점하면서 임대료가 치솟게 된다. 그 결과 소규모 가게와 주민들이 치솟는 집값이나 임대료를 감당하지 못해 홍대를 떠나게 되었고, 이후 홍대는 대규모 상업지구로 변화되었다.

이러한 문제를 해결하기 위해 마포구는 2015년 9월부터 지역예술인, 민간단체, 사회적 기업들과 함께 홍대 앞 인적자본을 기반으로 하는 '문화예술관광 체험 비즈니스모델 구축사업'을 추진하고 있다. 특이한 점은 기업체가 아닌 홍대 앞 지역문화예술인들이 주체가 된다는 점이며, '장소'나 '쇼핑'에 초점이 맞춰진 관광에서 문화예술 인적자원과 관계성에 기반을 둔 대안관광으로의 변화를 꾀한다는 것이다.

조직위는 마을기업 '홍대 앞 문화관광여행사'(가칭)를 설립하고, 홍대의 문화와 가치를 공유·확산할 수 있는 차별화된 관광콘텐츠를 개발하고 있다. 또 문화예술 주체들이 참여하는 '문화예술 오픈스쿨'을 설립하여 청소년을 대상으로 하는 예술활동 체험 교육프로그램, 창작자 양성교육 프로그램 등을 실행하기로 하였다. 사업진행 과정에서 얻어지는 이익은 문화예술의 지역자산화에 기여하고 있다.

참여조직중 하나인 '홍대 앞 우주조합' 측은 "홍대 앞의 젠트리피케이션 현상은 개발사업으로 인한 것이 아니라 홍대 앞의 장소성과 특유의 문화, 예술성에 기반한다"며 "홍대 앞 문화예술계의 쇠퇴가 지역상권의 몰락으로 이어질 수 있는 만큼, 홍대 앞 문화예술계와 지역상권이 상생할 수 있는 전략적 접근이 필요하다"고 말했다.

마포구는 준비사업 기간에 문화예술주체, 주민, 지역상인, 소비자 등을 대상으로 홍대 앞 젠트리피케이션에 대한 문제의식, 현황, 대안모색을 위한 조사도 시행하였다. 더불어 홍대 앞 문화행사가 문화예술에 미치는 영향력을 지표화하는 작업도 진행된다.

마포구청장은 "지역의 발전과 개발로 인한 이익이 건물주뿐만 아니라 지역의 문화예술계와 주민 일자리 등으로 이어질 때 젠트리피케이션 현상도 극복될 수 있을 것"이라고 말했다

자료: 경향신문, 2015. 8. 25.

상권의 물리적 크기는 업종과 업태에 따라 다르다. 일반소매점의 경우 반경 500m 이내를 1차 상권으로 간주하는 것이 대부분이지만 음식점은 반경 1km 정도를 1차 상권으로 본다. 같은 음식점이라 하더라도 소형 동네 식당의 지리적 상권은 넓지 않지만, 배달전문집이나 유명 맛집, 대형식당의 상권은 훨씬 넓다.

3. 상권의 영향요소

상권의 형성에는 다음의 요소들이 영향을 미친다.

(1) 자연조건

산이나 하천 등의 자연조건은 사람의 이동을 제한하기 때문에 상권형성에 미치는 영향이 크다. 통상적으로 산이나 하천을 끼고 있는 지역은 사람들이 모이는 입구 쪽에 상권이 형성된다. 또 평지에 비해 구릉지역은 상권이 좋지 않은데 사람들이 머물지 않고 흘러가기 때문이며, 같은 구릉지역이라 하더라도 사람들이 올라가기 힘든 오르막 상권보다 내리막 상권이 더 좋다. 내리막 상권은 사람들의 이동이 쉽고, 내리막이 끝나는 지역에 도로가 지나는 경우가 많기 때문이다.

(2) 교통체계와 유동인구

도로나 교통수단도 상권형성에 영향을 미친다. 도로체계와 교통수단이 발달된 지역은 그렇지 않은 지역보다 더 멀리 떨어진 고객을 더 많이 흡인할 수 있다. 유동인구의 크기도 중요한데 유동인구가 많으면 점포와 접촉하는 고객의 수가 많아지기 때문에 매출이 증가하는 경우가 많다. 그래서 도로변이나 역세권 상가의 시세는 일반상가보다 상대적으로 더 비싸다.

교통편리성과 유동인구가 비슷하더라도 도로 폭이나 형태에 따라 상권이 달라지기도 한다. 도로 폭이 너무 넓은 도로가에 위치한 점포의 상권은 좋지 않은 경우가 많은데, 도로 맞은편의 고객을 유인하기 힘들고 도로변 주차가 어려워서 상권이 이면도로 쪽으로 분산되기 때문이다. 유동인구가 많더라도 사람들이 멈

생활 속의 유통 버딘의 지역밀착형 백화점전략

소매점이 어떤 의사결정을 실행할 때는 이것이 소매상의 전략적 방향과 일치해야 하며 또 이를 강화할 수 있어야 하는데, 버딘(Burdines)의 사례는 소매전략과 소매믹스가 어떻게 상호관련성을 가지는지를 잘 보여주고 있다.

동부해안철도가 개통된 지 2년 후인 1898년 윌리엄 버딘(William M. Burdine)은 마이애미에 버딘을 처음 개점했는데, 초기에 이 백화점에서는 작업복, 잡화, 부속품 등을 판매했다. 그 후 1912년에는 최초의 지점을 개점하였으며 계속하여 플로리다 남부지역으로 지점수를 확대해 나갔다. 1973년에는 플로리다 중부와 서해안으로 영업지역을 확장하였으며, 1993년에 이르러서는 30개 점포에 연매출액 1억 달러를 기록하는 성장을 달성했다.

버딘의 장기전략은 인수 또는 새로운 점포를 개점함으로써 플로리다 외곽지역인 남동부지역의 다른 주까지 확장을 고려하는 것이었다. 한편 1988년 플로리다 남부에는 메이시(Macy)와 블루밍데일(Bloomingdale)이 각각 2개의 점포를 개점함으로써 백화점 경쟁이 치열하게 전개되었다. 이처럼 버딘이 장악하고 있던 남부 플로리다시장에 북부 지역의 백화점들이 침투함에 따라 버딘은 자사의 장기전략을 재평가하기에 이르렀다. 그 결과 버딘은 오로지 플로리다시장에만 치중하기로 하고, 자사를 플로리다의 소매점으로 포지셔닝시킴과 동시에, 플로리다 외곽의 남동부로의 확장은 포기하기로 결정했다. 이에 따라 버딘은 플로리다의 기후에 맞는 독특한 상품구색을 창출하고, 이러한 상품구색을 독특한 플로리다 스타일로 진열함으로써 플로리다시장에서의 지위(position)를 유지하였다. 이러한 전략은 메이시와 블루밍데일 같은 플로리다 외부의 소매상들이 모방하기에는 비용효율성 측면에서 상당히 어려운 것이었는데, 왜냐하면 이러한 경쟁사들은 버딘이 시행하는 것과 같은 독특한 구매계획과 상품의 시각적인 제시(visual presentation)를 정당화할 수 있을 만큼 충분한 수의 점포가 플로리다에 없었기 때문이다.

이러한 전략을 수행하기 위해 버딘의 시각적 머천다이징 부서(visual merchandise department)는 화려하고 오묘한 열대의 분위기로 점포를 재설계하였으며, 플로리다를 상징하는 것 중의 대표격인 야자나무를 점포 곳곳에 심었다. 또한 가장 최근에 지어진 점포에서는 야자나무를 울타리의 기둥으로 사용했으며, 입구와 매장의 중요한 지역을 표시하는 수단으로 활용했다. 그리고 야자나무 잎은 상품을 진열하기 위한 테이블로 활용했다.

조명은 플로리다라는 테마(Florida theme)를 강화시키는 또 다른 핵심요소로 활용되었는데, 독특한 셔터시스템에 의해 여과된 중앙홀의 채광창(atrium sky light)을 통해 들어오는 자연광(daylight)은 열대분위기를 한층 강화시키는 동시에 매장의 중심점으로서의 기능을 강화하는 역할을 하였다. 버딘은 파스텔톤의 색상을 폭넓게 사용하였는데, 화장품과 전자제품 코너에서의 흰색은 상당히 혁신적인 것이었다. 왜냐하면 전통적으로 전자제품 코너에서는 어두운 색을 사용하여 동굴 같은 분위기를 연출하는 반면, 화장품 코너에서는 제조업자가 선정해준 색상으로 상품들을 진열하기 때문이었다.

플로리다 백화점으로 포지셔닝하기 위해

생활 속의 유통 버딘(Burdines)의 지역밀착형 백화점전략 (계속)

버딘은 이처럼 단지 독특하고 시각적인 머천다이징만을 사용한 것은 아니다. 예를 들면 버딘의 구매담당자들은 플로리다의 기후에 따라 그들의 구매패턴을 수정하였다. 왜냐하면 플로리다의 소비자들은 열대기후 때문에 가을에도 여름상품을 구매하게 되는데, 따라서 버딘의 구매담당자들은 북부지역의 백화점에서 판매될 상품으로 만든 가을 신상품을 구매하지 않고 새로운 색상의 기존 여름상품을 좀더 할인된 가격으로 공급선으로부터 구매한다.

자료: Michael Levy and Barton A. Weitz, *Retailing Management*, Irwin/McGraw-Hill, 1998, pp.23-24.

추지 않고 지나쳐버리는 곳도 좋은 상권이 아니다. 예를 들면 큰 도로를 낀 지하철역 인근의 역세권상가라 하더라도 지하철역과 역 사이에 작은 도로나 환승시설, 관공서와 같이 사람을 유인하는 시설물이 없으면 상권의 가치는 떨어진다.

(3) 점포의 규모와 집적도

점포의 규모에 따라 점포의 고객 흡인력도 달라진다. 보통의 경우 매장이 크면 실제로 고객을 흡인하는 상권이 넓어야 하고, 매장이 작으면 상권범위도 좁아진다. 대부분의 동네 구멍가게는 가까운 이웃 주민을 대상으로 소매행위를 하지만 백화점이나 할인점은 상당히 먼 지역에 거주하는 소비자도 흡인한다.

그리고 동일한 업종의 점포가 한 장소에 밀집하는 정도가 강할수록 고객의 흡인력은 강해져서 상권의 지리적 범위는 확대되는 경향을 가진다.

(4) 취급하는 상품

매장의 규모가 같더라도 취급하는 상품의 성격에 따라 상권의 범위가 달라지는데, 편의품보다는 선매품이나 전문품을 판매하는 소매점의 상권이 상대적으로 넓다.

DISTRIBUTION THEORY

08 도매유통

도매업의 개념

도매업이란 무엇인가라고 물을 경우 대부분의 소비자들은 물건을 대량으로 싸게 판다거나 생산자로부터 물건을 구입하여 소매업체에 재판매하는 것으로 대답할 것이다. 그러나 이러한 생각은 틀렸다고는 할 수 없을지 몰라도 도매업을 정확하게 정의하고 있다고는 할 수 없다. 실제 도매업은 우리가 생각하는 것보다는 훨씬 더 광범위한 상행위를 내포하고 있기 때문이다. 언뜻 생각하기에 매우 단순한 것으로 생각되는 도매업은 그럼에도 불구하고 상당한 혼란을 내포하고 있으며 심한 경우 도매와 소매 간의 구분에서도 오해를 하는 소비자들이 있을 정도이다. 여기에서는 먼저 도매업에 대한 정확한 의미부터 파악하고자 한다.

1. 도매업의 정의

도매업은 "주로 소매업체와 같은 재판매업자나 조직(영리 및 비영리) 사용자들을 대상으로 물건을 판매할 목적으로 이루어지는 제품 구입 및 처리와 관련된 모든 활동"으로 정의된다. 여기에서 주로란 의미는 도매 거래의 일부는 일반 소비자들과도 이루어질 수도 있다는 점을 의미한다. 즉 도매업체의 제품 구입은 재판매업체나 조직 사용자에 대한 판매를 주된 목적으로 하지만 최종 소비자가 그 대상이 될 수도 있다. 이점을 감안하여 다시 정리해 보면, 도매업은 최종 소비자들보다는 재판매를 목적으로 하는 업체(예를 들면 다른 도매상이나 소매점)나

제품이나 서비스에 대한 생산을 목적으로 하는 조직(예를 들면 일반 기업, 관공서, 학교, 병원 등)을 대상으로 제품을 판매하는 것뿐 아니라 그 제품을 구입하고 처리하는 데 따른 각종 활동을 포함한 모든 행위를 의미한다.

2. 도매업의 특성

도매업의 특성은 소매업과 비교하여 살펴보는 것이 이해하는 데 도움을 준다. 다음은 가격, 제품 수량, 판매 영역 측면에서 소매업과 비교하여 살펴본 도매업의 특성들이다.

(1) 가격

일반적으로 도매업체에서 자신의 고객을 대상으로 파는 제품의 판매 가격은 소매업체가 일반 소비자들을 대상으로 판매하는 가격보다 저렴하다. 그러나 예외는 있다. 예를 들면 소매업체가 특정 제품을 판매 촉진 목적으로 미끼가격(loss leader)정책을 사용하거나 재고 정리 목적으로 할인 판매를 실시할 경우 그 제품의 판매 가격은 도매업체보다 더 낮아질 수도 있다.

(2) 제품 수량

일반적으로 도매업체에서 1회에 거래되는 제품의 양은 소매업의 경우보다 훨씬 많다. 그러나 이에도 예외는 있다. 필요에 따라 도매업자도 극히 소량의 제품을 재판매업자나 조직 구매자에게 판매한다. 도매업체의 고객이 항상 많은 물건을 원하는 것은 사실이 아니다.

(3) 판매 영역

일반적으로 도매업체의 판매 영역은 소매업체의 판매 영역보다 넓다. 한 개의 도매업체 밑에 다수의 소매점과 조직 사용자가 위치하는 것이 보편적이므로 도매업체의 판매 영역은 소매업체보다 당연히 더 넓을 수밖에 없다. 그러나 최근의 TV 홈쇼핑, 인터넷 쇼핑, 모바일 쇼핑 등의 발달은 이러한 전통적인 지리적 판매 영역에 대한 차이를 무의미하게 만들기도 한다.

도매상의 유형

도매상은 여러 가지 방식으로 분류될 수 있으나 기능이나 형태상의 중복으로 인하여 전체 도매상을 유형별로 완벽하게 구분하여 나누는 것은 불가능하다. 이 책에서는 먼저 전체 도매상을 상인 도매상, 제조업체/소매업체 도매상, 농수산물 수집상, 에이전트/브로커의 네 가지로 크게 분류하고 세부 유형들은 해당 종류별로 다시 설명하기로 한다.

1. 상인 도매상

상인 도매상(merchant wholesaler)이란 일반적으로 재판매할 제품의 소유권을 가지고 활동하는 독립 중개상을 뜻한다.

(1) 일반(완전 서비스) 도매상

모든 도매 기능을 수행하는 도매상을 일반 도매상 혹은 **완전 서비스 도매상**(full service wholesaler)이라고 한다. 이들은 스스로 물건을 구입하고 통상 창고를 본부로 사용하며 제품의 재고관리에 신경을 쓰고 자체 영업 사원들도 두어 고객 기업들을 수시로 방문하며 고객 기업들에게 신용 융자나 그들이 감수해야 할 각종 유통상의 위험을 대신 떠맡는다. 일반 도매상은 가장 대표적인 도매상으로 국내 전체 도매업 매출 비중의 대부분을 차지한다. 일반 도매상은 취급 제품의 종류에 따라 소비재 도매상과 산업재(혹은 생산재) 도매상의 두 가지로 나누어진다.

1) 소비재 도매상

소비재 도매상은 소비재를 취급하며 하위 도매상이나 소매업체를 대상으로 영업 활동을 하는 도매업체이다. 소비재 도매상은 소매업체와 하위 도매상에게 각종 유통상의 서비스(구매, 보관, 구색 갖춤, 수송, 위험 부담 등)를 제공한다. 조직 구매자를 상대할 경우에도 (조직 구매자도 일반 소비재를 구입하는 경우가 있음. 예를 들면 펜, 종이, 전구 등과 같은 소모품들) 소비재 도매상은 판매, 수송, 보관 등의 서비스를 대행해 준다.

2) 산업재 도매상

산업재 도매상은 기업을 대상으로 생산 활동에 소요되는 제품을 판매하는 도매업체를 의미한다. 제조업체나 고객 기업에 제공하는 서비스의 종류는 소비재 도매상과 큰 차이가 없지만 상대적으로 산업재 도매상의 영업 사원은 고객 기업에 기술 서비스를 제품과 함께 제공해야 하는 경우가 많다. 산업제 도매상 중에는 특정 회사의 제품만을 전문으로 파는 도매상도 있고 여러 제조업체의 제품을 모두 취급하는 도매상도 있다.

(2) 전문(한정 서비스) 도매상

도매 유통과 관련된 기능의 일부 혹은 특수 단계만 떠맡는 도매상을 전문 도매상 혹은 **한정 서비스 도매상**(limited service wholesaler)이라 한다. 이들은 일반 도매상들이 통상적으로 맡는 기능 중의 일부를 축소, 제거 혹은 변형하여 그 역할을 맡는다. 비록 시장에서 차지하는 비중은 크지 않지만 이들은 특정 제품의 거래에 전문성을 띈 집단이므로 경쟁력이 매우 크다.

1) 현금무배달 도매상

현금무배달 도매상(cash-and-carry wholesaler)이란 슈퍼마켓과 비슷한 시설을 갖춘 셀프 서비스형 도매상으로서 고객(예를 들면 소매상)들이 점포를 방문하여 스스로 구입할 물건을 선택하고 스스로 필요한 물건을 모두 모으고 계산을 한 뒤(즉 현금을 낸 뒤) 직접 자신의 수송 차량에 실어가도록 하는 도매상이다. 국내에서는 회원제 창고형 도매상으로 알려진 코스트코 홀세일을 예로 들 수 있는데 일반 개인 회원이 아닌 소매상 회원들의 입장에서는 코스트코 홀세일이 현금 무배달 도매상 역할을 한다.

2) 트럭 도매상

과거에는 소형 짐수레를 이용하기도 하였지만 오늘날에는 트럭을 일반적으로 사용한다. **트럭 도매상**(truck wholesaler)들은 먼저 주문을 받기도 하지만 통상적으로는 도매상이 고객 기업(주로 소매점)들을 순회 방문할 때 필요한 제품을 즉석에서 주문받아 전달해 주는 형태를 취한다. 동네 문구점과 같은 소형 소매점이나 치킨집, 호프집 등과 같은 점포를 대상으로 물건을 트럭에 싣고 돌아 다니면서 필요한 물건을 채워 주는 도매상들이 대표적이다.

3) 직송 도매상

직송 도매상(drop shipper)은 제품이 생산 공장에서 고객 기업으로 바로 전달되도록 해 주는 도매상으로서 사무실은 있어도 제품 창고는 없이 운영된다. 이들은 제품을 직접 보유하지는 않지만 제품에 대한 소유권을 가지고 제품 전달상의 모든 문제에 대하여 책임을 지는 도매상이다. 주문과 관련하여 소매업체들에게 신용(예를 들면 외상 판매)을 제공할 뿐 아니라 대금 수납도 자신들이 직접 나서서 한다.

4) 매대 담당 도매상

트럭 도매상의 변형으로서 한정된 서비스라기보다는 완전한 서비스를 제공하는 도매상에 더 가깝다. **매대 담당 도매상**(rack jobber)들은 소매점 내에 자신이 담당하는 정해진 매대가 있으며 이 매대에 필요한 모든 제품을 판매와 관련하여 스스로 책임지는 도매상이다. 이들은 고객 소매점으로부터 전화를 받으면 직접 점포를 방문하여 매대에 전시된 제품의 재고를 조사하고 대체 필요성이 있는 제품이 무엇인지도 결정한 뒤 트럭에서 필요한 제품을 가져와 가격표를 붙이고 매대에 진열하며 해당 제품들에 대한 회계 처리도 도와 주기도 한다.

2. 제조업체/소매업체 도매상

도매 유통 기능 자체는 유통채널 상에서 나름대로 필수적인 것으로 이해될 수 있지만 그렇다고 모든 산업의 유통채널에서 독립적인 도매상들의 활동이 반드시 요구되는 것은 아니다. 소비재의 경우에도 전체 거래액의 대략 절반 정도만이 독립 도매상을 거치고 생산재의 경우에는 그 보다 더 작은 대략 1/3 정도의 거래에서만 독립 도매상이 이용되는 것으로 알려지고 있다. 나머지 제조업체와 소매업체 간의 거래는 제조업체나 소매업체가 자체적으로 운영하거나 이들과 연계되어 운영하는 도매상에 의해 수행되며 또한 일부 거래는 도매상을 거치지 않고 양자 간의 직거래에 의해 이루어진다.

(1) 제조업체 도매상

제조업체에 의해 직접적으로 관리 통제되는 도매상으로서 수직적으로 통합이 되어 독립성은 제한적인 도매상을 의미한다.

1) 대리점

대리점(manufacturer's wholesaler)은 제조업체에서 직접 투자하는 방식 등으로 운영되는 직할 도매상을 의미한다. 넓은 지역을 관할하며 지역 내의 소매점을 관리하기 위한 거점 역할을 한다. 독자적인 물류 창고, 영업 사원 및 제품 배송 수단을 갖추고 운영하는 경우가 대부분이며 소비재의 경우 소매 활동도 함께 하는 경우도 있다. 해당 회사와 직접 거래를 하며 제품에 대한 소유권은 대리점이 가진다. 통상적으로 해당 제조업체의 제품만을 취급한다.

2) 지점

지점(branch office)은 제품에 대한 소유권이전이나 제품에 대한 물류 관리 등과 같은 직접적인 제품 관리 없이 판매와 서비스 제공 등의 영업 활동 측면에서의 도매 기능만을 수행하는 본사의 지방 영업 부서를 의미한다.

3) 제조업체 프랜차이즈

제조업체 프랜차이즈(manufacturer's franchise)는 제조업체와 계약을 맺고 제조업체의 이름으로 제품 판매, 신용 제공, 기술적 서비스 제공 등 도매업을 수행하는 업체이다. 국내의 코카콜라 보틀러(한국 코카콜라 보틀링)나 한성 자동차(메르세데즈 벤츠 수입회사: 벤츠 코리아) 등이 대표적인 예이다.

(2) 소매업체 도매상

소매업체나 소매업체 연합에 의해 관리되는 도매상을 뜻한다. 제조업체 도매상과 마찬가지로 수직적으로 통합되어 있으며 독립성은 제한되어 있다.

1) 연쇄점 본사

연쇄점 본사란 프랜차이즈 소매점의 운영 주체인 본사를 의미하는 것으로 소속 가맹점을 위하여 도매 기능을 수행한다. 예를 들면 (주)서원유통 본사에서는 서원유통의 가맹점인 탑스토어에게 점포 운영에 필요한 모든 제품을 도매가격으로 제공해 준다.

2) 도매 조합

소매상들이 조합을 결성하여 만든 도매상을 도매 조합(wholesale cooperatives)이라 한다. 과거 중소 소매상들이 결성한 한국 슈퍼마켓 협동조합, 한국 연쇄화사업 협동조합 등이 좋은 예이다. 현재도 정부에서는 이러한 중소 소매상들을 지원하기 위하여 조합원들이 공동 출자할 경우 공동 집배송 센터 등의 건립을 지원해 주고 있다.

3. 에이전트/브로커

제품에 대한 소유권을 보유하지 않고 생산자와 구매자의 중간에서 거래가 성사되도록 활동하는 도매상을 의미한다.

(1) 에이전트

에이전트(agent)는 구매자나 판매자를 대표하지만 제품을 자신이 직접 구입하는 경우는 없으며 커미션(commission)이나 일정 금액을 받기로 하고 일을 하는 도매업자를 일컫는다.

1) 제조업체 에이전트(판매 대행사)

제조업체 에이전트란 회사의 영업사원처럼 일해 주는 사람이나 기업을 뜻하며 이들은 명함이나 복장 등을 본사의 직원과 동일하게 준비하여 시장에서 활동한다. 판매 영역은 제한되어 있으며 취급 제품도 한정되어 있다. 또한 가격, 할인폭, 신용 제공 등의 재량권은 거의 없는 것이 일반적이다. 한 회사를 대표하는 것이 일반적이지만 상호 경쟁적인 기업이 아닌 경우에는 여러 회사를 동시에 대표하기도 한다. 주로 자체 영업망이 부족한 중소기업들을 위해 커미션 베이스로 일하는데 국내에서는 아파트, 의류, 가구 등의 분야에서 흔히 발견되며 특판 사업부란 이름으로 활동하기도 한다.

2) 판매 에이전트

특정 시장에서 특정 기업과 독점적인 계약을 체결하여 해당 기업의 모든 업무를 대신하는 에이전트로서 기업의 입장에서는 해당 시장에서 영업 혹은 마케팅 활동을 수행하는 부서와 동일하게 취급할 수 있게 된다. 판매 영역에는 제한이 없으며 제조업체의 모든 제품을 취급한다. 여러 가지 관련 업무를 수행하므로 제조업체 에이전트보다는 커미션율이 더 높은 것이 일반적이다. 해외 지사 설립이 어려운 기업들이 특정 외국 시장의 마케팅 활동을 책임지는 판매 에이전트를 고용하는 것은 국제 마케팅에서 흔히 볼 수 있는 현상이다.

3) 구매 에이전트

구매 에이전트는 특정 기업을 위하여 필요한 제품을 찾아내고 생산자로부터 그 제품을 받아 대표하는 기업에게 배송까지 담당하는 전문가로서 통상적으로 해당 기업과 오랜 관계를 맺고 있으며 관련 제품과 시장에 대한 풍부한 지식을 보유하고 있다. 예를 들면 국내 의류 시장에서 제품을 구입하고자 하는 미국 기업이 있다면 국내 의류 시장 상황에 정통한 사람을 구매 에이전트로 삼고 싶을 것이다. 특정 할인점을 위해 일하는 고랭지 배추 전문가나 목재 회사를 위해 인도네시아 정글에서 사무실을 차려 놓고 일하는 목재 구입 전문가 등도 구매 에이전트의 좋은 예가 된다.

(2) 브로커(중개인)

브로커(broker)는 에이전트와 비슷하지만 주 업무는 구매자와 판매자를 한자리에 불러 모아 거래가 성사되도록 한다. 에이전트와 마찬가지로 제품을 자신이 직접 구입하지도 않고 거래 당사자에게 신용 등을 제공하지도 않는다. 브로커는 단지 구매자나 판매자를 찾아 서로 연결시켜 주는 역할만 담당하며 에이전트와 마찬가지로 커미션이나 일정 금액을 받고 일한다. 브로커는 제품의 최종 판매에 대해서는 역할이 에이전트보다 제한적이 될 수밖에 없다. 계절적 성격이 강한 상품이나 생산자의 규모는 작고 구매자는 널리 퍼져 있는 경우에 브로커가 많이 이용된다.

4. 농수산물 도매상

농수산물은 취급 규모도 크고 제품의 특징(예를 들면 부패성, 계절성 등)도 다른 공산품과는 상이한 점이 많다. 또한 농수산물 거래에는 여러 가지 형태의 도매상이 개입하고 있다. 비록 앞서 언급한 도매상 유형 분류와 중복되는 측면이 있지만 이 책에서는 중요성과 특수성을 감안하여 별도로 취급하기로 한다.

(1) 농수산물 도매 시장

농수산물 도매 시장은 생산자가 들여 온 농수산물에 대하여 일정 수수료를 받고 생산자를 대신하여 경매인을 통해 위탁 판매가 이루어지도록 해 주는 곳이다. 농수산물 도매 시장이 존재하는 이유는 농수산물이 대량으로 생산될 뿐 아니라 제품 보존 기간(혹은 유통기한)이 매우 짧기 때문에 이를 신속하게 판매하여 제품의 가치가 소멸되는 것을 막기 위한 것이다. 전국 각 지역에 산재해 있는 농수협 공판장들과 농수산물 도매시장이 이러한 기능을 담당하고 있다.

(2) 경매인/매참

경매인이란 도매 시장에 소속되어 입하된 농수산물의 경매에 참여하는 도매 상인으로서 경매인은 구입한 제품을 다른 도매상, 소매상, 혹은 조직 구매자에게 재판매한다. 반면에 매참(경매참여인의 준말)은 주로 대형 소매점이나 대형 수요처에서 파견되어 나온 사람으로 일정 입회비를 내고 경매 참여 자격을 얻는다.

(3) 농산물 산지 수집상

소위 밭떼기 상인으로 불리는 이들의 역할은 증권/선물 시장의 선물 거래사와 매우 유사하다. 흔히 이들은 농산물 생산지를 돌아다니며 제품 출하 전에 생산자와 미리 약정한 가격에 생산 전량을 구입할 것을 계약한다. 생산자의 입장에서는 생산에 소요된 경비를 최종 출하 후 판매시까지 농사 결과를 걱정하며 기다릴 필요 없이 미리 처리할 수 있기 때문에 선호되는 측면이 있으나 이들에 의해 농산물 유통 가격이 인위적으로 조작되는 문제점도 있다.

(4) 시장 도매상

시장 도매상은 여러 가지 형태가 있을 수 있으나 대체로 생산자나 도매 시장의 경매인들로부터 물건을 구입하여 이를 다른 지역의 도매상이나 자신이 관리

〈그림 8-1〉 도매상의 유형

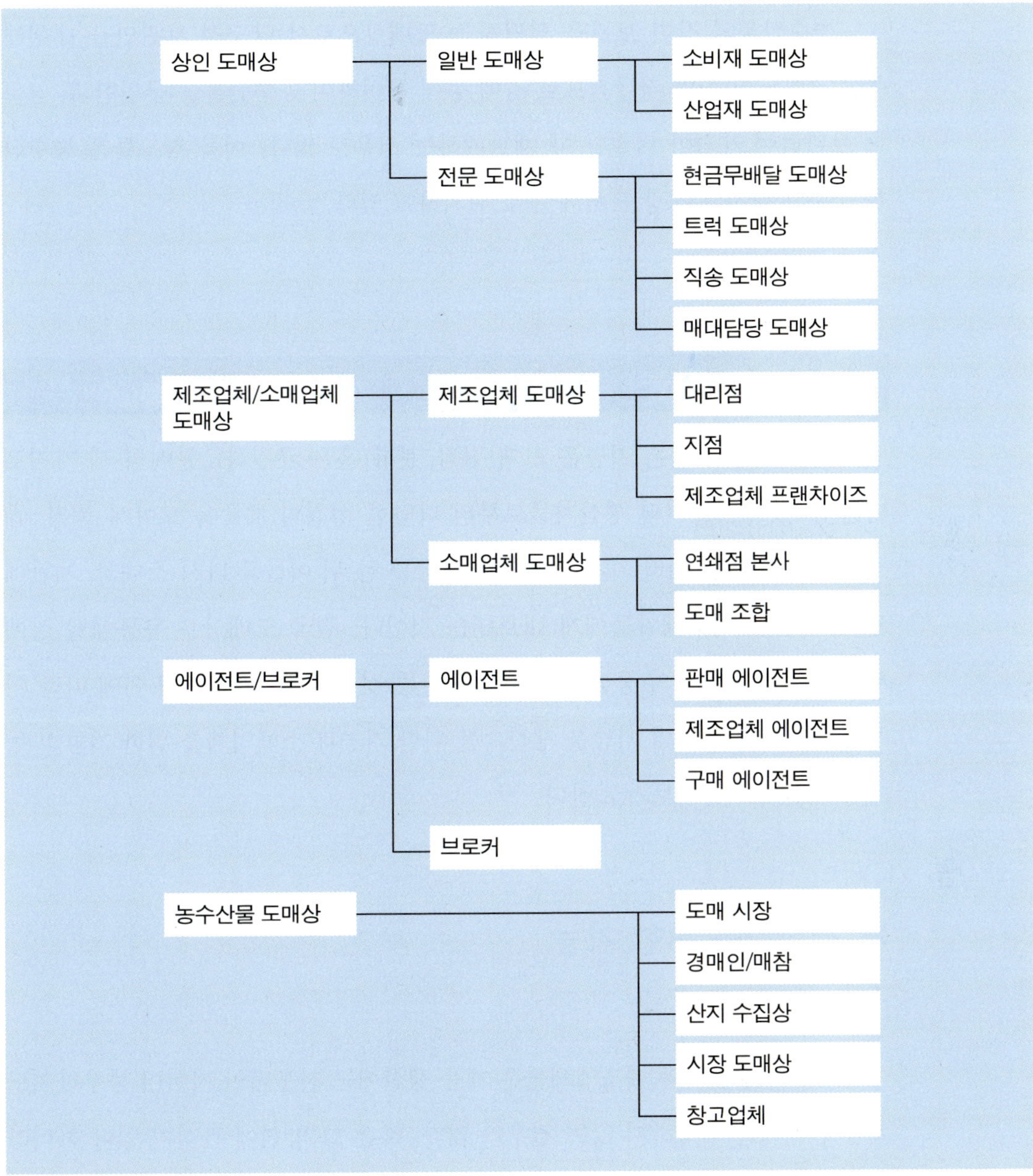

하는 지역의 소매상에게 판매하는 중간 도매상을 의미한다. 농수산물 도매 시장에서 경매인들이 이러한 시장 도매상의 역할을 겸하는 경우도 흔히 볼 수 있다.

(5) 냉동 및 저온 보관 창고업체

농수산물의 장기 보관을 담당하는 도매상으로서 단순히 보관만을 대행해 주는 경우도 있지만 적극적으로 경매 등에 참여하여 농수산물을 구입한 뒤 창고에 보관하여 가격이 적절할 때 재판매하는 경우도 많다. 이들 창고들은 농수산물의 주요 산지나 시장 근처에 주로 위치하고 있다.

도매유통의 기능

도매 유통의 기본 기능은 크게 집적, 분류(혹은 균질화), 분배의 세 가지로 나눌 수 있다. 즉 여러 생산자들로부터 다양한 성질의 제품을 모아서 품질, 규격, 종류, 혼합 등 여러 가지 기준으로 분류를 한 뒤 이들을 다시 소매상, 재판매업체, 혹은 조직구매자들에게 내보내는 것이다. 결국 도매상은 유통채널 상에서 생산자와 소매상의 중간다리 역할을 하는 것임을 알 수 있는데 이에 따라 이 책에서는 도매 유통의 기능을 생산자를 위한 기능과 소매업체를 위한 기능의 두 가지 측면에서 살펴보기로 한다.

1. 생산자를 위한 기능

(1) 판매

다수의 생산자와 제조업체들은 제품 생산에는 전문적인 지식이 풍부하여도 제품 판매에는 익숙하지 않는 경우가 많다. 혹은 그 방면에 관심이 있다 하더라도 제품 판매에 동원할 자원이나 인력이 부족한 경우가 대부분이다. 이 경우 이들은 도매상을 통하여 자신들의 상품을 신속하게 판매하고 현금화하는 것에 주력을 하고 어느 곳에 있는 어떤 종류의 소매상이나 조직 구매자들이 자기 회사 제품을 얼마만큼 요구 하는지에 대해서는 큰 관심을 기울이지 않게 된다. 이러한 생산자나 제조업체들에게 도매상은 자신들의 시장 전문 지식과 판매 노하우

등을 바탕으로 마케팅 활동을 대신해 주는 것이다. 즉, 도매상은 생산자와 제조업체들을 대신하여 시장 정보를 수집하고, 소매상에 대한 판매가 일어날 수 있도록 기업 고객들을 접촉하고, 시장에서 제품의 존재를 확인시켜 주며, 필요시 고객들이 요구하는 여러 가지 지원 사항들도 대신하여 준다. 이는 다시 말하면 도매상의 이용은 제조업체가 자신의 제품에 대한 마케팅 활동을 대신해 주는 아웃소싱 업체를 선택하는 것이라 할 수 있다. 도매상을 통하여 생산자는 보다 효율적이고 경제적으로 소매상, 재판매업자, 조직구매자 등의 기업 고객들에게 자신의 제품을 전달할 수 있게 되며 더불어 보다 나은 수익성을 기대할 수 있게 된다.

(2) 재정 보조

규모가 작은 생산자나 재정적인 어려움을 겪고 있는 제조업체에게 도매업자가 대부를 해 주거나 신용 결제를 해 주는 등의 재정 보조 행위는 흔히 볼 수 있는 현상이다. 실제로 생산이 이루어지기 전에 필요한 자금을 생산자에게 전액 미리 지급해 주는 도매상도 종종 발견된다. 물론 이와는 반대로 제조업체가 도매상에게 외상 거래를 허용하는 것도 흔히 발견할 수 있는 현상이다. 도매상의 생산자에 대한 재정 보조는 생산자들이 대부분 영세하고 유통시장이 도매상에 의해 장악되어 있는 경우에 흔히 발생한다. 농수산물 도매 시장과 신발(비유명 브랜드) 도매상에 의한 생산자와 제조업체에 대한 재정 보조가 좋은 예들이다.

(3) 수송 및 보관

개별 소매점이 필요로 하는 특정 회사의 제품은 종류별로 소량 다품종일 가능성이 매우 크다. 이러한 경우 제조업체가 이러한 사소한 금액의 물량을 일일이 소매점에 직접 전달해 주는 것은 경제적으로 매우 비효율적인 것이 될 수밖에 없다. 도매상은 여러 회사들로부터 다종다양한 제품들을 수집한 뒤 특정 소매상이 요구하는 다품종의 제품들을 개별 제품별로는 소량이라 할지라도 한꺼번에 전달하므로 수송 비용을 줄일 수 있게 된다. 이러한 도매상에 의한 거래 축소 효과는 주문 처리 비용의 감소 효과라는 경제성도 동시에 가져 온다.

또한 도매상은 비수기에 제조업체가 생산한 제품이나 성수기에 생산자가 대량으로 생산한 제품을 보관하였다가 소매업체(혹은 사용자)가 원하는 시기에 전달함으로써 생산자와 제조업체가 마음 놓고 생산에만 전념할 수 있게 해 주는 보관 기능도 함께 보유하고 있다. 이러한 도매상에 의한 보관 서비스의 제공은 생산업체로 하여금 자체적으로 재고를 유지해야 하는 비용의 부담을 줄여 주는 효과도 가져 온다.

2. 소매상을 위한 기능

(1) 구매

소매상이 원하는 제품을 구입하여 공급해 주는 것은 아마도 소매상과 관련된 도매상의 기능 중 가장 기본적인 것으로 볼 수 있다. 동일한 제품이라 할지라도 농수산물과 같이 품질 측정이 어려운 경우나 해당 제품의 생산자나 제조업체를 직접 접촉하기 어려운 경우에는 소매업체들은 도매상들의 구매 관련 전문 지식을 신뢰할 수밖에 없다. 게다가 특정 제조업체나 생산자의 제품을 소량으로 구입해야 할 경우에는 소매업체의 입장에서 그 회사나 생산자를 일일이 구매 시마다 상대하는 것은 매우 불편하기 짝이 없는 일이 된다. 이러한 구매상의 각종 문제들을 해결해 주는 것이 도매상의 소매상에 대한 역할이다.

(2) 분류 및 조합

소매상을 위한 도매상의 본질적인 기능 중에는 위에서 언급한 필요 제품 구매 이외에 집하(accumulation), 분류(sorting), 할당(allocation), 제품 구색(assortment), 소분 판매(breaking bulk) 등이 핵심 기능으로 꼽힌다. **집하**란 여러 가지 다양한 품질, 성능, 특색 등을 가진 제품들을 여러 구매처로부터 수집하는 것을 의미한다. **분류**란 품질, 성능, 특색 등을 기준으로 다양한 제품을 나누는 것을 의미한다. 예를 들면 과일의 경우 당도에 따라 여러 등급으로 나누는 것을 들 수 있다. **할당**이란 고객들이 원하는 제품 조합이 되도록 섞어 주는 것을 의미한다. 예를 들면 해물

탕 재료를 할인점에 포장 제품으로 판매하는 도매상이라면 소비자들이 해물탕을 바로 끓일 수 있도록 필요한 여러 가지 해산물을 제품 포장마다 알맞게 넣어 주는 것이다. 제품을 규격별로 따로이 포장하거나 판매하는 것도 할당이 된다. **제품 구색**이란 여러 가지 종류의 제품을 전시함으로써(예를 들면 카탈로그 등을 제작하여) 고객들이 그 중에서 선택할 수 있도록 기회의 폭을 넓혀 주는 것을 의미한다. **소분 판매**란 대량으로 입하된 제품을 소량으로 나누어 최종 사용자들이 사용하는데 적합한 양이나 규모로 판매하는 것을 의미한다.

(3) 마케팅 보조

비록 소매상들은 소비자들을 직접 대면하고 나름대로 시장 정보를 가지고 있지만 규모가 영세할 경우에는 자신들이 필요한 정보를 제대로 파악하지 못하고 있는 경우도 흔히 있다. 이럴 경우 대규모 도매상들은 자신의 자금력과 정보력을 바탕으로 소매업체에게 직접 도움이 되는 정보를 전달해 줄 수 있다. 예를 들면 소매상을 위하여 시장 조사를 의뢰할 수도 있고 자신들의 축적된 노하우를 이용할 수도 있다. 또한 판매 기술이나 운영 측면에서의 조언을 제공하기도 하며 소매상들의 영업과 판촉을 도와주기 위해서 쿠폰 발행, 격려금 지원, 세일 등의 행사시 필요 물품 및 금전적 지원 등을 해 주기도 한다. 이외에도 도매상들은 소매상들을 위하여 제품을 가공 포장하거나, 가격표 부착, 영업사원 보조, 매대 관리 등의 지원을 하기도 하며 일부 대형 도매상들은 자체적으로 개발한 시장에서 인기 있는 유통업체 상표 제품(private brand)을 소매상에 제공하기도 한다.

(4) 위험 부담

도매상의 재판매업자나 조직 구매자를 위한 위험 부담은 여러 가지 형태로 나타난다. 그 중 가장 대표적인 것으로는 제품의 수요와 공급에 대한 시간상의 불일치가 가져 오는 위험 부담을 들 수 있다. 예를 들면, 대부분의 농수산물은 특정 시즌에 대량으로 출하되는 경향이 있다. 문제는 소비자들이 이 제품을 한꺼번에 모두 소화하지 못하며 또한 상당수 소비자들은 시즌 이후에도 그 제품을 원하는 경우가 있다는 점이다. 이 경우 소매업체들은 소비자들의 수요에 맞추어 그때그때 필요량만 구입하고자 할 것이므로 도매상은 주문에 대비하여 해당 농수산물을 오랫동안 계속 유지하여야 하는 부담을 안게 된다. 에어컨과 같은 계절성 공산품의 경우도 마찬가지이다. 제조업체로서는 겨울에도 에어컨을 생산하지 않을 수 없지만 소비자들은 여름에나 에어컨을 구입한다. 도매상은 제조업체와 사용자의 중간에서 이러한 수급 불일치에 따른 위험을 상당 부분 분담하는 역할을 한다.

도매상들은 또한 제품의 장기 보관 혹은 수송에 따른 제품 가치 소멸에 대한 위험도 부담한다. 농수산물과 같은 생물의 경우 보관이 특히 어려울 뿐 아니라 쉽게 부패하여 제품 가치가 급격히 소멸하는 문제점을 항상 가지고 있다. 문제는 이러한 농수산물의 보관이 쉽지 않으며 비용도 많이 든다는 점이다. 도매업체는 항상 미래 수요의 불확실성과 제품가치 하락 가능성이라는 두 가지 위험을 떠안고 살아간다.

(5) 신용 제공

도매상은 제품 대금에 대한 분할 납부를 허용하거나, 외상으로 판매하거나, 운영 경비를 지원하는 방법 등으로 소매업체에게 신용을 제공한다. 때로는 제품이 재판매될 때까지(재판매업자의 경우) 혹은 사용 후 결과가 나올 때까지(조직 사용자의 경우) 소유권이전을 유보해 주는 경우도 있다. 이러한 소유권이전의 유보 역시 일종의 신용 판매라고 할 수 있을 것이다. 도매상의 소매상이나 조직 구매자에 대한 신용 판매나 금융 지원은 도매상이 규모가 크거나 도매상 이용 고객 기업들이 영세할 경우에 흔히 발생한다. 반대로 고객 기업들의 규모가 크고 재정적으로 탄탄한 경우에도 도매상에 의한 신용 제공이 일어나기도 하는데 이러한 것은 채널 구성원 간의 갈등 발생 원인의 한 가지가 될 것이다.

(6) 물류 기능

제품 보관 및 수송 역시 도매상의 주요 기능 중의 하나이다. 제품 보관 비용을 줄이기 위해서는 제품별로 소비자의 선호 정도를 적절히 예측하고 그에 따른

〈그림 8-2〉 도매 유통의 역할

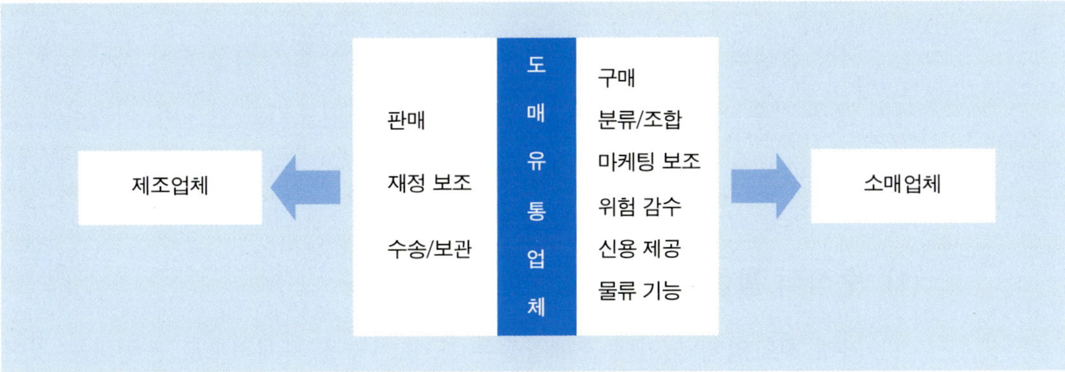

적정 재고량을 결정하여야 하는데 이에 대한 계획 수립은 여러 소매업체들로부터 나오는 통합 자료를 보유한 도매상이 소매상보다 더 정확하게 할 수 있다. 통상적으로 도매상들은 시장 전체에 필요한 수량을 미리 확보한 뒤 개별 소매상의 요구에 따라 소량씩 분배한다. 도매상을 이용하는 대부분의 소매상들이나 조직 구매자들은 자체 물류 창고를 가지고 있는 경우가 거의 없고 필요시마다 제품을 주문하므로 도매상은 소매상이나 조직 구매자들을 위한 물류 창고 역할도 하게 되며 고객들의 요구에 따라 제품을 필요한 양만큼 신속하게 배달해 주는 효율적인 배송시스템도 갖추게 된다.

도매유통의 주요 이슈

시장 상황의 변화는 도매 유통업체들에게도 새로운 변신을 요구하고 있다. 여기에서는 도매상들의 활동에 영향을 미치는 여러 가지 이슈들 중에서 유통채널 통합, 대형 소매점의 등장, 제조업체의 직판, 전자상거래 등이 미치는 영향을 논하고자 한다.

1. 유통채널의 통합

시장 경쟁의 격화는 유통채널 구성원들 간에 상호 협력을 통한 자구 노력을 하지 않을 경우 살아남지 못한다는 위기감을 불러일으키고 있으며, 이러한 시장 압력은 도매상의 시장 지위와 역할에도 큰 영향을 미치고 있다.

(1) 수직적 통합

거대 제조업체나 거대 소매상들은 도매 기능을 자체적으로 운영하는 것이 수요처(제조업체)와 공급선(소매상)을 안정적으로 확보하고 채널 운영상의 이익을 증대시키는 지름길로 흔히 파악한다. 중소형 제조업체나 중소형 소매상들 역시 이러한 흐름에 맞추어 조합 형태의 도매상을 자체적으로 설립 운영하려 한다. 유통채널 상의 상이한 레벨에 있는 구성원들(예를 들면 제조업체와 도매상, 도매상과 소매상, 소매업체와 제조업체, 소매업체와 도매상 등) 간에 서로 인수 혹은 합병을 통하여 하나의 조직으로 변신하는 것을 수직적 통합(vertical integration)이라 한다. 종류에 상관없이 수직적 통합의 증대는 독립 도매상의 입지를 약화시키고 있다. 이러한 추세에 대항하기 위해서는 도매상들도 기존의 형태에서 벗어나 한 가지 도매 기능에 특화하여 시장 경쟁력을 확보하는 노력을 기울일 필요가 있다.

(2) 수평적 통합

도매상에게 물건을 판매하는 제조업체의 입장에서나 도매상으로부터 물건을 구입하는 소매상의 입장에서나 규모가 영세하여 거래 금액도 작고 필요한 각종 부가 서비스를 제대로 수행하지 못하는 도매상은 별로 매력적이지 못하게 된다. 대형 제조업체나 생산자, 다수의 점포를 거느린 소매업체, 다종다양한 제품을 대량으로 요구하는 수요처 등은 좁은 지역만을 담당하고 소규모 한정된 물량만을 취급하는 도매상보다는 여러 지역을 담당할 수 있고 고객의 어떤 요구에도 쉽게 응할 수 있는 집단형 거대 도매상들을 더 선호한다. 이에 따라 현재 전 세계

도매업계에서는 도매상 간에 M&A(인수합병)가 활발하게 일어나고 있다. 그 이유는 인수합병을 통하여 기존의 도매상들이 초대형 도매상으로 거듭나게 되고 이러한 초대형 도매상들은 제조업체나 소매상의 어떠한 요구도 쉽게 충족시켜 줄 수 있기 때문이다.

2. 대형 소매점의 등장

월마트, 까르푸 등 세계적인 거대 소매점의 시장 지배 현상과 더불어 국내에서도 이마트, 홈플러스, 롯데마트 등의 할인점, GS 홈쇼핑, CJ 홈쇼핑, 현대 홈쇼핑과 같은 홈쇼핑업체, 하이마트, 삼성전자 대리점, 파크랜드 등과 같은 전문점 등 여러 가지 형태의 대형 소매점들이 등장하고 있으며 이러한 대형 소매점들의 시장점유율 증대는 많은 도매상들의 입지를 갈수록 좁혀가고 있다. 이들 대형 소매점들은 자신들이 보유한 막강한 정보, 자금력, 구매력 등을 바탕으로 도매상을 배제하고 생산자와 직거래를 함으로써 자신들의 유통 마진 폭을 더욱 늘릴 수 있다고 생각한다. 게다가 과거와는 달리 시장 정보의 상당 부분이 인터넷을 통하여 쉽게 공유되는 점도 대형 소매점들이 도매상들을 배제하고 생산자와 직거래를 선호하는 원인이 되고 있다.

한 가지 유의할 점은 비록 대형 소매점들이 생산자나 제조업체와의 직거래를 선호하지만 실제로 도매상을 배제하고 말고의 기준은 제품별 특징도 상당히 영향을 미칠 수 있다는 것이다. 일반적으로 이들 대형 소매상들에 의한 도매상의 배제는 제품별 취급 경험이 강조되는 경험재들보다는 일정한 스펙(specification)만 있으면 누구나 쉽게 구입할 수 있는 탐색재 분야에서 더 심하게 이루어질 것이다. 물론 경험재의 경우에도 구매 담당자의 경험이 축적되고 과학의 발전이나 관련 기술의 표준화로 경험의 상대적 중요성이 떨어지게 되면 도매상의 전문적 지식 없이도 원하는 제품을 구입할 수 있게 될 것이다. 따라서 전체적으로 보면 대형 소매점들의 시장 지배력이 늘어간다고 가정할 경우 향후 도매상의 입지는 갈수록 약해질 것으로 보인다.

3. 제조업체의 직판 시도

도매상의 유통채널 상의 기능은 사라질 수 없지만 현실적으로 많은 기업들은 기회가 되고 여건이 허락하면 도매상을 거치지 않고 소매상과 바로 거래를 하려는 경향이 있다. 흔히 직판이라고 하면 제조업체와 최종 소비자 간의 직거래를 의미하기도 하지만 여기서는 도매상을 배제하는 것으로서의 의미로 제한한다.

(1) 직판 선호 이유

제조업체가 소매업체와 직접거래를 원하는 이유는 다음의 세 가지 점에서 찾아 볼 수 있다.

1) 매출 증대에 대한 내부 압박

많은 기업들은 내부적으로 제품 판매와 관련하여 많은 압박을 받고 있다. 경쟁이 갈수록 치열해지는 상황에서 경쟁 기업들보다 조금이라도 더 팔아야 한다는 것은 마케팅 담당자들에게는 거의 강박 관념으로 작용할 정도이다. 이러한 기업일수록 자신의 제품을 한가하게 도매상에게만 맡겨 놓고 팔릴 때까지 기다린다는 것은 참기 어려운 일이 될 수밖에 없다. 결국 이렇게 내부적으로 판매와 관련된 압박이 심한 기업들일수록 판로 개척을 위하여 스스로 시장 조사에 나서고 소매상이나 조직 구매자 등 고객을 직접 찾아 나서게 되는 것이다.

2) 도매상 서비스에 대한 불만

기업 입장에서 살펴볼 때 많은 도매상들은 자신들의 이익만 추구하고 개별 제조업체나 생산자의 처지는 고려하지 않는다는 불만을 토로하는 경우가 많다. 이는 대부분의 도매상들이 한 회사나 생산자의 제품만으로는 구색이 충분치 못한 것이 일반적이므로 다수의 기업이나 생산자로부터 제품을 도입할 수밖에 없고 이에 따라 도매상의 입장에서는 개별 기업들이란 그다지 중요한 대상이 되지 못하는 경우가 대부분이기 때문이다. 결국 이러한 불만은 제조업체들로 하여금 불성실한 도매상을 이용하느니 직접 소매업체와 접촉하는 것이 낫다는 생각을 하게 된다.

3) 구매자의 직거래 선호

일부 소매업체들은 도매상을 거치지 않음으로써 자신들에게 돌아오는 마진 폭을 증대시킬 수 있다고 믿는다. 이들은 도매상이 가지고 있는 유통채널 상의 순기능(결과적으로는 채널 구성원 모두에게 도움이 되는 전문 지식이나 업무 처리 효율성 등)보다는 자신들이 가져 갈 수 있는 유통 마진의 폭을 줄인다는 부정적인 측면에만 관심을 두는 경향이 있다. 이러한 경향은 자신들이 취급하는 제품의 물량이 크거나 재판매시 인기가 높은 제품의 경우에 특히 강하게 나타난다.

(2) 직판이 활성화 되는 시장조건

제조업체는 항상 직판을 시도할 수 있지만 그렇다고 현실적으로 직판이 항상 이루어지는 것은 아니다. 직판이 현실화되기 위해서는 몇 가지 조건이 전제되어야만 한다.

1) 적합한 도매상의 부재

제조업체의 입장에서 자신들의 제품을 자신들만큼 열성적으로 팔아 주고, 필요한 시장 정보를 제공해 주며, 소매업체와 조직구매자들과 같은 고객들에게 자신들이 원하는 만큼의 서비스를 제공해 줄 도매상의 존재 여부는 도매상의 이용 결정에서 매우 중요한 요인이 된다. 앞서도 언급하였지만 많은 도매상들은 다수의 제조업체를 상대하기 때문에 특정 기업이 원하는 만큼의 판매 노력이나 서비스 제공을 기피하게 마련이다. 결국 제조업체가 원하는 수준의 만족을 제공할 수 있는 도매상이 없다면 제조업체는 스스로 도매망을 구축하거나 소매업체나 조직 구매자를 직접 찾아 나서게 될 것이다.

2) 경쟁 상황

만약 경쟁 기업이 시장에서 직판 체제로 성공을 거두고 있고 또한 구매 기업들도 제조업체와의 직판을 요구하는 경우가 많다면 이들의 요구가 시장에서 차지하는 비중이 얼마 되지 않는 경우를 제외하고는 직판을 수용해야만 할 것이다. 물론 이 경우에도 비용 측면에서 직판이 더 유리하다는 혹은 최소한 불리한 점은 없다는 것이 전제되어야만 한다. 예를 들어 해외 시장의 경우, 현지 시장 상황을 잘 모른다면 비록 경쟁업체들이 직판을 한다고 하더라도 경제적인 측면을 포함한 여타 상황을 고려한다면 현지의 도매상을 이용하는 것이 현실적인 대안이 될 것이다.

3) 제조업체의 능력

직판이란 결국 시장에 대한 접근을 제3자에 맡기지 않고 직접 수행하는 것인데 이는 결국 제조업체가 재무 및 경영관리 측면에서 모두 능력을 갖추고 있어야 함을 의미한다. 기본적으로 이러한 능력이 뒷받침되지 않는다면 설사 직판이 대세라 할지라도 어쩔 수 없는 것이다. 또한 제조업체의 직판 선택에서 한 가지 간과할 수 없는 점은 제조업체가 비록 이러한 재무 및 관리 능력을 구비하고 있더라도 도매상이 가진 전문적인 능력을 대체할 수 없다면 실제 채널 경영 측면에서 동등한 효율성을 발휘하는 것은 지난한 일이 된다는 점이다.

4) 비용

만약 제조업체가 직판을 통하여 상당한 비용 절약을 달성할 수 있거나 경쟁 기업들이 그러한 비용 절약을 달성하여 경쟁 우위점으로 활용하고 있다면 제조업체 입장에서 직판을 거부할 이유는 없을 것이다. 결국 도매상이 유통채널상에서 수행하는 기능에 비해 지나치게 높은 마진이나 이익을 획득한다고 믿게 되면 제조업체나 생산자는 직판을 시도하게 되는 것이다.

생활 속의 유통 벨기에 농산물 도매시장의 변신

유통경로의 다변화와 대형 유통업체의 발달로 야기된 완전경쟁의 농산물 도매시장에 수요자 독과점으로 인한 구매력(buying power) 상승이 더해져 경매 도매시장이 퇴조하고 있다. 이런 시점에서 가격형성, 대규모 물량 유통, 정보 분산 등 경매시장의 장점을 살린 새로운 형태의 경매시장을 운영하는 벨기에 벨로타(BelOrta) 도매시장은 우리나라 공영 도매시장에 시사하는 바가 크다.

벨로타 경매시장은 현재 벨기에 전체에서 유통되고 있는 채소·과일 물량의 약 40%를 점유하고 있는 곳이다. 벨로타 경매시장에서는 경매대상 물품이 보이지 않았는데, 그 이유는 품질관리사들이 사전에 물품을 일일이 점검하고 세부내역을 입력해 두었다가, 경매 시 그 내역을 스크린으로 표기하기 때문이다. 물품 운반과 관리에 드는 시간과 비용을 많은 부분 절약할 수 있게 되는 것이다. 이러한 전자경매의 활성화를 통해 경매장에서 직접 경매에 참가하고 있는 3분의 1 가량의 참가인 외에 나머지 3분의 2 참가인은 유럽지역의 사무실과 자택 등에서 인터넷을 통해 경매에 참가한다고 한다.

또 벨로타 경매장에서는 '검사-패킹-보관-하역-상차-이동' 등 물품의 흐름에 따라 최적화된 시스템을 구축했고, 지게차에 바코드 스캐너를 장착해 모든 데이터를 정보통신기술(ICT)로 관리하고, 대량 물량과 소량 물량 취급업체를 분리 취급해 효율성과 신속성을 극대화하는 모습을 볼 수 있다. 폴리염화비닐(PVC) 상자, 팔레트 회수 및 공급센터를 운영해 포장 상자의 80% 이상을 플라스틱 상자로 사용하며, 세척·공급 등 회수 물류시스템을 완비하고 있다.

벨로타 경매시장은 인터넷 경매를 통해 경매 관련 시설을 대폭 축소하고, 출하에서 배송으로 이어지는 물류라인을 확대해 물류센터로서의 기능을 확충한 점도 눈여겨볼 필요가 있다. 이처럼 우리나라의 농산물 도매시장도 시장도매인이냐 경매시장이냐 하는 오랜 논쟁을 종식시키고, 경매시장의 장점에 물류 기능을 탑재해 신 유통체계를 확립한다면 새로운 도매시장의 모델로 성장 발전할 수 있을 것으로 확신한다.

자료: 농민신문, 2015. 10. 30.

4. 전자상거래의 일상화

인터넷이나 모바일의 등장과 더불어 초미의 관심사로 떠올랐던 이슈 중의 하나가 중간상 (혹은 도매상)의 배제였다. 제조업체와 최종 소비자 간의 상호 접촉을 통한 직거래의 현실화 가능성은 도매상을 포함한 전체 유통업체(즉, 도소매업체)가 불필요하게 될 수도 있다는 가설로 제시되었고 실제로 그러리라고 예상한 일부 연구 논문도 발표되었다. 그러나 이러한 가설은 현실화되어 성공한 경우가 거의 없으며, 실제로는 비록 도매상(혹은 중간상)이 배제되는 경우에도 도매(혹은 유통) 기능 자체는 없어지지 않는다는 고전적인 유통 이론을 다시 한 번 뒷받침해주는 결과로 결말지어지고 있다. 예를 들면 대규모 제조업체나 대형 소매업체들이 자체적으로 가상시장(e-marketplace)을 인터넷 상에 구축하여 모든 거래에서 중간상을 배제하고자 하는 경우가 있는데(예를 들면, GE사의 Trading Process Network의 구축), 이러한 경우에도 배송이나 보관 등의 도매 관련 기능은 여전히 전문 오프라인 업체의 도움을 받아야 하는 실정이고 또한 외부 도소매업체들의 가상시장 참여를 막지는 못하고 있다(즉, 형식적으로는 생산자와 소비자 간의 직거래지만 도소매업자의 참여 자체가 원천적으로 봉쇄되지는 못한다). 또한 도매업체들이 자체적으로 가상시장을 구축하여 활동하는 경우(예를 들면 www.procure.net이나 www.wholesalegopher.com)에도 이들 도매업체들이 오프라인 사업을 접어버리는 경우보다는 자체적으로 온라인과 오프라인 영업을 병행하는 것이 일반적인 현상이다.

문제는 일부에 한정되기는 하였지만 인터넷의 등장으로 오프라인 도매상이 타격을 입은 경우가 있으며 인터넷을 활용하는 새로운 형태의 도매상이 등장하였다는 사실이다. 대표적인 예를 들면 이전에는 존재하지 않던 사이버 중개업자(e-broker 혹은 cybermediary)와 인터넷 경매업체(예를 들면 www.ebay.com) 등의 등장을 들 수 있다. 이러한 전혀 새로운 형태의 도매 유통업체들은 전자 카탈로그를 완벽하게 활용하는 인터넷 도매상들과 더불어 새로운 시장 질서를 구축해 나가고 있다.

09 제조업자의 유통경로관리

유통경로관리는 소비자에게 최상의 가치(value)를 제공하는 과정이다. 생산업체는 생산된 제품을 온라인, 오프라인의 다양한 경로를 통해 유통시킴으로써 소비자에게 구매에 따른 시간적, 장소적 편의성을 제공하고, 결과적으로 소비자 가치를 증대시켜 판매자와 구매자 간의 교환을 촉진시킨다. 교환의 촉진이란 기업이 제공하는 제품과 서비스의 판매와 구매가 활성화되는 것이다. 따라서 유통경로관리는 경영자들이 직면하는 여러 가지 의사결정 가운데 가장 중요한 부분의 하나이며, 기업의 장기적인 목표와 전략의 관점에서 이루어진다. 유통경로관리에 관한 의사결정은 다른 마케팅의사결정과도 직접적으로 관련을 맺게 된다.

또한 유통경로에 대한 의사결정은 장기적으로 기업의 경영활동에 영향을 주게 되고 관련 유통업체와 장기적인 거래관계를 설정하는 것이다. 따라서 유통경로의 설계는 현재의 여건뿐만 아니라 미래의 환경변화까지도 고려하여 신중하게 이루어져야 한다.

생활 속의 유통 유통 빅뱅, 소비가 달라진다

'물건'이 아닌 '체험'을 사는 시대, 고객이 원하는 것 그 이상을 찾아라.

똑똑해진 소비자 행태가 갈수록 다양화 · 고도화하면서 이제 단순히 필요에 부합하는 상품만으로는 소비자 마음을 잡을 수 없는 세상이 됐다. 소비자 니즈를 넘어 경험을 공유하는 감성쇼핑 시대가 본격화하고 있다.

대표적인 사례가 바로 '영감(Inspiration)' 구매다. 신상품 홍수 속에 같은 상품도 유통채널에 따라 가격이 천차만별이다 보니 인터넷 검색과 가격 비교 후 멀티채널을 통해서 구매하는 것이 이제는 상식이다. 하지만 그 많은 상품 중 자신에게 맞는 상품을 콕 집어 골라내기란 쉽지 않은 일이다.

그런데 이제 단순히 소비자가 찾는 아이템뿐만 아니라 과거 소비 경험을 바탕으로 소비자 관심사에서 취향까지 고려해 상품을 추천해 주고 이를 바탕으로 소비자가 구매하는 영감 구매가 확산되고 있다.

이 같은 '큐레이션 커머스'는 모바일 시대에는 더욱 각광받을 것으로 전망된다. 오픈마켓 옥션 관계자는 "좁은 모바일 화면에서 물건을 적절하게 전시 · 추천하는 기능은 필수"라며 "풍부한 상품 데이터를 일종의 '사이버 점원'으로 활용해 소비자 취향까지 고려하고 추천해 주는 방식이 갈수록 확산될 것"이라고 말했다.

오픈마켓 옥션은 회원 2,000만 명에 대한 구매 데이터에 기반해 오픈마켓 모바일 중에서는 최초로 카탈로그 검색 기능과 개인 맞춤 상품 추천 기능을 새롭게 도입했다. 특히 아웃도어, 카메라, 패션 등 취미나 라이프스타일에 따라 관심사를 설정하면 그에 맞는 인기 상품을 자동 추천하는 '마이 스타일'과 다른 사람 구매 상품을 추천해주는 '남들은 뭘 살까?', 늘 필요한 상품을 보여주는 '반복구매상품' 탭을 통해 영감 구매가 가능하도록 했다. 특히 회원 데이터를 분석해 쌀, 기저귀, 라면, 생수, 커피 등 반복 구매 상품군에 대한 반복 구매 주기를 추출하고, 그 주기별로 DM을 발송한다.

실제로 옥션은 빅데이터를 통한 자동추천 기능으로 '남들은 뭘 살까' 코너 클릭률이 7개월 새 4배나 늘었고 모바일 매출도 20%나 증가했다. 또 출근길 지하철에서 스마트폰으로 클릭했던 상품을 회사 PC에 로그인하면 바로 볼 수 있게 모바일 경험과 PC 경험을 통합해 모바일 매출 비중이 작년 초 5%대에서 연말 20%대로 크게 늘었다.

체험쇼핑은 온라인 · 모바일 쇼핑에만 국한된 것이 아니다. 오프라인 쇼핑채널에서도 상품이 아닌 체험을 파는 복합쇼핑몰이 부상하고 있다. 복합쇼핑몰이란 쇼핑과 문화 · 레저 · 엔터테인먼트가 공존하는 전혀 새로운 형태의 라이프스타일 유통채널이다.

단순히 물건을 파는 공간이 아닌 체험을 파는 복합쇼핑몰에 출점하려는 국내 업체 간 경쟁도 치열하다. 수년 안에 10여 개를 훌쩍 넘는 복합쇼핑몰이 생겨날 전망이다. 심지어 아웃렛도 체험형 엔터테인먼트를 가미한 복합쇼핑문화 공간으로 진화하고 있다.

복합쇼핑몰 결정판은 오는 5월께 오픈할 서울 잠실 롯데타워에 선보일 도심형 복합쇼핑몰이다. 이곳에는 명품관 애비뉴엘을 비롯해 글로벌 패션관, 디지털 파크, 면세점, 콘서트홀, 아트갤러리, 멀티플렉스 극장, 식당가, 테마존 등 입고 먹고 보고 즐기며 오감을 만족시킬 다양한 체험형 소매점들이 총망라된다.

생활 속의 유통 유통 빅뱅, 소비가 달라진다

이천 · 파주 · 김해 롯데 프리미엄 아울렛에서는 체험형 놀이터인 '플레이 타임'을, 이시아폴리스점에서는 회전목마와 로봇마차 등 놀이기구가 있는 미니 놀이동산을 매주 주말과 공휴일 상시 운영하고 있다. 작년 문을 연 신세계사이먼 부산 프리미엄 아울렛 역시 호랑이와 사자 등 동물 모형을 사파리처럼 연출한 놀이터를 선보여 어린 자녀를 둔 고객들에게 큰 호응을 얻고 있다. 복합쇼핑몰 오픈은 당분간 계속될 전망이다. 롯데는 8월에 롯데몰 수원역점을, 동부산 관광단지 내에 '부산 롯데 복합쇼핑몰'을 연다. 2016년에는 김해에, 2017년에는 경기도 파주에 오픈할 계획이다.

자료: 매일경제, 2014. 1. 6. 발췌인용

유통경로관리의 관점과 과제

1. 유통경로관리와 마케팅

기업의 마케팅은 시장과 경쟁환경의 변화에 따라 과거의 **매스마케팅**(mass marketing)에서 선택과 집중을 강조하는 **표적마케팅**(target marketing)으로 변화해 왔다. 매스마케팅은 전체 시장을 동질적인 것으로 보고 표준화된 마케팅활동을 펴는 데 반해 표적마케팅은 시장을 이질적인 것으로 보고 각 시장에 맞는 차별화된 마케팅을 펼친다. 이를 위해 전체 시장을 동질적인 세시장(market segment)으로 나누는 **시장세분화**를 실시한 다음 자사에 적합한 시장을 표적으로 선정하고 이에 대한 차별화된 마케팅전략을 개발하게 된다. 결국 표적마케팅에서는 시장세분화, 표적시장선정, 포지셔닝(positioning)의 과정을 밟으면서 마케팅전략을 수립하게 된다.

마케팅전략에 활용되는 전략적 수단은 크게 네 가지로 분류되는데, 제품(product), 가격(price), 유통(place), 촉진(promotion)이 그것으로 4Ps라고 한다. 이러한 체계에 따르면 기업의 유통관리는 마케팅활동의 한 부분이 된다. 여기서 제품전략에 제품기획, 상표관리, 포장, 애프터 서비스(A/S)가 포함되고 촉진활동에는 광고, 홍보활동, 인적 판매, 판매촉진 등이 포함된다. 마케팅전략이란 이들 네 가지 마케팅 수단 즉, 제품, 가격, 유통, 촉진을 적절히 배합하는 것이므로 **마케팅 믹스**(marketing mix)라고도 한다.

생활 속의 유통 음반 제작과 유통 분리…케이팝 경쟁력 높인다

대형 엔터테인먼트기업들이 잇따라 '레이블 시스템'을 도입하면서 국내 음반업계의 패러다임이 급속도로 바뀌고 있다. CJ E&M은 음악사업에 레이블 체제를 도입한다고 발표했다. CJ E&M 음악사업 부문의 자체 아티스트인 로이킴, 정준영을 보유한 CJ뮤직, 성시경, 박효신, 빅스, 서인국이 소속된 젤리피쉬엔터테인먼트, 유성은이 소속된 뮤직웍스, 홍대광, 손호영을 영입한 MMO, 하이니, 와블이 소속된 1877 등 5개 기획사를 산하 레이블로 두기로 했다.

앞서 작년 9월 아이유 소속사이자 국내 최대 음악사이트 멜론을 보유한 로엔엔터테인먼트는 아이유, 써니힐 등이 소속된 로엔트리, 지아, 피에스타가 소속된 콜라보따리로 분리시켜 레이블 체제를 시작했다. 12월에는 씨스타, 케이윌, 정기고 등이 소속된 스타쉽엔터테인먼트를 사실상 인수해 자회사로 편입했다. SM엔터테인먼트도 자회사 SM C&C를 통해 인피니트, 넬 등이 소속된 울림엔터테인먼트를 인수했고 최근엔 '발전소'라는 밴드음악 전문 레이블에까지 투자했다.

대기업 자본 · 중소기업 전문성 결합, 케이팝 경쟁력 강화

레이블 체제는 대기업의 자금력과 네트워크, 중소기업의 기획력이 더해지면 상당한 시너지를 낼 수 있다. 자본력과 시스템을 바탕으로 음악적 특성을 유지하며 다양한 콘텐츠를 소개할 수 있다는 점에서 상생전략으로 꼽힌다. 세계 음악시장 1, 2위 국가로 꼽히는 미국과 일본에서는 레이블 체제가 이미 자리 잡았다. 유니버설뮤직, 워너뮤직, 소니뮤직, 포니캐년 등은 각각 수십개의 산하 기획사를 보유한 글로벌 레이블로, 저마다 성격이 다른 여러 기획사를 운영하며 다양한 아티스트를 확보해 경쟁력을 강화하고 있다.

국내 기업들도 저마다 특성이 다른 기획사를 여럿 보유하는 레이블 체제를 통해 콘텐츠 경쟁력을 키운다는 전략이다. 이를 통해 자신만의 음악적 색깔을 가진 중소기획사의 콘텐츠 경쟁력을 높이고 해외 진출도 활발히 할 수 있다. 결국 레이블화는 케이팝의 성장 동력이고, 새로운 전환점이 될 것이란 전망이 나온다.

공동제작으로 음악산업 체질 개선 기대

자금력이 약한 기획사들은 현재 유통사로부터 선급금을 받아 음반을 제작하고 있다. 이로 인해 음반기획사와 유통사는 항상 채권 · 채무 관계에 놓이게 되고, 실적이 부진할 경우 새로운 기회도 얻기 어렵게 된다. 레이블 시스템은 선급금 없이 음악산업의 체질 개선에 도움이 될 수 있다. CJ E&M 측은 "각 레이블들이 '제작'에 집중할 수 있도록 투자, 유통, 마케팅, 글로벌 네트워크 등 전반적인 사업 인프라를 지원해 장르의 다양화와 글로벌 경쟁력 확보를 기대할 수 있다"고 설명했다.

공룡기업의 독과점 · 획일화 우려

국내 음반시장의 규모를 고려할 때 레이블 체제가 본격화하면 몇몇 대형 엔터테인먼트 업체가 시장을 장악하고, 무소불위의 공룡기업이 탄생할 것이라는 우려가 나온다. 레이블 체제를 도입한 대기업들은 '각기 특성화한 레이블을 통해 다양한 콘텐츠를 개발할 것'이라고 하지만 매출증대를 위해 차별화나 변별력 없는 아이돌 가수들을 레이블만 바꿔 양산하는 상황이 발생할 수 있다. 이로 인해 오히려 음악적 다양성마저 후퇴할 수도 있다.

생활 속의 유통 음반 제작과 유통 분리…케이팝 경쟁력 높인다 (계속)

때문에 전문가들은 각 레이블의 음악적 색깔을 잊지 않는 동시에 다양성을 지향하는 태도가 중요하다고 말한다. 업계의 한 전문가는 "공급의 획일화와 음악소비의 편식이 심한 가운데서 지금 당장 이익을 내지 못하더라도, 다양한 장르가 공존하는 토대가 마련될 때까지 레이블에 대한 장기적 관점의 투자가 필요하다"고 밝혔다.

레이블이란?

전문화된 브랜드를 만들어내는 기업 형태로, 한 기업이 다른 기업의 일정 지분을 인수 혹은 합병해 계열사 개념으로 운영하는 것을 일컫는다. 가요계에서는 한 기업이 저마다 특화한 장르와 스타일의 음악을 하는 기획사 여러 곳과 손잡는 것을 말한다.

자료: 스포츠동아, 2014. 3. 19. 발췌인용

따라서 유통경로는 표적시장에서 의도된 포지셔닝을 달성하기 위하여 다른 마케팅수단들과 연계되어 관리되어야 한다. 이들 간의 관계를 살펴보면 우선 어떤 제품을 생산할 것인가에 따라 유통경로의 선택이 달라진다. 부피나 신선도 등 제품의 특성에 따라 보다 적합한 유통경로가 달라지기 때문이다. 같은 제품이라도 제품의 가격을 어떤 수준에서 결정하느냐에 따라서도 유통경로의 선택이 달라진다. 고가격이면 백화점이나 전문점과 같은 유통경로를 이용하게 되고 저가격이면 할인점이나 양판점과 같은 경로를 이용하게 되는 것이다. 또한 제품의 판매를 위해 기업이 고객에게 직접 소개하는 광고나 판촉활동을 활용할 것인지 아니면 유통경로상의 중간상인들에게 맡길 것인지도 서로 연관된 의사결정이 된다. 이와 같이 유통경로에 대한 의사결정은 마케팅전략의 각 요인과 연결되어 있다.

2. 유통관리의 과제

기업은 소비자에게 최상의 가치를 제공하기 위해 노력하게 되는데, 소비자는 구매한 제품과 서비스로부터 얻게 되는 혜택(benefit)과 구매에 소요된 모든 비용(cost)의 차이로 자신이 구매한 제품이나 서비스의 가치를 평가하게 된다. 여기서 혜택과 비용이란 금전적인 측면뿐만 아니라 사회적이고 심리적인 요인도 포함되는 개념이다.

최상의 가치를 제공하는 것은 **고객애호도**(customer loyalty)를 높이는 열쇠가 되며, 고객애호도는 반복구매와 구전효과를 창출하고 사업운영비를 줄이며 이익을 높이게 된다. 따라서 기업은 경쟁기업보다 나은 소비자가치를 창출하고 이를 소비자에게 제공하기 위하여 노력하게 된다.

소비자는 유통경로시스템 전체가 창출하는 최종가치를 놓고 구매결정을 한다. 다시 말해 소비자에게 도달하기 이전의 단계인 공급업자, 제조업자, 도매상, 소매상으로 이루어진 전체 유통과정에서 결과적으로 창출된 총가치를 비교하게 된다. 이는 유통경로가 시스템적인 차원에서 관리되어야 함을 뜻한다. 따라서 어느 한 경로 구성원의 부분적인 성과보다는 전체 시스템의 성과가 중요하며, 유통경로 간의 경쟁도 개별 제조업체나 중간상 차원의 경쟁이 아닌 전체 유통시스템간의 경쟁에 초점을 맞추어야 한다.

기업에게 유통분야는 경쟁력을 향상시킬 수 있다는 점에서 더욱 중요해지고 있다. 그동안 관리의 중심에서 벗어나 있던 유통부문이 경쟁력을 차별화할 수 있는 분야로 조명을 받게 된 것이다. 다시 말해 기업들이 소비자가치를 증대시키기 위해 유통부문을 전략적으로 중시하게 된 것이다.

이런 점에서 제조업자의 유통관리는 전반적인 기업의 경영전략, 마케팅전략과 연계되어야 한다. 유통경로 전략의 관점에서 제조업자는 유통의 목적을 달성하기 위하여 다음과 같은 의사결정을 내려야 한다. 유통이 기업의 전체 목적과 전략에서 어떤 역할을 하는가? 유통이 마케팅믹스에서 어떤 역할을 해야 하는가? 유통목적을 달성하기 위하여 기업의 마케팅경로는 어떻게 설계되어야 하는가? 기업의 유통목적을 달성하기 위하여 어떤 경로 구성원을 선발하여야 하는가? 기업의 경로설계를 지속적인 관점에서 효과적으로, 효율적으로 수행하기 위해서 외부의 계약적 유통경로를 어떻게 관리해야 하는가? 경로 구성원의 성과를 어떻게 평가할 것인가? 이상의 의사결정은 유통경로관리의 관점에서 가장 핵심적인 것들이다.

유통경로의 설계

유통경로의 설계란 제품을 표적소비자에게 누가 어떻게 유통시킬 것인가에 대한 결정이다. 유통경로를 설계할 때 제조업자들은 이상적인 유통경로, 실행 가능한 경로, 그리고 현실적으로 이용가능한 경로들을 놓고 고민하게 된다. 다양한 중간상 가운데 어떤 형태를 택할 것인가 하는 문제를 검토해야 하는 경우도 있겠으나, 때로는 한정된 중간상들로 하여금 자사의 제품을 취급하게끔 해야 하는 경우도 있을 것이다. 특히 시장에 처음 진출하는 신생기업의 경우 자금과 경험의 부족으로 제한된 지역에 진출하게 되는데, 특정지역의 중간상의 수가 부족한 경우 유통경로 확보에 어려움을 겪기도 한다.

유통경로는 한번 구축되면 근본적으로 변화시키는 데 상당한 비용과 노력이 들어가므로 신중하게 결정되어야 한다. 여기에는 유통경로의 소유와 통제문제, 경로 구성원의 형태 결정, 경로 구성원의 수, 경로의 길이에 대한 문제가 포함된다. 이와 같은 의사결정에는 다양한 요인이 관련된다. 따라서 관련된 다양한 요인을 체계적으로 고려하는 단계적 의사결정이 요구된다.

여기에서도 소비자 지향적 관점은 유지되어야 한다. 소비자 지향성이란 소비자의 만족을 통하여 기업의 이윤을 추구하는 경영관점을 뜻한다. 마케팅의 기본적 사고가 소비자중심이듯이 유통경로 설계에서도 소비자지향적 접근이 이루어져야 한다. 이와 관련하여 한 가지 짚고 가야 할 것은 유통의 대상인 제품이나 서비스의 가치이다. 다시 말해 유통시킬 제품이 소비자에게 가치있는 것인지 평가해야 한다. 소비자에게 가치없는 것이라면 유통경로를 아무리 잘 설계하여도 결국은 의미가 없다. 왜냐 하면 유통 기능이 제품이나 서비스 자체의 가치를 향상시키지는 못하기 때문이다. 따라서 표적 소비자에게 가치가 없는 제품이나 서비스라면 다른 표적시장을 모색하거나 제품이나 서비스를 수정하여야 한다. 제품의 가치가 전제되었을 때 유통경로를 설계하는 단계는 〈그림 9-1〉과 같다.

〈그림 9-1〉 경로설계과정

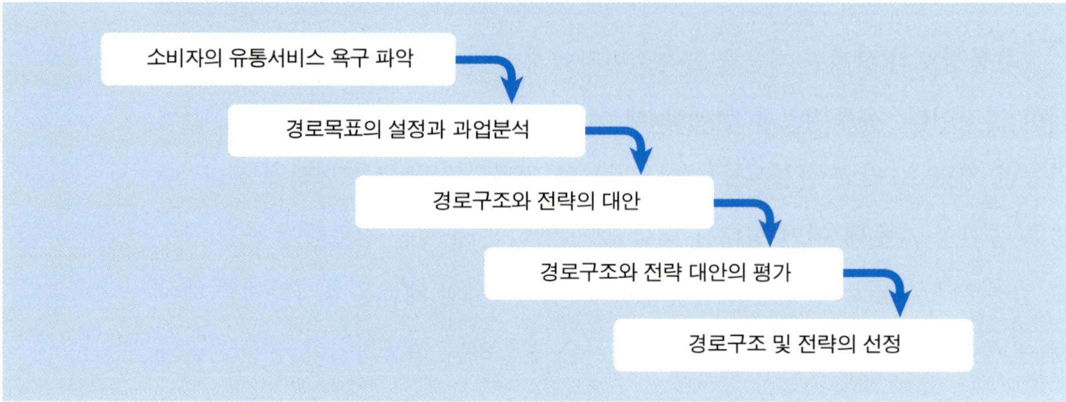

자료: Louis W. Stern and Adell, *El-Ansary Marketing Channels*, 6th ed., Prentice-Hall, Englewood Cliffs: NJ, 2001.

1. 소비자의 유통서비스 욕구 파악

(1) 기본적인 유통서비스

소비자가 기대하는 유통서비스는 매우 다양하나 기본적인 서비스는 다음과 같다. 이는 소비자가 얼마나 편리한 장소에서 원하는 시간에 얼마나 다양한 제품들을 어느 정도의 양만큼 구매하고 싶어하는가와 관련된 것이다.

1) 입지적 편의성

입지적 편의성(locational convenience)이란 소비자가 편리한 장소에서 용이하게 제품을 구매할 수 있도록 하는 것으로 이동노력과 탐색비용을 줄여준다. 소비자가 추구하는 입지적 편의성의 수준이 높다는 것은 소비자가 제품을 구매하기 위해 이동하는 거리나 시간이 짧아야 함을 의미한다. 이 경우 점포는 소비자에게 지리적으로 근접한 곳에 위치하여야 할 것이다. 입지적 편의성을 중시하는 점포의 예로 슈퍼마켓, 편의점, 자판기, 주유소 등이 있다. 이는 시장내의 점포분산도를 높이기 위해 상대적으로 많은 수의 점포가 개설되어야 하며, 유통비용이 증대될 수 있음을 의미한다. 따라서 기업은 고객이 원하는 입지적 편의성의 정도와 이에 대해 소비자가 지불할 용의가 있는 비용을 고려하여 점포개설 정도를 결정하여야 할 것이다.

생활 속의 유통 유통업계 옴니채널, 핵심은 '당일배송'

옴니채널이란 모바일, 인터넷, 오프라인 등 다양한 유통채널을 유기적으로 결합한 새로운 유통 형태를 말한다. 유통업계는 오프라인 유통채널의 성장세가 갈수록 둔화되는 상황을 돌파하기 위해 옴니채널을 주목하고 있다. 기존 온라인 유통채널은 주문이 간편하지만 상품을 받을 때까지 시간이 걸린다는 단점이 있고, 오프라인 유통채널은 바로 상품을 받을 수 있지만 직접 찾아가야 하는 불편함이 있다. 당일배송 서비스는 두 유통채널 사이의 장점을 결합한 서비스다.

CJ오쇼핑은 서울 일부 지역에서만 운영하던 당일배송 서비스 '신데렐라 배송서비스'를 1수도권과 전국 5대 광역시로 확대했다. 신데렐라 서비스는 오전 6시부터 9시30분 사이에 방송되는 TV홈쇼핑 상품 중 '당일 배송이 가능한 상품'을 선택하면 밤 10시까지 물건을 배달해주는 서비스다.

이마트 역시 당일배송 서비스를 강화하고 있다. 이마트몰은 지난해 800억 원을 투자해 용인시에 온라인 전용 물류센터 '보정센터'를 만들었다. 보정센터는 서울 남부, 경기 북부 지역으로 배송되는 물류를 책임진다. 현재 이마트몰의 서울 남부와 경기 북부지역 당일배송비율은 70%에 달한다. 이마트는 2020년까지 온라인 전용 물류센터를 6개로 늘릴 계획이다. 이마트 관계자는 "직장인들은 이마트몰을 이용할때 주로 출퇴근 시간을 이용해 상품을 주문한다"며 "당일배송 서비스를 이용하면 회사에서 주문한 물건을 퇴근하며 받아볼 수 있기 때문에 넓은 의미에서 옴니채널이라고 할 수 있다"고 말했다.

소셜커머스 업체 중에는 쿠팡이 '로켓배송'을 통해 인기를 끌고 있다. 로켓배송은 전담직원인 '쿠팡맨'이 주문 당일이나 다음날까지 물건을 배달해준다. 쿠팡은 로켓배송 서비스를 위해 현재 전국 8곳에 물류센터를 운영하고 있으며, 내년 완공을 목표로 인천에 9만 9,173m^2 규모의 물류센터를 신축하고 있다. 쿠팡이 지난해 물류와 배송에 투자한 비용은 약 1,500억 원에 이른다. 쿠팡은 물류센터를 16개까지 늘려 로켓배송 서비스를 강화할 방침이다. 쿠팡은 농협중앙회와 업무협약을 체결하고 로켓배송 대상 품목을 신선식품까지 확대했다.

자료: 조선비즈, 2015. 7. 8. 발췌인용

2) 대기시간

대기시간(waiting and delivery time)은 소비자가 제품을 원할 때 인도받는 데 걸리는 시간이다. 소비자가 제품에 대한 욕구가 생겼을 때 기다리지 않고 바로 구매하길 원한다면 충분한 재고를 확보하고, 신속한 배달이 가능한 유통경로의 구축이 필요하게 된다. 이 경우 서비스 증대에 따라 중간상이 더 많이 필요하게 되고 유통비용이 증대됨은 피할 수 없다. 예를 들어 은행의 현금인출기나 무인주문 키오스크는 소비자의 대기시간을 줄이는 수단이 되고 있다. 반면에 대기시간이 긴 경우 그만큼 제품 구매에 불편을 겪으나 상대적으로 싼 가격으로 구매할 수 있다. 홈쇼핑과 같은 판매방식은 이와 같이 구매후 사용까지의 대기시간을 허용하는 소비자들을 대상으로 대기시간은 길지만 상대적으로 저렴한 가격에 제품을 공급하기도 한다.

3) 제품다양성

제품의 다양성(product variety)은 제품의 폭과 구색(assortment)에 관한 것이다. 즉 소비자가 제품을 구매할 때 동시에 구매하기를 원하는 제품의 종류나 한 제품종류에서의 상표 다양성, 한 상표내에서의 디자인, 색상, 크기의 다양성 등을 뜻한다. 제품의 구색은 소비자가 제품에 대한 정보를 탐색하고 제품을 비교하는 노력을 줄여주고, 교통비 등 부수적인 비용을 줄여주는 효과를 낸다. 예를 들어 롯데하이마트와 같은 가전양판점의 경우 다양한 종류의 제품과 다양한 상표의 제품을 취급함으로써 한 기업의 제품을 취급하는 전속대리점에 비해 제품다양성 면에서 우수한 서비스를 제공하는 것이다. 따라서 기업은 소비자가 자사제품을 구입할 때 어떤 제품을 같이 구매하고 싶어하는지 또는 어느 정도의 다양한 상표나 디자인을 비교해 보길 원하는지 파악하여 적절한 구색수준을 결정하여야 한다. 소비자가 제품을 구매할 때 한 번에 구매하기를 원하는 제품이 다양할수록 넓은 범위의 제품구색을 갖추어야 할 것이다. 이는 소비자의 일괄구매(one-stop shopping) 욕구를 충족시켜주는 것이다. 그러나 이에 따른 비용이 증대되어 소비자가격이 높아질 수 있다.

4) 구매량

소비자의 1회 구매량(lot size)은 소비자에 따라 또 구매상황에 따라 다르다. 소비자의 구매단위는 소비자의 혜택과 비용에 영향을 주게 된다. 일반적으로 소비자의 1회 구매량이 적을수록 유통서비스의 수준은 높아진다. 그것은 소비자는 원하는 만큼의 소량을 구매할 수 있으나 소량판매에 따른 분류, 포장 등의 비용이 커지고 보다 많은 중간상의 개입이 필요하여 상대적으로 높은 가격을 지불해

생활 속의 유통 체험마케팅으로 진화하는 복합몰

식사 · 쇼핑은 기본 … 운동 · 진료 · 금융상담까지 한 공간서 OK

2013년 12월 오픈한 일본 최신 복합쇼핑몰 '마쿠하리 신도심 이온몰'. 이온몰 안에는 상점은 물론 금융플라자, 24시간 동물병원, 병원, 영어학원 등 다양한 시설이 들어서 있다. 일본의 대표 유통기업인 이온그룹 본사가 위치한 지바시 마쿠하리 신도심. 이곳에 새로 들어선 최신 복합쇼핑몰 '마쿠하리 신도심 이온몰'은 남녀노소를 아우를 수 있는 공간구성에 '체험'을 통해 추가적인 소비욕구를 불러일으키도록 설계됐다는 점에서 현지 유통업계 안팎에서 주목을 받고 있다. 또 의료 · 금융 · 레저 · 휴식 · 취미생활 등에 대한 소비자 욕구를 실내에서 최대한 수용할 수 있도록 다양한 테넌트(임대점포)를 유치했다는 점도 장점으로 꼽힌다.

주차공간만 1만3,000대나 되는데도 복합몰 오픈과 함께 주변에 버스정류장 4개소가 신설됐을 정도다. 방대한 건물인 만큼 태양광발전 시설, 친환경 조명, 전기자동차 충전소 등이 설치됐으며, 내외부 인테리어에도 최신 트렌드를 반영했다. 마쿠하리 신도심 이온몰이 개장하자 반경 5km 안에 위치한 전국 매출 1위, 규모 2위의 복합쇼핑몰 '미쓰이 라라포트 도쿄베이'는 곧바로 대대적인 리뉴얼을 단행했다. 마쿠하리 신도심을 벤치마킹해 점포나열식 쇼핑몰에서 체험형 시설로 변신하기 위해서다.

이온몰의 한 관계자는 "바깥에서 할 수 없는 체험의 장을 제공해 새로운 수요를 창출하는 게 목적"이라며 "가령 쇼핑몰에서 자전거 박람회를 열어 소비자들이 새로운 장비를 갖고 싶도록 하는 식"이라고 설명했다. 마쿠하리신도심 이온몰 내 체험공간은 전체 영업면적 중 3분의1을 차지한다. 이곳에는 이온그룹이 운영하는 전문상점들은 물론 영어학원 · 악기교습소 · 요리학원 · 결혼상담소 · 금융상담센터 · 서점 · 여행사까지 입점해 있다. 레저를 위한 테니스코트 · 풋살코트 · 실내골프장 · 볼더링 · 스포츠클리닉 등도 있다.

고령화 사회를 타깃으로 한 공간구성도 주목할 만하다. 쇼핑몰내 병원 진료과목은 25개, 신정 연휴 사흘을 제외하고 연중 무휴로 운영된다. 또한 24시간 야간 동물병원과 반려동물을 위한 미용실 · 호텔 · 놀이터 · 잡화점 · 재활센터 · 카페가 모두 한곳에 모여 있다. 애완견을 데리고 온 20대 여성 쇼핑객 요시다씨는 "강아지와 함께 차도 마시고 산책도 하고 쇼핑도 한다"고 전했다. 사회변화 속도에 빠르게 따라가야 생존할 수 있는 유통업의 특성을 보여주는 단면이다.

이처럼 단순히 상품을 진열해놓고 수동적으로 소비자들의 선택을 기다리는 방식에서 적극적으로 소비자 욕구를 자극하는 전략적인 접근으로 선회한 일본 유통업계의 변화는 국내에도 이미 도입됐다. 백화점과 대형마트 등 전통 업태의 성장성이 과거보다 떨어진 데다 오픈마켓 · 종합몰 · 소셜커머스 · 홈쇼핑 등 타 업태들이 일제히 영역파괴를 외치며 더 싼 가격과 무점포 판매의 편리성을 앞세워 무한경쟁에 나섰기 때문이다.

자료: 서울경제, 2014. 3. 2. 발췌인용

〈그림 9-2〉 소비자의 서비스욕구와 경로구조

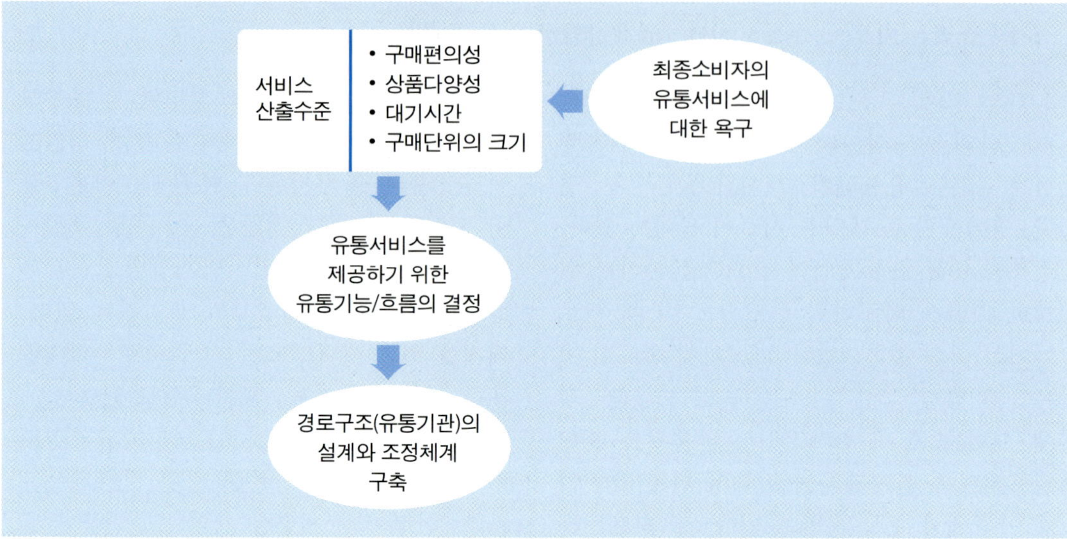

자료: Bert Rosenbloom, *Marketing Channels, A management View*, 7th ed., The Dryden Press, 2004.

야 하기 때문이다. 반면에 대량구매의 경우 소비자의 입장에서는 상품의 보관과 유지에 비용이 들어가나 낮은 가격으로 구매할 수 있는 이점이 있다.

그밖에 소비자가 기대하는 서비스로서는 구매하려는 상품에 대한 정보, 제품고객화(product customization), 품질 보증, 판매후 서비스, 물류 등에 대한 유통서비스가 있다. 새로운 제품, 또는 기술적으로 복잡하거나 자주 변하는 제품의 경우에 소비자는 제품에 대한 정보를 더 많이 필요로 할 것이므로 정보제공서비스는 더 중요할 것이다. 때로는 소비자의 요구에 따라 기술적인 조정을 통해 고객에 맞게 제품을 맞춤화할 필요도 있을 것이다. 또한 제품의 결함이 중대한 문제를 일으키게 되는 경우 소비자는 신뢰할 수 있는 품질을 원하게 된다. 이 경우 소비자의 신뢰를 얻기 위해 품질을 보증하거나 필요한 설치, 수선, 유지 등의 서비스를 제공할 수도 있다. 물류서비스면에서는 제품의 특성에 따라 수송이나 보관에 따른 욕구가 소비자별로 달라질 수 있다.

(2) 표적소비자의 유통서비스 욕구파악

유통경로를 설계하기 위해서는 우선 소비자가 어떤 유통서비스 욕구(needs)를 가지고 있는가를 파악하여야 한다. 이를 위해 소비자가 무엇을, 어디서, 왜, 언제, 어떻게 구매하는가를 이해하여야 한다. 유통경로를 통해 접근하려고 하는 시장은 다양한 특성을 지닌 소비자로 구성되어 있다. 소비자의 욕구나 구매패턴이 비슷하다면 기업은 단일한 마케팅전략으로 소비자를 모두 만족시킬 수 있을 것이다. 그러나 소비자의 욕구가 서로 다른 경우 이들을 구분하여 시장에 따라 차별화된 마케팅활동을 전개하는 것이 효과적이다. 이와 같이 소비자들을 세분화하여 자사에 매력적인 시장을 선정하고 선정된 시장에 맞는 마케팅전략을 구사하는 것이 **표적마케팅**(target marketing)이다.

시장세분화(market segmentation)란 동질적인 시장을 찾기 위해 시장의 지리적 특성, 인구통계적 특성, 소비자의 행태적 · 심리적 특성 등에 따라 시장을 나누는 작업이다. 유통상의 세분화는 소비자의 구매욕구나 구매패턴, 또는 구매자 특성에 따라 여러 개의 세분시장으로 구분하는 과정이다. 기업은 이렇게 구분된 세분시장 가운데 기업에게 가장 매력적인 세분시장을 선정하여 마케팅활동을 하게 되는 것이다. 결국 표적구매자 시장이란 세분화된 구매자시장 가운데 기업에게 가장 매력적인 시장으로 선정되어 소비자에게 가장 적합한 유통관리활동을 수행함으로써 기업에게 높은 성과를 내게 하는 시장이다.

최근의 마케팅의 흐름에서는 이러한 시장세분화를 통한 표적소비자의 선정을 강조하고 있다. 이는 기존의 매스마케팅이 더 이상 소비자의 다양한 욕구를 충족시키지 못하고 있기 때문이다. 따라서 유통경로를 설계하기 위해서도 표적소비자의 유통서비스 욕구가 먼저 파악되어야 한다. 그런 다음에야 소비자가 원하는 유통서비스를 제공하기 위한 경로가 구축될 수 있는 것이다.

이를 위해 각 세분시장의 구매패턴을 살펴보거나 여러 경로에 대한 만족수준을 평가하는 등 다양한 조사를 통해 최종소비자가 구매과정에서 얻고자 하는 것이 무엇인지를 파악하고, 그들이 원하는 유통서비스목록을 작성할 필요가 있다. 이 때 표적소비자에 따라 동일한 개념의 욕구도 현실에서는 다르게 나타날

생활 속의 유통 '한샘' 이케아식 DIY가구와 차별화 통했다.

세계 최대 가구업체 이케아의 한국 진출 소식 이후 국내 가구업계가 느낀 위기감은 '재앙' 수준이었다. 그러나 작년 말 이케아가 광명점을 오픈한 후 처음가진 국내 1위 가구업체 한샘의 실적 발표가 사상 최대 흑자로 밝혀지면서 그 배경에 관심이 쏠리고 있다.

한샘은 올해 1분기 매출 3,692억 원, 영업이익 279억 원을 올려 지난해 1분기보다 각각 28.2%, 24.4% 늘어났다고 발표했다. 리바트·에넥스 등 주요 가구업체들도 발표 이전부터 증권가를 중심으로 1분기 실적 향상을 기대하고 있다.

이는 이케아 상품이 가진 특성과 국내 유명 가구회사의 마케팅 영역이 다른 결과로 해석된다. 이케아의 주고객층이 저렴하고 심플한 디자인을 찾는 1인 소비층에 맞춰져 있다면 국내 가구 기업들은 가족단위 세대를 주고객으로 삼고 있다. 업계 관계자는 "북유럽디자인에 대한 선호도 높아지면서 이케아 디자인이 각광받고 있지만 결국 소득 수준이 높아지면서 나만의 개성있는 가구를 원하는 계층이 늘고 있다"고 밝혔다. 덧붙여 "이케아의 경쟁상대는 고급 가구브랜드가 아니라 중소브랜드인 만큼 저가형 제품을 생산하던 국내 업체 쪽으로 매출 피해가 발생할 것으로 보인다"고 전망했다.

결국 이케아의 트랜드가 DIY에 가깝기에 제품의 품격과 완성도를 추구하는 소비층까지 포용하기에는 한계가 있다는 것이다. 한샘이나 리바트, 에넥스 등 국내 중견 가구기업들은 시장 영역을 지키고자 고급화 전략을 유지하고 있다는 점도 이케아 가구가 주류로 편입하는 데 어려운 부분이다.

한샘과 리바트는 이케아 오픈에 앞서 목동, 강남 등 주요 거점에 대형매장을 잇달아 오픈해 이케아의 진출에 대비했다. 이케아는 전 세계 43개국에서 320개 매장을 운영하고 있는 그야말로 가구계의 공룡이다. 관련 종사직원만 약 14만 7,000여 명에 이른다. 이케아와 가구 분야에서 정면승부하기보다는 국내에서 다진 브랜드 가치를 내세워 토탈인테리어 영역에서 내실을 다지고 있다. 한샘의 경우 부엌유통 사업과 인테리어 사업을 중심으로 지난해 보다 향상됐다.

하지만 이케아가 2020년까지 경기도 고양점 등 4개 점포를 추가로 오픈할 계획을 가지고 있어 국내 가구업체들이 유통망의 우위를 계속 누리기는 쉽지 않을 것이란 관측도 있다. 이케아의 접근성이 개선될 경우 급속도로 시장을 잠식할 우려가 있다는 것이다. 이와 관련 가구업체 관계자는 "이케아는 서구식 렌트하우스 개념에서 저렴한 가구가 필요한 유럽 등지에서 인기를 얻었지만, 우리나라의 경우 가구는 혼수 개념이나 30년은 사용한다는 생각이 남아있는지라 이케아의 전략이 꼭 국내에 부합된다고는 볼 수 없다"고 설명했다.

자료: 에너지경제, 2015. 4. 21. 발췌인용

수 있음을 유의해야 한다. 예를 들어 접근 편의성이 어떤 소비자에게는 '걸어서 5분'을 뜻하나 다른 소비자에게는 '차로 10분'일 수도 있는 것이다.

마케팅전략의 차원에서 선정된 동일 표적시장이라도 소비자의 유통서비스

욕구는 동일하지 않을 수 있다. 이러한 유통서비스에 대한 선호도의 차이에 따라 소비자집단을 구분할 수 있을 것이다. 예를 들어 같은 신혼부부라 하더라도 가전제품을 구매할 때 유통서비스 면에서 가격, A/S, 구매편의성, 구색, 점원의 제품설명 등에 대한 선호도가 다를 것이다. 이와 같이 유통서비스에 대한 선호도가 현저히 다를 경우 추가적인 세분화를 통해 유통서비스를 제공하는 것이 효과적이다. 특히 제품의 사용자와 구매자가 다른 경우 유통서비스분석을 통한 표적시장 선정과 유통목표 선정은 매우 중요한 전략적 요점이 된다.

소비자의 유통서비스 욕구는 고정되어 있는 것이 아니라 계속해서 변화하게 된다. 이러한 변화는 시장세분화로 연결되기도 한다. 소비자의 욕구변화에는 다양한 환경적 요인이 작용하게 되는데 이들에 대한 지속적인 추적을 통해 새로운 유통서비스 아이디어를 얻고 새로운 유통방식을 창출할 수도 있다.

2. 경로목표의 설정과 과업분석

(1) 유통서비스 개념 설정

경로목표는 소비자에게 제공할 유통서비스의 개념(service concept)을 명확히 하고, 결정된 서비스개념을 제공하기 위해 필요한 유통경로상의 기능을 정립하며, 이의 수행에 어느 정도의 효율성을 추구할 것인지를 결정하는 것이다. **유통서비스** 개념이란 소비자에게 제공할 유통서비스의 내용과 수준을 나타내는 것으로 소비자가 얻게 되는 혜택(benefit), 소비자특성에 따라 달라지게 된다. 예를 들어 기능적인 유통서비스 개념은 소비자들이 구매활동을 할 때 실제적으로 발생되는 문제 즉, 구매편의성, 제품다양성, 싼 가격 등을 해결해 주는 서비스개념이다. 반면에 상징적인 유통서비스 개념은 소비자들이 소속되길 원하는 집단이나 자아상과 연결해 주는 것으로서 자신의 지위나 품위를 나타내려는 소비자의 욕구이다. 이러한 소비자 욕구는 화려한 실내장식, 교양있는 점원의 특별한 서비스 등을 통해 충족시키게 된다. 경험적 서비스개념은 소비자가 구매경험으로부터 느끼길 원하는 감각적인 것이다. 여기에는 좋은 음악이나 향기, 쇼핑시의

생활 속의 유통 돈키호테홀딩스, 日 최대 할인 유통업체로 관광명소화

돈키호테홀딩스는 일본 최대 할인 유통업체다. 일본 전역에 약 270개(해외 포함 283개)의 매장을 보유하고 있으며, 전체 매출의 96%가 일본 내에서 나온다. 제품별로는 식품(29%)과 일반제품(가정용품, 전자제품 등), 시계 및 패션 비중이 전체 매출의 82%를 차지한다.

일본은 지난 30년간 장기 디플레이션으로 인해 저렴한 가격이 장점인 할인매장보다 편리하게 이용할 수 있는 편의점이 더 발달해왔다. 돈키호테홀딩스는 이 같은 편의점과 경쟁하기 위해 매장 종류를 다양화하고 도심에 매장을 만들면서 접근성을 높여가고 있다. 매장 종류는 종합 마트 '메가 돈키호테', 잡화 전문 '돈키호테', 드러그스토어 '에센스 · 피카소', DIY제품 전문 'Doit' 등이다. 또 심야까지 영업을 하면서 편의점 못지않은 경쟁력을 확보해 언제 어디서나 다양한 제품을 저렴하게 구입할 수 있는 종합 유통업체로 거듭났다.

일본의 종합 잡화 마트는 경쟁이 치열하다. 돈키호테는 타 기업에 비해 이 시장에 늦게 진입한 후발 기업이다. 그러나 시장 진입 이후 불과 20여 년 만에 업계 1위에 올라선 것이다. 이런 성공의 배경을 살펴보면 독특한 판매 방식에서 찾아볼 수 있다. 무엇보다 야간 시장 고객에게 집중했다. 또한 지역별 특성에 따라 폐점 시간을 밤 11시부터 다음 날 아침 8시까지 천차만별로 운영하도록 했다. 이러한 판매 방식을 통해 돈키호테는 일본 유통업계에서 나이트 마켓을 처음 개척한 선도 기업으로 포지셔닝되어 있다.

이러한 돈키호테는 독특한 매장전략으로도 유명한데 정신없이 잔뜩 쌓아놓은 제품, 고객의 동선을 고려하지 않은 매장 구조, 제멋대로 정해 놓은 가격 등으로 요약된다. 넘쳐나는 물건들로 매장 내부가 난잡해지면, '편리한 쇼핑'의 가치가 위태로워질 수 있지만 이러한 불안요인을 해소하고 '즐거운 쇼핑'이라는 가치를 제공하기 위해 고객의 동선을 무시한 매장 구조 일명 '열대우림형 압축진열법'을 고안해 냈다. 돈키호테에서 쇼핑하는 것을 '정글 속 보물찾기'에 비유된다. 복잡하고 어렵지만 예상치 못한 곳에서 싸고 좋은 물건을 발견하면서 고객들이 즐거움을 느낀다는 것이다

돈키호테 매장은 관광객들 사이에서 반드시 방문해야 할 관광명소로 인식되고 있다. 명품과 화장품, 의약품 등을 저렴하게 구입할 수 있고 여행선물이나 기념품을 사기에 적합하기 때문이다.

자료: 서울경제, 2015. 7. 5, 한국경제매거진 2014. 12. 12. 물류뉴스 2015. 5. 1. 발췌인용

친근감이나 신기함 등이 포함된다. 이러한 서비스의 개념은 소비자에 따라 제품에 따라 그 중요도가 달라지게 되는데 경쟁사와 차별화 될수록 경쟁력이 있게 되며, 유사한 개념이라도 이를 어떻게 실현시키는가에 따라 효과성이나 효율성에 차이가 생기는 것이다.

(2) 유통서비스 제공수준의 결정

최종소비자가 원하는 유통서비스목록이 작성되더라도 소비자가 기대하는 유통서비스를 모두 최고의 수준으로 제공하기는 어려울 것이다. 여기에는 비용과 현실적인 제약이 따르기 때문이다. 소비자는 자신이 원하는 유통서비스를 직접 수행하거나 아니면 경로 구성원들로부터 구입하게 된다. 소비자는 시간, 비용, 노력, 서비스의 이용가능성이나 품질 등의 요인을 고려하여 직접 수행할 것인지 아니면 구매할 것인지를 결정하게 된다. 소비자가 동일제품의 구매시에 백화점과 할인점 가운데 어느 업태를 이용할 것인가는 바로 각 업태가 제공하는 서비스수준, 가격 등의 요인을 비교하여 결정된다. 높은 품질과 서비스, 고급스러운 쇼핑분위기를 원하는 소비자는 높은 가격을 치루고 백화점에서 구매할 것이고 그렇지 않은 소비자는 낮은 서비스를 감수하고 저렴한 가격으로 할인점에서 구매하려 할 것이다.

따라서 기업은 유통서비스 수준의 결정시 서비스제공에 따른 소비자의 만족정도와 서비스제공에 들어가는 비용을 고려하고 이를 소비자가 수용할 수 있을지 검토하여야 한다. 이를 위해 표적소비자의 유통서비스 욕구의 우선순위(priority)를 파악하는 것이 필요하다. 그리하여 중요도에 따라 소비자의 욕구를 충족시킬 수준을 결정하는 것이다. 결국 유통경로 설계의 목적은 소비자의 유통서비스에 대한 기대와 이를 충족시키는 데 따른 비용의 최적 믹스를 실현하는 것이다.

이러한 경로목표는 표적시장이 여러 개인 경우 각 세분시장마다 다르게 설정될 수 있다. 그것은 세분시장마다 소비자가 원하는 유통서비스의 내용이나 정도가 다르기 때문이다. 이 경우 유통경로설계자는 단일경로가 아닌 복수경로를 이용하게 된다. 오늘날 소비자의 다양성이 더욱 증가되고 있는 추세이기 때문에 현실적으로도 복수경로를 이용하는 기업이 점점 늘어나고 있다.

(3) 목표 간의 일관성과 보완성

그리고 유통목표의 설정시 유의해야 할 것은 기업의 마케팅목표와 전략, 더 나아가 유통과 관련된 기업 전반의 장기적 목표 및 상위 전략과 일관성을 유지해야 하며, 동일 수준의 마케팅전략 예를 들어 제품전략이나 가격책정, 촉진활동의 목표와는 보완성을 유지해야 한다는 것이다(그림 9-3 참조). 유통경로의 결정은 기업활동에 장기적으로 영향을 주게 된다. 그것은 유통경로를 구축하는 데 많은 투자가 필요하고 많은 유통경로 구성원이 참여하게 되므로 이를 바꾸는 데는 통상 많은 전환비용이 들어가기 때문이다. 따라서 유통목표는 기업의 장기적인 목표 및 타 부문의 목표와 연계하여 신중하게 결정되어야 하는 것이다.

또한 유통목표는 성과의 평가와 보상과도 연계되어야 한다. 그래야 목표의 설정과 이를 달성하기 위한 전략수립 및 실행이 체계적으로 일관성 있게 추진될 수 있다. 각 경로 구성원은 자신의 노력이 무엇을 위한 것이고 그 결과가 어떻게 평가되고 보상되는가를 잘 이해할수록 자신의 노력을 효율적으로 투입하게 될 것이다. 이와 같은 효과를 내기 위해 목표는 가능한 한 객관적이면서 계량적으로 서술되는 것이 바람직하다.

〈그림 9-3〉 기업의 목적과 전략의 관계

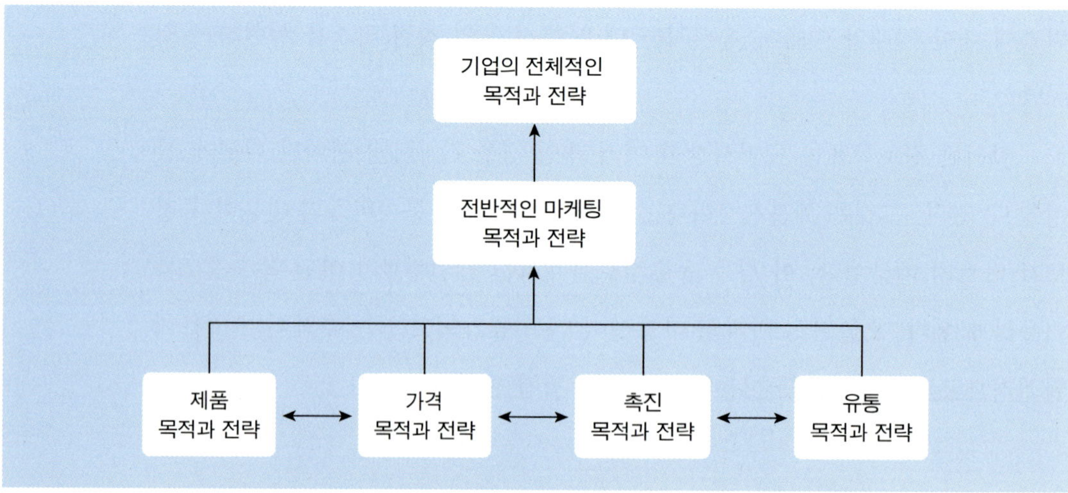

자료: Bert Rosenbloom, *Marketing Channels, A management View*, 7th ed., The Dryden Press, 2004.

(4) 과업분석

이와 같이 목표가 설정되면 이 목표를 달성하기 위해 수행되어야 할 과업을 분석해야 한다. 기본적으로 유통은 촉진, 협상, 금융, 위험부담, 주문, 대금결제, 소유권이전, 물적 흐름 등의 기능을 수행하게 되는데 과업은 보다 구체적으로 정확하게 서술되는 것이 바람직하다. 예를 들어 아마추어지만 테니스에 상당히 관심이 있는 소비자를 표적시장으로 한 고급 테니스 라켓의 유통과업을 보면 다음과 같다. 목표시장의 쇼핑패턴에 대한 정보의 수집, 목표시장내의 제품의 이용가능성(availability)의 증진, 적시에 공급될 수 있도록 하는 재고의 유지, 제품특징에 대한 정보의 축적, 제품의 시험적 사용, 고객의 특별한 주문에 대한 처리, 제품의 운반, 신용제공, 품질보증, 수선서비스, 반품서비스 등이 그것이다. 산업재인 경우에는 소비재에 비해 더 구체적으로 과업이 명시되어야 할 때가 많다.

3. 경로시스템과 전략의 대안

(1) 이상적인 경로

유통경로의 설계시 제로-베이스(zero-base)에서 이상적인 경로를 구상해 보아야 한다. 현실적으로 어렵다거나 불가능하다고 미리 단정해서는 안 된다. 그리고 어느 한 경로 구성원의 이상적인 형태만을 고려할 것이 아니라 전체 유통시스템의 관점에서 설계되어야 한다. 유통 기능은 어느 한 경로 구성원의 힘으로만 움직이는 것은 아니며, 전체 경로 구성원이 긴밀하게 협조하면서 기능할 때 비로소 소기의 성과를 달성할 수 있다.

(2) 기존 경로와의 비교 분석

또한 기존의 유통경로가 있는 경우 이에 대한 분석이 필요하다. 여기에는 ① 기업이 시장에 도달하는 기존 유통경로에 대한 현황 파악, ② 각 경로내에서 수행되고 있는 물류와 판매 기능, ③ 유통 기능이 자사와 외부 조직에 할당되어 있는 상태, ④ 시스템의 경제성, ⑤ 기존 시스템이 소비자의 서비스욕구를 충족

(6) 행위적 요인

행위적 요인이란 경로파트너로서 의사소통이 잘 되고 협력이 잘 이루어질 수 있는지 하는 문제이다. 과업을 수행하는 과정에서 발생할 수 있는 갈등의 정도도 고려되어야 할 것이다. 이런 문제는 기업이 보유하고 있는 힘이나 영향전략과 관련된 것으로 뒤에 상술키로 한다.

이상의 요인들을 중심으로 경로구조를 결정할 때 사용하는 방법으로서 점검표(checklist) 방법이 있는데 이를 정리하면 〈표 9-2〉과 같다.

(7) 기타 경로대안 평가차원

이상의 요인 이외에도 경로의 각 대안을 경제성, 통제성, 적응성의 차원에서 비교해 볼 수도 있다.

1) 경제성

경제성이란 경로대안을 비용면에서 비교하는 것이다. 각 경로대안은 판매력이나 그에 따른 비용면에서 차이가 있다. 예를 들어 경로대안으로 자사의 판매원과 외부의 판매대리점을 비교해 볼 때 자사의 판매원은 자사의 제품판매에 대한 훈련을 잘 받고 자사 제품의 판매에만 전념하기 때문에 매출액을 더 많이 올릴 수 있을 것이다. 판매원의 입장에서도 판매에 적극적이게 되며, 소비자도 생산자와 직접 거래하는 것을 선호하므로 유리하다.

한편, 이들의 판매량에 따른 비용을 비교해 보면 〈그림 9-4〉와 같다. 판매대리점은 자사판매원보다 영업소 설치나 월급 등의 면에서 고정적인 비용이 적게 들어가게 된다. 그러나 판매대리점은 자사판매원에 비해 제품단위당 수수료를 더 많이 요구하고 판매량에 따라 수수료가 지속적으로 상승하기 때문에 일정한 판매량(S*) 이상이면 오히려 판매대리점이 더 많은 비용이 들게 된다. 즉 판매량이 S* 이하이면 판매대리점이, S* 이상이면 자사판매원이 유리하게 되는 것이다. 대개 판매대리점은 직접 판매망을 구축하기 힘든 중소기업이나 대기업이라도 작은 시장이거나 시장개척 초창기에 이용하게 된다.

생활 속의 유통 화장품업계 채널다각화

국내 화장품업계 1위인 아모레퍼시픽과 LG생활건강이 채널다각화에 박차를 가하고 있다. 2008년 고점을 찍은 고가화장품의 주요 채널이던 방문판매 비중이 점차 줄어드는 가운데 방문판매 전략을 다잡고 있다. 동시에 시대적 흐름에 따라 소비자들의 온라인 접근성이 용이해지며 온라인 시장에도 박차를 가하고 있다.

방문판매는 소비자가 이동하지 않고 판매원이 직접 소비자를 방문한다는 점에 이점이 있다. 하지만 중·소도시에도 백화점이 생기고 온라인 몰에서의 화장품 판매가 늘어나며 점차 그 비중이 축소되고 있다. 다만 업계관계자들은 방문판매 시장이 축소됐지만, 방문판매 주고객층인 주부층과 온라인몰 주고객층인 젊은 세대는 크게 겹치지 않아 앞으로도 유지될 채널로 보고 있다.

방문판매 매출 비중 지속적으로 축소돼

고가 화장품의 주요 채널이던 국내 방문판매 채널은 국내 화장품 시장의 20%를 구성한다. 아모레퍼시픽과 LG생활건강이 이 중에서 각각 70%, 20%를 차지한다. 올해 들어 아모레퍼시픽과 LG생활건강 두 회사의 방문판매 부문 매출은 각각 15%, 5% 역신장했다. 실제로 2008년에만 하더라도 아모레퍼시픽 전체매출에서 인적판매(방문판매) 경로는 화장품 매출의 절반 이상인 57.1%를 기록할 정도로 효자 노릇을 했다. 하지만 전체 매출에서 차지하는 비중이 2009년 40.2%, 2010년 38%, 2011년 31.6%, 2012년 23.7%로 지속적으로 줄었다. LG생활건강도 마찬가지다. 2008년 매출의 31.8%를 차지하던 방문판매 매출은 2009년 32.4%, 2010년 24.4%, 2011년 22.8%, 2012년 19%, 올 상반기에는 10%로 급감했다.

아모레퍼시픽, 방판 전용 상품 개발 · 비용관리

아모레퍼시픽은 2014년의 방문판매 사업 전략을 새롭게 짰다. 방문판매 전용상품을 출시하고 방문판매원들의 수수료 체계를 바꿔 이들이 더 많은 수익을 가져가게 할 예정이다.

아모레퍼시픽 관계자는 "내년에는 방문판매 부문을 성장보다는 수익성을 강화하는 방향으로 사업전략을 계획했다"며 "새로운 방문판매 전용 상품을 개발하고 비용관리 등에 힘쓸 것이다"고 말했다.

LG생활건강, 제2방문판매 채널인 '뷰티 애비뉴' 도입

LG생활건강도 최근 방문판매에 변화를 일으키고 있다. 올 4월부터는 방문판매 품목에 미용기기 '튠에이지'를 추가하고 숨의 '블라썸 가든' 제품과 같이 방문판매 전용 상품도 선보였다. 방문판매를 화장품 위주에서 집에서 스스로를 미용을 관리하는 좀 더 큰 개념의 '홈 에스테틱' 개념으로 확대시키는 것이다.

올 하반기부터는 기존 방문판매 브랜드(오휘, 후, 숨 등)와 별개로 다비, 까쉐 브랜드를 체험해보고 살 수 있는 '뷰티 애비뉴'를 도입했다. 회사에서는 이를 새로운 개념의 제2의 방문판매라고 부른다. 회사 관계자는 "뷰티애비뉴는 고객들이 직접 와서 상담하고 갈 수 있는 새로운 개념의 방문판매 채널로 분류하고 있다"며 "직접 집을 방문해서 판매하기도 한다"고 말했다.

자료: 조선비즈, 2013. 12. 12. 발췌인용

〈표 9-2〉 경로구조 결정시의 고려요인

요인	긴 유통경로	짧은 유통경로
시장요인		
시장규모	소규모	대규모
지리적 분산정도	높음	낮음
구매빈도	높음	낮음
평균 주문 규모	소량	대량
제품요인		
용량	소용량	대용량
부패성	낮음	높음
단위당 가격	낮음	높음
제품표준화	높음	낮음
제품라인의 폭	좁음	넓음
제품라인의 깊이	얕음	깊음
기술적 복잡성	낮음	높음
기업요인		
규모	소규모	대규모
재정능력	약함	강함
경영능력	약함	강함
통제욕구	낮음	높음
경로 구성원 요인		
이용가능성	높음	낮음
협력 의지	높음	낮음
수행되는 서비스의 수	적음	많음
수행되는 서비스의 질	낮음	높음
경로 구성원 이용비용	낮음	높음

2) 통제성

기업의 입장에서는 제품이 유통되는 과정에서도 통제력을 유지하고 싶어한다. 자신이 계획한 전체 전략의 관점에서 유통 기능이 수행되기를 바라기 때문이다. 그러나 판매대리점의 경우 그들의 유통활동을 통제하기가 용이하지 않다. 그것은 판매대리점이 독립된 사업체로서 공급업자인 제조업체의 이익보다 자신

〈그림 9-4〉 자사판매원과 판매대리점

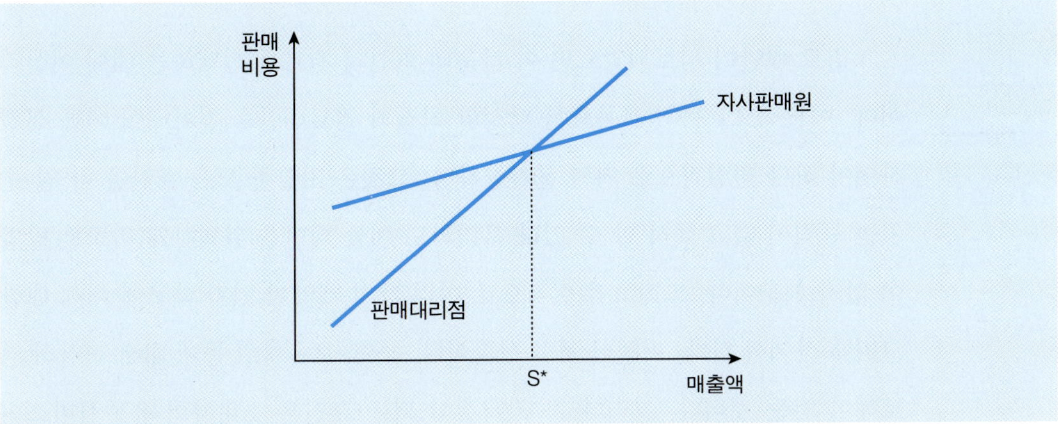

자료: Phillip Kotler and Gary Armstrong, *Princilpes of Marketing*, 7th ed., Prentice-Hall, 2004.

의 이익을 먼저 추구하기 때문이다. 따라서 보다 인기있는 다른 제품의 판매에 치중하다 보면 자사제품에 대한 판매활동에 소홀할 수 있으며, 아무래도 자사의 유통전략에 대한 이해나 실행의지가 떨어질 수 있다. 반면에 자사판매원은 기업 내부인력이므로 외부의 판매대리점보다 강력한 통제를 할 수 있다.

3) 적응성

유통환경은 지속적으로 변화하고 있어 여기에 적응해야 한다. 유통환경에는 기술, 경제, 사회, 문화, 법, 규제 등의 요인들이 있다. 이들 환경요인의 변화에 따라 고객의 유통서비스 욕구가 변하기도 하고 새로운 유통형태가 생겨나기도 한다. 이러한 변화는 기업의 유통전략에 변화를 요구한다. 이러한 변화에 얼마나 잘 적응할 수 있는가가 경로대안 평가에 고려되어야 한다. 그런데 일반적으로 고정적인 투자가 많으면 변화에 적응할 수 있는 유연성이 떨어진다. 따라서 상대적으로 고정적 투자가 많은 자사판매원은 경로를 변화시키려고 할 때 상대적으로 적응성이 떨어진다. 외부의 경로 구성원이라도 장기계약을 맺는 경우 계약의 내용에 따라 제조업자의 적응성이 감소할 수 있다. 그러므로 유통환경의 변화가 매우 빠르고 복잡하며 기업에 미치는 영향이 매우 큰 경우 어느 정도의 비용을 감수하더라도 적응성이 높은 유통경로를 선택하는 것이 필요하다.

5. 경로구조와 전략의 선정

경로 대안이 검토되었으면 이 가운데 최선의 경로를 선택하는 것이 이상적이다. 이론적으로는 경로목표를 달성할 최적의 경로대안을 찾아내어 이를 선정하여야 하나 현실적으로 거의 불가능하다. 그것은 가능한 모든 대안을 다 알 수 있는 능력이 없고 설사 알 수 있다 하더라도 이들 대안을 완벽하게 비교할 방법이 없기 때문이다. 그리고 현실적으로 여러 가지 제약이 있기 때문에 이에 대한 고려를 하여야 한다. 기업이 처한 상황이나, 능력, 보유자원 등에 대해 면밀히 검토해야 하는 것이다. 그러나 가장 핵심이 되는 요인은 소비자의 유통서비스의 충족과 이를 수행하는 데 들어가는 비용의 최소화이다. 결국 이 둘의 적정수준의 결합치를 발견하여야 한다. 결국 선정된 경로대안은 가장 이상적인 경로대안이 아니더라도 소비자의 유통서비스 욕구, 기업의 능력, 경쟁여건, 경영자의 경영이념 등을 종합적으로 고려한 가장 적합한 대안이 되어야 한다.

경로구조의 결정에서 주요한 부분의 하나가 경로구조의 소유에 관한 의사결정이다. 이는 직접경로와 간접경로의 선택의 문제이기도 하다. 유통경로는 기본적으로 직접경로와 간접경로로 구분되지만 현실적으로는 **혼합형 경로**(hybrid channels)를 채택하는 경우가 많다. 이는 소비자가 요구하는 유통서비스가 어느 한 경로형태로는 제대로 제공하기 어려울 경우 경로대안을 절충적으로 선택할 수 있다는 것이다. 예를 들어 대리점은 이런 혼합형 유통경로에 해당된다. 이러한 의사결정을 제조-구매(make-or-buy) 의사결정이라고도 하는데, 여기에는 거래비용적 요소가 개입되어 있다. 거래비용접근에 대해서는 〈부록〉에서 서술키로 한다.

유통경로는 한번 구축되면 변경하기가 쉽지 않다. 유통경로 구축에 상당한 투자가 수반되므로 이를 변화시키는 데는 막대한 전환비용이 들어가기 때문이다. 특히 유통전략이나 경로구조의 변화에 대해 기존의 유통경로 구성원이 반발할 경우 이를 해결하는 데 엄청난 노력과 시간 및 비용이 소모된다. 그러나 시간의 흐름에 따라 시장환경은 변화하게 되고 이에 따라 기존 유통경로를 변화시키거나 새로운 유통경로를 도입해야 할 필요성이 있게 된다. 시장이 성장, 성숙해

생활 속의 유통 소셜커머스 '삼국지' 2015

소셜커머스 시장을 놓고 경쟁이 한층 뜨거워지고 있다. 그동안 소셜커머스업체들의 경쟁은 겉은 요란한 TV광고로 벌이는 맞불 작전이 대부분이었고 온라인에서는 최저가를 내세운 쿠폰과 할인행사 등의 제살 깎아먹기 식의 가격 경쟁이었다. 그러나 최근엔 양상이 달라졌다. 쿠팡은 로켓배송이란 물류서비스로, 티몬은 고객 중심 서비스, 위메프는 가격이란 각사의 차별화 포인트를 내세워 눈에 보이지 않는 서비스 경쟁을 펼치고 있다.

쿠팡, 로켓배송으로 업계 1위 확보

소셜커머스 시장 1위 쿠팡은 특화된 서비스 로켓배송 덕을 톡톡히 보고 있다. 쿠팡의 로켓배송은 택배회사를 통하지 않고, 쿠팡의 물류담당 직원이 직접 소비자에게 배달을 해주는 서비스다. 로켓배송 이름처럼 소비자가 주문을 하면 보통 다음날 제품을 받을 수 있는 빠른 배송을 자랑한다. 또한 로켓배송은 기존 택배와는 다르게 친절함을 내세워 소비자들 특히 주부 소비자들의 마음을 사로잡고 있다. 최근 아기를 키우는 엄마들 사이에선 기저귀, 분유, 물티슈 등의 급하게 필요한 생필품은 쿠팡에서 구매하는 게 유행일 정도다.

뿐만 아니라 로켓배송으로 해외에서 대규모 투자를 유치하는데도 성공했다. 쿠팡은 손정의 소프트뱅크 회장으로부터 10억 달러 규모의 투자를 유치했다. 쿠팡은 지난해 미국 실리콘밸리 투자전문회사 세쿼이아캐피탈로부터 1억 달러, 미국 자산운용사 블랙록으로부터 3억 달러 투자유치에도 성공한 바 있다. 이런 대규모 투자 유치로 쌓은 자금을 바탕으로 쿠팡은 소셜커머스 시장을 넘어 e커머스 시장 전체를 선도해 나가겠다는 정책이다.

티몬, 신현성 대표 직접 고객 잡기 나서

티몬의 변화도 심상치 않다. 지난 4월 티몬 창업자 신현성 대표는 자신의 지분을 매각했던 그루폰으로부터 글로벌투자사 콜버그크라비스로버츠·앵커에퀴티파트너스와 함께 경영권 지분을 다시 인수했다. 이후 신현성 대표가 직접 캠페인에 나서며 변화된 티몬을 보여주고 있는데 신 대표는 유튜브 캠페인 광고에 직접 출연해 연기까지 하며 티몬의 새 서비스 알리기에 주력하고 있다. 캠페인 광고는 소셜커머스를 이용하다가 불편한 점들 때문에 분노한 조폭 김병옥이 신현성 대표를 잡아다가 혼을 내주는 내용의 코믹한 영상이다. 광고에서 소셜커머스의 단점을 고쳐 "더 잘하겠다"는 신현성 대표의 외침은 웃음을 주면서도 현실적이라 많은 공감을 받고 있다.

최근 티몬은 온라인 쇼핑의 필수 요소라고 할 수 있는 배송, 결제, 환불, 서비스 등을 강화로 차별화 정책을 선보였다. 결제의 불편함을 간소화해 3초 만에 결제할 수 있는 '티몬페이'와 사용하지 않으면 환불해 주는 '미사용 지역티켓 100% 자동환불제', 배송상품 반품 시 즉시 환불해주는 '바로 환불제', 배송경쟁력 강화를 위한 '무제한 배송지연 보상제', 등급에 따라 쿠폰할인 등 다양한 혜택을 받을 수 있는 '티몬 멤버십' 등 다섯 가지 서비스를 펼치고 있다. 모두 소셜커머스를 이용하던 소비자들이 가장 불편해했던 점들이다. 티몬을 다시 인수한 신현성 대표가 일거에 쏟아낸 고객 서비스들로 파격적이라는 평가를 받고 있다. 티몬 측은 쿠폰할인과 같은 단기적인 마케팅에서 벗어나 고객이 장기적으로 믿고 찾을 수 있는 쇼핑몰이 될 수 있도록 서비스 경쟁력 강화중이라고 말했다.

생활 속의 유통 소셜커머스 '삼국지' 2015 (계속)

위메프, 내우외환 넘어서 초심으로

연초 채용갑질 논란으로 내우외환을 겪었던 위메프는 신뢰도와 이미지는 바닥에 떨어졌고, 위메프 이용자도 줄었다. 위메프는 초심으로 돌아가 쇼핑의 본원적 경쟁력 확보에 나선다는 정책이다. 쇼핑의 기본은 가장 싼 물건을 쉽고 편하게 받는 거라는 점에 집중하고 있다. 지난해 소셜커머스 3사 중 판촉비용을 가장 많이 사용할 정도로 위메프는 쿠폰과 할인, 핫딜 등으로 소비자들에게 가격 경쟁력이 있는 위메프란 자리를 확보하려고 한다. 광고로 위메프를 알리기보다는 실질적인 소비자 혜택이 돌아가는 가격에 초점을 맞추고 있는 중이다. 위메프 측은 "이익을 줄여서 소비자에게 직접 돌려주는 게 실질적인 혜택을 주는 게 맞는 거다. 배송 역시 소비자에게 어떻게 싸게 전달할 수 있느냐가 더 중요하다"며 하반기에 쿠팡, 티몬과 본격적인 경쟁을 할 수 있는 히든카드를 꺼낼 것으로 보인다.

자료: 스포츠조선, 2015. 6. 12. 발췌인용

감에 따라 필요한 유통서비스가 달라질 수 있으며, 유통기술의 변화나 새로운 업태의 등장으로 이에 대응할 필요성이 생기기 때문이다. 때로는 기존의 유통경로 구성원과의 거래상황의 변화로 인해 갈등이 발생하거나 아예 기존의 유통경로가 사라지거나 바뀔 수도 있다. 따라서 유통경로를 설계할 때 이를 감안하여 유통구조를 유연하게 가져갈 필요성이 있으며, 경로 전략이나 구조의 변화시에는 기존 유통경로 구성원들의 반발이나 갈등을 완화시키면서 추진해 나가야 할 것이다. 이러한 경우 제조업자는 유통전략을 수정하여야 하며 유통경로의 디자인도 변화하게 된다. 따라서 제조업자는 유통환경의 변화를 주시하고 이에 따라 유통전략을 효과적으로 변화시켜 나가야 할 것이다.

경로 구성원의 결정

1. 경로 구성원의 선정

어떤 경로형태가 결정되면 구체적으로 누구에게 유통 기능을 맡길 것인지를 결정하여야 한다. 기업이 원한다고 해서 경로파트너가 되어주는 것은 아니다. 기업에 따라 우수한 중간상을 확보할 수 있는 능력은 다르다. 삼성, LG, 대우와 같은 대형제조업체와 중소가전업체의 대리점확보능력에는 차이가 있는 것이다. 한편 마텔(Mattel)은 바비의 여동생인 켈리인형을 특정 소매상과 독점적 계약을 맺고 판매함으로써 경쟁사와의 경쟁을 피하고 제품유통에 대한 통제를 강화하였다. 이 경우 해당 소매상이 기대만큼 성적을 내지 못하면 큰 위험에 봉착할 수도 있으므로 경로파트너의 선정은 매우 중요하다.

경로 구성원을 선택할 때 고려해야 할 요인은 매우 다양한데, 일반적이고 기본적인 요인들로는 ① 수익성, 유동성 등 재정적 여건과 신용상태, ② 판매원의 판매능력, 판매원의 수 등을 고려한 판매능력, ③ 경쟁제품 취급여부, 보완제품, 제품라인의 질 등 취급 제품계열, ④ 점포이미지와 같은 지역사회의 평판, ⑤ 도달할 수 있는 시장 커버리지, ⑥ 관련제품의 판매성과, 성장전망, 사후관리 등의 판매성과, ⑦ 사업경험이나 경영능력, ⑧ 적극성, 열의, 독창력과 같은 사업에 대한 태도, ⑨ 매출액, 점포의 규모 등이 있다.

이상의 요인들이 경로 구성원의 선택시에 일반적으로 적용될 수 있기는 하

〈그림 9-5〉 경로 구성원의 요건

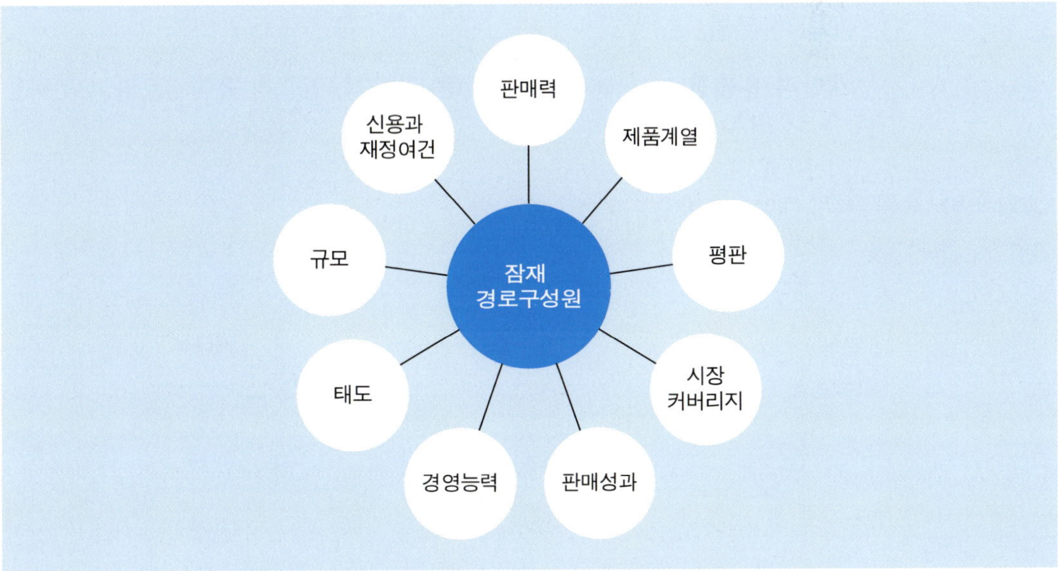

자료: Bert Rosenbloom, *Marketing Channels, A Management View*, 7th ed., The Dryden Press, 2004.

나 모든 경우에 다 적용되는 것은 아니며, 상황에 따라 보다 중요한 요인이 구별되거나 보다 구체적이고 특수한 요인이 아울러 검토되어야 할 것이다.

2. 경로 구성원의 수

유통경로의 유형 및 구성원의 형태나 조건이 결정되면 그 수를 얼마나 할 것인가를 결정해야 한다. 이 결정은 **유통개방도**(distribution intensity)에 대한 것으로 얼마나 넓은 시장을 커버할 것인가 하는 **시장커버리지**(coverage)의 문제이기도 하다. 다시 말해 특정지역에 얼마나 많은 수의 중간상을 확보할 것인가 하는 문제인 것이다. 유통밀집도가 높다는 것은 포함되는 경로 구성원의 수가 많다는 것이며, 반대로 낮다는 것은 경로 구성원의 선정이 제한적이어서 그 수가 작다는 것을 뜻한다. 여기에는 개방적 유통(intensive distribution), 선택적 유통(selective distribution), 전속적 유통(exclusive distribution)의 세 가지 형태가 있는데, 〈그림 9-6〉은 유통밀집도와 중간상의 수의 관계를 보여준다.

(1) 유형

1) 개방적 유통

개방적 유통경로(intensive distribution)는 집약적, 집중적 유통경로라고도 하는

〈그림 9-6〉 유통경로의 개방도와 중간상의 수

유통경로 개방도		
개방적	선택적	배타적

중간상의 수(소매상 수준)		
다수	소수	하나

자료: Bert Rosenbloom, *Marketing Channels, A Management View*, 8th ed., South-Western, 2013, p.188.

데, 넓은 시장을 확보하기 위하여 각 경로수준에서 가능한 한 많은 수의 중간상을 이용하는 전략이다. 이 전략은 소비자의 제품 구매빈도가 높으면서 중간상에게 요구되는 마케팅 기능이 그다지 중요하지 않은 제품이나 서비스에 적합하다. 특히 비누, 세제, 라면, 과자류 등 일상생활용품이나 편의품으로서 소비자가 장소적 편의성을 중요하게 생각하는 경우 적절한 전략이다. 이 경우 가급적 많은 수의 소비자에게 접근하기 위하여 많은 수의 중간상을 확보하는 것이 중요하기 때문이다.

이와 같이 개방적 유통은 많은 수의 중간상을 이용함으로써 매출을 증대시키는 효과를 내기도 한다. 그래서 시장점유율을 높이려는 기업은 개방적 유통전략을 사용하고 최대한으로 중간상을 포함시키려고 한다. 그러나 중간상의 수가 늘어난다고 해서 반드시 매출액이나 시장점유율도 계속해서 증대되는 것은 아니다. 그것은 어느 정도까지는 점포 수가 확장되면서 시장점유율이 증대되나 점포점유율이 일정 수준을 넘어서면 시장점유율의 증가는 체감되기 때문이다. 그 밖에 경쟁의 증가에 따른 가격인하, 마진 축소 효과, 중간상의 증대에 따른 재고비용의 증가 등으로 수익성에 나쁜 영향을 줄 수도 있으므로 무조건적인 중간상의 확대는 조심하여야 한다.

2) 선택적 유통

선택적 유통경로(selective distribution)는 개방적 유통경로에 비해 경로 구성원의 수를 제한하나 전속적 유통경로보다는 많은 수의 구성원을 이용한다. 이는 기업의 입장에서 자신들의 유통경로 전략에 보다 적합한 중간상을 선택하거나 시장커버리지가 개방적 유통에 비해 상대적으로 좁은 경우에 사용된다. 이 전략은 소비자가 쇼핑 가능한 지역시장 내에서 경쟁제품이 있거나 이들 경쟁제품에 대한 정보를 소비자가 어느 정도 탐색하는 경우에 적합한 전략이다. 대부분의 가전제품이나 화장품과 같은 선매품류(shopping goods)의 제품이 선택적 유통전략을 사용한다. 선택적 유통경로는 개방적 유통경로에 비해 더 많은 통제를 하게 되며, 상대적으로 적은 비용으로 시장을 확보하게 된다.

이 의존하고 있는 정도에 비례한다. 최근 대형유통업체나 대형할인점의 제조업체에 대한 영향력이 커지는 것도 이들 대형할인점의 시장지배력이 강화되면서 제조업체의 대형할인점에 대한 의존도가 점차 커지고 있기 때문이다.

(2) 힘의 원천

유통경로상에서 상대방과의 관계를 유지하고 협조를 얻기 위하여 다양한 힘의 원천(sources of power)이 활용되는데, 여기에는 강제력, 보상력, 합법력, 전문력, 준거력, 정보력 등이 포함된다.

1) 강제력

강제력(coercive power)은 제조업자의 요구에 중간상이 협조하지 않을 경우 처벌을 하거나 불이익을 줌으로써 중간상이 통제나 요구를 받아들이도록 하는 힘이다. 예를 들어 인기제품에 대한 공급을 줄이거나 서비스나 운영 보조금 등의 지원을 줄일 수 있다. 이러한 강제력은 중간상의 제조업자에 대한 의존도가 클 때 발생한다. 그러나 강제력의 사용은 중간상에게 저항하기 위한 조직을 만들거나 기회주의적인 행동을 야기하는 등 부정적인 효과를 낼 수 있다. 최근에는 유통업체의 규모가 대형화되고 시장에서의 지배력이 강화되면서 강제력이 유통업체로 이동되는 양상을 보이고 있다.

2) 보상력

보상력(reward power)은 중간상의 협조나 성과에 대해 보상해 줄 수 있는 힘으로써 재정적 수입이 그 대표적 예이다. 상품의 판매에 따른 이익이 크거나 운영보조금, 광고 및 판촉지원이 크면 보상력은 커지게 된다. 이러한 보상력은 경로를 장기적으로 유지하는 기본적인 유인이 된다. 따라서 보상력은 대체로 강제력보다 경로 구성원의 태도나 경로성과에 좋은 효과를 낸다. 그러나 적절치 못한 보상은 보상을 지나치게 기대하는 심리를 키워 어떤 일이든 일에 대한 보상이 주어지지 않는 경우 불만을 야기시킬 수도 있다.

〈그림 9-7〉 힘의 원천

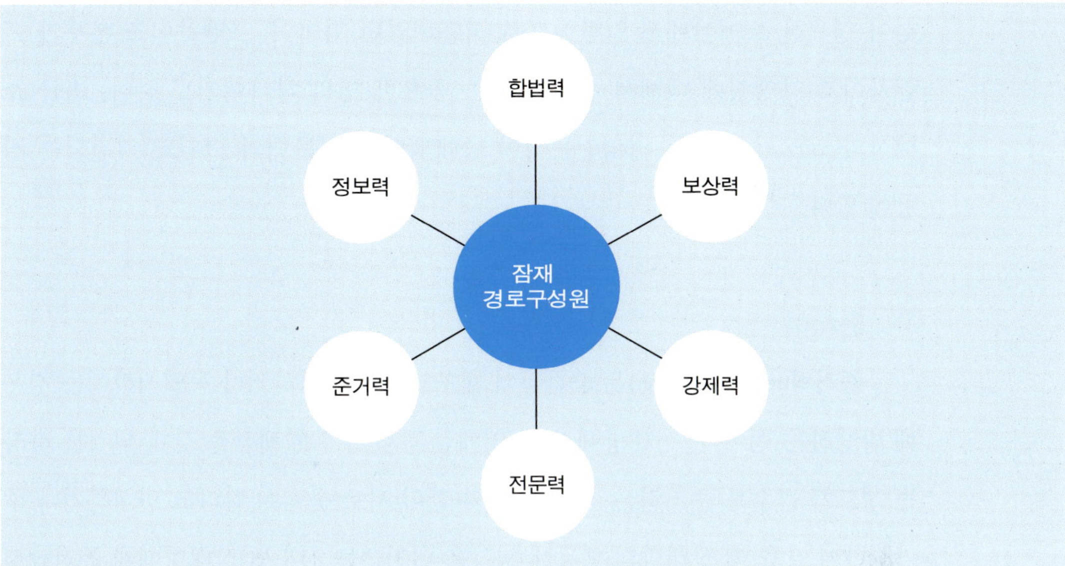

3) 합법력

합법력(legitimate power)은 한 쪽에 영향력을 행사할 수 있는 권한이 있고 상대방이 이를 받아들일 의무가 있을 때 발생하는 힘이다. 즉 상대방이 어떤 행동을 요구할 수 있는 합법성이나 정당성을 가지고 있다고 인식할 때 발생한다. 일반적으로 한 조직 내에서는 합법력이 중요한 힘의 원천으로 받아들여지고 있다. 이에 반해 유통경로는 조직내부와 같은 명확한 상하관계가 이루어지는 것은 아니나 거래계약이나 오랜 상거래 관습에 따라 형성된 규범에 의해서 중간상에게 협조를 요구할 수 있는데 이것이 합법력이다. 합법력에 근거한 처벌은 수용되고 긍정적으로 받아들여지는 반면 합법적이지 못한 처벌은 반발을 사고 부정적인 태도를 야기시킨다.

4) 전문력

전문력(expert power)은 상대방에게 가치있는 시장이나 사업운영에 대한 지식으로부터 나오는 힘이다. 제조업자가 중간상이 필요한 전문적인 지식을 가지고 있어 중간상에게 발생하는 운영상의 문제를 해결해 주는 데 도움을 줄 수 있으면 중간상은 제조업자에게 협조하려 할 것이다. 전문력은 그동안 경영상의 전문성이 영세한 소매상에게 일반적으로 적용되었던 힘이며, 프랜차이즈 본부가 프랜차이즈 가맹점에 대해서 지니고 있는 중요한 힘의 하나이기도 하다. 최근 소매상의 규모가 커지고 경영전문성이 증대되면서 전문력의 크기도 역전되는 경향이 있다.

5) 준거력

준거력(reference power)은 중간상이 제조업자를 존경하거나 동일시하려는 경우에 발생하는 힘이다. 상대방에 대해 일체감을 갖거나 일체감을 갖게 되기를 바라는 정도가 클수록 준거력은 커진다. 이와 같이 서로 목적이 같다고 인식하거나 준거집단이 같을 때 상대방의 행동에 영향을 미치려는 시도는 상대방에게 목적달성에 도움이 되는 것으로 더 잘 받아들여지게 된다. 제조업자에게 준거력이 존재하는 경우 중간상이 제조업자와 거래하는 것 자체를 가치있는 일로 여기고 제조업자와의 관계를 유지하려고 하기 때문에 제조업자에게 기꺼이 협조하는 것이다.

6) 정보력

정보력(informational power)은 중간상의 운영이나 의사결정에 필요한 정보를 지니고 있을 때 생기는 힘이다. 앞서 언급한 전문력도 정보의 한 형태라고 할 수 있으나 정보는 객관적 사실이라는 데 차이가 있다. 예를 들어 제조업자가 중간상의 머천다이징이나 재고관리에 전문적 지식을 토대로 제안을 하는 것은 전문력이고, 중간상이 모르고 있는 시장의 동향을 알려 주는 것은 정보력이다.

(3) 힘의 원천과 갈등

유통경로상에서 조정과 통제를 위해 힘을 어떻게 사용하는가에 따라 야기되는 갈등의 수준은 달라진다. 힘의 원천 가운데 강제력은 부정적인 수단을 토대로 하고 있기 때문에 어느 한쪽이 강제력을 보유하고 있다는 것은 유통경로 내의 갈등을 증가시키며, 전문력, 준거력, 정보력은 신뢰나 일체감 등 긍정적인 요소를 기반으로 하고 있어 갈등을 감소시킨다. 보상력과 합법력은 상황에 따라 갈등에 미치는 영향이 다르게 나타나고 있다. 이는 힘의 원천을 지각하는 것과 실제 힘을 사용하는 것과 차이가 있기 때문이다. 예를 들어 보상할 수 있는 능력이 있으면서 제대로 보상하지 않는 경우 오히려 갈등이 커질 수 있다. 힘을 지니고 있다는 인식에 따른 효과와 실제 이 힘을 사용하는 데 대한 효과가 달라질 수 있다는 것이다.

이와 같은 힘의 원천에 따라 보상이나 처벌이 어떻게 주어지느냐는 경로 구성원들 간의 갈등에 지대한 영향을 주게 된다. 일반적으로 보상은 긍정적인 효과를 내고, 처벌은 부정적인 효과를 내지만 실제 어떤 상황에서 어떤 방식으로 주어지는가에 따라 그 효과는 상당히 달라지게 되는 것이다. 예를 들어 보상이 주어지더라도 다른 경로 구성원과의 성과에 따른 분배가 공정하게 이루어지고 있지 않다고 인식하게 되면 오히려 갈등이 증대될 수 있다. 따라서 보상은 경로 구성원 간에 할당된 기능과 역할, 그리고 이를 수행한 성과 및 공헌도를 토대로 공정하게 분배될 때 비로소 긍정적인 효과를 내게 되는 것이다. 결국 보상이나 처벌이 어떻게 활용되고 관리되느냐에 따라 그 효과가 달라지므로 시기와 방법을 잘 고려하여 적절히 활용하여야 한다.

3. 갈등의 개념과 유형

유통경로 구성원들은 각기 특정 분야에 전문화되어 있어 서로 필요한 기능이나 자원을 얻기 위해서는 상호의존적일 수밖에 없다. 따라서 시스템적 관점에서 전체 유통시스템의 효율을 높이기 위해서는 이들 경로 구성원들이 서로 협력해야 한다. 그러나 각 경로 구성원은 사업적으로 독립적이어서 자신의 이익을 우선적으로 추구하게 되므로 구성원 간에 갈등이 발생하게 된다. 더욱이 경로 구성원인 중간상들은 그 특성상 자율성을 추구하는 성향이 매우 강해 구성원 간의 상호작용과정에서 갈등이 발생할 여지가 많다. 특히 최근 대형유통업체가 생겨나 영향력이 커지고 유통업체도 자체상표(PB)를 보유하고 확대하면서 제조업자와 유통업자 사이에 갈등의 소지가 더 많아지고 있다. 따라서 기업의 입장에서는 이러한 갈등현상을 적절히 관리해야 할 필요성이 더욱 커지고 있다.

(1) 갈등의 정의

사회적 시스템에서 한 구성원이 다른 구성원의 행위를 자신의 목적달성이나 효과적인 성과달성을 방해하는 것으로 지각하게 되면 욕구불만(frustration)이 발생하게 되는데 이것이 갈등이다. 이러한 갈등은 상호의존관계에 있는 구성원 사이에 발생하게 되며, 따라서 상호의존이 크면 클수록 갈등의 기회는 그만큼 커지게 된다.

유통경로에서도 목표달성을 위해 서로 상호의존관계에 있는 경로 구성원들 사이에 갈등이 발생하는 것은 어쩔 수 없다. 특히 독립적인 경로 구성원들 사이에서는 이해관계가 더욱 상충하기 때문에 갈등은 피할 수 없다. 예를 들어 제조업자의 판매실적을 늘리고 재고부담을 줄이기 위해 중간상의 재고수준을 높이는 것은 제조업자에게는 유리한 현상이나 중간상에게는 재고부담을 증대시키므로 불리하다. 양쪽이 모두 재고수준에 따라 이익에 영향을 받게 되므로 적정재고 수준에 대한 인식의 차이가 갈등을 발생하게 되는 것이다.

(2) 갈등의 효과

일반적으로 갈등은 부정적인 개념으로 받아들여지고 있다. 그러나 경로상의 갈등이 언제나 부정적인 영향을 주는 것은 아니다. 갈등은 경로 구성원 사이의 관계를 나쁘게 하거나 성과를 감소시키는 역기능만 있는 것은 아니며, 경로성과를 향상시키는 순기능도 가지고 있어 어느 정도의 갈등은 오히려 경로성과를 높이는 데 기여한다. 다시 말해 어느 수준까지 갈등은 경로성과에 긍정적인 영향을 미치며 일정 수준을 넘어서면 부정적인 영향을 미친다는 것이다. 〈그림 9-8〉에서 보듯이 C1까지 갈등이 아주 낮은 수준에서는 경로효율에 미치는 영향은 거의 없고 C1을 넘어서서 C2까지는 갈등이 효율을 증대시킨다. 그러나 갈등 수준이 C2를 넘어서면 효율을 감소시키게 된다. 따라서 경로효율을 증대시키기

〈그림 9-8〉 갈등과 경로효율

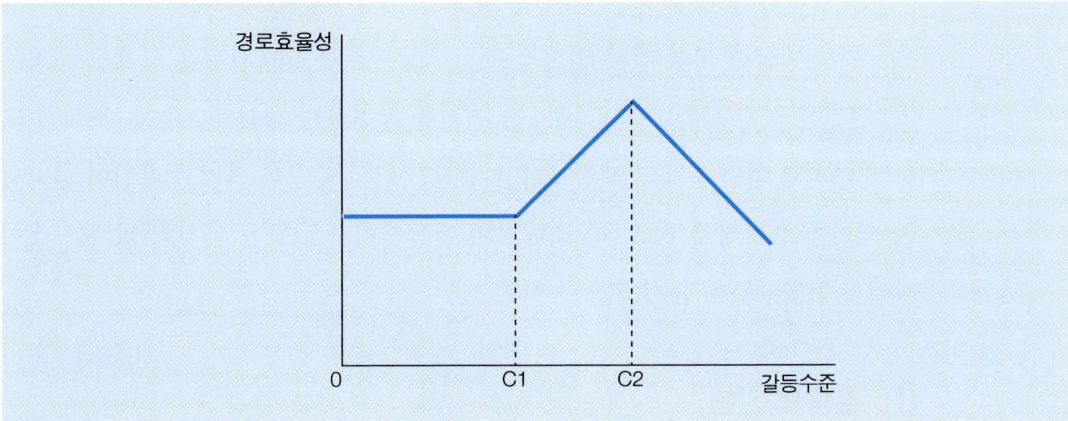

자료: Bert Rosenbloom, *Marketing Channels, A Management View*, 7th ed., The Dryden Press, 2004, p. 130.

위한 갈등관리는 갈등을 완전히 제거하기보다 적정한 수준으로 유지하는 것이라 할 수 있다. 그러나 이와 같은 패턴이 실증적으로 완벽하게 검증되어 있는 것은 아니며, 갈등의 형태, 갈등 이슈, 성과차원으로 인해 다른 결과를 보이고 있어 지나친 일반화는 주의해야 할 것이다.

(3) 갈등의 유형

유통경로상의 갈등은 수평적으로 또는 수직적으로 발생하게 된다. **수직적 갈등**은 유통경로 내에 서로 다른 수준의 경로 구성원 간의 갈등으로서 자동차제조업체와 딜러, 가전제조업체와 대리점 사이의 갈등이 여기에 해당된다. **수평적 갈등**은 동일한 수준의 경로 구성원들 사이의 갈등으로 같은 의류대리점 사이의 갈등이나 프랜차이즈가맹점 사이의 갈등이 그 예이다.

복수경로를 채택하고 있을 때에도 경로 간에 갈등이 발생할 수 있는데, 대리점을 통해 판매하는 기업이 직접 우편판매에 나설 때 대리점과 갈등을 빚을 수 있으며, 동일 제품을 백화점과 대리점에 동시에 팔거나 대형할인점, 인터넷, 홈쇼핑등에 낮은 가격으로 공급할 때도 갈등이 발생하게 된다. 이와 같은 복수경로상의 갈등은 한 경로 구성원이 대량구입 등의 방법을 통해 낮은 가격을 책정하거나 저마진으로 판매할 때 더 심해지는 경향이 있다.

4. 갈등의 관리

앞서 언급한 바와 같이 일반적으로 어느 정도까지의 갈등은 문제를 시정하고, 건전한 경쟁을 촉발하며, 새로운 기회를 발견하는 등의 순기능을 보이게 되나 지나치게 되면 문제의 해결보다 구성원 사이의 불만이 커지고 자원이 낭비되는 역기능이 커지게 된다. 이에 따르면 갈등관리란 갈등을 완전히 없애는 것이 아니라 적정수준을 유지하는 것이다.

(1) 갈등의 진단

갈등은 경로 구성원 사이의 목표, 지각, 영역상의 불일치 때문에 발생하게 되는 분쟁의 중요성과 심각성(intensity), 빈도(frequency)에 의해 그 정도가 결정된다. 갈등의 심각성은 순간적으로 일어났다 쉽게 잊혀질 수 있는 사소한 수준에서 거래를 끝내거나 소송까지 가는 아주 심각한 정도까지 있으며, 갈등의 빈도는 드물게 일어나는 수준에서 지속적으로 격렬하게 일어나는 정도까지 있다. 이 두 가지와 분쟁의 중요성이 표출된 갈등의 정도를 결정하게 된다.

(2) 갈등해결 전략

앞서 언급한 바와 같이 갈등 자체가 바람직하지 못한 개념이라기보다는 갈

생활 속의 유통 롯데 vs 샤넬

롯데 vs 샤넬 '원칙이냐 보복이냐'

롯데는 '원칙'을 내세웠고 샤넬은 '보복'을 의심했다. 그러나 롯데와 샤넬의 기 싸움은 결국 샤넬 화장품이 롯데백화점 7개 매장에서 철수하는 것으로 결론이 났다. 롯데백화점은 '자리를 안 옮기려면 나가라'고 요구했고 샤넬은 '자리를 옮기느니 차라리 나가겠다'고 대응했다. 매출 실적을 내세운 롯데의 요구가 받아들여진 것이지만 위치이전 대신 철수를 택한 샤넬도 결국 자존심을 굽히지 않은 셈이다.

존재 자체가 감사한 샤넬?

일반적으로 백화점 측이 매출이 부진을 이유로 브랜드 측에 요청하는 사항들은 대부분 수

생활 속의 유통 롯데 VS 샤넬 (계속)

용되기 마련. 이번 문제는 그 상대가 샤넬이라는 세계적인 명품 브랜드라는 데 있었다. 롯데와 샤넬 간의 갈등이 국내 최대의 백화점 유통채널을 가진 유통업체와 세계적인 명품 브랜드 간의 대결로 비춰진 이유도 거기에 있다. 결국 샤넬은 명품의 자존심을 내세워 자리를 이전해 달라는 롯데의 요구를 받아들이지 않았다. 최고의 명품 브랜드인 만큼 매출과는 관계없이 상징성을 가진다는 자신감도 내포돼 있었다. 끝까지 자존심을 굽히지 않은 샤넬은 결국 롯데백화점 7개 매장에서 철수를 결정했다.

롯데의 보복성 조치?

롯데의 '원칙론'에도 불구하고 찝찝한 구석은 있다. 샤넬은 부산 신세계 센텀시티점에 샤넬 부티크 입점이 결정된 이후 롯데의 태도가 강경해졌다고 주장한 바 있다. 롯데엔 입점하지 않고 바로 옆 경쟁 점포인 신세계에 입점을 결정한 것에 대한 보복성 조치라는 것이다. 그러나 롯데백화점은 입점한 화장품 브랜드 24개의 매출을 집계한 결과 샤넬은 5위에 머물렀고 그 결과를 바탕으로 매장 위치 조정에 관한 내용을 전 협력사에 전달한 것일 뿐이라고 주장하고 있다.

샤넬의 빈자리는 누가

롯데백화점의 서울 소공동 본점을 비롯해 잠실점, 영등포점, 노원점, 부산점, 대구점, 광주점 등 7개 점포에서 샤넬이 빠지기로 한 만큼 샤넬의 빈 자리는 누가 차지할지에 관심이 모이고 있다. 롯데백화점 측은 샤넬 철수 결정이 내려지고 곧바로 '샤넬, 그 이후'를 준비하고 있다. 롯데백화점 관계자는 "7개 점포별로 매출 상위 브랜드의 위치를 더 좋은 곳으로 옮기거나 면적을 확대하고, 최근 화장품 시장에서 새롭게 인기를 얻고 있는 브랜드들을 추가로 입점시키는 등의 MD 개편 계획을 준비 중"이라고 말했다.

자료: 헤럴드경제, 2009. 1. 20. 발췌인용

샤넬-롯데 3년만에 '화해'

샤넬화장품이 롯데백화점이 재입점한다. 샤넬은 지난 2009년 갈등을 빚으며 철수했던 롯데백화점 본점을 비롯해 수도권 내 점포 한 곳에 재입점하기로 결정했다. 본점은 8월말 오픈 예정으로 현재 행사장으로 활용되는 1층 자리에 매장을 열게 될 것으로 알려졌다.

샤넬과 롯데백화점은 2009년 당시 화장품 매장 위치 변경을 두고 이견을 좁히지 못하고 등을 돌렸다. 앞서 2008년 8월부터 매장 면적과 위치 변경안을 놓고 6개월여 간 협상을 벌여왔으나 합의점을 찾지 못했었다. 이후 롯데백화점은 7개 점포에서 샤넬 매장을 뺐다.

그러나 3년 6개월여 만에 극적으로 화해무드가 형성되며 샤넬의 재입점이 성사됐다. 업계는 샤넬과 롯데백화점이 명분보다 실리를 우선시하는데 공감대를 형성한 것으로 추측하고 있다. 샤넬의 입장에서는 유통 1인자 롯데와의 사이가 소원해지는 것을 원치 않았고, 롯데 역시 샤넬화장품의 꾸준한 인기를 무시할 수 없었다는 분석이다.

자료: 스포츠한국, 2012. 7. 3.

등을 해결하는 과정이 부적절하여 부정적인 결과를 낳는 경우가 많다. 따라서 갈등의 순기능과 역기능을 감안하여 갈등을 해결할 수 있는 적절한 전략의 구사가 필요하다.

유통경로상의 갈등을 해소하는 방법으로 고차원적 목표를 설정하거나 갈등을 해소하는 메커니즘을 활용하게 된다. 갈등해소 메커니즘은 크게 과정적인 메커니즘과 기구적인 메커니즘으로 나눌 수 있다. 과정적 메커니즘은 갈등과정에서 일어나는 행위적 측면의 해결 전략으로 문제해결, 설득, 협상, 정치적 해결 등이 있다. 기구적인 메커니즘은 구조적 변화를 통해 갈등해결을 시도하는 것으로 위원회 구성, 인력교환, 협회공동가입, 경계인활용 등이 있다.

경로리더십과 협력적 관계관리

유통경로관리를 효과적으로 수행하기 위해서는 경로 구성원들이 맡은 과업을 성실히 수행하도록 리더십을 발휘해야 하고 경로 구성원들로부터 협력을 얻을 수 있어야 한다. 이러한 리더십은 앞서 설명한 힘이나 영향력 행사와 일관성이 있으면서 상호보완적으로 작용되어야 한다.

1. 경로리더십

(1) 경로선도자

경로선도자(channel captain)는 유통경로를 구성하고 있는 구성원들의 기능을 조정하고 과업을 효과적으로 수행할 수 있도록 통제하는 역할을 한다. 이를 위해 경로선도자는 자신이 보유하고 있는 다양한 형태의 힘을 활용하게 된다. 그럼으로써 유통시스템의 균형을 유지하고 설정된 전체 시스템의 목표를 달성할 수 있도록 선도하는 것이다.

리더십은 특정 사안에 대해 힘을 가지고 있고 그 힘을 행사하고자 하는 경로 구성원에 의해 발휘된다. 경로선도자는 경로 구성원이 주어진 기능과 역할을 제대로 수행했을 때 이를 보상해 주고, 약속을 파기하거나 책임이나 의무를 이행하지 않았을 때 처벌을 가함으로써 경로 구성원을 통제하게 된다. 이외에도 상거래관습이나 계약에 따르도록 권유하고 선도자가 지니고 있는 전문적인 지식이나 정보를 활용하여 경로 구성원이 따르도록 한다.

(2) 리더십의 유형

1) 참여적 리더십

참여적 리더십(participative leadership)에서는 경로 구성원들을 의사결정 과정에 참여시켜 함께 상의하고 조언을 구한다. 이러한 참여적 과정을 통해 추종자의 입장을 반영함으로써 경로 구성원의 협력을 유도할 수 있고 경로내 갈등을 감소시킬 수 있다.

2) 지원적 리더십

지원적 리더십(supportive leadership)은 경로 구성원이 필요로 하는 것을 파악하여 제공하며, 그들의 복지를 개선하고 우호적인 과업환경을 형성한다. 이를 통해 쾌활한 분위기를 조성함으로써 갈등을 감소시켜 나간다.

3) 지시적 리더십

지시적 리더십(directive leadership)에서는 과업환경을 조직하고 정의하며, 경로 구성원에게 수행하여야 할 기능을 할당하고 업무성과를 평가하는 과정에 강력한 리더십을 발휘한다. 지시적 리더십은 경로활동의 계획, 조직, 조정, 통제를 통괄함으로써 경로시스템의 목표, 정책, 활동절차가 일관성을 지니게 된다. 이러한 일관성있는 리더십을 통해 과업의 모호성을 감소시킴으로써 갈등을 줄이게 된다. 지시적 리더십은 업무가 명확한 경우 갈등해결에 효과가 별로 없으며, 업무의 내용이 모호한 경우 갈등을 감소시키는 효과가 크다.

(3) 경로리더십의 변화와 전망

1) 경로리더십의 변화

유통경로상의 기능과 역할을 할당하고 리더십은 지속적으로 변화하여 왔다. 전통적으로 제조업체는 기업의 규모나 시장지배력을 토대로 경로선도자의 역할을 해 왔다. 제조업체는 시장성있는 제품의 개발, 소비자의 인지도나 애호도를 높이는 촉진활동 등을 통해 도매상과 소매상보다 우월한 힘을 가지게 되었던 것이다. 때로는 제조업체가 풍부한 자금력을 토대로 중간상을 수직적으로 통합하여 직접 통제하기도 한다. 이와 같은 상황에서는 제조업체가 선도하는 유통경로관리는 제조업체가 생산한 제품을 소비자에게 전달하는 과정으로서의 유통전략을 수립하는 주체가 제조업체 자신이므로 유통업체는 이를 추종해야 한다는 인식이 밑바탕에 깔려 있다.

이렇게 기존의 제조업자가 지배하고 있던 유통경로는 대형소매상의 등장으로 유통경로 주도권을 놓고 제조업자와 유통업자 사이에 치열한 다툼이 일고 있다. 특히 대형할인점의 등장과 전국적인 대규모 체인화는 이러한 다툼을 본격화하고 있다. 기존의 가격보다 싼 가격 또는 변화된 거래조건으로 납품하기를 요구하는 대형할인점에의 납품을 거부하던 제조업체들이 유통환경이 변화함에 따라 입장을 바꿈으로써 주도권이 유통업자에게 넘어가는 양상을 보이고 있는 것이다. 이 와중에 도매상의 경로 리더로서의 입지도 상당히 약화되고 있다. 도매상은 공급업자와 소매상이 영세하고 수가 많으며 넓은 지역에 산재해 있을 때 경로리더의 역할을 수행해 왔다. 제조업체의 규모가 작지 않더라도 자금력이 풍부하지 않거나 유통에 대한 관리능력이 없을 때도 리더의 역할을 하였다. 그러나 제조업체와 소매상의 규모가 커짐에 따라 상대적으로 리더로서의 위치는 약화되었다.

2) 경로리더십의 전망

이러한 현상은 시장에 대한 정보, 특히 소비자의 구매행동에 대한 정보가 유통업자에게 특히 소매상에게 축적될수록, 유통업자의 상호에 대한 소비자의 선호도나 애호도가 증대되면서 가속화되고 있다. 더욱이 전문적인 경영능력과 자본의 축적을 통해 대형화에 성공함으로써 경로리더의 역할을 더 많이 담당하고 있는 것이다. 소규모 소매상도 체인이나 조합의 결성을 통해 조직화함으로써 협상력을 키우고 집단적으로 리더십을 확보하기도 한다. 그러나 소매상의 경우 PB를 개발하는 등 영향력을 확대시켜 나가고는 있지만 모든 경로 기능에 다 영향력을 행사하는 것은 아니다. 자신의 이익에 직접 관련이 있는 가격할인이나 판촉, 지원 등에 관심을 보이고 있으며 소매상으로서의 소비자접객에 따른 기능에 더 초점을 맞추고 있는 것이다.

결국 현 단계에서는 필요한 유통 기능을 수행하는 데 있어 효율성이 경로 구성원마다 차이가 있으므로 어느 한쪽이 일방적으로 경로리더에 적합하다고 할 수는 없다. 환경의 변화에 따라 보다 중요한 기능을 보다 효율적으로 수행하는 경로 구성원에게 힘이 실릴 것이고 그 경로 구성원이 자연히 경로리더의 역할을 하게 될 것이다.

2. 협력적 관계관리

(1) 관계관리의 개념과 필요성

최종 소비자가 기대하는 유통서비스를 제대로 제공하기 위해서는 유통시스템이 적절히 설계되어야 할 뿐만 아니라 필요한 기능을 수행하는 경로 구성원들이 서로 협력하는 것이 매우 중요하다. 유통경로는 경로 구성원들의 협력을 통해 시너지와 효율성이 극대화되고 소비자 가치도 최대화되는 것이다. 따라서 대부분의 제조업체는 중간상의 협력을 얻어내려고 노력하게 된다. 그래서 높은 마진, 광고지원, 대금결제기일 조정, 매출유인책 등 각종 인센티브를 제공하거나 때로는 인기제품을 적게 할당하거나 배달 지연, 마진 축소 등의 위협적인 방법을 동원하기도 한다. 이러한 회유와 위협의 방법은 단기적으로 경로 구성원들의 협력을 얻어내는 데는 효과적일 수 있으나 장기적인 협력관계를 맺는데는 한계가 있다.

생활 속의 유통 제조업체, 중국 온라인 유통시장 발전 대비해야…

중국의 온라인 유통시장은 아직 보급 초기 단계(2011년 유통시장 시장점유율 4.4%)에 머물러 있다. 현재는 소득 수준이 낮고 인터넷에 익숙한 대도시 젊은이들이 주 고객층이지만 최근 고연령, 고소득 계층과 3, 4선 도시지역 거주자들의 참여가 빠르게 늘고 있는 상황이다. 인터넷 보급률과 온라인 구매 침투율이 빠른 속도로 높아지는 가운데 중국 온라인 유통시장의 성장잠재력은 매우 강력한 것으로 평가된다.

LG연구소는 '중국 유통시장 온라인發 지각변동 시작됐다' 보고서를 통해 제조업체들의 유통 및 마케팅 전략에 변화가 필요하다는 지적을 내놨다. 지난해 8월 중국 온라인 가전유통의 1인자 징둥상청이 가격전쟁의 신호탄을 쏘아올린 것을 시작으로 징둥상청, 쑤닝, 궈메이 등 중국 유통업체들 간 경쟁이 치열해졌다.

보고서는 온라인 유통시장이 향후 5년간 폭발적 성장세를 이어가면서 중국 유통시장의 판도를 바꿔놓을 것으로 보고 있다. 온라인 유통업체들 간의 경쟁은 단기적으로 가격전쟁을 통한 고객 빼앗기 위주로 전개될 것이며 2~3년 후에는 물류, 정보시스템 등 인프라 확충 능력이 핵심 경쟁 요인으로 등장할 것으로 예상한다.

보고서는 온라인 발 유통시장 지각변동을 맞이할 제조업체들에게 다섯 가지 대응 전략을 제시했다. 먼저 유통업계 판도 변화에 따라 채널 간 판매배분 비율을 조정해야 한다고 조언한다. 1, 2선 대도시 시장에서는 온라인 유통채널 성장세에 편승하고 3, 4선에서는 브랜드숍을 앞세워 신시장을 개척하는 배합전략을 고려해야 한다는 설명이다.

제조업체의 가격 주도권이 흔들릴 수 있기 때문에 가격관리 규범화의 중요성도 커진다. 온라인 채널의 소비자 가격은 오프라인에 비해 낮은 것이 일반적이다. 가격전쟁이 벌어지면 온라인 채널 간에도 소비자 가격이 제각각이 될 우려가 있다. 보고서는 가격 정책을 규범화해 가격혼란을 최소화하고 온라인 유통이라는 대체 채널 등장을 오프라인 채널에 대한 협상력 강화의 촉매로 활용하는 전략이 절실하다고 조언했다.

유통 판도 변화가 가져올 소비자 행태 변화에도 잘 대응해야 한다. 소비자들이 온라인 가격에 익숙해지면 상대적으로 높은 가격의 오프라인 채널에서는 고품질의 '판매 시 서비스' 및 양질의 '판매 후 서비스'가 수반돼야 한다. 부스 및 매장 설계와 현장 프로모션에 있어 긍정적인 고객체험을 강화하는데 역점을 둬야 한다.

연구소는 또 "온라인 마케팅을 오프라인 마케팅과 차별화할 필요도 있다"며 "SNS를 통한 소비자 체험 관리 역량 강화, 온라인 유통채널과의 협력을 통한 온라인 특화 제품 및 모델 제조와 판매, 온라인 채널 특성에 맞는 부품, 액세사리, A/S 등의 상품화를 통한 별도 수익원 창출 등도 고려해 볼 수 있다"고 전했다.

마지막으로 온라인 유통 선두업체들이 가격 민감도가 높은 방대한 고객 풀을 레버리지로 활용해 가격인하 공세를 펼 공산이 크다고 봤다. 제조업체의 협상력은 유통의 기존 판도가 흔들릴 때 세지고 새로운 판도가 형성되면 약해지기 때문에 유통 판도의 변화의 소용돌이는 제조업체에게 브랜드 파워를 키울 수 있는 절호의 시기라는 것이 연구소 측의 설명이다.

자료: 뉴시스, 2013. 1. 15.

장기적인 협력관계를 맺기 위해서는 보다 정교한 방법을 사용해야 한다. 유통경로내 장기협력관계란 최종소비자가 기대하는 유통서비스를 만족시켜주기 위하여 경로 구성원들이 장기적으로 서로의 활동을 조정하는 한편, 자신의 성공이 상대방에 달려 있다는 동반자적 사고가 지배하는 거래관계이다.

통상 유통경로에서는 장기적인 거래관계를 추구하기 때문에 경로 구성원 간의 협력적 관계의 구축은 무엇보다 중요하다. 이와 같이 지속적인 거래관계를 전제로 이루어지는 교환을 **관계형 교환**(relational exchange)이라고 한다. 관계형 교환에서는 현재의 거래뿐만 아니라 미래의 거래와 이익에도 관심을 가지게 되므로 장기적인 거래관계를 통한 이익의 최대화를 위해 서로 협력하는 체제를 구축하게 되는 것이다.

유통경로상에 장기적 협력관계가 구축됨으로써 상호 안정된 시장을 확보하고 다른 경로 구성원이 지니고 있는 특수한 자산이나 기술을 활용할 수 있으며, 비용을 절감할 수 있게 된다. 특히 제조업체는 매출을 증대시킬 수 있으며, 소비자의 욕구에 대한 정보를 지속적으로 획득하고, 이를 통해 신제품에 대한 아이디어를 얻거나 품질이나 공정개선의 기회를 얻게 된다.

(2) 협력적 관계관리의 구축

유통경로는 성격상 장기적인 관점에서 설계되기 때문에 경로 구성원 간의 관계관리는 장기적인 협력관계의 구축을 목표로 하는 것이 보통이다. 따라서 장기적인 거래에 대한 기대와 상호협력을 토대로 경로 구성원들 간의 거래가 이루어지게 되는 것이다. 유통경로상에서 발생하는 비용은 개별기업의 생산 및 판매 활동뿐만 아니라 경로 구성원 간의 거래가 어떻게 구조화되고 관리되는가에 의해서도 크게 영향을 받는다. 따라서 경로 구성원 간의 협력관계를 장기적으로 어떻게 구축하는가 하는 것은 매우 중요한 과제가 된다.

이를 위해 제조업자는 유통업자들에게 시장범위, 재고수준, 마케팅개발, 거래선 확보, 기술지도와 서비스, 마케팅정보 등의 측면에서 기대할 수 있는 것이 무엇인지 명확히 하고 이에 대한 지침을 마련하여 유통업자의 동의를 구하도록 해야 한다. 그리고 자사의 방침에 유통업자가 협력하는 정도에 따라 어떻게 보상할 것인가도 계획되어야 한다.

이런 점에서 유통경로 구성원 간에 신뢰를 구축하는 것은 매우 중요하다. 신뢰는 거래상대방이 거래의무를 성실히 수행할 것이라는 신념이나 확신이다. 신뢰수준이 높아지면 경로 구성원의 협력을 구하기가 쉬워진다. 또한 신뢰는 기회주의적인 행동을 감소시키고, 따라서 상대방의 기회주의적인 행동을 감시하는 데 들어가는 비용이 절감되는 효과가 있다. 신뢰가 바탕이 되면 갈등도 그만큼 줄어들게 되고 갈등이 발생하더라도 원만히 해결될 수 있는 가능성이 커지며, 갈등후유증도 상대적으로 적어진다. 이와 같이 신뢰는 장기협력관계를 구축하는 데 매우 중요한 요인이며, 신뢰의 형성은 유통시스템의 효율을 증진시키는 효과를 내는 것이다. 앞에서 살펴본 영향전략이나 의사소통에서도 장기적 협력관계의 유지라는 측면이 고려되어야 할 것이다.

경로 구성원의 평가

1. 평가기준과 보상체계

경로성과는 경로목표가 경로 구성원에 의해 얼마나 달성되었으며, 각 경로 구성원이 목표달성에 얼마나 공헌하였는가에 의해 평가되어야 한다. 우선 경로목표의 달성은 목표달성을 위해 유통경로에 소요된 비용이 얼마나 되는가에 따라 비용-수익적 관점에서 평가될 수 있으며, 현재의 유통경로가 도달하지 못하는 시장은 없는지, 종업원 1인당 생산성이 어떤 수준인지를 파악하는 것도 필요하다.

개별 경로 구성원의 목표달성 정도를 평가하기 위해서는 재무성과를 포함한 다양한 분야의 평가가 가능하다. 경로 구성원의 재무성과는 경영규모, 성장성, 수익성, 활동성, 생산성, 재무구조의 안정성 등에 의해 평가된다. 이들 재무지표는 상호연관성이 높기 때문에 어느 하나의 지표만으로 경영성과를 파악해서는 곤란하며, 업태에 따라 분석항목이나 방법에 차이가 있으므로 비교시에는 이를 고려하여야 한다. 이외에도 직접 소비자와 접촉하는 중간상의 경우 목표판매액의 달성, 평균재고수준, 고객에의 배달시간, 파손품과 불량품의 처리, 고객서비스의 제공, 촉진활동, 훈련프로그램에의 참여 등 다양한 분야에서 중간상의 성과를 평가하게 된다. 최종소비자와 직접 접촉하지 않아도 유통활동의 성과에 영향을 주는 다른 경로 구성원들의 성과도 수행해야 할 과업이 제대로 되는지 비용은 효율적인지 평가되어야 한다. 예를 들어 창고업자의 경우 보관상태, 입출고의 신속성, 정확성 등이 평가될 수 있으며, 수송업자의 경우 배달 속도, 배달의 정확성 등이 평가되어야 할 것이다.

이와 같이 경로 구성원들이 자신에게 할당된 과업을 충실히 수행하게 하려면 그에 따른 적절한 보상체계가 갖추어지는 것이 필요하다. 즉 중간상의 성과가 높은 경우 이에 대한 적절한 보상이 이루어지고, 낮은 경우 문제의 파악과 이에 대한 처방이 내려지고 필요한 경우 훈련과 지원이 이루어져야 할 것이다. 그러나 이러한 노력에도 성과가 개선되지 않는 경우 거래관계의 단절이 고려된다.

2. 상호평가와 전략수정

경로시스템을 구성하고 있는 경로 구성원 사이의 관계가 지속되기 위해서는 서로에게 이익이 되고 상호 만족이 필요하다. 따라서 기업은 중간상에게 할당된 기능이 제대로 수행되고 있는지 정기적으로 평가하여야 하며, 동시에 경로 구성원들이 기업의 업무수행에 대해서 어떻게 인식하고 있는지도 파악하여야 한다.

경로 구성원이 제조업자의 업무수행을 어떻게 평가하는가는 경로 구성원들이 제조업자에게 기대하는 경로역할이나 활동, 제조업자의 경로조정활동과 이와 관련된 리더십 그리고 갈등관리에 관한 경로 구성원의 인식을 조사해 봄으로써 파악할 수 있다.

경로 구성원이 기업에게 기대하는 역할과 그 중요성이 기업이 인식하고 있는 역할이나 중요성과 다른 경우 이에 대한 조정이 이루어져야 하며, 조정활동 과정에서 사용하는 영향력 행사에 대한 경로 구성원들이 반응을 조사해 봄으로써 영향전략을 수정할 수 있다.

이러한 전략의 수정에서 주의해야 할 것은 특정 분야의 개선이 전체 전략에 미치는 영향을 검토하여야 한다는 것이다. 다시 말해 한 부문에서는 개선이 되었으나 그로 인해 다른 부문에 부정적인 영향을 준다면 개선의 의미가 없기 때문이다. 따라서 전체적인 관점에서 균형 잡힌 전략의 개선이 필요하다.

경로 전략은 유통환경의 변화에 따라 적절히 수정되어야 하는데 현재의 경로 및 경로 구성원의 성과에 대한 평가를 바탕으로 경로시스템의 변화가 추진될 수 있다. 그러나 특정 경로의 폐쇄에 대한 의사결정은 해당 경로의 성과만을 토대로 이루어져서는 안 되며, 전체 경로의 성과에 미치는 영향이 고려되어야 한다. 또한 매출액의 수준이 높다고 해서 반드시 이익도 그만큼 높아지는 것은 아니므로 매출액과 비용에 대한 고려가 동시에 이루어져야 한다.

부록: 거래비용이론

1. 거래비용적 요소

유통경로의 구조를 결정하는 요인으로 거래비용적 요소가 있다. 기업은 다른 사람이 유통 기능을 수행케 하는 것보다 자신이 직접 기능을 수행하는 것이 유통목표의 달성에 더 효과적이라면 중간상의 유통 기능을 구매하지 않고 자신이 직접 그 기능을 창출하게 된다. 이는 일반적으로 기업에 필요한 어떤 제품과 서비스를 시장에서 구매할 것인가 아니면 직접 만들 것인가 하는 의사결정이라 하여 **제조-구매 의사결정**(make-or-buy decision)이라 한다. 예를 들어 유통 기능 가운데 저장 기능을 구매한다 함은 외부의 독립적인 창고업자의 창고를 빌어 쓰는 것을 말하며, 제조한다 함은 창고를 직접 운영하는 것을 말한다. 수송 기능을 위해 외부의 운송업자를 활용할 것인가 아니면 트럭과 같은 수송수단을 직접 구입하여 쓸 것인가 하는 문제도 동일한 의사결정이다.

이러한 의사결정에 관련된 요인을 설명하는 이론으로 **거래비용이론**(transaction cost theory)이 있다. 거래비용은 거래와 관련하여 필요한 정보를 모으고 협상을 하거나 거래 과정에서 발생하는 문제를 찾아내고 해결하는 노력, 그리고 거래의 결과를 평가하고 보상하는 것과 관련된 비용이다. 통상적으로 시장은 이러한 거래비용을 최소화시키는 기능을 하게 된다. 그러나 때로 시장에서의 거래가 이러한 거래비용을 최소화시키지 못하기도 하는데 이 경우 시장실패(market failure)라고 한다. 기업은 이와 같이 시장이 실패한 상황에서는 거래를 기업조직안으로 내부화하여 직접 관리하게 되는 것이다. 이와 같은 시장실패 요인으로는 인적 요인과 환경적 요인이 작용하게 된다. 인적 요인에는 인간의 제한된 합리성, 기회주의적 성향, 분위기 등이 있고 환경적 요인에는 불확실성(uncertainty)과 소수교섭상황, 정보밀집성이 있다.

(1) 제한된 합리성과 불확실성

인간은 의도적으로는 합리적이려고 하나 실제로는 제한적으로 합리적일 수밖에 없다. 그것은 문제를 인식하고 해결하거나 정보를 수집하고 처리하는데 한계가 있기 때문이다. 따라서 제한된 합리성(bounded rationality) 때문에 불확실하고 복잡한 환경에서의 시장 거래는 더욱 어렵게 되고 많은 비용이 들게 된다. 만약 환경이 매우 단순하여 완벽하게 예측될 수 있으면 제한된 합리성은 큰 문제가 되지 않을 것이다. 그러나 제품의 가격, 품질의 변화가 심하고 공급과 수요의 변화가 심하면 이에 대비하여 거래는 보다 치밀해지고 복잡해지는데 이는 협상비용과 거래이행에 따른 비용이 증대되는 것을 의미한다. 따라서 시장은 실패하게 되고 거래를 내부화하는 것이 거래비용을 줄이는 방법이 된다.

(2) 기회주의적 성향과 소수교섭

기회주의(opportunism)는 상대방을 기만해서 자신의 이익을 도모하려는 성향을 뜻한다. 정보를 전략적으로 조작하거나 자기 의도를 허위로 표시하여 이익을 얻으려고 하는 인간성향이다. 이러한 성향은 독립된 조직 사이에 더 잘 나타나게 된다. 상대방이 약속을 어기거나 잘못된 일을 은폐하는 행위를 통해 이익을 추구하려고 하고 이를 알아내거나 방지하기 어렵다면 시장거래는 실패하게 된다. 따라서 계약을 맺고 이를 관리 · 통제하는 데 보다 유리한 내부화를 선택하게 되는 것이다. 이러한 기회주의적 성향은 교섭상대자의 수가 적으면 증대된다. 교섭상대자가 많아 시장이 충분히 경쟁적이면 얼마든지 다른 거래선으로 교체할 수 있으므로 기회주의적 성향은 억제되는 것이다.

(3) 정보밀집성

정보밀집성(information impactedness)은 불확실성과 기회주의에 의해 발생되며 제한된 합리성과도 관계된다. 이 상황은 거래와 관련된 주요한 정보를 한 쪽에서는 가지고 있는데 다른 한쪽에서는 그 정보를 입수하기 어려울 때 발생하게 된다. 환경이 불확실하고 복잡할수록 정보밀집성은 발생하기 쉽다. 정보가 거래당사자 간에 불균형하게 분포되어 있고 정보의 균형을 위해 많은 비용이 들 때 이를 이용해 기회주의적인 행동을 하게 된다면 거래에 따른 위험은 높아진다. 이 때 시장의 효율성은 감소되며, 거래는 내부화되는 경향을 보이게 된다.

(4) 분위기

분위기(atmosphere)란 거래를 둘러싸고 있는 환경요인이 거래형태와 내용에 영향을 미치는 상황을 뜻한다. 시장거래에서는 계산적인 행위가 주를 이루지만 내부거래에서는 준도덕적 몰입에 의해 행동이 영향을 받게 되는데 이것이 분위기의 차이이다. 다시 말해 거래관계에 있는 상대방과의 관계 자체가 가치있는 것으로 받아들여지면 경제적 이익과는 다르게 행동할 수도 있다는 것이다. 거래에는 거래당사자들의 가치나 태도가 개입되고 거래관계에 분위기가 영향을 주게 되는데 이 분위기는 조직 내에서 덜 계산적이고 준도덕적이게 된다.

이외에 거래구조를 결정하는 요인으로 거래특유의 자산(transaction specific asset)과 거래빈도가 있다. 거래특유의 자산이란 특정 거래에만 유용한 자산으로 전문화된 물적 · 인적 자산이 여기에 해당되는데, 시장거래가 어렵거나 다른 거래에 활용하기가 어려운 자산을 뜻한다. 이와 같은 거래특유의 자산에 투자한 비용은 거래가 오래 지속되어야 회수될 수 있다. 따라서 시장거래에서는 투자에 대한 보상이 불확실하게 된다. 따라서 거래가 빈번하게 일어나고 거래의 특수성이 높아 자산특유성(asset specificity)이 높은 경우 거래를 내부화하는 것이 적합하다는 것이다.

이러한 거래비용접근은 왜 기업이 유통경로를 직접 관리하게 되는가를 설명하고 있으나 거래비용 요소를 측정하기 어렵다는 문제를 지니고 있다. 거래비용의 대부분이 정보와 계약이행, 성과 측정 등 기업의 간접비와 관련된 것으로 그 측정과 배분이 어렵다는 것이다. 또한 유통 기능을 직접 수행하는 데 따르는 비용적인 측면에 대한 측정도 어렵다. 그리고 거래비용분석 결과 유통 기능을 직접 관리하는 것이 유리하더라도 현실적으로 기업의 재정적 능력의 한계 때문에 실행하지 못할 수도 있다. 현실적으로도 거래를 내부화함으로써 거래비용이 감소되고 보다 강력한 통제를 할 수 있으며, 유통 기능이 원활하게 수행될 수 있는 등의 이점이 있으나 완전히 수직적으로 통합된 시스템은 존재하지 않으며, 여전히 다른 경로 구성원들의 협력이 필요한 것이 현실이다.

PART 4
유통의 미래

DISTRIBUTION THEORY

10
디지털 유통

생활 속의 유통 인터넷과 소비생활

스마트 쇼퍼(smart shopper)가 되는 길

매력적인 상품과 그것들을 취급하는 매장들이 쏟아지면서 상품과 매장을 선택하는데 어려움을 겪는 소비자가 많다. 소비자는 선택의 어려움을 극복하기 위해 광고, 지인의 경험이나 인터넷 검색 등을 통해 정보를 수집한다. 그런데 의사결정을 위해 수집한 다량의 정보들이 오히려 신속한 의사결정을 방해하기도 한다. 게다가 오프라인 매장, 온라인쇼핑몰, 소셜 커머스, 해외 직구 등 소비자가 선택할 수 있는 유통경로가 다양해지면서 쇼핑시간 중 상품의 검색과 비교에 가장 많은 시간이 걸리는 시대가 되었다.

시간과 정보가 돈인 시대, 수요가 있으면 공급이 있는 법, 시간을 절약해주는 '똑똑한' 상품들이 있다. 점심 식사 후 커피전문점에서 줄을 서기가 귀찮다면 '새치기 앱(줄 서지 않고 미리 앱을 통해 주문한 후 바로 매장에서 받아가는 선(先) 주문 앱)'을 깔아보자. 스타벅스 전용 앱의 '사이렌오더' 기능을 활용하면 점심시간에 긴 줄을 서지 않고도 미리 주문할 수 있다. SK플래닛의 '시럽 오더'는 주변 500m 반경 안에 있는 제휴 매장들을 검색해준다. 가맹점을 선택하면 해당 매장의 모든 메뉴를 사진과 함께 볼 수 있고, 지도 위에 매장 위치와 찾아가는 길 등 추가 정보가 제공된다. 앱에서 주문을 하고 음료가 완성되면 스마트폰으로 '픽업알림' 메시지가 전달되므로 기다릴 필요 없이 받으러 가면 된다.

쇼핑 시간을 줄여주는 '쑈케이스' 같은 앱도 있다. 기존 소셜네트워크서비스(SNS)에 쇼핑을 접목한 형태의 시스템이다. 평소 자신과 쇼핑 취향이 비슷한 SNS 사용자의 글을 구독해 관심 항목에 추가해놓으면 맞춤형 쇼핑 정보를 제공해 웹서핑 하는 시간을 줄여준다. 예를 들어 평소 화장품을 많이 구입하는 유저를 팔로잉해두면 화장품 관련 딜(판매)이 있을 때 앱에 실시간으로 정보가 뜨는 식이다.

자료: 이데일리, 2015. 2. 26. 기사 참조

전자상거래의 개념과 종류

1. 전자상거래와 디지털 유통

과거에는 필요한 물건이 있으면 미리 수집된 상품과 매장정보를 바탕으로 구매할 매장을 선택하고, 해당 매장을 방문하여 진열된 상품을 둘러보거나 종업원의 설명을 듣고, 획득된 정보를 종합적으로 비교하고 판단한 다음에 구매를 결정하는 전형적인 쇼핑패턴이 있었다. 그러나 현대의 스마트소비자들은 과거와 상당히 다른 형태로 쇼핑을 한다. 예를 들면 인터넷이나 SNS에서 약간의 노력만으로도 넘칠 정도로 많은 상품정보를 얻을 수도 있고, 거래방식과 유통경로의 선택도 개인구매, 공동구매 혹은 경매와 역경매, 오프라인 매장과 인터넷 쇼핑몰, 그리고 해외직접구매경로 등 다양하게 조합할 수 있게 되었다. 또 주문은 거리에서 하고 상품은 집이나 가정, 사례에서처럼 해당 점포를 방문하여 즉시 수령하기도 하고, 유용성이 떨어진 상품은 인터넷 중고장터를 통해 다른 소비자에게 되팔기도 한다. 이와 같이 현대소비자의 구매의사결정 범위나 패턴은 과거와 상당히 다르다.

이 모든 변화는 ICT(Information & Communication Technology: 정보통신기술)의 폭발적 성장 때문으로, 현대사회에서 디지털기술이 활용되지 않는 상업적 영역은 거의 없다. 디지털기술이 현대 산업에 적용되기 시작한 것은 1970년부터이지만, 본격적인 영향은 인터넷이 대중화된 1990년대 이후부터이다. 월드와이드웹(WWW)과 웹브라우저의 등장으로 누구나 인터넷을 사용할 수 있게 되면서 거래공간과 시간이 비약적으로 늘어났고, 전자결제와 인터넷 뱅킹이 발전되면서 전자상거래의 필수요소인 신용거래가 가능해졌기 때문이다.

2. 전자상거래의 개념과 범위

전자상거래는 '전자통신 네트워크상에 위치한 구매자와 판매자 간에 이루어지는 상업적 거래활동'을 말한다. 넓은 의미의 전자상거래는 상품판매활동, 구

〈그림 10-1〉 전자상거래의 체계

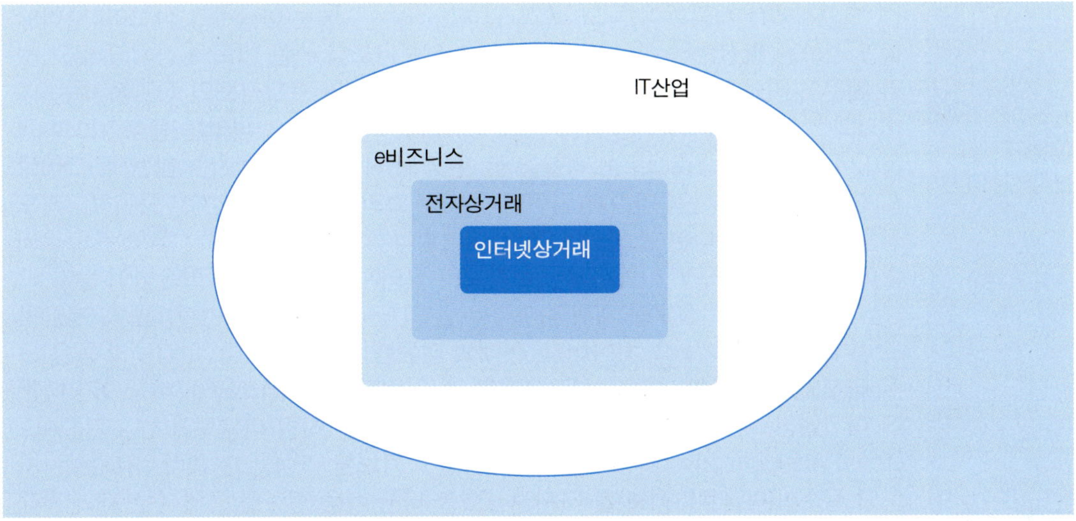

매활동, 정보교환활동, IT지원서비스, 비즈니스 파트너와의 협력활동, 조직 구성원 간 업무처리 등 거래와 관련된 모든 활동과 산업이 포함되므로, e-비즈니스라고도 불린다. 그러나 일반적으로는 인터넷상거래, 모바일상거래, 전용라인거래, SNS상거래와 같이 생산자와 구매자 사이에 위치한 디지털상인에 의해 수행되는 상거래활동으로 좁게 정의된다. 전자상거래는 디지털통신기술과 디지털상인에 의해 수행되는 소유권이전 행위라는 측면에서 디지털유통으로도 불린다.

전자상거래에는 전자통신네트워크나 결제, 단말기 구축, 보안 등의 기반산업이 필요한데 이를 정보통신기술(ICT)산업이라고 한다. 정보통신사업의 핵심 영역 중의 하나인 전자통신 네트워크는 EDI, VAN전용망, 전화망, 인터넷망, 무선통신망 등에 의해 형성된 전자적 연결망을 의미한다. 네트워크사용자(end user)는 전자통신네트워크의 끝 지점에 위치하여 컴퓨터, 전화기, 스마트폰, 전용단말기 등의 전자통신 인터페이스로 네트워크에 접속한다.

전자상거래에 이용되는 통신망은 아날로그방식과 디지털방식으로 나뉜다. 아날로그 통신망은 음성정보를 별도의 변조과정 없이 그대로 전달하는 재래식 전화망이나 안테나를 이용하여 전파를 받아들이는 전통적인 라디오망과 TV전파망 등이 해당된다. 디지털 통신망은 케이블이나 무선통신망을 통해 디지털화

알아두기

디지털과 아날로그

자연계에서 사람들이 듣고 보고, 말하는 모든 정보는 아날로그 정보이다. 아날로그 정보는 발신자나 수신자 양방향에서 정보변조를 위한 별도의 장치가 필요 없기 때문에 비교적 손쉽게 정보를 전달할 수 있다. 아날로그정보의 직관적 예는 마이크와 스피커를 통해 전달되는 음성정보이다. 마이크와 스피커는 음성정보의 진폭이나 주파수를 증폭해주는 역할을 할 뿐 정보 자체를 변조하지는 않는다. 그대로의 정보가 전달되지만 거리가 멀어짐에 따라 소리정보가 약해지고, 증폭하더라도 잡음이 발생하며 다른 소리와 쉽게 섞여버린다. 이에 비해 디지털 정보는 고유의 주파수를 통해 정보를 이동시키므로 정보가 섞이지 않고, 증폭과 보존성이 높다.

디지털은 특정 정보를 0(꺼짐)과 1(켜짐)의 단절적 신호로 변환, 생성, 저장하고 처리하는 전자기술의 하나이다. 현대의 이동통신망과 전화망, 인터넷망 등은 모두 디지털통신망이다. 디지털은 꺼짐과 켜짐의 두 가지 펄스만을 이용하기 때문에 디지털정보를 아날로그정보로 변환해주는 장치디지털-아날로그 변환기(DAC, Digital-Analog Converter)가 없으면 사람들이 정보를 인식할 수 없다. 휴대폰은 사람의 목소리(아날로그정보)를 디지털신호로 바꾼 다음 전파를 통해 수신자의 휴대폰으로 전송하고, 수신자의 휴대폰은 수신된 디지털정보를 음성정보(아날로그)로 바꾸는 과정이 필요하다. 인터넷통신망에서 유통되는 디지털정보는 모니터와 스피커에 가정용 모뎀(modem)에 의해 아날로그화 정보로 변조되어 표시된다.

아날로그정보는 자연손실과 상호 간섭에 의한 정보 상실과 변성이 많지만, 0과 1의 두 가지 펄스만을 전자적으로 전송하는 디지털은 정보전달속도가 빠르고 정보 손실가능성이 낮을 뿐만 아니라 정보의 보관과 복제성이 높다. 디지털의 이런 장점은 상거래활동에 필수적인 정보의 신뢰성과 신속함에 크게 공헌하기 때문에 유통산업에도 빠르게 적용되고 있다.

된 데이터를 전송하는 현재의 전화통신망, 인터넷망, 케이블TV 통신망, 무선통신망 등이 해당된다. 현재 우리나라의 통신망은 거의 모두 디지털화되어 있다.

3. 전자상거래의 종류

(1) 네트워크 형태에 따른 분류

정보통신 네트워크는 조직과 조직 간 또는 특정의 개인을 연결하는 전용 네트워크에서 출발하여, 인터넷과 같은 범용 네트워크로 발전하였다. 인터넷은 누구나 자유롭게 접속할 수 있다는 점에서 개방형 네트워크라고 하며, 전용 네트워크는 그 반대의 의미로 폐쇄형 네트워크라고 부른다.

1) 폐쇄적 네트워크형 전자상거래

정보통신 네트워크가 상업 활동에 도입된 것은 1970년대 등장한 EFT와 SABRE이다. EFT(Electronic Funds Transfer)는 일부 대기업과 은행을 연결하는 자동 자금이체시스템이고, SABRE(Semi-Automatic Business Environment Research)는 아메리칸항공이 여행대리점에 설치한 온라인 예약시스템이다. SABRE는 항공사, 호텔, 렌터카 업자를 네트워크로 연결하고 여행대리점에 설치된 자동 단말기를 통해서 예약서비스나 지역 관광 정보 및 이벤트 정보를 제공하는 시스템이었다.

1980년대는 정보통신 네트워크의 상업적인 이용이 본격화된 시기로, 기업 간 거래(B2B, B to B)인 EOS(Electronic Ordering System: 전자수발주시스템)와 EDI(Electronic Data Interchange: 전자데이터 교환)가 등장하였다. EOS나 EDI시스템은 정보교환을 위한 전용통신망을 직접 구축해야 했기 때문에 상당수준의 네트워크구축비용과 유지비용이 필요하였다. 따라서 EOS나 EDI는 막대한 비용을 부담할 수 있고, 그 비용을 상쇄할만한 거래량을 발생시키는 대규모 기업과 그 주변 기업들 간의 기업거래에만 이용되었다. 이 단계를 폐쇄적 네트워크를 이용한 전자상거래의 시대라고 부른다.

2) 개방네트워크형 전자상거래

네트워크에 접속가능한 모든 사람들이 제한 없이 상거래에 참여할 수 있는 전자상거래를 개방네트워크형 전자상거래라고 한다. 폐쇄적이고 제한적으로만 이용되던 전자상거래가 개방형으로 변화된 것은 대중 앞에 인터넷과 웹브라우저가 등장하면서 부터이다.

인터넷의 초기 형태는 1969년에 시작된 미국 국방성 고등연구계획국(ARPA)의 아르파넷(ARPA net)인데, 원래 군사목적으로 시작되었다가 이후 군사용 네트워크와 민간 연구용 네트워크로 분리되었다. 인터넷이라는 명칭은 1983년으로 민간 연구용 아르파넷이 인터넷이라는 이름으로 공개되면서 사용되기 시작하였다. 우리나라는 미국에 이어 세계에서 두 번째로 인터넷을 시작한 나라로, 1982년 경북 구미의 한국전자기술연구소 컴퓨터와 서울대학교 컴퓨터공학과 컴퓨터가 전화통신망에 의해 연결된 것이 우리나라 최초의 인터넷 접속기록이다.

1980년대 중반에 인터넷망이 일반인에게 개방된 것은 사실이지만, 이 시기에 인터넷에 접속하려면 상당수준의 컴퓨터 관련지식과 응용프로그램 운용능력이 필요하였기 때문에 인터넷을 활용하는 일반인은 많지 않았다. 그러나 1991년과 1993년에 WWW(World Wide Web)이라는 웹표준과 웹브라우저인 모자이크(MOSAIC)가 출현하였고, 이후 마이크로소프트의 익스플로러, 구글 크롬 등 편리한 웹브라우저가 차례로 개발되면서 일반인들이 간단한 마우스 작동만으로 인터넷에 접속할 수 있게 되었다.

〈그림 10-2〉 인터넷과 전자상거래

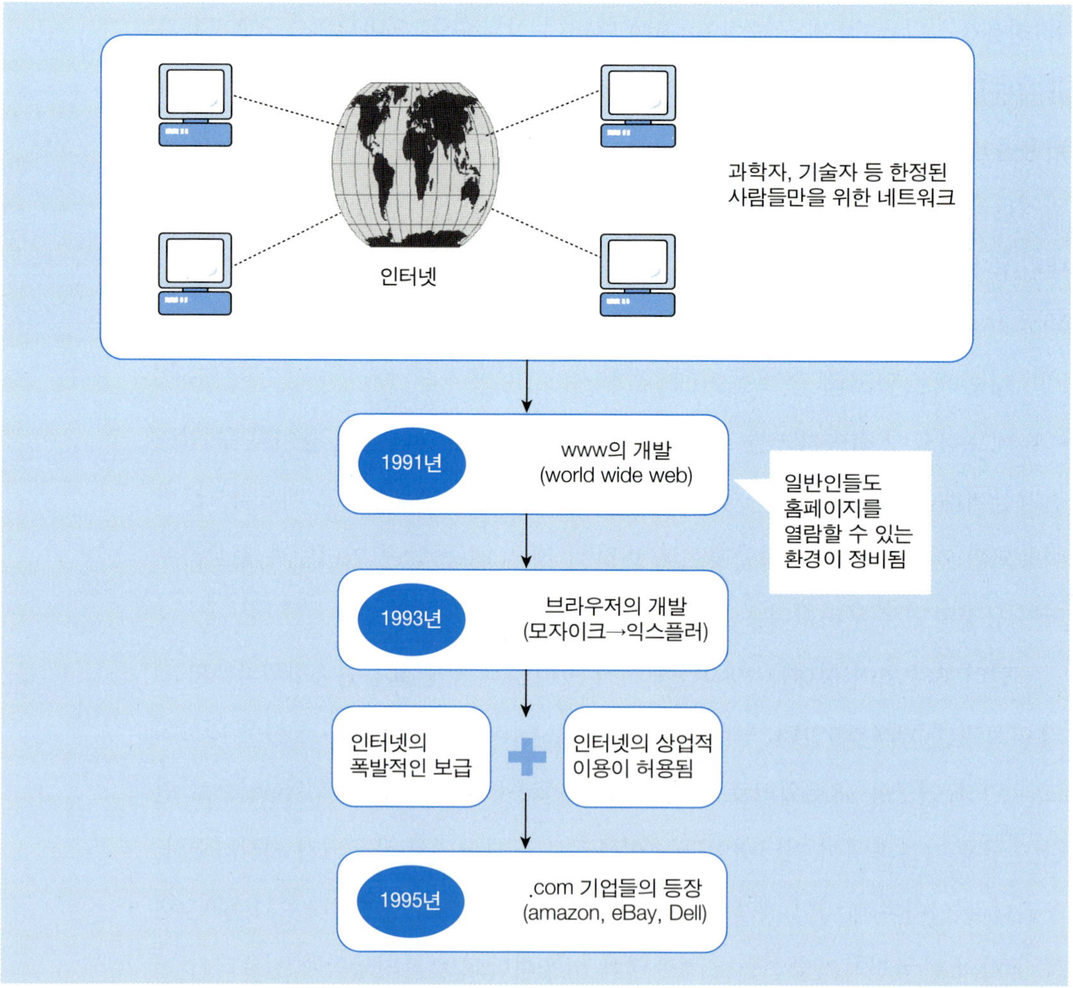

1995년에는 최초의 온라인 서점인 아마존(Amazon.com), 컴퓨터 직접판매로 유명한 델 컴퓨터(Dell Computer), 세계 최대의 인터넷 옥션 사이트인 이베이(eBay) 등의 기업이 차례로 등장하였고, 이후 인터넷 기반의 다양한 비즈니스 모델들이 출현하면서 전자상거래시장은 급속도로 성장하게 되었다.

3) 무선네트워크형 전자상거래

한국인터넷진흥원(KISA)에 따르면 2014년을 기준으로 우리나라 전자상거래 구매자의 40% 이상은 모바일로 상품정보를 검색한 다음에 구매의사결정을 하며, 전체 구매자의 58.6%는 모바일 구매 경험이 있다. 또한 디지털 쇼퍼의 41.8%는 스마트폰을 가장 중요한 쇼핑디바이스로 꼽고 있는데, 이는 데스크톱보다 더 높은 수치이다. 이와 같이 현대 소비자의 온라인 쇼핑 형태는 PC에서 모바일로 빠르게 옮겨가고 있다. **모바일쇼핑**은 유선인터넷망 대신에 무선인터넷망을 이용하여 상거래활동을 하는 것으로, 사용자는 공간을 매개로 전파의 형태로 전달되는 디지털정보를 스마트폰이나 이동통신단말기를 이용하여 취득한다. 무선통신망을 이용한다는 점에서 모바일네트워크는 PC기반네트워크에 비해 한 단계 더 높은 수준의 접속가능성을 보여준다.

음성 중심의 아날로그 정보만을 주고받던 무선통신망은 1992년 유럽의 GSM(Group Special Mobile), 1993년 일본의 PDC(Personal Digital Cellular)와 미국의 TDMA(Time Division Multiple Access), 1996년 우리나라의 CDMA(code division multiple access) 방식 등 다양한 방식의 아날로그-디지털 변조서비스가 등장하면서 디지털 시대로 접어들게 된다. 물론 2세대(2nd Generation) 통신기술로 표현되는 이 시기의 디지털통신망은 디지털화된 음성정보만 전송할 수 있었기 때문에 본격적인 유통경로나 상거래수단이 되기는 힘들었다. 이후 그림이나 영상 등의 멀티미디어 전송서비스가 가능해진 3세대(3G) 이동통신망이 도입되면서 무선통신망은 새로운 마케팅 경로로 발전하기 시작하였다.

통신기술의 발전과 더불어 모바일쇼핑의 확산에 결정적으로 기여한 것은 스마트기기의 소형화와 경량화이다. 소형화와 경량화로 휴대편의성이 높아진

무선통신단말기가 대중화되면서 현대의 소비자들은 PC를 이용한 온라인쇼핑몰, 모바일기기를 통한 모바일쇼핑몰, 그리고 오프라인 쇼핑의 여러 경로 중 하나를 이용하여 언제 어디서든지 쇼핑할 수 있는 **종일구매자**(full-time shopper)로 변신하고 있다. 이들은 24시간 쇼핑은 물론 쇼핑하지 않을 때도 언제든 상품정보를 검색하고 평가할 수 있게 되었으며, 위치기반 서비스를 통해 구체적 상품정보를 제공받고 오프라인 매장에서도 전자태그나 바코드, 블루투스, wifi 등의 다양한 통신방식으로 판매자와 접촉한다.

(2) 거래 주체에 따른 분류

전자상거래에 참가하는 거래주체에는 기업, 일반소비자, 정부를 포함한 비영리 단체가 존재한다. 전자상거래는 참여하는 거래주체와 역할에 따라서 〈그림 10-3〉과 같이 분류될 수 있다.

1) 기업 대 소비자 간 전자상거래

기업 대 소비자 간(business to consumer) 전자상거래란 기업이 디지털경로를

〈그림 10-3〉 거래주체에 따른 분류

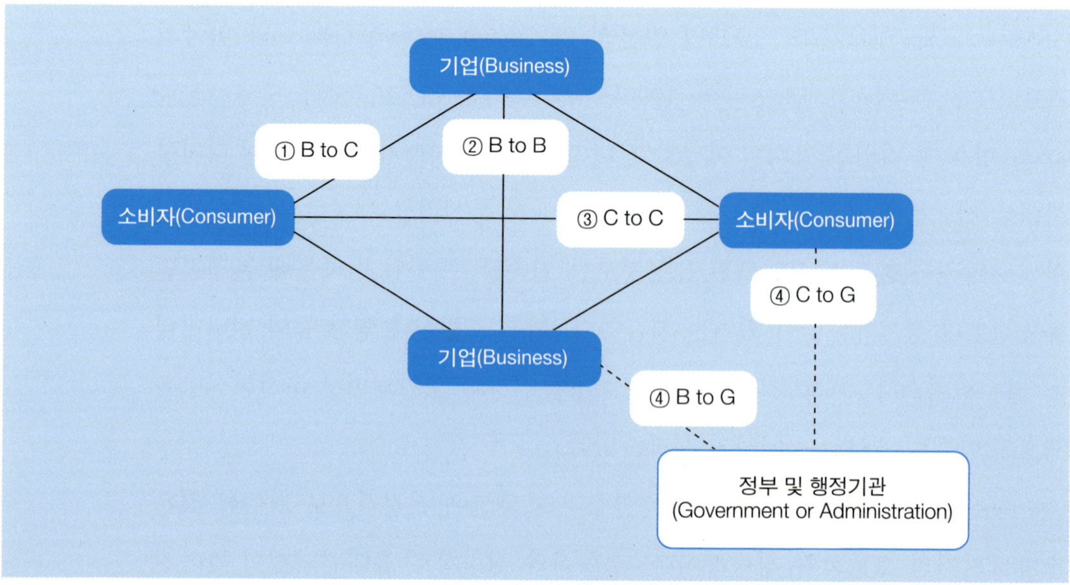

이용하여 소비자에게 펼치는 영리활동을 의미한다. 흔히 B to C(B2C)라고 부르며, 대표적인 예가 인터넷쇼핑몰이나 모바일쇼핑몰이다. B2C의 최종대상자가 일반 소비자라는 점에서 전자소매(e-retailing) 또는 인터넷소매(internet retailing)라고도 한다.

B2C와 반대로 소비자가 기업을 상대로 펼치는 전자상거래활동을 C2B라고 하는데, 여행상품 역경매기업인 미국의 프라이스라인(Priceline)이 예가 될 수 있다. 프라이스라인에서는 소비자들이 원하는 호텔이나 항공권의 일정과 가격을 제시하고, 제시된 아이템과 가격을 수용하는 기업이나 판매자가 있을 때 거래가 성립된다. 중국의 알리바바도 C to B 서비스를 제공하고 있는데, 소비자가 원하는 상품과 가격을 홈페이지에 입력하면 실시간으로 전 세계에 퍼져있는 구매자와 생산 공장에 연결하여 거래를 성사시키는 서비스를 제공하고 있다.

2) 기업 간 전자상거래

기업 간(business to business) 전자상거래란 기업과 기업 사이에서 인터넷 또는 각종 전용 네트워크를 이용하여 이루어지는 상거래 활동을 의미하며 **B2B**라고 부른다. B2B는 특정의 기업 또는 조직 구성원에게만 접속을 허락하는 전용 네트워크로 출발하였으나, 시장 확대와 기업 업무 효율성 증가, 그리고 비용 절감 등을 이유로 개방 네트워크를 이용하는 방향으로 변화해 왔다.

기업 간 거래에는 판매 목표기업에서부터 생산에 필요한 원자재 및 부품 공급업자탐색, 계약, 수주/발주, 배송계획, 사입 확인, 대금 지불과 확인에 이르는 다양한 형태의 업무가 발생한다. 전자상거래가 발전하지 못했던 과거에는 두 회사의 담당자가 직접 만나거나 전화로 교섭을 하고, 교섭한 내용을 서류로 작성하여 교환한 다음, 배송과 배송상품을 직접 확인하는 등의 번거로운 작업 과정을 필요로 했다. 이에 비해 B2B는 관련된 거의 모든 과정을 인터넷이나 전용 네트워크를 통해서 전자화하므로, 거래시간과 비용을 크게 절감할 수 있는 장점이 있다. 또한 인터넷에 의한 시공간적 확대를 통해 거래의 범위를 크게 확대할 수도 있다.

〈그림 10-4〉 기업 간 거래의 전자통신 네트워크화

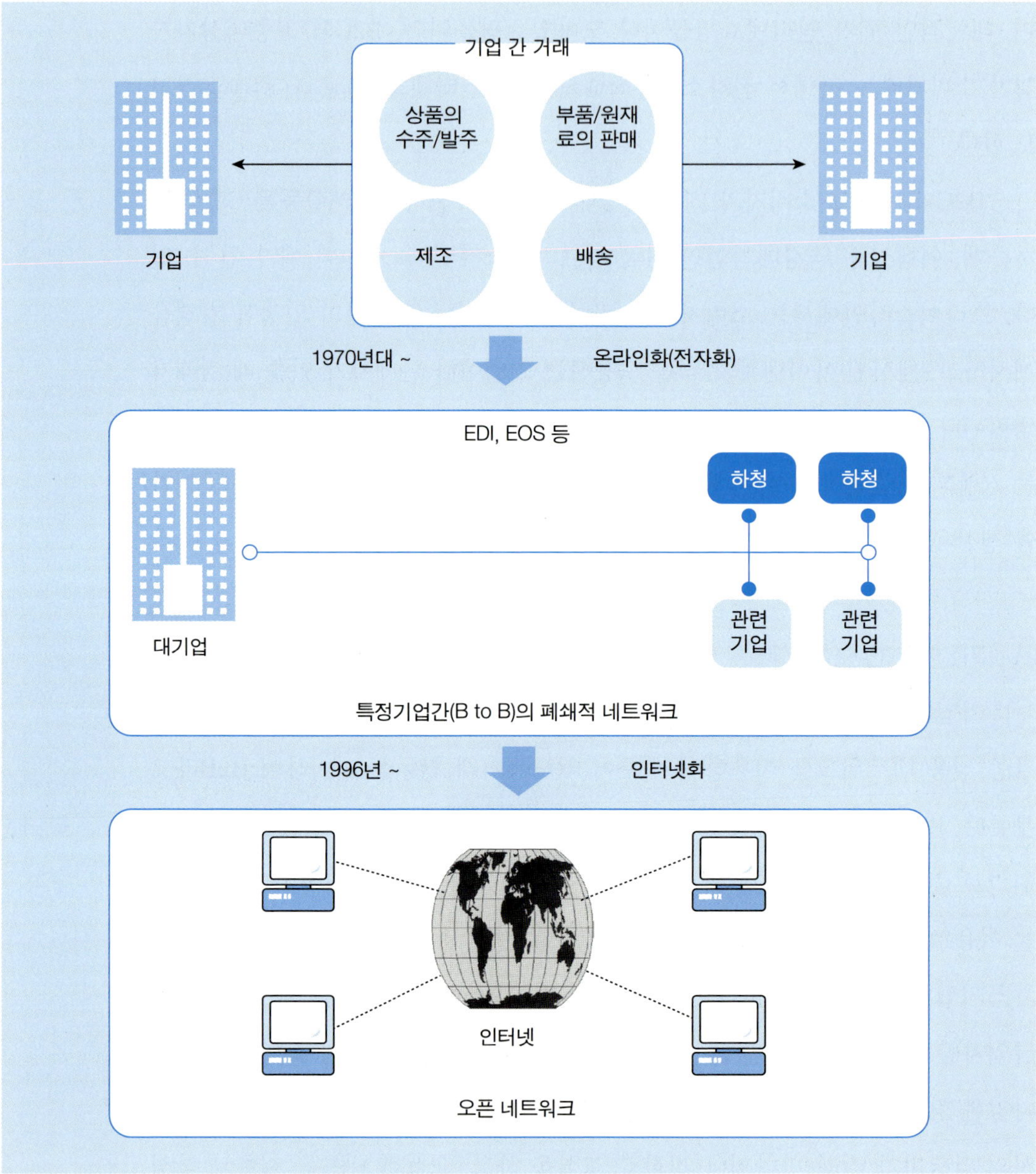

3) 소비자 간 전자상거래

소비자 간(consumer to consumer) 전자상거래란 개인과 개인 사이에서 인터넷을 경유하여 발생하는 상거래 활동을 의미하며 C2C라고 부른다. 대표적인 예로 상품의 직거래나 인터넷 옥션을 들 수가 있다. 옥션은 고급 미술품이나 골동품의 거래, 정부 및 행정기관의 공공사업에 대한 민간 기업의 입찰 또는 은행에 의한 담보 물건 매각 등에서 자주 사용되고 있는 거래 방법인데, 1966년 미국의 이베이(eBay)가 인터넷을 이용한 소비자 간 옥션 거래를 최초로 도입하였다.

인터넷 옥션은 팔고자 하는 사람이 경매 사이트에 상품을 등록하여, 개시가격, 개최기간, 최저 낙찰가격 등을 설정하면, 구입을 희망하는 사람이 차례로 입찰하여 경매 종료시점에서 최고액을 제시한 사람에게 낙찰되는 구조로 되어 있다. 또, 반대로 구매자 측이 구매조건을 먼저 제시한 후, 판매자 측이 옥션에 참가하는 구조도 있다. 이러한 거래방식을 **리버스 옥션**(reverse auction) 즉, 역경매라고 부른다.

개인과 개인의 상업적 거래에서 출발하였던 인터넷 옥션은 거래주체와 거래대상 측면에서 다양한 형태로 진화하고 있다. 저자본으로 소매업을 하고자 하는 개인 사업자가 인터넷 옥션이나 오픈마켓을 판매경로로 이용하거나, 기업이 브랜드 이미지를 손상하지 않고 결손품이나 재고품을 처분하기 위해 이 경로를 이용하는 등, 인터넷 옥션은 C2C뿐만 아니라 B2C와 B2B로도 발전하고 있다.

4) 대 정부 및 행정기관과의 전자상거래

대 정부 및 행정기관(consumer to government, business to government)과의 전자상거래를 **C2G**, 또는 **B2G**라고 한다. 기업 또는 개인이 정부와 상업적 거래나 부가가치행동을 하는 경우를 말하는 것으로, 영국에서는 중앙 정부의 의미가 강한 G(government) 대신에 일반적인 행정기관을 의미하는 A(administration)를 사용하여 C2A 또는 B2A라는 용어를 쓰기도 한다. 정부가 조달사업을 인터넷에 공시하고 기업이 이에 참여하여 거래가 성립되는 형태를 B2G라고 하고, 정부기관이 국민을 대상으로 증명서발급, 세금부과 및 납부, 생활보호지원금 지급 등을 전자적으로 수행하는 경우를 G2C라고 한다.

알아두기

옥션의 종류

옥션(auction)은 과거 유럽 지역에서 고급 미술품 또는 골동품 등을 사고팔 때 사용되는 거래방법이었다. 자유 가격경쟁이 기본개념이며, 옥션 운영회사로는 사자비, 크리스티 등이 유명하다. 옥션 운영회사의 역할은 참가자에게 거래 장소를 제공하고, 출품된 상품의 진품 여부를 확인하는 것, 입찰 참가자를 선별하여 초대장을 보내고, 옥션을 진행하는 것, 그리고 낙찰자가 결정되면 낙찰자에게 상품을 전달하고 대금을 수리하여, 일정액의 수수료를 제외한 상품대금을 출품자에게 전달하는 것 등이다.

옥션의 종류는 영국식 옥션과 네덜란드식 옥션이 가장 유명하지만, 그 외에도 제1가격형 옥션, 제2가격형 옥션 등 다양한 형태가 있다. 인터넷 옥션은 1996년에 eBay에 의하여 시작되었다.

- **영국식 옥션**

영국식은 일반인에게 가장 널리 알려진 옥션방식으로 주로 고급미술품 등의 거래에서 이용된다. 거래방식은 일정의 금액에서 출발하여 옥션에 참가한 입찰자가 경쟁적으로 가격을 높여 가는 형식으로, 최종적으로 가장 높은 가격을 제안한 입찰자에게 낙찰이 결정된다. 낙찰자는 자신이 입찰한 가격으로 거래를 할 수 있는 권리를 획득하게 된다. 영국식 옥션은 개인 간의 옥션을 중개하는 인터넷 옥션에서 가장 보편적으로 채용되고 있다.

- **네덜란드식 옥션**

네덜란드식은 영국식 옥션과 반대로 고가격에서부터 출발하여 옥션 진행자가 점차적으로 가격을 내려가는 형식이다. 옥션이 진행되는 중에 처음으로 구입 의사를 표시하는 사람에게 낙찰이 결정된다. 주로 신선식품 등의 거래에서 이용되고 있으며, 역경매라고도 불린다. 항공회사가 출발 항공기의 빈 좌석을 가능한 줄이기 위한 방안으로서 이 네델란드식 옥션을 인터넷에 처음으로 도입하였다.

- **제1가격형 옥션**

이 방식은 입찰가격이 공개되는 영국식과 네덜란드식과 달리, 입찰자가 자신이 제안하는 가격을 공개하지 않고, 손 암호로 제시하여, 가장 높은 가격을 제시한 입찰자에게 낙찰이 결정되는 거래방식이다.

- **제2가격형 옥션**

이 방식에 의한 진행방식은 제1가격형 옥션과 동일하며, 가장 높은 금액을 제시한 사람에게 낙찰이 결정되는 방식이다. 그러나 낙찰가격은 입찰가격 중에서 두 번째로 높은 가격에 가장 낮은 금액을 더한 금액으로 재계산 된다.

- **프로그레시브 딜(progressive deal)**

경매호가입찰이라고도 하며, 단계적 경매방식으로 일반상품이 아니라 기업이나 대규모 장치물을 거래할 때 적용되는 방식이다. 매도자가 일정 금액의 입찰가를 제시하고 입찰을 통과한 1차 인수 후보를 선정한 다음, 경쟁 입찰 방식으로 후보자들 간 가격 경쟁을 붙여 매각 금액을 높이는 방식이다. 최종 낙찰자가 나올 때까지 따로 입찰 기한을 두지 않고, 계속해서 가격 경쟁이 진행되는 점에서 경매와 비슷하다.

알아두기 (계속)

PtoP란?	P to P는 Peer to Peer의 약자로 공유프로그램을 통해 연결된 개인 PC에 있는 정보를 공유하는 것을 의미하며, 개인 간 상거래활동인 C to C와는 성격이 다르다. P to P 네트워크를 통해서 각 개인들은 서버(중심컴퓨터)를 거치지 않고 다른 네티즌들의 PC에 있는 동영상, 데이터, MP3 음악파일을 전송받을 수 있다. 미국의 냅스터(Napster), 그누텔라(Gnutella)가 유명하며, 우리나라는 파일공유사이트라는 명칭으로 운용되고 있다.

디지털유통의 개념과 경로

1. 디지털유통의 등장배경과 의의

디지털유통은 인터넷이나 무선통신의 디지털네트워크에 위치한 가상의 상인에 의해 수행되는 유통행위와 관련된 모든 과정을 말한다. 상황에 따라 전자유통(e-distribution)이나 온라인 유통으로도 불리는 디지털 유통은 통신망의 형태에 따라 PC와 인터넷을 기반으로 하는 온라인유통과 이동통신망을 이용하는 모바일유통으로 나뉜다. 오프라인 경로가 대면(face to face)거래에 의존하는 반면, 디지털 경로는 가상의 점포를 매개로 하는 비대면적 거래가 중심이다. 따라서 디지털 유통은 7장에서 배운 무점포소매의 한 형태이다.

디지털유통의 확산은 ICT기술의 발전과 현대소비자의 쇼핑행태가 맞아떨어지면서 나타난 결과이다. 금세기 초반까지의 소비자들은 할인점, 슈퍼마켓과 같이 공장에서 대량생산된 상품을 저렴한 가격대에 대량 판매하는 대규모 유통경로를 선호해왔다. 이런 경향이 변화되기 시작한 것은 정보통신기술의 발전과 생활수준이 향상되면서 새로운 형태의 소비자층이 대량출현하면서 부터이다. 흔히 **스마트 쇼퍼**(smart shopper)로 불리는 디지털 소비자들은 스마트폰, PC, 태블릿 등 멀티디바이스를 자유로이 활용하며, 다양한 원천으로부터 빠르게 정보를 획득한다. 이들은 획득된 정보를 이용하여 가장 유리한 경로를 선택하여 구매할 수 있는 능력이 있을 뿐만 아니라, 자신의 소비 경험을 다른 사람과 기꺼이 공유하고 확산시킨다. 짧은 경로와 정보제공능력이라는 측면에서 인터넷이나 모바

〈그림 10-5〉 인터넷 쇼핑의 등장 배경

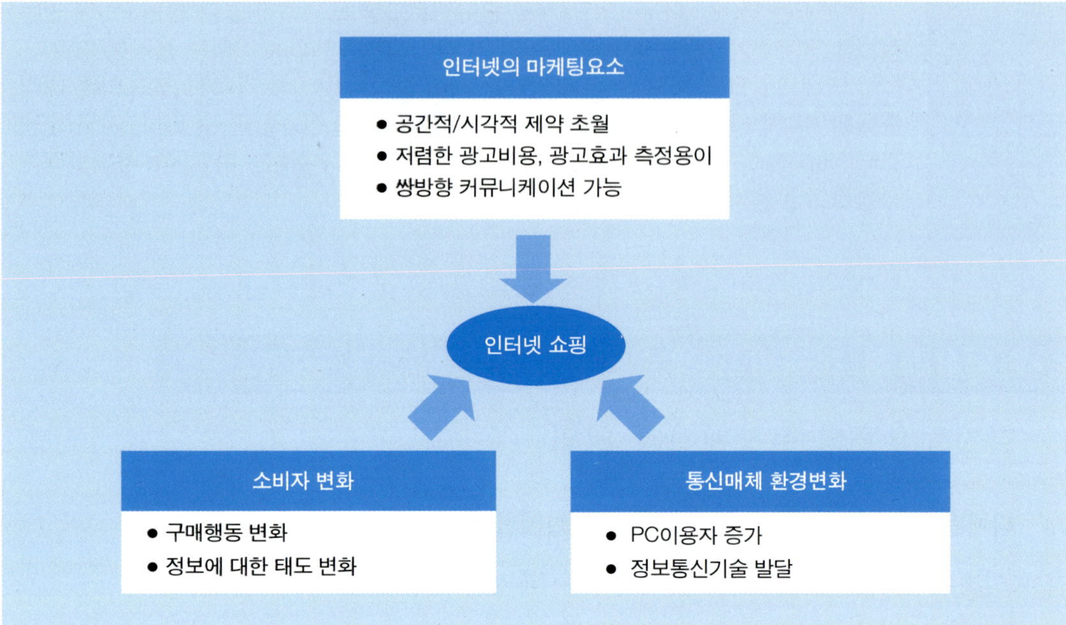

일은 새로 등장한 스마트 쇼퍼를 만족시켜주는 강력한 유통경로가 되었다.

디지털유통은 경로의 길이가 짧고, 시공간에 대한 제약이 없으며, 상품전시, 영업, 고객대응을 위한 판매거점이 필요 없다. 그리고 모든 거래와 상담이 디지털을 통해 이루어지므로 고객정보의 획득이 쉽고, 축적된 데이터베이스를 활용하여 고객맞춤형 마케팅을 구사할 수 있다. 또한 온라인이나 모바일 네트워크를 통해 24시간 실시간 서비스가 가능하기 때문에 고객의 불만이나 문의에 즉각적으로 대응할 수 있다는 장점이 있다.

2. 디지털 유통의 구조적 특징

디지털유통에 참여하는 중간상의 형태는 전통적 오프라인 유통경로와 다르지 않다. 오프라인 유통경로는 생산자와 소비자 사이에 도매상이나 소매상이 개입하는 경우가 대부분이지만, 농산물직거래와 같이 생산자와 소비자가 직접 연결되는 방식도 많다. 마찬가지로 디지털유통도 자체웹사이트를 통하여 생산자

〈그림 10-6〉 디지털유통와 유통경로 선택

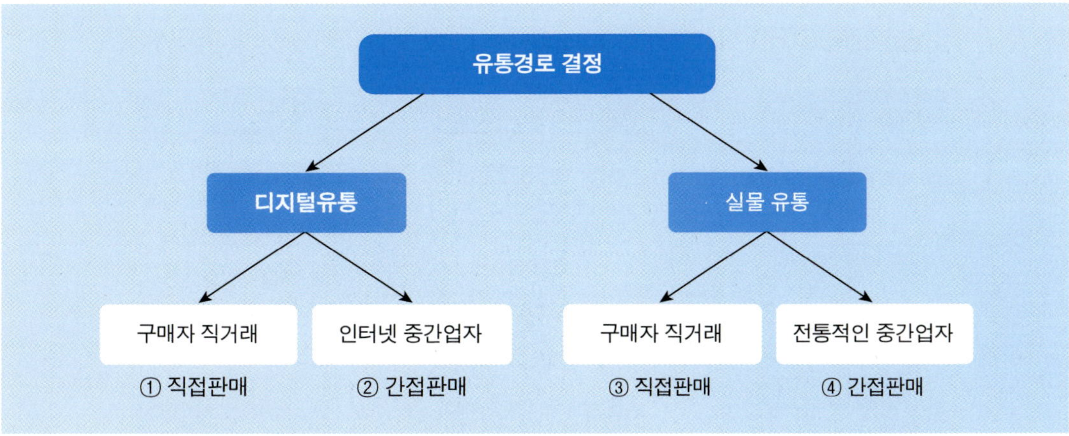

가 소비자에게 상품을 직접 판매하는 직접유통방식과 아마존(amazon)과 같은 인터넷 중간업자를 통해서 상품을 판매하는 간접유통방식이 있다. 그럼에도 불구하고 디지털유통경로와 전통적 유통경로는 다음의 몇 가지 차이가 있다.

(1) 중간업자 배제

중간업자의 배제(disintermediation)는 농수산업자의 직거래 쇼핑몰에서와 같이 생산자와 소비자의 직거래가 가능해지면서 기존의 도매상이나 소매상이 배제되는 되는 현상이다. 호텔이나 항공사들이 여행대리점을 거치지 않고 홈페이지에서 고객이 직접 예약할 수 있는 예약시스템을 도입하는 것이나, 델컴퓨터가 중간업자를 배제하고 인터넷쇼핑몰을 통해 소비자에게 직접 PC를 공급하는 것이 예가 될 수 있다.

(2) 새로운 중간업자의 등장

온라인이나 모바일 등의 디지털유통으로 인하여 중간상인들이 전부 도태될 것이라는 극단적인 견해와 반대로, 디지털 경로특성에 맞는 새로운 형태의 중간업자들이 등장(reintermediation)하기도 한다. 옥션, 인터넷 서점인 아마존, 중국 최대의 전자상거래업체인 알리바바와 같이 온라인에서만 존재하는 새로운 인터넷

〈그림 10-7〉 중간업자 배제와 새로운 중간업자의 등장

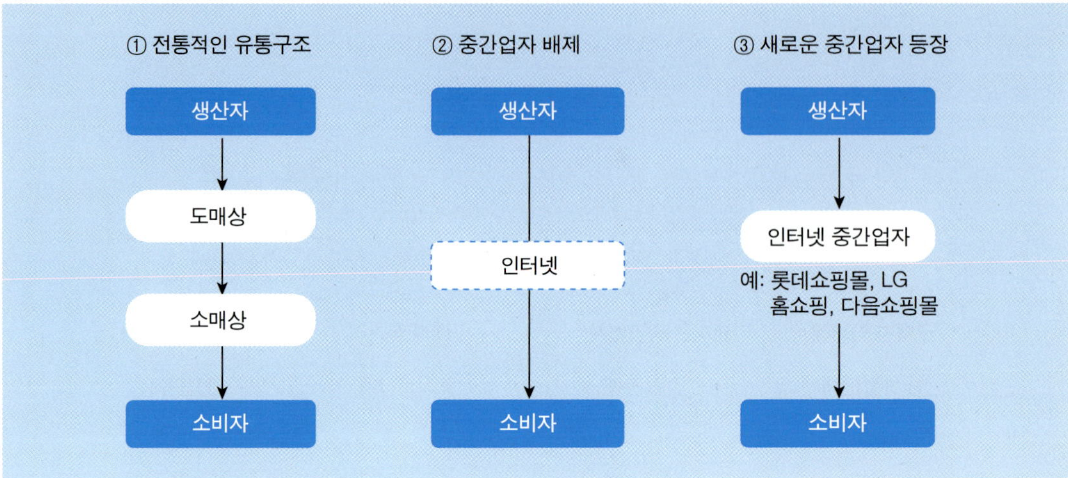

중간업자가 출현하거나, 다음이나 네이버 등의 포털 사이트가 쇼핑몰 운영에 참여하기도 한다. 롯데쇼핑몰, LG홈쇼핑과 같이 오프라인 유통시장에서 중간업자의 역할을 수행해왔던 기업들이 인터넷 쇼핑에 진출하는 경우도 있다.

(3) ICT 및 물류 시스템의 지원과 통합

상품과 거래상대의 확인이 가능한 오프라인유통과 달리 디지털유통은 품질이나 주문과 결제, 상품의 최종 수령과 설치에 대한 신뢰성을 확보하기 어렵다. 온라인이나 모바일 거래 과정에서 소비자가 경험하는 위험은 구매의도에 부정적인 영향을 주기 때문에, 해당 기업들은 소비자 불안감 해소에 필요한 다양한 장치를 마련할 필요가 있다. 예를 들면 상품품질 확인이나 주문 편의를 위한 전자상거래 플랫폼의 개발과 유지, 신용결제에 필요한 온라인 안전결제시스템, 수배송 과정을 확인하기 위한 물류정보시스템 등이 그것이다. 소비자 신뢰확보에 필요한 모든 시스템과 제도를 디지털유통기업이 스스로 개발하고 유지하기가 쉽지 않기 때문에, 대부분은 분야별 ICT전문업체와 협업을 한다.

온라인이나 모바일 등의 디지털경로에 접속한 소비자는 자신이 주문, 보안, 결제, 포장, 배송기업이 제공하는 서비스를 따로 구매한 것이 아니라 하나의 기

업과 거래하는 것으로 생각하므로, 관련된 모든 서비스를 일괄적으로 자연스럽게 제공받기 원한다. 그러므로 디지털유통업체는 ICT, 신용 및 물류회사 등 거래에 참여하는 기업들과의 조정과 통합을 통해 거래 과정에서 발생가능한 모든 문제를 해결해주어야만 한다.

그런데 ICT기술의 급속한 발전이 오히려 통합을 저해하기도 한다. 쇼핑몰마다 서로 다른 주문방식과 결제시스템을 도입하여 소비자 불편을 초래하는 경우나, 한때 악명이 높았던 액티브엑스(ActiveX)처럼 브라우저별로 다른 보안스크립트가 적용되거나 표준화되지 않은 전자상거래 플랫폼으로 인해 주문자체가 불가능한 경우도 있다. 또 ICT기업 간 경쟁이 디지털유통업체의 조정과 통합을 어렵게 하는 경우도 있다. 예를 들면 신용카드 간편결제, 애플페이, 삼성페이, 네이버페이 등 업체마다 다르게 개발되는 결제시스템은 디지털 유통기업들이 해결해야 할 주요 과제 중의 하나이다.

상품의 수송과 배송을 담당하는 물류시스템은 외주(outsourcing)를 주거나 기능의 전부를 위임(The Third Party Logistics)하는 경우가 많다. 이 경우 상품의 수배송 과정에서 발생하는 모든 문제에 대한 실제적 책임은 외부의 물류전문업체에 있는 것이지만, 소비자는 지각하는 책임의 주체는 거래기업이다. 따라서 디지털유통업체는 상품의 수배송 과정이 원활하게 전개될 수 있도록 전체 물류과정을 관리해야 할 책임이 있다.

상품의 배송과정에서 소비자가 경험하는 문제 중의 하나는 배송범죄이다. 그런 점에서 **클릭 앤 콜렉트**는 쇼핑객과 유통업체 모두에게 매력적인 선택대안이 된다. 디지털유통업체에서 주문한 상품을 가까운 편의점 등 원하는 장소에서 받는 서비스인 이 제도는 우리나라에서는 안심배송, 미국에서는 BOPIS(Buy Online, Pickup-In-Store), 유럽 등에서는 클릭 앤 콜렉트(Click & Collect) 서비스로 불린다. 디지털유통의 주소비계층인 여성고객과 1인가구소비자의 안전과 쇼핑편의 등을 이유로 클릭 앤 콜렉트 서비스는 앞으로 크게 증가할 가능성이 높다.

생활 속의 유통 '안심택배'로 여심 잡는 유통업계

국내 유통업계에 '안심(安心) 배송' 경쟁이 뜨겁다. '안심 배송'은 택배 기사를 사칭한 범죄의 대상이 되기 쉬운 1~2인 가구나 여성 고객을 대상으로 배송 서비스로, 집으로 택배를 직접 전달하는 대신 편의점이나 지하철 사물함 등에서 물건을 찾도록 해 범죄 피해 가능성을 원천 봉쇄하는 게 목적이다. 택배 기사의 신원(身元)을 스마트폰 등으로 미리 확인할 수 있게 하는 업체도 있다.

현대홈쇼핑은 최근 서울 지하철 5~8호선 역사(驛舍) 내 1,800개 사물함에 특별한 '칩'을 설치했다. 구매 고객이 희망하면 집이 아닌 지하철 사물함으로 물품을 배송해주는 '안심 배송 서비스'를 위해서다. 택배기사가 지하철 사물함에 물건을 넣고 암호화된 휴대전화를 누르면 칩이 비밀번호를 생성해 고객 휴대전화에 문자 메시지를 전송한다. 고객은 사물함에 비밀번호를 입력하고 물건을 꺼내가면 된다. 홈쇼핑상품을 전국 1만 5,000여 개 CU, GS25 편의점에서 받을 수 있는 서비스도 시작했다. 현대홈쇼핑 측은 "집에서 택배를 받기 힘들거나 낯선 사람을 대하기 꺼려하는 1~2인 가구를 대상으로 다양한 배송 서비스를 개발하고 있다"고 말했다.

공영홈쇼핑이 CJ대한통운을 주관 택배사로 선정한 것도 같은 맥락이다. CJ대한통운은 홈페이지와 모바일 앱을 통해 방문 기사가 누구인지를 알리고, 택배기사는 유니폼에 명찰을 패용해 고객이 신원을 확인할 수 있도록 하고 있다. 롯데백화점도 지난해 11월부터 인터넷 쇼핑몰 롯데닷컴에서 주문한 물건을 백화점 사물함이나 편의점에서 찾아갈 수 있는 '스마트픽' 서비스를 확대 실시하고 있다. 최근 8개월간 이용한 고객 8,000여 명 중 75% 정도가 여성이었다.

여성고객과 1인가구의 급증 등일 이유로 안심배송은 앞으로 더욱 확대될 것이다. 통계청에 따르면 우리나라의 1인 가구 비율은 올해 27%에서 2035년에는 34%까지 늘어난다. 실제로 집이 아니라 편의점을 통해 택배를 주고받는 사람은 최근 10여 년 동안 빠른 속도로 늘고 있다.

GS25와 CU 편의점을 통해 주고받은 택배 건수는 2002년 23만 8,000건에서 2010년 401만 건으로 급증했으며, 2014년에는 1,423만 3,000건을 기록했다. 홍성태 한양대 교수(경영학)는 "집이 아닌 곳으로 물건을 배송해주면 택배업체는 집집마다 일일이 배달할 필요가 없어 비용 절감이 가능하다"며 "유통업체로서도 주 소비층인 1인 가구와 여성 고객을 확보하는 장점이 있다"고 말했다.

자료: 조선Biz, 2015. 8. 20.

3. 디지털 유통경로 정책

유통경로는 생산자의 제품이 최종소비자에게 전달되는 과정에 참여하는 상호의존적 조직과 개인의 집합체로써, 생산자와 최종소비자 사이에 개입하는 중간상의 종류나 숫자에 따라 경로의 형태나 길이가 달라진다. 디지털 유통기업의

〈그림 10-8〉 유통경로비교

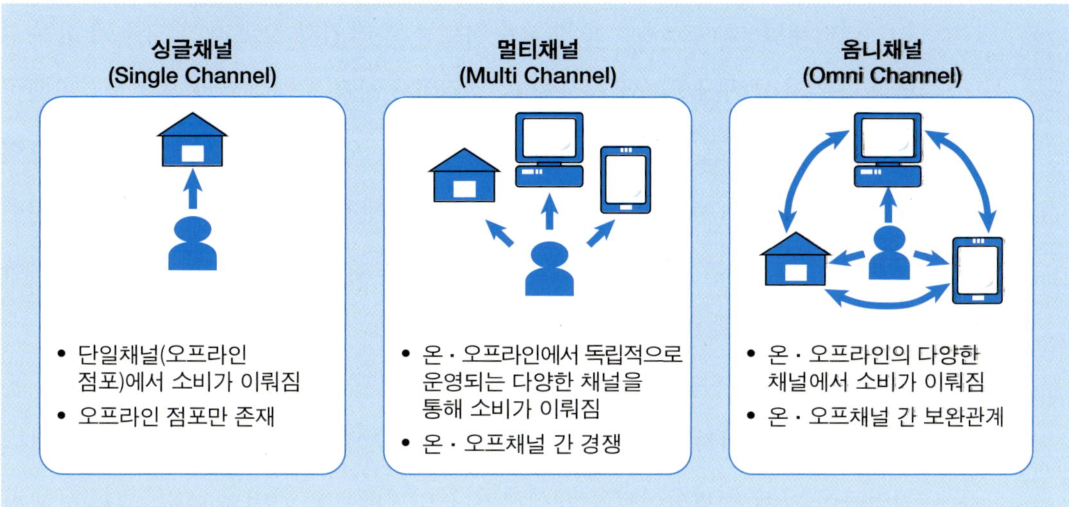

자료: KT 경제경영연구소

경로정책은 다음의 세 가지가 있다.

(1) 싱글채널 유통

싱글채널(single-channel) 혹은 단일경로 유통은 실물점포를 개설하지 않고 웹사이트상의 가상점포만으로 유통경로를 한정하는 것을 의미한다. 제조업자가 온라인이나 모바일공간에 가상점포를 개설하고 상품을 판매하는 방식과 오픈마켓 등 중간업자가 운영하는 전문 소매 사이트 통해서 소비자에게 상품을 판매하는 간접유통 방식으로 나뉜다.

직접판매는 생산자나 브랜드 지명도가 높은 경우에는 성공할 가능성이 높지만, 서버구축이나 보안, 독립적인 결제시스템 구축에 소요되는 시간과 비용이 적지 않다. 브랜드 지명도가 낮거나 독자적인 서버를 구축하고 운영할 경우 채산을 맞추기 어렵다면 인지도가 높은 전문 소매 사이트를 통해서 자사상품을 유통시키는 방법을 고려하여야 한다.

(2) 멀티채널 유통

멀티채널(multi-channel) 혹은 복수경로는 온라인과 오프라인 모두에 유통경로를 구축하여 가상점포와 실물점포 양쪽에서 상품을 판매하는 유통경로정책이다. **클릭 앤 몰타르**(Click & Mortar)라고 불리는데, 오프라인 점포를 상징하는 **브릭 앤 몰타르**(Bricks & Mortar)의 '브릭'을 '클릭'으로 대체한 것이다. 벽돌(brick)과 시멘트 몰타르(Mortar)는 오프라인 점포를 의미하고 컴퓨터 마우스의 작동을 의미하는 '클릭'은 인터넷 비즈니스를 상징한다.

멀티채널 전략은 두 가지 방식이 있다. 먼저 전통적인 오프라인 기업이 온라인 판매에 참가하는 형태이다. 이는 실물점포를 기반으로 영업활동을 해왔던 기업들이 자체 쇼핑사이트를 개설하거나 디지털유통 기업의 매수, 그리고 모바일이나 인터넷 쇼핑사이트에 입점하는 방법 등으로 디지털경로에 뛰어드는 형태이다. 백화점을 비롯한 대부분의 대형점포들이 인터넷 쇼핑몰을 개설하여 온라인과 오프라인 판매의 상승효과를 도모하고 있는 것이 그 예이다.

디지털경로에서만 판매하던 기업이 실물점포를 개설하여 '클릭 앤 몰타르'로 전환하거나 새로운 상품을 개발하여 오프라인으로 사업영역을 확장하는 경우도 있다. CJ오쇼핑이 홈쇼핑전문 브랜드인 '고소영'을 백화점에 입점한 것이나, SNS기반 카카오톡과 네이버라인이 오프라인에 브랜드 숍을 개설하는 것이 그 예이다. 그런데 클릭 앤 몰타르형 멀티채널정책은 경로 간 독립성을 전제로 하기 때문에 상호 경쟁에 의한 자기시장 잠식(Cannibalization) 현상이 발생하기도 한다.

〈그림 10-9〉 결합형 인터넷 판매(클릭 앤 몰타르)

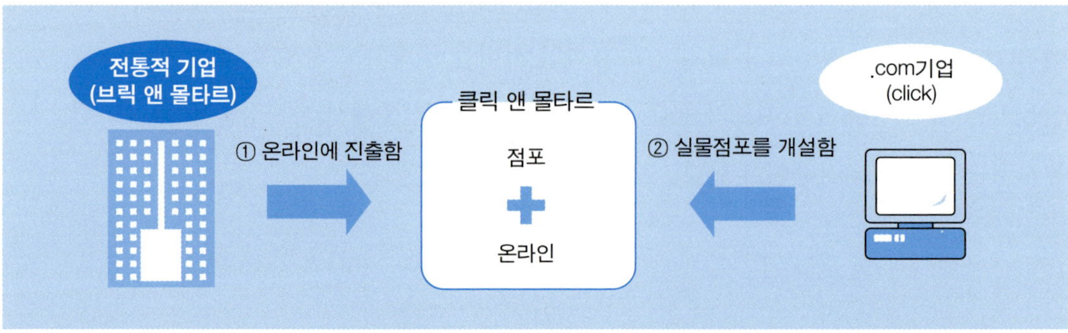

(3) 옴니채널 유통

옴니채널(omni-channel) 유통은 오프라인 혹은 온라인 매장별 독립적인 유통경로정책이 아니라 하나의 경로정책에 의해 오프라인, 온라인, 모바일의 다양한 유통경로를 통합적으로 운영하는 방식이다. 옴니(Omni)란 전체 또는 전부를 의미하는 접두어로써, 옴니채널 전략은 오프라인 점포, 온라인 또는 모바일 쇼핑몰, 소셜미디어 등 기업이 활용 가능한 다수의 유통경로를 통합하여 최대의 고객경험(customer experience)을 제공하려는 유통전략이다.

현대 소비자들은 쇼루밍(showrooming), 역쇼루밍(reverse showrooming), 모루밍(morooming) 등 오프라인과 온라인 경로를 넘나드는 다양한 방식으로 쇼핑을 한다. **쇼루밍**은 오프라인 매장을 전시장(showroom)으로만 활용하고 구매는 온라인에서 하는 소비 행태를 의미하는 것으로, 쇼루밍족은 오프라인 매장에서 물건을 확인한 뒤 최적의 구매조건을 제시하는 온라인쇼핑몰에서 구매를 한다. **역쇼루밍**은 온라인에서 상품에 대한 충분한 정보를 습득한 뒤 그보다 나은 조건을 제시하는 오프라인 매장을 탐색하고 구매하는 소비행태를 뜻한다. **모루밍**은 모바일 쇼루밍의 줄임말로 PC와 인터넷이 아닌 모바일 검색을 통해 정보를 수집하고 오프라인에서 구매하는 소비행태이다. 이와 같이 현대소비자는 다양한 경로를 동시에 활용한다.

옴니채널 전략의 궁극적 목표는 고객에 대한 끊김 없는 쇼핑경험의 제공과 고객만족의 실현이다. 그러므로 옴니채널에 참여하는 모든 경로는 브랜드 이미지 분산이나 경로 간의 불필요한 경쟁을 억제하고 공통의 쇼핑경험을 제공하여야 한다. 복수경로정책이 경로별 독립적 운영을 전제로 경로 간 경쟁과 협력을 해나가는 반면, 옴니채널 전략은 각 경로별 단점을 보완하고 장점을 극대화하는 방향으로 통합하여 하나의 경로관점으로 고객에 도달하려한다는 점이 다르다. 교보문고나 영풍문고가 활용 중인 인터넷몰에서 책을 주문하고 오프라인 매장에서 수령하는 클릭 앤 콜렉트도 옴니채널의 한 형태이다.

옴니채널 전략은 ICT기술의 발전과 스마트소비자의 등장 때문에 부득이하게 나타난 경로 전략이다. 전통적으로 오프라인 경로에서는 구매동기부터 최종 선택에 이르는 일련의 구매의사결정과정을 선형적으로 설명해왔다. 그러나 멀티디바이스 활용과 정보공유능력이 뛰어난 스마트소비자의 의사결정은 전통적인 선형구조가 아니라 순환적이며 동시적으로 일어난다. 스마트소비자의 구매의사결정과정을 설명한 켈리무니(Kelly Moony)의 구매물고기모형(purchasing fish model)에 따르면 현대소비자는 구매욕구와 더불어 상품을 검색하고 비교하며, 구

알아두기

스마트 소비자의 의사결정 과정을 설명하는 구매 물고기 모델

구매 깔때기이론(Purchasing Funnel)은 소비자가 상품과 서비스를 구매하는 과정을 전형적이면서도 직관적으로 설명하는 이론이다. 이론에 따르면 소비자는 브랜드인지(Awareness), 제품에 대한 친숙성(Familiarity), 구매고려(Consideration), 구매(Purchase), 그리고 충성도 형성(Loyalty)의 5단계로 구매의사결정을 한다. 각 단계에서 소비자가 고려하는 브랜드의 수는 물이 깔때기의 넓은 위쪽 면에서 좁은 아래쪽 출구로 흐르는 것과 마찬가지로, 넓고 다양한 선택대안에서 소수의 대안으로 줄어든다는 의미에서 구매깔때기 이론이라고 한다.

스마트기기에 익숙한 새로운 유형의 소비자가 등장하면서 의사결정방식도 달라지고 있다. 현대 소비자는 구매 전에 수많은 소비경험을 한다. 검색을 통해 정보를 수집하고, 온라인에서 구매후기나 사용법에 관한 동영상을 읽기도 하며, 가격비교사이트를 참고하는 등 다양한 과정을 거친 후에 구매의사결정을 하고, 결정 즉시 결제와 배송을 바란다. 구매 후에는 자신의 구매경험이나 사용경험 등을 인증사진과 덧붙여 다른 사람과 공유한다.

이상과 같은 스마트소비자의 구매 과정을 설명하는 이론이 구매 물고기(Purchasing Fish) 모델이다. 구매 물고기 모델은 디지털 마케팅 에이전시 리소스 인터랙티브(Resource Interactive)사의 켈리 무니(Kelly Moony)가 제안한 모형이다. 소비자의사결정은 선형과정이 아니라 순환적이며 동시적이며, 이를 물고기 모양으로 도식화할 수 있는 점에 착안하여 구매 물고기모형으로 이름 지었다.

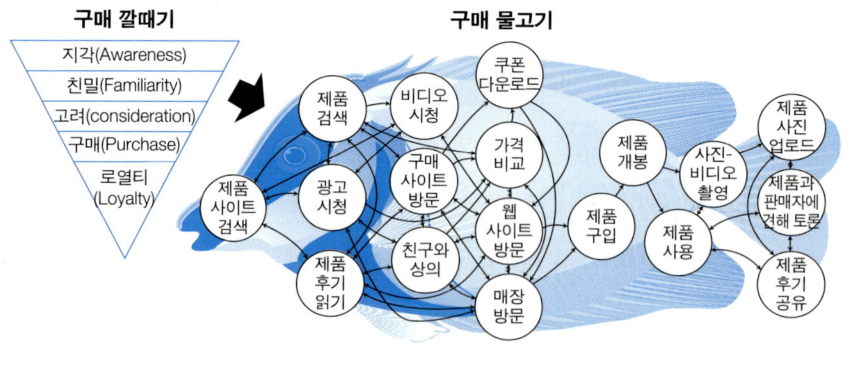

자료: 오픈브랜드, 켈리무니, 니타놀린스 공저, 위키피디어.

매결정과 주문, 그리고 거래경험의 공유 등 거래에 관련된 거의 모든 과정을 동시적이면서도 순환적으로 수행한다. 이는 구매에 관한 노력을 최소화하려는 현대소비자의 거래성향(ZEC, Zero Effort Commerce)에 따른 것인데, 이것이 의미하는 바는 소비자에게 제품발견과 검색, 주문, 결제에 관한 절차를 일괄적으로 해결해 주지 않으면 즉시 다른 경로로 이탈해버린다는 것이다. 옴니채널 전략은 경로를 가리지 않고 즉각적인 정보획득과 신속한 구매완결을 바라는 스마트소비자를 위한 맞춤유통방식이다.

4. 디지털유통의 주요과제

(1) 유통경로 간 갈등 해소

기업이 멀티채널정책을 사용하면 경로 구성원 간 갈등이 일어날 가능성이 높다. 생산자가 오프라인에서 판매되는 것과 동일한 상품을 인터넷으로 판매하면 오프라인 대리점이나 영업사원의 판매율이나 수익률이 낮아지고, 소비자의 경로충성도도 약해질 위험이 있다. 특정 경로의 불안과 불만이 적절히 관리되지 못하면 유통경로 간 갈등과 유통경로 전체의 수익성 악화로 이어진다.

디지털 유통경로의 갈등을 해소하기 위한 방안 중의 하나는 옴니채널 전략이다. 경로 간 경쟁이 아니라 참여하는 모든 경로의 통합과 조정을 통해 전체 경로의 의 이익을 추구하기 때문이다. 물론 여기에는 대규모 투자와 경로혁신이 필요하다. 또 다른 방법은 경로역할이나 표적시장 등을 차별화하는 것이다. 일본의 문구 판매업체인 'ASKUL'은 온라인과 오프라인의 복수유통경로정책에서 흔히 나타나는 경로갈등을 경로차별화를 통해 해결하였다. 이 회사는 소규모 문구점 위주의 판매망을 인터넷쇼핑몰 중심으로 전환하였는데, 오프라인망을 폐쇄하는 대신에 회원확보와 회원신용보증과 같은 새로운 과업을 부과하였다. 이와 같이 각각의 경로에 서로 다른 과업과 수익성을 보장해줌으로써 경로갈등을 해소하고 채널 간 상호협력을 증진할 수 있었다.

(2) 발전하는 기술에 대한 대응과 재무적 위험 극복

하루가 다르게 발전하는 ICT기술은 소비자는 물론 유통기업에게 새로운 경험과 기회를 제공하였을 뿐만 아니라 유통산업의 형태와 규모를 자연스럽게 바꾸어 놓았다. 그런데 역설적으로 너무 빠른 속도로 전개되는 신기술의 등장과 확산, 그리고 기존 기술의 소멸은 유통기업에게 심각한 위협이 되기도 한다. 실제로 2015년 마이크로소프트가 인터넷과 모바일 보안의 핵심기술이었던 액티브엑스에 대한 지원중단을 선언한 뒤 수많은 인터넷쇼핑몰과 은행, 신용카드회사 등은 거래중단의 위험에 빠졌고, 그 결과 막대한 시간과 비용을 투입하여 새로운 거래플랫폼을 개발하여야만 했다.

디지털유통업계가 대응해야만 할 새로운 기술들이 끊임없이 개발되고 있다. 사회적 관계구축기술인 SNS 서비스가 F-commerce(facebook+commerce) 즉, 상품과 서비스 구매를 가능하게 하는 새로운 비즈니스 플랫폼으로 발전하고 있다. 핀테크(Fintech: 금융+기술)로 대표되는 혁신적 금융서비스기술이 확대되고, 애플페이, 구글페이, 삼성페이, 페이팔 등 새로운 지불수단이 등장할 때마다 디지털유통기업이 해결해야 할 과제도 늘어난다. 또 고객의 선호와 주문, 취소, 재고수준, 수배송, 금융 및 결제정보 등 다양한 경로에서 대량으로 발생하는 정보(big data) 환경에도 대응해야만 한다. 매장환경에 있어서도 증강현실, 위치기반서비스(LBS, Locate Based Service)와 근거리무선통신(NFC)을 이용한 목표 지향적 프로모션, 물품이력이나 재고관리에 도움을 주는 스마트태그(RFID) 등 유통업자들이 도입을 고려해야만 할 신기술들이 너무 많다.

혁신적 기술은 소비자의 삶의 질을 개선해주고, 기업에게는 새로운 비즈니스 기회를 제공해준다. 그런데 문제는 기업에게 신기술 도입은 막대한 비용과 실패가 뒤따르는 위험한 전략적 의사결정의 대상이며, 그러한 의사결정의 상황이 일회적인 것이 아니라 끊임없이 반복된다는 것이다.

생활 속의 유통 새로운 지불수단의 확산과 신용카드회사의 입장

최근 우후죽순처럼 늘어나는 각종 '페이'(Pay · 간편결제서비스)들에 카드업계가 불편한 시선을 거두지 못하고 있다. 간편결제서비스는 휴대폰 같은 단말기에 카드정보를 미리 입력해 놓고 최소한의 과정만으로 결제가 가능하도록 하는 서비스이다. 2014년 카카오페이를 시작으로 IT기업, 유통 대기업 등 업계를 막론하고 새 브랜드를 쏟아내고 있는데, 특히 2015년 출시된 삼성페이는 기존의 온라인 중심 간편결제서비스와 달리 오프라인 시장을 공략하면서 빠른 속도로 고객층을 넓히고 있다.

서비스 출시 3주만에 등록카드 수 40만장을 돌파한 삼성페이의 하루 거래액은 8억 원 정도이지만 가입자가 꾸준히 증가하고 있는 만큼, 거래액도 지속적으로 늘어날 것이다. 삼성페이의 성공요인은 마그네틱(MST), 근거리무선통신(NFC) 결제 등 다양한 결제방식을 지원하여 대부분의 오프라인 가맹점에서 사용할 수 있으며, 단말기 터치만으로도 결제가 이루어지는 편리성 때문이다.

그런데 삼성페이의 인기에 대한 카드사의 입장은 다르다. 2015년 현재 삼성페이에는 신한 삼성 등 8개 카드사가 참여하고 있는데, 삼성페이로 결제하면 해당 카드사들이 제휴업체와 맺은 할인과 적립 등의 부가 서비스 외에도 OK캐시백, 해피포인트 등의 가맹점별 개별 포인트들을 사용하거나 적립할 수 없다. 삼성페이는 보안을 위해 결제 때마다 일회용 가상카드번호(토큰)를 생성시키는데, 할인혜택을 제공하기 위한 결제정보와 가상카드번호가 달라서 포인트회사가 인증절차를 진행하기 어렵기 때문이다.

부가 서비스 때문에 삼성페이에서 빠지자니 대세에서 소외될까 두렵고, 삼성페이로 결제하는 소비자에게는 부가서비스제공을 포기하자니 소비자에게 외면당할 처지에 놓인 셈이다. 카드사들은 임시방편으로 OK캐시백 등 제휴 서비스가 삼성페이에서 일부 제한될 수 있다는 사실을 공지하고 있다. 또 포인트 적립에 한해 고객의 결제정보를 일일이 수작업으로 대조해 카드 내역 청구 전에 반영하고 있지만 곤혹스러운 표정이 역력하다.

장기적으론 카드사가 삼성페이 같은 특정 결제 플랫폼에 종속될 수 있다는 우려도 나온다. 지금은 간편결제서비스 도입의 초기단계이므로 여러 결제플랫폼이 경쟁하고 있지만 머지않아 주도적 '페이'가 결정될 것이다. 하나금융경영연구소는 "카드 고객들이 하나의 결제플랫폼에 익숙해지면 카드사에는 카드 발급 및 결제 처리 기능만 남게 될 것"이라며 "이 경우 카드사는 고객뿐 아니라 삼성페이에도 마케팅을 해야 하는 상황이 올 수도 있다"고 지적했다. 카드사가 특정 결제 플랫폼에 종속되면 수수료 문제도 불거질 수 있다. 지금은 모든 간편결제서비스 업체가 카드사에 수수료를 요구하지 않고 있지만, 카드사가 마음대로 발을 빼지 못하는 상황이 되면 수수료를 요구할 가능성을 배제할 수 없다.

각종 페이서비스가 소비자의 쇼핑편의에 미치는 영향이 지대하고, 앞으로 전개될 기술변화에 대비하기 위해서라도 페이 서비스와의 '제휴'를 선택할 수밖에 없는 것이 신용카드사의 사정이지만, 빠르게 전개되는 결제시장을 지켜보는 신용카드사들의 속내는 복잡할 수밖에 없다.

자료: 한국일보, 2015. 9. 23. 기사수정

(3) 경로 경쟁력 확보

디지털유통기업의 또 다른 과제 중의 하나는 치열해지고 있는 경로 간 경쟁을 극복하는 것이다. 경기불황의 지속, 1인 가구 증가, 스마트기기의 보편화 등을 이유로 소비자의 소비패턴이 빠른 속도로 변하면서 경로 간 크로스오버(교차 또는 혼합: cross over)현상이 빈번해지고 있다. 오프라인매장에서 상품을 확인하고 온라인에서 최저가로 구매하는 쇼루밍이나 반대 개념인 역쇼루밍 쇼핑법을 활용하는 스마트소비자층이나 백화점의 고품질 고가격상품보다 가격과 품질 모두 만족할 수 있는 칩시크(cheap-chic)상품에 관심을 갖는 합리적 소비자가 늘어나면서, 고객의 경로충성도는 약해지고 있다.

변화하는 쇼핑환경에 부응하기 위하여 백화점이나 할인점뿐만 아니라 소형점포들까지도 온라인과 모바일플랫폼에 대한 투자를 확대하고 있다. 그런데 디지털유통경로는 소비자에게 상품이나 상인을 실제로 보여주지 못하기 때문에 오프라인경로에 비해 품질과 거래에 관한 소비자 신뢰를 확보하기 쉽지 않다는 문제가 있다. 디지털유통기업은 경로에 특화된 표준적인 상품과 서비스를 개발하고, 소비자에게 차별화된 소비경험을 일관적으로 제공하는 방법 등을 통해 거래 신뢰성 문제를 극복하여야만 한다.

활성화되고 있는 해외직접구매 경로와의 경쟁도 디지털유통의 핵심과제가 되고 있다. 온라인 거래에 대한 관세와 규제수준이 낮아지고, 합리적인 소비트렌드의 확산과 소비자 간 정보공유활동이 활발해지고 있기 때문에 해외직구시장은 지속적으로 성장해 갈 것이다. 소비자가 해외직구를 통해 구입하는 상품들은 국내에 없거나 국내보다 가격이 저렴한 상품이 대부분이다. 따라서 해외쇼핑몰과의 경쟁을 원하는 유통기업들은 브랜드차별화나 특유한 서비스제공 능력, 혹은 가격경쟁력을 갖추기 위하여 다양한 노력을 하여야 한다.

11 유통업의 변화추세

유통환경은 끊임없이 변화하고 있다. 국내 유통산업도 1970년을 전후하여 근대적 소매업태들이 등장하기 시작하였으며, 1996년 국내유통시장이 완전개방되면서 유통산업에서 글로벌 경쟁이 본격적으로 시작되었다. 그 후 1990년대 중반부터는 전자상거래가 본격적으로 확산되면서 유통산업은 획기적인 변화를 경험하고 있다. 이 장에서는 유통 변화를 이끌어가고 있는 여러 추세 중에서 유통산업에 전반에 큰 영향을 미치고 있는 프랜차이즈시스템의 확산, 유통업과 제조업 간의 경쟁 격화, 디지털유통의 보편화, 유통경로 패러다임의 변화, 그리고 글로벌 경쟁의 확산과 같은 핵심 이슈를 중심으로 살펴보고자 한다.

프랜차이즈시스템의 확산

수직적 통합시스템의 하나인 프랜차이즈시스템은 20세기부터 전 세계적으로 성장해 왔다. 국내에서도 여러 산업에서 프랜차이즈 시스템이 확산되어 왔으며, 이를 지원하기 위한 법적인 제도(가맹사업거래의 공정화에 관한 법률 등)도 마련되어 있고, 상호 정보 교류 및 협조를 목적으로 하는 조합(한국프랜차이즈산업협회: www.ikfa.or.kr 등)도 결성되어 있다. 여기에서는 프랜차이즈시스템의 특징, 유형, 관계, 발전 이유, 갈등에 대하여 살펴보고자 한다.

1. 프랜차이즈시스템의 특징

프랜차이즈란 가맹본부(franchisor)가 가맹점(franchisee)에게 조직 관리, 상품 관리, 운영 관리 등 여러 가지 경영상의 지원을 해 주면서 특정 지역에서 가맹본

생활 속의 유통 한국 외식프랜차이즈의 해외진출

프랜차이즈산업이 포화상태에 이르렀다는 지적이 확산하면서 해외 진출을 모색하는 프랜차이즈 기업이 늘고 있다. 정부와 한국프랜차이즈산업협회도 프랜차이즈 기업들의 해외 진출을 지원하기 위해 다양한 지원 사업을 마련하고 있다. 한국프랜차이즈산업협회는 '마카오 프랜차이즈 엑스포 2015' 등 해외박람회에 한국관을 꾸려 직접 참가하고 있다.

최근 농림축산식품부가 시행한 국내 외식기업 해외진출 실태조사 결과에 따르면 외식기업은 1990년대부터 해외진출을 시작했는데, 이후 한식 세계화 및 해외 박람회 지원 등으로 2011년부터 해외진출이 급격히 증가하고 있다.

2014년 말 기준 해외 진출한 외식기업은 120개 업체, 138개 브랜드이며 총 매장 수는 3726개로 파악됐다. 이는 2013년 매장 수(2717개)보다 37% 증가한 수치다. 2010년 991개 매장 진출과 비교하면 4배 가까이 증가했다.

업종별로는 주로 치킨, 베이커리, 커피 관련 업체의 해외 진출이 활발했고 증가폭이 컸다. 한식도 53개를 기록해 소폭이지만 증가세를 보였다. 국가별로는 총 40개국에 진출했는데 중국이 80개 업체, 1505개 매장으로 가장 많았고 미국이 34개 업체, 959개 매장으로 뒤를 이었다. 베트남 필리핀 인도네시아 싱가포르 등 동남아 지역에서도 한국 프랜차이즈 기업의 매장 확장 속도가 뚜렷하다는 것이 협회와 정부의 공통된 설명이다.

브랜드별로 보면 델리만쥬(600개), 카페베네(572개), 롯데리아(342개), 레드망고(381개), BBQ(351개), 파리크라상(172개), 투다리(137개), 뚜레쥬르(130개), 본촌치킨(122개) 총 9개 업체가 전체의 75%를 차지했지만, 그 외 다수 중소 외식기업도 진출이 늘어나고 있는 추세다.

농식품부는 이런 외식기업의 해외진출 확대 요인을 국내 외식기업들이 새로운 성장동력을 찾아 해외 시장으로 발을 넓히는 것이라고 분석했다. 농식품부는 또한 한류 등 국가인지도가 높아짐에 따라 한국 브랜드에 대한 외국투자자들의 선호가 늘어난 것도 그 요인으로 평가했다. 외식기업의 해외진출 유형을 보면 마스터 프랜차이즈가 57.3%로 가장 많았으며, 국제 가맹점이 16.8%로 그 뒤를 이었다. 이 밖에 직영형태(12.2%), 기술전수(8.4%), 합작(3.8%) 등 다양했다.

농식품부는 이처럼 외식기업의 해외진출이 증가함에 따라 현장에서 기업이 겪는 애로사항을 해소하기 위해 2014년 4월부터 농식품부 산업통상자원부 외교부 문화체육관광부 중소기업청 KOTRA 및 업계 관계자들이 참석하는 '민관합동 글로벌 외식기업 협의체'를 운영하고 있다.

자료: 한국경제, 2015. 11. 4.

부의 이름으로 라이센스화된 내용의 영업 활동을 할 수 있도록 허락해 주는 방식의 사업을 뜻한다. 프랜차이즈 사업은 성공적인 비즈니스 모델의 복제를 사업 확장 수단으로 하고 있으므로 적용이 매우 쉽고 따라서 시장 성장도 매우 빠르다는 장점이 있다. 또한 어느 정도 이상의 가맹점만 확보되면 구매와 마케팅 등의 모든 분야에서 규모의 경제성이 작용하므로 프랜차이즈는 소자본 창업자들에게 안전한 투자처가 됨과 동시에 가맹본부에게는 수익성이 급증하는 효과가 발생한다.

프랜차이즈시스템은 자동차 렌탈, 장비 대여, 주유소, 자동차 딜러, 생맥주 체인점, 미용실, 회계, 교육(학원), 부동산, 여행, 음식점, 호텔, 백화점, 편의점 등 여러 분야에서 확산되어 왔으며 국내뿐 아니라 해외시장 진출에서도 자주 사용된다. 해외 프랜차이징은 인적 물적 투자에 따르는 위험 부담을 경감시켜 줄 뿐 아니라 실제로 소요되는 비용도 적게 든다. 또한 여타 제품 수출이나 자본 투자 방식을 통한 해외시장 진입 방법에 비해 진입 장벽도 상대적으로 낮은 편이다.

2. 프랜차이즈시스템의 유형

프랜차이즈시스템은 크게 제품연계형과 사업모방형의 두 가지로 나눌 수 있다.

(1) 제품연계형

제품연계형은 가맹본부의 제품이나 서비스를 가맹점이 가맹본부의 트레이드마크를 이용하며 판매하는 것을 허용해 주는 시스템을 의미한다. 제품연계형의 예를 들면 주유소, 자동차 딜러, 우유 대리점, 주류 도매상 등과 같이 가맹본부에서 개발한 제품이나 서비스에 대한 판매를 전제로 가맹본부의 트레이드마크 사용을 허가해 주는 형태로 보면 된다. 제품연계형은 사업모방형보다 먼저 등장하였으며 주로 제품과 연계되어 있으며 점포 운영 방식은 기본적으로 독자 운영 형태를 취한다.

(2) 사업모방형

사업모방형은 가맹본부의 사업 제품, 서비스, 경영 방식 등을 그대로 모방하여 운영할 수 있도록 해 주는 프랜차이즈시스템을 의미한다. 사업모방형의 예를 들면 생맥주 체인점, 자동차 수리, 미용실, 외식업, 사설학원 등과 같이 트레이드마크뿐 아니라 취급 제품과 서비스, 점포 운영 방식, 디자인, 종업원서비스 등까지 모든 가맹점이 동일하게 이루어진다. 주로 서비스 업종을 중심으로 이루어지고 있으며 제품연계형보다는 늦게 등장하였으나 전체 프랜차이즈시스템에서 차지하는 매출 비중은 훨씬 크고 성장 속도도 더 빠른 편이다.

3. 가맹본부와 가맹점의 관계

가맹본부(franchisor)와 가맹점(franchisee) 양자 간에는 법적인 관계, 사업적인 관계, 비사업적인 관계 등의 여러 가지 관계가 발생한다.

(1) 법적인 관계

가맹본부(franchisor)와 가맹점의 양자 간에는 법적인 계약 관계가 존재한다. 따라서 상호 간에는 계약 내용에 따라 정해진 권리와 의무가 따른다. 계약 내용을 준수하지 않을 경우에는 계약 해지 혹은 피해 보상 등과 같은 법적 분쟁이 발생한다.

(2) 사업적 관계

사업적 관계란 공식적인 비즈니스 관계를 의미한다. 즉 소비자들이 수용할 제품이나 서비스의 제공 등과 관련된 일상적인 운영에서는 서로 약속한 대로 움직여야 한다. 통상적으로 개별 가맹점들은 가맹본부에 비하여 힘이 약하지만 함께 조합을 결성하게 되면 가맹본부와 동등한 입장에서 거래를 할 수 있게 된다. 이러한 가맹점들의 조합 결성을 통해, 가맹점들은 가맹비(로열티)와 각종 비용을 낮추는 것을 요구함으로써 가맹본부를 견제할 수 있고, 필요에 따라서는 가맹

〈그림 11-1〉 가맹본부와 가맹점의 관계

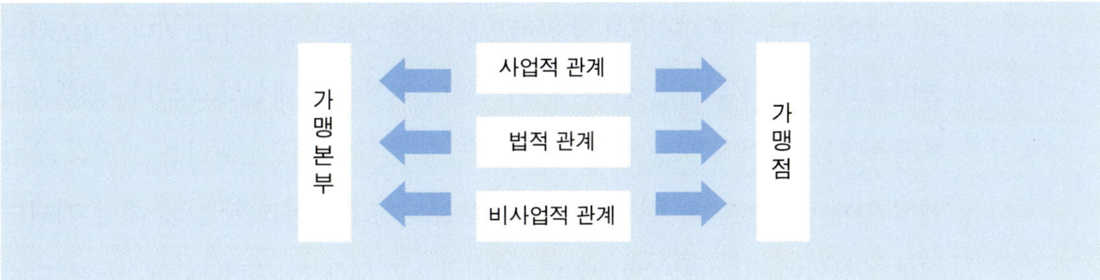

본부에 대한 적대적 인수합병 시도에 대항하기도 하여 가맹본부에 도움을 주기도 한다.

(3) 비사업적 관계

직접적인 비즈니스 측면 이외에도 상호 협력 발전하고 장기적인 동반자 관계를 유지하기 위하여 수행하는 협력, 교류 등을 의미한다. 예를 들면 향후 시장에 대한 공통적 전망, 공동 회합, 상호 인적 교류 등이 될 수 있다.

4. 프랜차이즈시스템의 발전 이유

(1) 소비자들의 안전 및 편의성 추구

오늘날의 소비자들은 가능한 한 안전하고 편한 것을 선호한다. 검증되지 않은 것을 실험해 보는 모험의 길보다는 이미 입증된 것을 선택하는 안전제일주의 성향이 강하다. 그런 점에서 이미 잘한다고 소문이 난 프랜차이즈 점포를 이용한다는 것은 소비자의 입장에서 볼 때 질 좋은 서비스와 제품을 쉽고 안전하게 구입할 수 있는 손쉬운 길을 택하는 것과 동일하다. 결국 소비자들의 이러한 안전 및 편의성 추구 욕구가 밑바탕이 되어 프랜차이즈시스템이 빠르게 발전할 수 있는 것이다.

(2) 제조 중심의 경제에서 서비스 중심 경제로의 전환

오늘날 많은 선진국에서 후진국으로 생산기지가 옮겨가고 있다. 제조업이 줄어들고 있는 이들 선진국에는 서비스업이 빈자리를 대신하고 있다. 프랜차이즈시스템은 그 자체 모방이라는 특수성으로 인하여 제조업보다는 서비스 분야에서 쉽게 이루어진다. 실제로 거의 대부분의 프랜차이즈 창업 및 확산 기회는 서비스 산업에서 더 많이 발견된다. 선진국으로 접어 든 우리나라에서도 서비스 산업의 비중이 커지고 있으므로 향후 급속한 프랜차이즈 사업 증대가 예상된다고 할 수 있다.

(3) 손쉬운 창업 기회

프랜차이즈시스템은 경영의 문외한들도 쉽게 점포 경영을 할 수 있는 기회를 마련해 주는 장점이 있다. 점포를 운영하려면 여러 가지 현실적인 문제들을 감안하여야 하는데, 예를 들면 원료 조달, 인테리어 결정, 종업원 훈련, 마케팅 활동, 운영 관리 등 이 모든 것을 가맹점 본부의 조언, 협조, 지도에 따름으로써 보다 안전하고 성공적으로 경영을 할 수 있다는 점은 창업 기회를 노리는 사람들에게는 아주 매력적으로 다가 올 것이다.

(4) 가맹점 증가의 선순환

기본적으로 프랜차이즈시스템은 가맹본부와 가맹점 간에 수직적 통합을 이룬 방식이므로 규모의 경제 측면에서 독립 소매점보다 구매력, 경쟁력 등에서 유리한 측면이 있다. 게다가 프랜차이즈시스템의 경쟁력은 대체로 가맹점 수에 비례하므로 가맹점이 많아지면 많아질수록 해당 프랜차이즈시스템의 구매력, 가격 경쟁력, 판촉 능력 등은 더욱 강화되며 이런 식으로 강화된 프랜차이즈시스템은 다시 더 많은 가맹점을 유인하는 촉진제 역할을 하는 선순환 구조를 가지고 있다.

(5) 소매 경쟁 시장의 격화

소매시장은 갈수록 경쟁이 치열해지고 있다. 대형 소매점이나 프랜차이즈점에 비해 대부분의 독립 소매점은 구매력과 마케팅력 등에서 현저한 힘의 불균형에 시달리고 있다. 독립 소매점이 살아남기 위해서는 차별화에 성공하던지 틈새시장을 공략하는 수밖에 없으나 특화나 틈새시장 공략에 성공하는 독립 소매점은 많지 않다. 프랜차이즈점이나 대형 소매점과의 시장 경쟁은 한편으로는 독립 소매점의 점진적인 쇠퇴를 의미하지만 또 한편으로는 시장 경쟁에서 탈락한 독립 소매점들의 가맹점화를 통한 프랜차이즈시스템의 지속적인 성장으로 이어질 것으로 보인다.

5. 프랜차이즈시스템상의 갈등

유통경로상의 서로 다른 수준에 있는 구성원 간의 수직적 마케팅 통합의 한 형태인 프랜차이즈시스템은 구성원 상호 간에 갈등을 불러일으킬 요소를 많이 안고 있다. 프랜차이즈시스템상의 갈등을 해소하기 위해서는 이러한 요인들을 잘 살펴보아야 할 것이다.

(1) 초기 가맹비(입회비)

가맹본부가 가맹점 후보자들을 대상으로 과장된 성공 가능성과 이익을 바탕으로 아주 높은 입회비를 요구하는 일은 매우 흔히 일어난다. 가맹점의 입장에서 볼 때 실제로 점포를 운영한 결과 가맹본부 측에서 장담한 결과가 나오지 않는다면 해당 가맹점은 속았다고 생각하거나 가맹본부가 부당하게 높은 입회비를 요구한 것으로 생각할 것이다.

(2) 구속 조건부 거래

대부분의 경우 가맹본부 측에서는 가맹점으로 하여금 점포 운영에 필요한 대다수 물품이나 원료를 가맹본부나 가맹본부가 지정한 공급자로부터만 구입할 수 있다는 조건을 계약서에 명시한다. 그러나 이러한 의무 사항의 강제는 동일한 물건이나 원료 등을 다른 공급자로부터 훨씬 싸게 구입할 수 있다는 것을 알게 된다면 가맹본부에 대한 불신으로 직결될 것이다.

(3) 불평등 계약

통상 가맹본부 측은 계약서 작성 시 여러 가지 조건들을 자신에게 유리하게 하는 경우가 대부분이다. 특히 가맹 관계의 해소와 관련하여서는 가맹점 측 귀책사유를 자의적으로 해석이 가능하도록 만드는 경우(예를 들면 '가맹점 본부의 협조 요구를 들어 주지 않는 경우'와 같은 표현)가 흔히 있다. 실제로 많은 프랜차이즈 가맹점들은 가맹점 신분이 법률적으로 제대로 보장되지 않고 가맹본부 측의 일방적인 의사에 좌우되는 것을 알고 놀라는 경우가 많다고 한다.

(4) 시장 침해

시장 침해(encroachment)는 가맹본부가 기존 가맹점의 활동 지역에 새로운 가맹점이나 직영점을 개설할 때 발생한다. 통상적으로 이러한 시장 침해는 영업이 특별히 잘되거나 시장 잠재력에 비해 성과가 부족한 가맹점이 위치한 곳에서 쉽게 발생한다. 어떤 이유에서든 기존 가맹점으로서는 받아들이기 힘든 상황이 될 것이다.

생활 속의 유통 프랜차이즈 가맹계약 해지와 갱신 거절

프랜차이즈 본부와 가맹점 간 분쟁에서 가장 핵심적인 문제는 가맹계약 해지와 갱신 거절에 관한 것이다. 얼마 전 가맹계약 해지와 관련한 분쟁에 대해 법원이 내린 판결에 이목이 집중되었다.

전국 단위로 가맹점을 운영하는 소문난 떡볶이집인 A식당은 '일부 가맹점의 떡볶이 맛이 본점과 차이가 난다'는 소문이 나면서 해당 가맹점들과 갈등을 빚었다. 이어 A식당 본사는 "B가맹점은 떡볶이 소스에 물을 섞어 팔았고, C가맹점은 본점이 지정한 식재료 제공업체로부터 소스를 공급받고 있지 않다"며

생활 속의 유통 프랜차이즈 가맹계약 해지와 갱신 거절 (계속)

가맹계약의 해지를 요구했고, 해당 가맹점들은 크게 반발했다. 이에 대하여 A식당 본사가 해당 가맹점들을 상대로 낸 '서비스표 등 사용금지 가처분' 신청에서 법원은 "C가맹점은 A사 이름을 사용할 수 없다"며 일부 받아들이고 B가맹점에 대한 신청은 기각했다.

위 사례에 대한 판결에 대해 법무법인 나무의 프랜차이즈 전문 고한경 변호사는 "본점이 지정한 식재료나 소스를 사용하지 않는 것은 가맹 계약상의 '품질 준수 의무'를 위반한 것이지만, 소스에 물을 섞은 것은 본점과의 신뢰관계를 파괴하는 행위라고 보기 어렵다고 판단한 것"이라고 설명했다.

가맹계약 해지의 효력

일반적으로 가맹본부와 가맹점은 계약을 해지하려는 의사를 표시하여 가맹계약을 해지할 수 있다.

가맹본부와 가맹점간 가맹계약이 해지되면 상표사용권 등과 같은 가맹사업과 관련된 권리와 의무는 종료된다. 그러나 이미 가맹본부로부터 외상으로 구입한 물품 · 용역대금 등과 같은 채권과 채무는 그대로 유효한 것이다.

가맹본부가 가맹점에게 통지하지 않고 가맹계약을 해지할 수 있는 경우

고한경 변호사는 "가맹본부가 가맹계약을 해지할 경우에는 2개월의 유예기간을 두고 가맹본부가 가맹점에게 구체적인 계약위반의 사실과 그 위반사실을 수정하지 않으면 계약을 해지한다는 사실을 서면으로 2회 이상 통지해야 한다"고 강조했다.

따라서 가맹본부가 가맹점에게 통지하지 않고 가맹계약해지를 했을 경우 그 효력이 없다. 하지만 가맹점이 가맹사업거래를 지속하기 어려운 경우에 해당될 때에는 통지 없이도 가맹계약해지를 할 수 있다.

거래를 지속하기 어려운 경우로는 '가맹점에게 파산신청이 있거나 강제집행절차, 회생절차가 개시된 경우', '가맹점이 발행한 어음 및 수표가 부도 등으로 지불 정지된 경우', '천재지변, 중대한 일신상의 사유 등으로 가맹점이 더 이상 가맹사업을 경영할 수 없게 된 경우' 등이 있다. 아울러 '가맹점이 공연히 허위사실을 유포함으로써 가맹본부의 명성이나 신용을 뚜렷이 훼손하거나 가맹본부의 영업비밀 또는 중요정보를 유출하여 가맹사업에 중대한 장애를 초래한 경우'도 이에 해당된다.

가맹점의 갱신요구권과 가맹본부의 갱신거절권

한편, 가맹사업법에서는 가맹점의 갱신요구권과 가맹본부의 갱신거절권을 정당하게 행사할 수 있도록 규정하고 있다.

가맹점은 가맹본부에게 가맹계약기간 만료 전 180일부터 90일 사이에 가맹계약의 갱신을 요구할 수 있고, 가맹본부는 정당한 사유 없이 그 계약의 갱신을 거절할 수 없다.

고한경 변호사는 "가맹본부가 부당하게 갱신을 거절하는 경우에는 불공정거래행위에 해당하여 공정거래위원회로부터 시정조치 및 시정권고를 받거나 과징금을 부과할 수 있다"고 설명했다.

자료: 헤럴드경제, 2015. 1. 20.

(5) 협력 결여

가맹점 역시 프랜차이즈시스템상의 갈등 원인 제공자가 되기도 한다. 가맹본부 측의 정당한 요구를 이행하지 않고 계약 사항을 준수하지 않는 가맹점도 많다. 특히 시장 환경의 변화에 맞춘 가맹본부의 변화 요구(예를 들면 새로운 시스템 구비 혹은 운영 방식 변화 등)를 대다수의 가맹점들이 무시할 경우 해당 프랜차이즈시스템은 실패로 끝날 것이다. 그런 잠재적 위험성에도 불구하고 가맹점들은 많은 비용이 수반되는 변화가 요구될 경우에는 협력하는 자세로 수용하기보다는 이를 무시하거나 심지어는 단체로 반발하기도 한다.

유통업과 제조업의 경쟁 격화

유통업과 제조업은 상호 협력이 불가피한 관계이다. 그럼에도 불구하고 최근의 양자 관계는 협력보다는 경쟁이 우선시되는 현상이 많이 등장하고 있다. 시장 지배가 수익률 증대의 지름길이란 인식에 따라 양자는 시장 주도권 장악을 위한 경쟁으로 치닫고 있다. 전통적으로 과거에는 브랜드 애호도를 바탕으로 한 제조기업의 시장 지배가 일반적이었으나, 최근 대형 소매기업을 중심으로 최종 소비자와 직접 대면을 하는 소매업이 시장을 지배하는 것이 보편화되고 있다. 이러한 양자 간의 경쟁과 갈등 관계는 당분간 계속될 것으로 보인다. 그러면 양자 간 상호 경쟁과 갈등의 원인을 보다 구체적으로 살펴보고자 한다.

1. 유통업의 파워 증대

전통적으로 시장은 제조업체가 지배하고 있는 것으로 이해되고 있었으나 20세기에 급속한 성장을 이룬 거대 유통업체(특히 소매기업)의 등장으로 이러한 시각은 바뀌게 되었다. 즉, 매장을 직접적으로 지배하고 있는 유통업체가 과거와는 달리 제조업체를 거래나 협상 등에서 압도하는 경우가 자주 발생하고 있는 것이다. 제조업체들, 특히 브랜드 파워가 약한 제조업체들은 점포 내 매대에 대한 관리를 통제할 수 있는 유통업체에 대하여 저자세가 될 수밖에 없다. 또한 시장에서 1, 2위를 다투는 제조업체의 경우에도 유통업체가 자체 상표 제품을 대항마로 들고 나오거나 점포가 지닌 고객 유인력을 지렛대로 협상에 임할 경우 고객의 브랜드애호도가 매우 크고 전체 점포 매출에 차지하는 비중이 상당한 경우가 아니고서는 마냥 큰소리만 칠 수는 없게 된다. 문제는 제조업체에 대한 이러한 유통업체의 고자세가 제조업체로 하여금 유통업체에 대한 복종보다는 자체 판매망 구축, 광고를 통한 브랜드 파워 향상 등 대응 방안 모색이라는 갈등 구도의 확산 쪽으로 상황을 악화시키고 있다는 점이다.

2. 유통업자상표의 취급 증대

유통업자상표(private brand)는 제조업체가 아닌 유통업체(도매상, 소매상 등)가 보유하고 관리하는 상표를 뜻한다. 유통업자상표는 국내에서도 백화점과 대형마트를 중심으로 주목을 받기 시작하였다. 현재 유통업자상표는 국내외를 막론하고 계속 증가 추세에 있다.

소매점에서 유통업자상표를 경쟁적으로 취급하는 이유는 여러 가지가 있다. 대표적인 것으로는 이익률 증대, 점포의 차별화를 통한 고객의 점포애호도 강화, 가격 협상 시 제조업체에 대한 압박, 가격 민감형 고객의 유인 등을 들 수 있다. 물론 제조업체 브랜드와 같은 강한 고객 유인력의 부족, 저가 이미지 등과 같은 한계를 가지고 있지만 전체적으로 볼 때 유통업자상표를 취급함으로써 얻을 수 있는 장점이 단점보다 더 크므로 점포 이미지를 바탕으로 하는 유통업자상표가 소매유통업계에서 당분간 계속 성장할 것이라는 것에는 별다른 이의가 없다.

유통업자상표의 비중 증대는 제조업체의 입장에서는 자사 제품 전시 공간의 부족을 의미하며 이는 곧 진열 면적 확보 경쟁으로 진행되어 자사 제품에 대한 가격 경쟁력 저하와 유통 마진 감소로 연결된다. 특히 시장 지위가 낮거나 브랜드 파워가 약한 제조업체 브랜드의 경우에는 시장에서 퇴출되거나 유통업자상표를 생산해 주는 하청업체로 전락하게 된다. 이에 대한 자구책으로 제조업체들도 자사 제품의 브랜드 파워를 키우는 방법을 모색하거나 자체 유통망 설립 혹은 소비자와의 직거래를 도모하게 되므로 결국 유통업자상표의 증대는 제조업체와 유통업체 간의 경쟁을 더욱 악화시킨다.

3. 상호 간의 경계 모호

유통업체와 제조업체의 경쟁 증대와 더불어 최근 눈에 띄게 나타나는 현상 중의 하나는 제조업체와 유통업체 간에 구분이 없어지는 기업들이 늘어간다는 점이다. 이는 한편으로 보면 상호 간의 협조 증대로 비칠 수도 있지만 서로 상대방의 영역을 침범한다는 점에서 경쟁 증대로 파악될 수 있다. 양자 간에 경계가 모호해지는 원인들은 다음과 같다.

(1) 수직적 계열화에 의한 모호함

제조업체와 유통업체가 수직적 계열화를 통하여 하나의 조직으로 통합되어 있을 경우 새로운 조직의 정체성은 모호해질 수밖에 없다. 예를 들면 중저가 남성 정장과 청장년 캐주얼웨어를 전문적으로 생산 판매하는 (주)파크랜드의 경우 자사 제품은 자사의 소매망(점)에서만 판매되고 있다. 즉 파크랜드는 제조업과 유통업을 동시에 겸하고 있으므로 파크랜드를 단순히 제조업체 혹은 유통업체라고 하는 것은 올바른 표현이 될 수 없다.

(2) 제조기업의 탈제조업화

현재 선진국을 중심으로 많은 전통적 제조업체들이 생산 혹은 제조라는 본연의 업무를 더 이상 직접 수행하지 않는 경향을 보여 주고 있다. 이들은 디자인, 설계, 마케팅 등만 본사에서 담당하고 생산은 해외의 하청업체들을 이용한다. 대표적인 예를 들면 나이키 신발을 들 수 있다. 나이키 본사에서는 디자인과 마케팅만 전담하며 생산은 아시아 국가들의 현지 업체에게 하청을 주는

OEM(Original Equipment Manufacturing: 주문자 상표 부착) 방식을 이용하고 있다. 또한 나이키는 유통업에도 참여하여 소매점포도 다수 직접 운영하고 있다. 직접 생산은 하지 않고 유통업에도 참여하는 기업을 제조업체라고 부를 수 있는가?

(3) 유통업체의 제조업 지배

유통업체로 출발하여 제조업에 깊숙이 관여하는 기업도 흔히 발견할 수 있다. 예를 들면 게스(Guess), 리미티드(Limited)와 같은 외국기업이나 국내의 베이직하우스와 같은 기업은 유통업체로 시작한 기업들이다. 비록 제조업체에 자사 제품을 OEM 방식으로 하청을 주어 생산토록 하지만 이들은 자신들의 점포에서 자사 상표 제품만을 취급하므로 제품의 품질, 디자인, 기간, 비용 등 제품 생산과 관련된 모든 분야에 깊숙이 개입할 수밖에 없다. 이 경우 이들 기업들은 직접 제조업체를 보유하지는 않더라도 실질적으로는 거의 모회사가 자회사의 제품 생산에 관여하는 것 이상의 행태를 보이게 된다. 대표적인 기업으로 유니클로와 같은 예를 들 수 있다. 만약 이러한 개입에도 불구하고 기대하는 수준의 제품이 생산되지 않을 경우 인수 합병 등의 방식으로 제조업체에 대한 수직적 계열화를 꾀할 가능성이 높다.

〈그림 11-2〉 유통업과 제조업의 경쟁

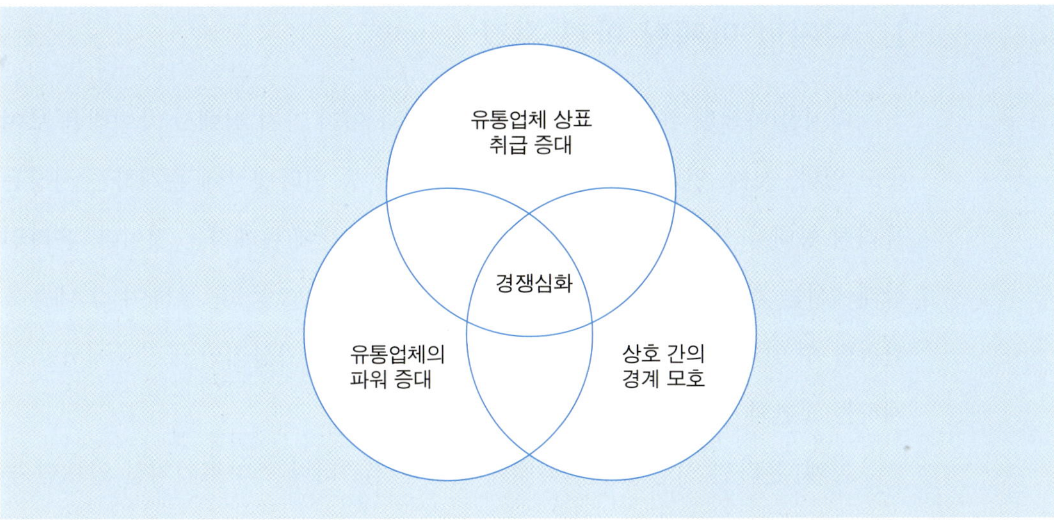

디지털유통의 보편화

전자상거래의 이용은 급속히 늘고 있다. 통계청 자료에 의하면 국내 전자상거래 시장규모는 2008년 630.1조 원에서 2013년 1,204.1조 원으로 5년 만에 1.91배 정도 성장하였다. 이러한 추세로 볼 때, 2020년에는 3,000조 원 이상으로 성장할 가능성이 높다.

구체적으로 2013년 현재 기준 전자상거래 거래액 비중을 살펴보면, 기업 간의 전자상거래(B2B)가 91.0%, 기업과 정부사이의 전자상거래(B2G)가 5.9%였고, 기업과 소비자사이의 전자상거래(B2C)는 2%, 소비자 간의 직거래(C2C)가 1.1%였다. 그러나 전년도 거래액에 비해 가장 많이 증가한 부문은 인터넷쇼핑인 B2C와 C2C였다. B2C는 전년 대비 2013년에 15.0%, C2C는 9.7%의 증가세를 보였다. 그래서 2013년 인터넷쇼핑 거래액은 38조 4,940억 원으로 전년(34조 680억 원)에 비해 13.0% 증가하였다.

이러한 전자상거래의 확산은 모든 산업 분야에서 일어나고 있으며 기존 유통시스템에 혁명적인 변화를 불러 오고 있다. 여기에서는 디지털 마케팅이라는 새로운 유통시스템이 가지고 있는 환경적 특징과 이것이 가져오는 유통경로상의 변화에 대하여 알아보고자 한다.

1. 디지털 마케팅 환경 특징

디지털 마케팅 환경은 기존의 시장 환경과 여러 가지 점에서 차이점을 보여주고 있다. 첫째, 인터넷 쇼핑몰 혹은 가상시장 등 인터넷상에 존재하는 시장은 물리적 형태가 있는 오프라인 환경이 아닌 가상공간에 존재하는 것이다. 온라인 상태에서는 컴퓨터나 스마트 기기(스마트폰, 태블릿PC 등)를 통하여 그 내용을 관찰할 수 있지만 전원만 꺼지면 함께 사라져 버리는 가상적인 공간상에서만 존재하는 교환의 장이 바로 온라인 시장의 특징이다.

둘째, 온라인 시장에는 인터넷에 연결된 컴퓨터나 스마트기기만 있으면 누구나 쉽게 언제 어디서나 접속이 가능하다. 또한 실제 점포가 없어도 가상 점포를 이용하여 물건을 전시할 수 있고 종업원을 고용하지 않아도 판매가 가능하고 언제 어디서나 거래 현황을 살펴보고 필요한 의사결정을 내릴 수 있다. 구매자들 또한 실제 점포에서처럼 진열된 제품을 둘러 볼 수 있으며 필요한 정보를 얻을 수 있고 제품 구입도 할 수 있다. 이러한 인터넷을 통한 시공간의 초월 가능성은 인터넷 비즈니스로 하여금 1년 365일, 하루 24시간, 전 세계를 상대로 언제 어디서나 가능토록 해 준다.

셋째, 판매자와 구매자 간의 상호교류가 훨씬 활발하다. 컴퓨터의 자판 입력과 마우스 클릭이나 스마트기기의 터치스크린 사용을 통하여 오프라인과 다름없는 실시간 교류가 가능하며 데이터베이스를 통하여 오프라인보다 훨씬 대량의 양질의 정보 교환도 가능하다. 이러한 보다 효율적이고 즉각적인 상호교류를 통하여 판매자와 구매자 간의 실질적인 정보 교환 및 관계 형성이 보다 손쉽게 이루어진다.

넷째, 온라인 거래에서는 고객별 개별화(personalization)가 쉽게 이루어진다. 즉 인터넷은 과거의 대량 생산(mass production)시스템이 대량 맞춤형 주문 생산(mass customization)으로 전환될 수 있도록 만들어주고 있다. 물론 전통적인 제품의 경우에는 아직까지 비용 등의 문제로 맞춤형 주문 생산이 현실화되는 데 많은 어려움이 따르지만 모듈화된 제품(예: 델 컴퓨터)의 조립이나 디지털 제품(예: 음악, 컨설팅 등)의 생산에는 이러한 것이 현실화되고 있다.

다섯째, 디지털화가 가능한 상품(음악, 소프트웨어, 컨설팅, 티켓 판매, 교육 서비스 등)의 경우에는 배달비용이 거의 들지 않는다. 디지털 제품은 인터넷망을 통하여 생산자에게서 구매자에게 바로 전달될 수 있다. 이 경우 수량에 대한 제한 역시 거의 없다. 즉, 다수의 파일(즉 디지털 제품)을 동시에 수많은 고객들에게 극히 저렴한 비용으로 전달할 수 있는 것이다.

여섯째, 디지털화가 불가능한 전통적 제품은 구입 후 바로 제품을 수령할 수 없다. 따라서 전통적 제품에 대한 인터넷 거래에서는 배달서비스가 핵심 경쟁의 우위로 떠오르게 된다. 저렴한 비용으로 신속하게 제품을 전달할 수 있는 물류(배송)시스템의 구축 혹은 활용 여부는 전자상거래를 이용한 비즈니스의 성패를 좌우하게 된다.

2. 디지털 마케팅과 유통구조의 변화

(1) 유통경로 단계의 단축

디지털 마케팅의 대두는 유통경로에도 여러 가지 새로운 변화를 가져오고 있다. 우선, 생산자와 구매자 간의 직거래 가능성으로 인하여 전통적인 생산자－도매상－소매상－소비자(사용자)라는 다단계의 경로에서 벗어나 생산자에서 바로 소비자(사용자)로 연결되거나 생산자－소매상(혹은 도매상)－소비자(사용자) 등의 단축된 형태로의 유통경로를 활성화시키고 있다. 이러한 현상은 특정 산업에서만 해당되는 것이 아니고 모든 산업 분야에서 공통적으로 일어나고 있는 현상이다.

(2) 새로운 유통경로 구성원의 등장

인터넷의 등장과 더불어 **가상 중개인**(cyber mediary)이라는 새로운 개념의 유통업자를 시장에 등장시켰다. 기업과 소비자 간(B to C)의 거래에는 인터넷 유통업자, 인터넷 브로커, 인터넷 소매점, 인터넷 쇼핑몰 등이 가상 중개인으로 등장하였으며, 기업과 기업 간(B to B) 거래에서는 가상시장(e-marketplace)을 만들고 운영하는 주체에 따라 공급업체 주도형, 구매업체 주도형, 또는 중간상 주도형의 세 가지 가상 중개인 형태로 나누어져 등장하고 있다. 여기에서 중간상 주도형 가상 중개인은 다시 시장 운영 방식에 따라 카탈로그형, 경매형, 역경매형, 교환형 등의 네 가지 형태의 중개인으로 나누어지고 있다.

(3) 새로운 디지털 유통경로의 등장: 모바일 커머스

모바일 커머스(mobile commerce)는 전자상거래의 일종으로, 가정이나 사무실에서 유선으로 인터넷에 연결하여 물건을 사고파는 것과 달리 스마트폰이나 태블릿PC 등과 같은 이동단말기를 이용하여 상품을 검색하거나 구매하는 것을 말한다. 이동통신업계에 따르면, 2015년 4월 현재 기준 스마트폰 가입자 수는 총 4,143만 명이고, 태블릿PC 가입자 수 56만 명으로 나타났다. 이렇듯 스마트폰이나 태블릿PC가 대중화되면서 이를 활용한 모바일 커머스가 본격적으로 활성화되고 있다. 한국온라인쇼핑협회에 따르면, 국내 모바일 커머스 시장 규모가 2013년 4조 7,500억 원으로 2010년 3,000억 원에 비해 16배가 성장하였다고 한다. 기존의 온라인 커머스가 컴퓨터를 사용하여 따로 시간을 내어 인터넷을 이용해야 했던 것과는 달리, 모바일 커머스는 시간과 장소에 구애받지 않고 이용할 수 있다는 장점이 모바일 커머스를 활성화시킨 요인이라 할 수 있다.

모바일 커머스가 활성화되면서, 유무선 인터넷을 이용한 일종의 공동구매 서비스인 소셜커머스 시장도 급속히 성장하고 있다. 특정 제품이나 서비스를 구매할 사람들이 일정 수준 모이면 가격을 파격적으로 할인해주는 새로운 구매방식으로써 대표적인 소셜커머스 사이트로는 티켓몬스터, 쿠팡, 위메프 등이 있다. 이러한 사이트들은 구매 상태를 실시간으로 지켜보면서 저가로 상품을 구매할 수 있다는 장점 때문에 큰 인기를 얻고 있다.

유통경로 패러다임의 변화

유통경로 패러다임은 싱글채널, 멀티채널, 크로스채널, 그리고 옴니채널로 변화가 이루어져왔다. 특히, 복수의 유통경로에 대한 구매 유도 전략인 멀티채널과 크로스채널을 넘어서, 고객 중심, 고객 경험 기반의 옴니채널에 대한 전략이 유통업계의 가장 큰 화두가 되고 있다. 여기에서는 먼저 유통경로 패러다임의 변화 양상을 살펴봄과 더불어, 그 변화를 일으킨 이유들이 무엇인지 제시하고자 한다. 그리고 현재, 유통경로 패러다임의 변화의 마지막 단계인 옴니채널이 무엇인지 구체적으로 알아보기 위해 그 정의와 특징들을 설명하고, 국내외 유수 기업에서 옴니채널을 어떻게 구축하였는지 사례를 통해 살펴보고자 한다.

1. 유통경로 패러다임의 변화 양상

싱글채널로 시작한 유통경로 패러다임의 변화 양상을 살펴보면 다음과 같다. 우선, **싱글채널**(single channel)은 오프라인 점포만 운영되는 형태로, 상품 탐색부터 구매까지의 모든 과정이 오프라인 점포에서만 이루어진다.

멀티채널(multi channel)은 온라인 점포와 오프라인 점포가 각각 독립적으로 운영되는 형태이다. 인터넷 등 전자상거래에 익숙해진 소비자가 등장하면서 유통업체들은 복수의 채널을 운영하기 시작한 것이다. 왜냐하면 고객의 접점이 오프라인 점포뿐만 아니라 인터넷 등 다양한 채널로 확대되어 그것에 대한 기업의 대응이 필요하였기 때문이다.

멀티채널은 온라인과 오프라인 각각이 다른 특성을 지님에 따라 동일한 상품임에도 가격, 프로모션, 그리고 서비스가 다르다. 그래서 소비자는 조건이 좋은 채널에서 상품을 구입하게 된다. 또한 온라인과 오프라인 채널 간에 교환과 환불도 되지 않았다. 예를 들어, 온라인에서 구입한 제품을 오프라인에서 환불받을 수도 없었다. 그러한 까닭에 유통업체 입장에서는 멀티채널이 고객 접점 확대라는 측면에서 유용했지만 소비자 입장에서는 멀티채널이 구매 편의성 측면에서 미흡하였다. 또한 멀티채널은 각각의 채널에 존재하는 고객을 각각 관리하는 성향이 강하였다. 심지어 동일한 기업 내에 있는 온라인과 오프라인 채널들이 경쟁하는 상황도 발생하였다.

한편, **크로스채널**(cross channel)이 멀티채널과 다른 점은 바로 채널 간 '협업'이 이루어진다는 것이다. 다시 말해서, 크로스채널은 다양한 채널이 존재하지만 독립적, 배타적으로 운영되지는 않으며 보완적인 관계를 통해 유기적인 협조체계를 갖는 채널형태를 말한다. 크로스채널이 기존의 멀티채널의 단점을 보완하여 분리된 채널의 물리적인 통합을 이루기는 하였지만, 단일채널, 멀티채널과 함께 판매자 중심의 유통채널이었다. 다시 말해, 기존 채널들은 필요에 따라 다양한 채널을 자유롭게 넘나들며 쇼핑을 즐기고 싶은 소비자들의 욕구를 간과한 측면이 있었다. 이러한 소비자들의 욕구는 쇼루밍(showrooming), 역쇼루밍(reverse

〈그림 11-3〉 유통채널 패러다임의 변화 양상

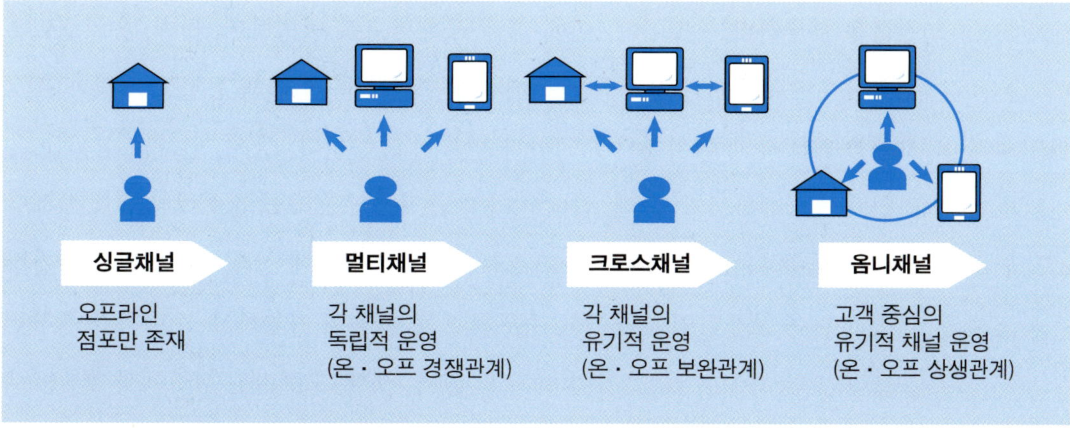

자료: 이수동, 여동기(2015), 소매경영, 학현사.

showrooming), 그리고 모루밍(morooming)과 같은 소비행태를 나타나게 하였다. 쇼루밍은 오프라인 점포에서 제품을 들러본 뒤 온라인에서 구매하는 소비행태인 반면, 역쇼루밍은 온라인에서 제품에 대한 정보를 수집한 후 오프라인 점포에서 구매하는 소비행태를 말한다. 그리고 모루밍은 오프라인 점포에서 제품을 들러본 뒤 모바일에서 구매하는 소비행태를 말한다.

결국, 이러한 기존 채널들의 문제점들을 보완한 **옴니채널**(omni channel)이 등장하게 되었다. 옴니채널은 기존의 멀티채널이나 크로스채널처럼 다양한 채널이 존재하지만, 고객을 중심으로 채널 간에 상생관계를 갖고 유기적으로 운영되는 채널이다.

2. 옴니채널의 성장

(1) 옴니채널의 정의와 특징

옴니채널이란 소비자가 온라인, 오프라인, 모바일 등 다양한 채널을 넘나들며 상품을 검색하고 구매할 수 있도록 한 서비스로, 각 채널의 특성을 결합해 어떤 채널에서든지 같은 점포를 이용하는 것처럼 소비자가 느낄 수 있도록 한 쇼핑 환경을 말한다.

옴니채널의 특징은 채널 간 경계를 없애고 소비자에게 초점이 맞춰진 쇼핑 경험을 제공한다는 것이다. 이에 대해 구체적으로 설명하면, 첫째, 옴니채널은 소비자가 오프라인과 온라인 모두에서 동일한 상품에 대해 동일한 가격과 프로모션을 제공하고 어디에서나 교환과 환불이 가능하다. 둘째, 원하는 상품을 온라인에서 구매하고자 할 때, 집에서 가장 근접한 오프라인 점포에서 집으로 해당 상품을 배송하는 방식이 가능하다. 그 오프라인 점포에 상품재고가 없으면 가장 근접한 다른 오프라인 점포에서 추후 집으로 배송이 가능하고, 소비자가 원하면 오프라인 점포에서 상품을 수령할 수도 있다. 셋째, 오프라인 점포에서 상품탐색이 자연스럽게 이루어질 수 있어서 탐색 후 온라인 주문도 가능하다. 예를 들어, 어플리케이션(application, 이하 앱)을 다운받은 소비자가 오프라인 점포로 들어오면 앱이 자동 실행되어 스마트폰으로 상품을 소개하는 전단지나 할인쿠폰 등을 전송받을 수 있거나, 쇼윈도에 NFC(nearfield communication)칩을 부착해 스마트폰을 갖다 대면 해당 사이트로 자동 연동되는 것이 가능하다. 넷째, 옴니채널에서는 온라인과 오프라인의 주문 상품의 배송과정을 언제든지 확인할 수 있다.

(2) 옴니채널에 대한 국내외 사례

국내외 유통업체들은 이러한 옴니채널을 실무에 성공적으로 적용하고 있다. 미국의 메이시스 백화점은 오프라인 점포와 온라인 쇼핑몰에서 모두 동일한 상품 구색을 제공한다. 또한 이 백화점은 720여 개의 지점을 이용하여 주문한 상품이 고객과 가깝게 위치한 지점에 재고로 있을 경우에는 그곳에서 직접 배송한다. 이러한 방식으로 더 빠르고 효율적인 서비스를 제공할 수 있게 되었다. 메이시스 백화점은 각 지역의 지점을 거점으로 이용하여 주문 당일 배송을 가능하게 했고, 온라인에서 주문 후에 소비자의 집과 가까운 지점에 재고가 있다면 원하는 고객에 한해 직접 수령할 수 있게 하는 서비스도 제공하였다. 또한 고객의 입장에서 온라인 쇼핑의 가장 불편한 점이었던 환불, 교환을 용이하게 했다. 뿐만 아니라 배송비 절감과 지점 내 재고의 빠른 순환을 통해 실적 개선을 이루어내었다.

한편, 월마트는 모바일 앱 서비스인 인스토어 모드(In-store Mode)를 설치한 고객이 월마트 점포를 방문하면 점포 내 프로모션이나 신상품에 대한 정보를 즉각적으로 제공해준다. 이 서비스는 월마트의 행사 상품을 소개하는 것뿐만 아니라 관련 상품을 추천해주기도 한다. 예를 들어, 소비자가 텔레비전을 구매하려고 카트에 텔레비전을 담으면, 텔레비전 설치대와 관련된 상품정보를 제공받는다.

미국의 유명한 온라인 쇼핑몰인 '아마존'은 소비자의 쇼핑과정을 최소화시키기 위해, '대시(Dash)' 서비스를 제공하였다. 예를 들어, 바빠서 유아 기저귀를 사러 가기 힘들 때, 기저귀 포장지의 바코드에 '대시'를 갖다 대면 소비자의 아마존 계정과 연동되어 자동 구매와 결제까지 가능하다.

국내에서도 옴니채널이 활용되고 있는데, 교보문고는 모바일로 주문한 상품을 오프라인 서점에서 바로 받아갈 수 있는 '바로드림 서비스'를 제공하고 있다. 소비자는 온라인에서 할인된 값에 책을 살 수 있고, 택배를 기다릴 필요 없이 원하는 오프라인 서점에서 바로 책을 받아갈 수 있다. 신세계백화점은 전자지갑 'S월렛'을 이용하여 소비자의 스마트폰에 백화점의 사은품을 증정하는 서비스를 도입하였다. 그로 인해, 소비자들은 사은행사 때마다 상품권을 받기 위해 백화점 내 행사장을 찾거나 줄을 서는 불편함을 덜 수 있게 되었다.

글로벌 경쟁의 확산

WTO 체제의 강화와 국가 간 FTA 체결 증대 등은 전 세계적으로 국가 간의 시장개방을 가속화하고 있다. 그 결과 국제간의 상거래의 장애물인 관세 및 비관세 장벽은 그 위력이 점점 약해지고 있다. 또한 일부 국가를 제외하고는 거의 모든 국가들의 경제가 지속적으로 성장함에 따라 과거와는 달리 기업들의 국제적 상거래 활동 범위도 점점 넓어지고 있다. 이에 따라 전 세계 각국은 시장 기회를 확장하려는 글로벌 기업들의 각축장이 되었다. 여기에서는 국제 상거래에서 일어나고 있는 유통경로의 단축과 글로벌 소매점의 확산을 다루고자 한다.

1. 해외 유통경로의 단축

과거 많은 기업들은 해외시장을 직접 공략하려고 시도하지 않았다. 대부분의 기업들에게 외국이란 블랙박스같이 두렵고 알 수 없는 시장이었고, 해외시장을 이해하기에는 인적 물적 자원이 턱없이 부족한 실정이었으며, 제품이 외국 소비자들에게 소구력을 가질지에 대해서도 자신감도 없었고, 진출하고자 하는 해당 국가의 진입 장벽도 매우 높았다. 따라서 해외시장은 별로 매력적으로 다가오지 않았던 것이 사실이다. 수출을 국시로 삼던 우리나라의 기업들도 해외시장 진출이라 하면 기껏해야 종합무역상사나 오퍼상(수출상) 혹은 해외 현지의 수입상을 통한 제품 수출이나 외국 기업들의 OEM 요구에 맞추어 제품을 주문 생산하여 선적하는 방식이 대부분이었다. 이러한 방식의 공통점은 해외시장에 대한 적극적인 이해나 개발이 아닌 국내 중개인을 통한 원거리 간접 유통경로 활용 방식이라는 점이다. 즉, 수출기업들은 자신의 제품을 선적하고 대금 수령하는 것에만 관심을 쏟았고 자사 제품이 외국시장에서 어떤 평가를 받으며 어떤 경로를 통하여 최종 사용자나 소비자에게 전달되는지 등에 대하여는 관심이 없거나 잘 알지 못하였다.

그러나 20세기 후반부터 시장 개방이 가속화되고 해외시장에 대한 직접적인 개발이 가져오는 판매와 이익 측면의 잠재력에 이끌려 보다 적극적으로 현지시장을 개발하려는 노력을 펼치고 있다. 즉, 해외시장 상황을 보다 정확히 파악하기 위하여 현지시장에 직접적으로 연결된 유통경로를 활용하려는 기업이 점점 늘어나고 있다. 예를 들면 현지에서 활동하는 판매 에이전트를 고용하여 그들로 하여금 시장에 대한 조사를 수행하게 한 뒤 판매 가능성이 있는 제품을 현지로 수출하거나, 해외 지사나 자회사를 설립하여 적극적으로 현지시장을 조사 개발하거나, 현지 도매상이나 소매점들을 상대로 그들에게 자사의 제품을 취급하도록 설득하거나, 단독 혹은 합작의 방식으로 해외시장에 직접 투자하는 기업들이 늘고 있는 것이다. 이러한 해외 현지 채널의 직접적 이용 방식은 유통경로를 단순히 단축하는 것에 그치는 것이 아니고 해외 소비자의 필요와 욕구를 보다 신속하게 파악하고 현지시장 상황에 대한 보다 정확한 정보를 수집할 수 있게 해 줌으로써 기업의 성과를 증진시켜 줄 뿐 아니라 글로벌 기업으로서의 위상 제고에도 큰 역할을 하게 된다.

2. 글로벌 소매기업의 확산

시장 개방의 또 다른 효과는 소매유통산업에서 관찰된다. 유통시장의 개방과 더불어 현재 선진국의 수많은 유통업체들이 해외시장에서 활약하고 있다. 이들 소매기업들의 해외 진출은 자신들의 축적된 유통 관련 노하우에 대한 자신감을 바탕으로 하고 있으며 월마트(Wal-Mart), 까르푸(Carrefour) 등 세계적인 소매기업은 물론 미국, 유럽, 일본 및 우리나라의 많은 소매기업들이 경쟁적으로 해외시장에 직접 진출하고 있다.

선진국들의 소매기업이 경쟁적으로 해외시장으로 진출하게 된 배경을 크게 두 가지 관점에서 살펴볼 수 있다. 하나는 자국시장이 포화상태에 이르면서 추가적인 성장의 기회를 해외에서 찾고자 하였던 것이다. 또 다른 배경은 자국내 시장에서 성장을 추구하는 동안, 그 경쟁의 가운데에서 열세에 놓인 많은 중소유통업이 몰락하는 결과를 초래하면서 대형점에 대한 규제가 강화되어 더 이상 출점의 기회를 가지기 힘든 환경을 맞이하게 되었던 것이다.

국내 소매기업의 해외진출은 프랜차이즈 등 중소규모의 점포부터 시작해서, 점차 대형업체로 발전해왔다. 국내 소매기업들이 주로 진출하고 있는 지역은 중국, 러시아, 그리고 베트남과 인도네시아 등의 동남아시아 국가들이다. 국내 유통산업 중 해외시장 진출에 가장 적극적인 업태는 홈쇼핑과 대형할인점이며, 그 뒤를 이어 백화점과 전자상거래도 내수시장의 한계를 극복하고 새로운 활로를 개척하기 위해 해외사업을 활발히 전개하고 있다. 할인점 중 롯데마트는 2015년 현재 기준 해외에 165개의 점포(중국 115개, 인도네시아 39개, 베트남 11개)를 운영하고 있다. 한편, 홈쇼핑의 해외진출 현황을 2015년 현재 기준으로 살펴보면, CJ오쇼핑은 2004년 중국을 시작으로 인도, 일본, 베트남, 그리고 멕시코에 진출해 있으며, GS홈쇼핑은 중국, 말레이시아, 러시아를 포함하여 해외 8개국에 진출해 있는 상황이다. 현대홈쇼핑도 중국, 베트남에 이어 태국에 진출해 있다. 이외에도 현재 여러 다른 국내 유통업체들이 중국, 러시아, 아시아 각국 등에 진출하고 있거나 준비 중에 있다. 소매점의 글로벌화는 멈출 수 없는 대세이며 앞으로 더욱 활발하게 진행될 것으로 예상된다.

12 유통의 동태

유통이라는 현상은 끊임없이 변화하는 환경에 적응해 가는 살아있는 생물체와 같다. 우리생활에서 오랫동안 함께 해 왔던 전통시장이나 동네가게들은 슈퍼마켓이나 백화점의 등장으로 쇠퇴해 왔으며, 20세기 후반에는 홈쇼핑, 편의점, 대형할인점이 이들을 대체하였으며, 최근에는 인터넷과 모바일을 중심으로 한 디지털소매가 이들의 역할을 대체해 가고 있다. 이와 같이 유통은 사회와 시장의 요구에 맞추어 끊임없이 변화해 가는 모습을 보여 주고 있다. 이 장에서는 이러한 유통의 동태성에 대하여 살펴보기로 한다.

유통동태의 정의

사회적 분업이 시작된 이래 생산과 소비의 분리를 연결하기 위한 유통 기능이 생성되고, 이후 경제시스템이 발전하면서 유통시스템 및 유통현상은 끊임없이 진화하고 발전해 왔다.

이러한 과정 속에서 유통시스템은 전문화 또는 분화의 길을 걷기도 하고, 또한 다시 유통 기능의 통합화의 길을 걷기도 한다. 즉 생산자와 소비자 사이에서 도매상, 소매상과 같은 중간상들이 수직적으로 분화되어 등장하였고, 또는 다시 통합되기도 하는 변화의 과정을 겪어왔다. 이와 같이 유통단계의 수평적 · 수직적인 관계에서 유통기관과 유통 기능이 분화 또는 통합되는 현상을 **유통동태**(流通動態)라고 한다.

생활 속의 유통 일본 편의점의 21세기 경쟁전략 변화

21세기 들어 일본의 편의점 경쟁양상은 크게 변모하였다. 편의점 업계 만년 2위를 차지하고 있던 로손은, 2002년부터 1위인 세븐일레븐을 따라잡기 위하여 크게 두 가지 새로운 변화를 시도하였다. 하나는 새로운 출점전략으로서, 이제껏 편의점이 출점하지 않았던 새로운 시장 즉, 병원, 우체국, 대학 등에 있는 기존의 구내매점을 대체하는 형태로 진출하였다. 한편으로는 점포의 개성화를 추구하는 전략으로서 각 점포별 지역특성에 맞는 지역밀착 전략을 추진하기 시작하였다.

한편, 세븐일레븐은 이에 대한 대응전략으로서 점포의 차별화 전략을 추진하였다. 그리고 동시에 기존의 셀프서비스에서 탈피하여 점포에서의 적극적인 접객서비스를 제공하기 시작하였다. 세븐일레븐 스즈키 회장이 말한 바와 같이, 점포수의 확대를 통한 양(量)에 의한 경쟁에서 고객서비스 개선을 통한 질(質)의 경쟁으로 경쟁형태가 바뀌기 시작한 것이다.

또한 특기할 것은, 2005년 무렵부터 일본 편의점들은 탈업태 양상을 보이기 시작하고 있다. 최근 편의점에서 야채, 과일, 정육, 생선과 같은 신선식품을 취급하면서 미니슈퍼화하기 시작한 것이다. 이것이 현대 일본의 소비자 라이프스타일과 일치하면서 앞으로 계속 확대되어 왔다.

유통동태 현상이 나타나는 근본적인 원인은 유통조직이 환경에 적응하려는 노력에 있다. 유통은 경제사회의 발전에 따라 변화하는 사회의 요구를 효과적으로 충족시키려는 특성을 가지고 있다. 그래서 오늘날 유통업의 본질은 변화에 대한 대응에 있다고도 한다. 예를 들면 21세기 들어서서 일본의 편의점들은 이제까지의 셀프서비스 판매를 기본으로 하던 전략에서 벗어나 적극적인 접객서비스를 제공하기 시작하였으며, 나아가서는 편의점을 운영하고 있는 기업들마다 각각 개성 있는 다양한 전략들을 시도하고 있는데, 그 공통점은 기존의 편의점 업태를 크게 벗어나는 탈편의점 전략들을 도입하여 각각 차별화를 시도하고 있다는 점이다.

생활 속의 유통 식육가공품 판매점과 레스토랑이 만나면

외식업계의 변신이 주목받고 있다. 외식업계는 기존 업종의 틀을 깨고 새로운 업태개발(콜라보레이션)로 비즈니스 모델을 장착, 브랜드나 제품을 새롭게 해석하며 소비자와의 교감을 시도하고 있는 것이다. 콜라보레이션의 진화는 인테리어 콘셉트, 서비스 가격 전략, 직원 운용 등 보다 긴밀한 유대관계, 업태의 부족한 부문을 상호 보완 수준을 넘어 새로운 가치를 창조하는 등 외식시장을 주도해 나갈 것으로 보인다.

생활 속의 유통 식육가공품 판매점과 레스토랑이 만나면 (계속)

특히, 지난해 10월 '축산물위생관리법'의 개정으로 식육즉석 판매가공업 업종이 신설되어 새로운 업태가 탄생됐다. 특정 인기 부위의 집중적 소비로 인한 돈육 시장의 가격 불균형과 국내산 저지방 고단백 부위 소비 정체에 따른 재고 문제가 어느 정도 해소될 것으로 보인다.

어반나이프, 도시풍의 세련된 멋과 맛… 한국형 메쯔거라이

어반나이프는 독일의 메쯔거라이(식육가공품판매업)를 벤치마킹한 것으로 도시에서 최고의 정통 맛을 즐기는 콘셉트로 식육가공품과 조리된 메뉴를 제공하고 있다. 독일의 메쯔거라이(식육가공품판매업)는 중세유럽부터 발전해온 가내 축산물가공품판매업으로 식육가공품판매업이 발전, 정착되면, 식육가공품 판매업과 음식업을 겸한 델리레스토랑(Deli Restaurant)과 제과점+식육 가공품판매업의 혼합 제조 판매형태로 발전될 수 있다. 이외에 목장 내에서 식육가공품판매업+음식점 업을 영위하는 생산농가도 발현 될 수 있는 구조이다. 어반나이프의 상품은 크게 식육가공품과 조리메뉴로 구성되어 있다. 식육가공품은 매장에서 전문 조리사가 직접 제조되는 제품으로 정통적 맛을 느낄 수 있게 하였고, 그 외 샌드위치, 샐러드, 스프, 파스타, 바비큐 등 조리된 메뉴로 방문 고객의 메뉴 선택에 대한 폭을 넓혔다.

먹거리 판매와 레스토랑 결합… 프랜차이즈 시스템 구축 목표

어반나이프 브랜드를 탄생시킨 케이엠씨아이(KMCI)는 지난해 농림축산식품부의 중소식품 협력 지원사업에 '식육가공품 판매업 시장개척'으로 선정된 공동출자 법인이다. 케이엠씨아이는 식육가공품 판매업의 형태별 비즈니스 모델을 표준화해 시범 매장 운영 후 발생되는 문제점을 보완하고, 매장을 확대함으로써 축산식품산업의 성장을 도모한다는 계획이다. 이에 따라 케이엠씨아이는 맥세스컨설팅과 손잡고 기존의 식육 판매 제조의 한계를 극복하고, 식육가공품 판매업+레스토랑을 결합하여 수직적 계열화를 달성하며, 새로운 유통채널(프랜차이즈) 확장을 위한 프랜차이즈 시스템 구축을 진행하고 있다.

어반나이프의 효과적인 프랜차이즈 시스템 도입을 위해서는 프랜차이즈 밸류 체인(Value Chain)별 시스템 설계가 필요하다. 즉, 부가가치 창출의 핵심적 활동인 본원적 활동(개발, 개점, 운영, 상품, 마케팅)과 가치사슬 전체를 지원하는 활동인 지원적 활동(교육, 물류, 전산, 인사, 문화)을 구분하고, 각 밸류 체인별 시스템을 설계 하는 것이다. 이를 통해 어반나이프는 기존 제조, 유통의 단순 판매에서 벗어나 독일식 메쯔거라이(Metzgerei)를 도입한 새로운 판매 채널로써 신 시장을 개척할 수 있으며, 새로운 채널의 확대로 인해 원재료를 공급하는 농가소득이 증가는 물론 축산산업 역시 활기를 찾을 것으로 기대된다.

서민교 맥세스컨설팅 대표는 "어반나이프의 프랜차이즈 유통 시스템 구축은 균형 있는 축산식품 시장을 구축하는 데 긍정적 영향을 미칠 것" 이라며 "이와 더불어 새로운 업종의 창업기회 부여 및 업태 개발로 인한 창조가치 실현, 신규 고용 창출 등에 크게 기여 할 것" 이라고 말했다.

자료: 머니위크, 2014. 7. 23.

〈그림 12-1〉 수평적/수직적 분화/통합

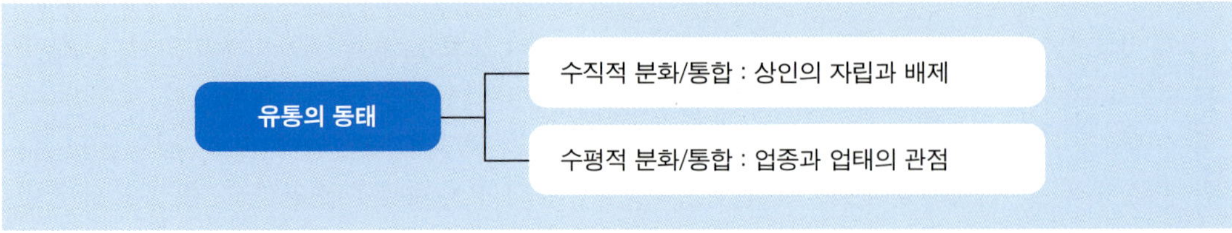

이와 같이 유통이 변화하고 발전하는 유통의 동태성은 크게 두 가지 방향 즉, 수직적 분화와 통합 및 수평적 분화와 통합으로 나누어 설명할 수 있다. **수직적 분화와 통합** 현상은 유통단계에 개재하는 상인의 자립과 배제라는 개념으로 설명할 수 있으며, **수평적 분화와 통합** 현상은 유통의 동일한 단계, 특히 소매단계에서의 업종과 업태 간에서 발생하는 분화와 통합 현상을 말하는 것이다.

유통의 수직적 분화와 통합

유통의 수직적 분화와 통합은 유통단계의 분화와 유통단계의 통합으로 나눌 수 있다. 이를 독일의 상업학자 쉐어는 '상업자의 자립과 배제'라는 개념으로 〈그림 12-2〉와 같이 도식화하여 설명하였다.

1. 유통단계의 분화

유통단계의 분화(differentiation)란 유통 기능의 분업에 의해 특정 유통기관이 수행하던 유통 기능을 전문화 또는 특화함으로써 독립적인 전업 유통기관이 나타나는 현상을 말한다. 유통단계의 분화 현상은 생산부문에서 상업자가 자립하는 과정에서 최초로 나타났다. 상업자의 분화와 자립은 생산력의 향상과 시장의 확대를 배경으로 해서 사회적 분업과 전문화의 진전에 이바지하였다. 구체적으로는, 소비재 유통의 단계분화는 도매업과 소매업으로, 도매업은 수집, 중개, 분산의 각 도매업자로 분화되었다.

〈그림 12-2〉 쉐어의 상업자 자립과 배제

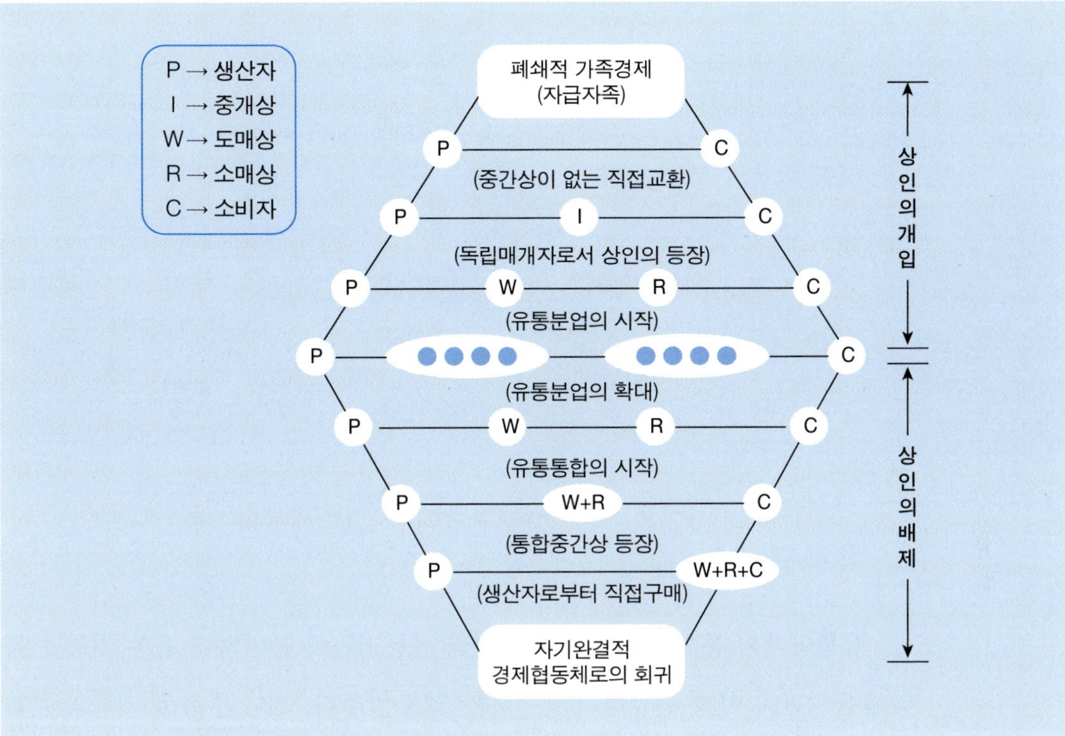

자료: 김원수, 황의록, 유통론, 경문사, 1996, p.277.

근대적인 자립형 상인의 탄생은 산업혁명 이전의 약 백년간(1660~1760년) 영국에서 등장하였다. 중세의 상인은 수공업자이며 동시에 소매업자였다. 그 후 상인은 길드의 발달과 함께, 제조판매에 종사하는 직인층, 직인과 소비자를 중개하는 국내소매업자로 분리되고, 재판매를 목적으로 중개하는 무역상과 대규모 도매업자로서 독립했다. 영국이 적극적인 식민지 정책을 전개한 시대, 무역상은 수집·중개 도매업자로서 세계 각국으로부터 수집한 상품을 가지고 들어왔다. 그 결과, 국내시장에서는 신속하게 팔아 치우기 위한 분산도매업자와 소매전문의 상인이 출현했다.

이와 같이 상인은, 생산력의 향상, 시장범위의 확대, 도시와 농촌의 분리를 배경으로, 대규모·집중적·획일적인 무역과 생산에 직접 대응하는 도매업자와, 소규모·분산적·개별적인 소비에 대응하는 소매업자로 분화하여 성장하였다.

〈그림 12-3〉 유통단계의 분화

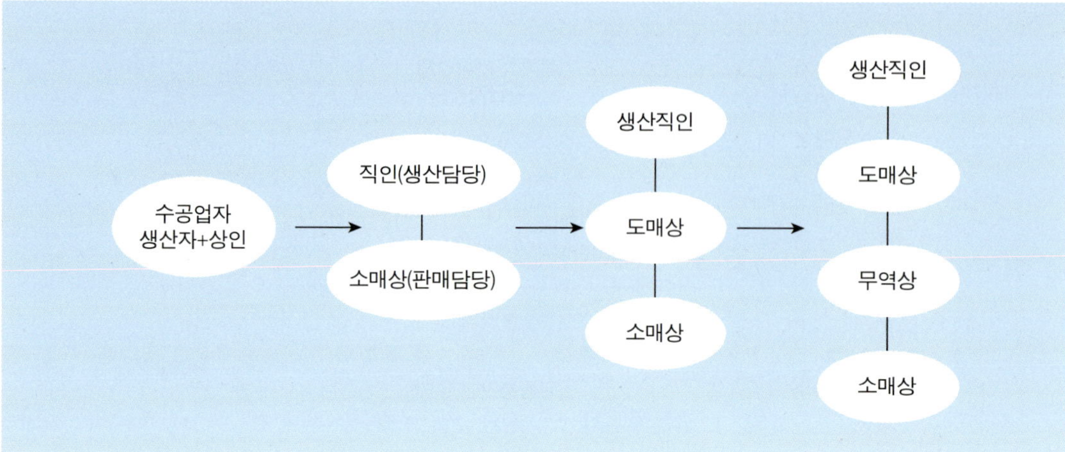

2. 유통단계의 통합과 갈등

유통단계의 통합(integration)이란 여러 유통기관이 분담하던 유통 기능을 특정 유통기관이 이를 결합하여 수행하는 것을 말한다. 지나친 유통 기능의 분화는 오히려 사회전체적으로는 유통효율을 낮출 수 있기 때문에, 상인을 배제하는 유통단계의 통합 현상이 나타나기도 한다. 유통의 수직적 단계분화는 경제발전과 더불어 진행되어 왔지만, 대량생산 · 대량판매 시대가 되면서 단계통합이라는 새로운 움직임이 나타났다. 생산과 소매단계에 있는 현대기업들은 규모의 대량화를 토대로 유통단계를 통합하고, 경쟁우위를 추구해 왔다.

수직적 통합(vertical integration)이란 자본과 인적 수단에 의하여, 하나의 기업이 2개 이상의 생산 · 유통단계를 통합하는 것이다. 합병 또는 자본적 결합을 수반하는 경우 특히 자본통합이라고 한다. 수직적 통합을 하게 되면 거래처를 탐색 · 교섭 · 감시하는 거래비용이 줄어들고 독자적인 제품공급 조달원과 판매처를 확보할 수 있다. 또한 유통단계간의 여러 활동을 사전 · 사후에 조절하기가 쉽고, 독점력과 진입장벽을 행사할 수 있다는 혜택이 있다. 그러나 수직적 통합은 많은 비용이 들고 유통조직 간 운영의 유연성이 떨어진다. 또한 관리 측면에서 복잡성이 증대될 수 있다는 단점이 있다.

결국, 수직적 통합은 통합에 따른 혜택과 비용의 관계에서 결정된다. 예를 들면 자동차, 가전제품, 화장품과 같은 분야에서의 유통계열화는 일반적으로 통합의 혜택이 통합의 비용보다는 크다고 할 수 있다. 대규모 메이커에 의한 유통계열화는 상인의 자유로운 구색 갖춤 활동을 제약하고, 자사제품의 판매를 유리하게 만들고, 가격을 안정시키려는 목적에서 추진된다. 또한 상인의 자립과정에서 나타나는 유통단계의 분화와는 대조적으로, 유통단계의 통합은 상인의 배제라고 하는 측면을 가지고 있다.

유통시스템의 전체적인 효율성을 높이기 위하여 이루어지는 수직적 통합은 필연적으로 유통단계에서 일정한 기능을 수행해 왔던 기존의 상인을 배제하는 결과를 초래하게 된다. 이러한 통합과정에서 도매상인이 배재되는 주된 대상으로 등장하게 된다. 그 이유는 다음에서 설명하는 바와 같이, 대자본의 제조업자가 주도하는 전방통합의 경우에서나 대자본의 소매상이 주도하는 후방통합의 경우에서도 배제하려는 주된 대상은 도매상이 될 수밖에 없는 것이다. 이에 대항하여 오늘날에는 도매상들이 살아남기 위하여 생산자와 소매상의 중간에서 단순한 거래의 연결자 역할에서 벗어나서, 생산자 또는 소매상을 위하여 물류 및 정보 기능을 적극적으로 제공해 줄 수 있는 새로운 역할을 수행하기 위하여 노력하고 있다.

3. 수직적 유통시스템

유통단계의 수직적 통합의 전형적인 예가 바로 유통계열화라고도 불리는 **수직적 유통시스템**(VMS, Vertical Marketing System)이다. 주변에서 흔히 볼 수 있는 프랜차이즈시스템이 전형적인 수직적 유통시스템의 예이다. 수직적 유통시스템은 유통경로상의 한 주체(본부)가 계획된 프로그램을 가지고 경로 구성원들을 전문적으로 관리 · 통제하는 유통경로 조직이다. 이 시스템은 제조단계에서 소비단계까지의 유통과정에서 경로 구성원이 수행하는 유통 기능을 통합 · 조정하여 규모의 경제를 달성할 수 있도록 설계된 조직형태이다.

〈그림 12-4〉 VMS의 주요유형

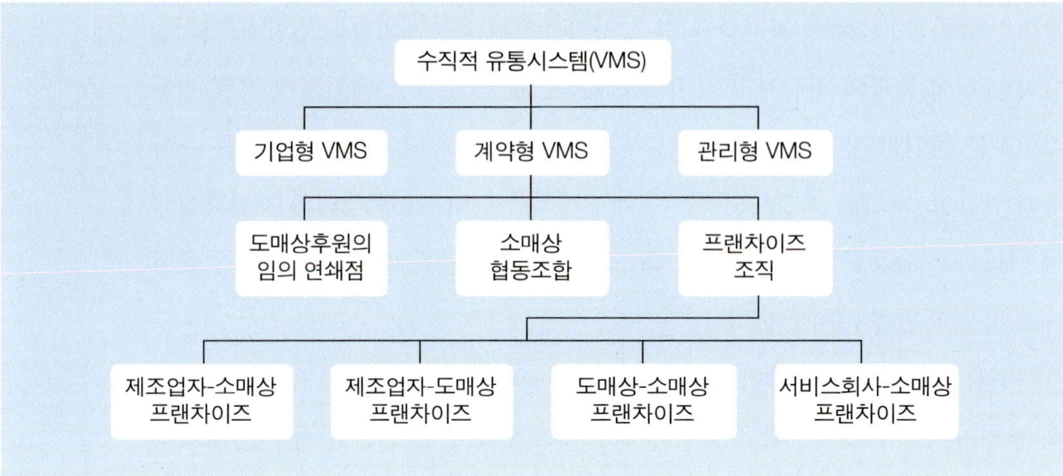

제조업자, 도매상, 소매상 중 어떤 경로 구성원도 수직적 유통시스템을 주도할 수 있다. 제조업자가 주도권을 가지고 도매상이나 소매상의 활동을 조정·통제하는 형태를 **전방통합**(forward integration)이라 하고, 소매상이 도매상이나 제조업자의 활동을 직접 통제하기 위해 계열화하는 형태를 **후방통합**(backward integration)이라고 한다. VMS는 사전계획과 체계적인 프로그램에 의해 경로 구성원들의 활동을 조정하며 구성원들 간의 계약 또는 소유에 형태에 의해 형성된다. 따라서 VMS는 전통적 유통경로보다는 안정적이며, 특정 경로 구성원보다는 유통경로시스템 전체의 관점에서 마케팅 의사결정을 할 수 있다는 장점을 가진다.

VMS는 경로 구성원들에 대한 통제력의 정도(강도)에 따라 관리형 VMS, 계약형 VMS, 기업형 VMS로 분류된다. 수직적 통합의 정도가 약한 관리형 VMS에서 매우 강한 기업형 VMS로 갈수록 경로 구성원에 대한 통제력이 증가하지만, 더 많은 투자를 필요로 하며 유통환경변화에 대응하는 유연성은 약해진다. 〈그림 12-4〉는 VMS의 주요 유형을 보여주고 있다.

(1) 관리형 VMS

수직적 유통시스템 중에서 통합 또는 통제의 정도가 가장 낮은 것이 **관리형 VMS**(Administered VMS)이다. 관리형 VMS는 경로 구성원들의 유통활동이 소유권이나 계약에 의하지 않으면서 어느 한 경로 구성원의 규모, 파워, 또는 경영지원에 의해 조정되는 경로유형이다. 제조기업들은 자사 상품을 취급하는 소매상에게 소매상 지원시스템(RSS, retail support system)을 통해 제품진열, 판촉, 입지선정 등의 경영지원을 해줌으로써 소매상의 협조를 얻는다. 관리형 VMS의 경로 구성원들은 일반적으로 개별적인 경로목표들을 추구하며 그들을 함께 묶을 수 있는 공식적인 조직을 가지고 있지는 않지만, 경로리더의 역할을 하는 특정 경로 구성원의 마케팅 프로그램을 중심으로 비공식적으로 협력함으로써 공유된 경로목표를 달성한다. 관리형 VMS의 경우 전통적으로 공급자(제조업체나 도매상)들이 경로리더의 역할을 맡아왔으나, 최근 들어 대형소매상(예: 미국의 시어스(Sears)나 월마트(Wal-Mart), 한국의 롯데백화점 등)들이 경로리더가 되어 공급업자들의 경로활동을 통제하는 사례가 증가하고 있다. 관리형 VMS의 핵심적인 성공요인은 경로리더의 효과적 머천다이징 프로그램의 제공여부에 있다. 즉, 경로리더의 역할을 하는 공급자가 제품을 시장에 내놓기 전에 소매업자들과 협력하여 머천다이징 프로그램을 계획함으로써 각 소매점의 특정에 맞는 상품계획에 맞는 상품계획을 마련하는 것이다.

(2) 계약형 VMS

계약형 VMS는 경로 구성원들이 각자가 수행해야 할 유통 기능들을 계약에 의해 합의함으로써 공식적 경로관계를 형성하는 경로조직이다. 계약형 VMS는 관리형 VMS보다 경로 구성원들의 경로활동에 대한 통제가 더 강하다. 계약형 VMS는 도매상 후원 임의연쇄점(wholesaler-sponsored voluntary chain), 소매상 협동조합(retailer cooperative), 프랜차이즈시스템(franchise system)의 세 가지 유형으로 나누어진다.

1) 도매상후원 임의연쇄점과 소매상 협동조합

도매상후원 임의연쇄점은 도매상을 중심으로 독립적인 소매상들이 수직 통합된 경로조직이다. 연쇄점회원으로 가입한 소매상들은 공동구매와 공동촉진과 같은 노력으로 규모의 경제효과를 얻을 수 있으므로 대규모 회사형 연쇄점과 가격경쟁이 가능하다.

소매상 협동조합(retailer cooperatives)은 중소 소매상들이 공동구매라는 도매기능을 가진 공동소유의 조직체를 결성하여 이를 공동으로 운영하는 경로조직이다. 소매상 협동조합을 구성한 동기는 도매상후원 임의연쇄점과 마찬가지로 공동구매와 공동촉진을 수행함으로써 규모의 경제를 달성하자는 것이다. 우리나라의 경우 한국슈퍼마켓협동조합이 그 좋은 예라고 할 수 있다.

도매상후원 임의연쇄점과 소매상 협동조합은 다음과 같은 유사한 점을 가지고 있다. 즉 가입소매점들이 취급하는 상품 중 상당 부분을 그 협회로부터 구매해야 하고, 단체의 일체성을 유지하기 위해서 광고, 상호, 운영방법 등을 표준화한다는 점에서는 비슷하다. 그러나 일반적으로 도매상후원 임의연쇄점이 소매상 협동조합보다 더 강한 경쟁력을 가질 수 있다. 임의연쇄점의 경우 도매상들은 그들의 전문지식과 시장지배력을 이용하여 경로 구성원들의 리더가 될 수 있는 반면, 소매상 협동조합은 파워가 구성원 전체에 분산되어 있기 때문에 구성원들 간에 유통경로 기능을 조정하기 어렵다는 한계를 가지고 있다.

2) 프랜차이즈시스템

프랜차이즈시스템은 앞장에서 충분히 설명하였기에 여기서는 자세한 설명을 생략하기로 한다. 일반적으로 프랜차이즈 본부는 법적 계약에 의해 가맹점에게 제품을 판매하거나 설비를 판매 또는 임대하며 토지나 건물 등을 대여하기도 한다. 예를 들어, 롯데리아는 모든 가맹점들로 하여금 지정된 공급업자로부터 물건을 구매하도록 하고, 토지를 임대하기도 하며 점포설계에 대한 명세를 규정할 뿐 아니라 가맹점포들이 준수해야 할 품질기준을 제시한다.

어떤 경로 구성원도 프랜차이즈 본부의 역할을 할 수가 있다. 예를 들어, 본부가 제조업자일 수도 있고(제과점), 서비스 전문업체일 수도 있으며(호텔) 혹은 소매상일 수도 있다.

- 제조업자-소매상 프랜차이즈: 프랜차이즈 계약을 맺은 의류 대리점 등을 예로 들 수 있다. 제조업자는 대리점에게 자기상표를 판매할 수 있는 권리를 주며 대리점도 제조업자가 요구하는 판매, 서비스 제공조건 등을 준수해야 한다.
- 제조업자-도매상 프랜차이즈: 코카콜라, 펩시콜라 등을 예로 들 수 있는데 제조업자는 음료수 원액을 생산하여 프랜차이즈 계약을 맺은 도매상들에게 판매하며 도매업자들은 원액에 물을 섞어서 병에 담은 후 완제품을 소매상에게 유통시킨다. 우리나라의 정유회사와 석유대리점과의 관계도 이 형태에 속한다.
- 도매상-소매상 프랜차이즈: 우리나라의 경우에는 그 예가 흔치 않지만, 미국의 경우 의약품 도매상과 약국과의 관계(예: 센트리드럭센터(Sentry Drug Centers)), 컴퓨터 도매상과 소매상과의 관계(예: 컴퓨터랜드(Computerland)) 등을 예로 들 수 있다.
- 서비스회사 소매상 프랜차이즈: 프랜차이즈 산업의 대부분을 차지하고 있는 형태로 1980년대 후반에 우리나라에서 급속히 발달한 외식 프랜차이즈 사업, 미국의 렌트카 산업과 패스트 푸드산업, 호텔산업 등이 그 예이다.

(3) 기업형 VMS

기업형 VMS(Corporate VMS)는 한 경로 구성원이 다른 경로 구성원들을 법적으로 소유 · 관리하는 경로유형이다. 우리나라의 자동차 유통경로가 기업형 VMS의 대표적인 예이다. 기업형 VMS에는 기업형 전방통합과 기업형 후방통합의 두 가지 유형이 있다. 기업형 전방통합은 제조회사가 도 · 소매업체를 소유하거나 혹은 도매상이 소매업체를 소유하는 것을 의미한다.

기업형 후방통합은 소매상이나 도매상이 제조업자를 소유하거나 제조업체가 부품공급업자를 소유하는 것이다. 대형 체인점에서 기업형 후방통합의 예를 볼 수 있다. 대형 체인점은 도매 기능을 수행하며 그들 중의 상당수는 제조 기능까지도 수행하고 있다. 세계적인 할인점 체인인 월마트나 K-마트는 도매상을 통하지 않고 제조업체와 직접 거래하고 있으며 중간상 상표를 직접 개발 · 생산하여 판매하고 있다.

기업형 전방통합과 마찬가지로 기업형 후방통합도 부분적 혹은 완전 통합의 형태를 가질 수 있다. 예를 들어, 시어즈는 청바지, 의류, 가구, 등산장비의 공급업체인 켈우드(Kellwood) 회사의 지배주주이면서 리바이스와 텍사스 어패럴(Texas Appeal)로부터도 청바지를 구입하기 때문에 부분적 후방통합의 형태를 가진다.

유통의 수평적 분화와 통합

유통은 수직적으로 분화/통합될 뿐만 아니라, 수평적으로 분화하거나 통합된다. 유통의 수평적 분화와 통합은 주로 소매단계에서 나타나는데, 업종(상품별)과 업태(영업형태) 두 가지 관점으로 나누어 볼 수 있다.

1. 업종의 관점에서 본 유통의 수평적 분화와 통합

업종은 주된 취급상품이 무엇인가에 따라서 결정된다. 업종에 따라 소매 기관을 분류해 본다면 문구점, 자동차 판매점, 약국, 가구점, 의류점, 식료품점 등으로 구별할 수 있다.

일반적으로 생산하는 상품에 따라 경영 기술과 설비, 거래 관계가 각각 다른 특성을 가지기 때문에 생산부문은 일찍부터 업종별로 전문분화가 진행되었다. 유통단계에서 도소매업의 업종 분화는 바로 이 생산부분의 업종분화에 큰 영향을 받아 진행되었다. 예를 들어 농산물의 경우 계절별 홍수출하, 생산

〈그림 12-5〉 업종의 관점에서 유통의 수평적 분화와 통합

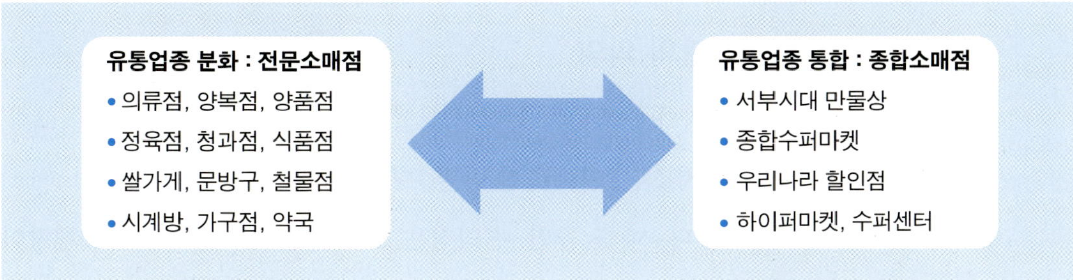

량 파동, 방대한 지역에 걸친 분산수집, 부피가 크고 보관이 곤란하다는 등의 이유로 농산물의 도매, 소매는 전문화되었다. 활어나 정육과 같이 같은 식료품일지라도 상품의 관리에 필요한 상품 지식, 취급 기술, 설비 · 도구 등이 매우 다르다. 따라서 이들 활어유통이나 정육유통은 업종별로 분화되었던 것이다(그림 12-5 참고).

그러나 업종 분화의 정도는 시장의 크기로부터 영향을 받는다. 일정 상권 내에서 충분한 구매력이 존재하지 않는 경우에 특정 업종에 거래를 한정하는 것이 불가능하다. 특정 상품에 대한 구매력이 부족한 상황에서는 보다 많은 상품을 취급하는 편이 유리하기 때문이다. 미국 서부 영화에서 볼 수 있는 만물상(general store)은 커피, 밀가루에서 총에 이르기까지 모든 생활필수품을 취급하였다. 이 형태는 업종 분화가 시작되기 전의 미분화된 유통 상황을 반영한다. 그러나 만물상과 같은 업종의 종합화는 시장이 미발달된 상황에서만 나타나는 현상은 아니다. 오늘날에는 '현대의 만물상'으로서, 소비자들이 필요한 거의 모든 상품 종류를 한 자리에서 취급하고 있는 업종 종합화의 전형적인 예를 백화점 및 대형마트에서 찾을 수 있다.

일반적으로, 상품 구성은 상품 계열의 폭(얼마나 많은 종류)과 상품 품목의 깊이(한 가지 품목을 얼마나 깊이 있게 다루는가)란 두 가지 축으로 나눌 수 있다. 만물상은 폭은 넓지만, 얕은 상품 구성의 전형이며, 이는 다양한 상품을 한곳에서 구입할 수 있음을 의미한다. 전문점은 폭은 좁지만, 깊은 상품 구성의 전형으로서 비교 구매의 기능을 제공해 준다.

2. 업태의 관점에서 본 유통의 수평적 분화와 통합

(1) 유통에서 업태의 의의

업태란 유통업자가 수행하는 특정한 영업형태를 말한다. 업태는 대상 고객, 상품 구성, 점포 입지조건, 판매촉진 방법, 영업시간과 같은 소매믹스(retail mix) 전략에 따라 결정된다. 예를 들면, 편의점은 소비자의 거주지역이나 통행량이 많은 지역에 위치하며, 주로 편의품과 간단한 식사류를 주 품목으로 하여 가격은 슈퍼마켓보다 비싸게, 그러나 24시간 개방하여 심야 활동객까지 끌어들이고 있다. 이것은 다른 소매업태와는 구별되는 편의점만의 독특한 영업형태이다.

다른 예를 들어보자. 신혼부부가 가전제품을 구매할 경우, 자신들의 집 가까이에 위치한 대리점을 이용할 수도 있고, 거리가 멀리 떨어진 용산전자상가를 이용할 수도 있다. 이들이 가까운 대리점을 이용하는 경우 가격은 약간 비쌀지 모르지만 배달, 할부, 애프터서비스 등과 같은 혜택을 받을 수 있다. 반대로 이들이 용산전자상가를 이용하는 경우 할부 구매, 배달, 애프터서비스 등에는 약간의 어려움이 있을지 모르지만 가격 측면에서는 대리점보다 더 큰 혜택을 볼 수가 있다. 가전제품을 구매하고자 하는 신혼부부가 어떠한 혜택을 얻고자 하는가에 따라 이들이 이용하는 점포의 형태 즉, 업태는 달라질 수가 있을 것이다.

소매믹스는 소매기관이 표적 고객들의 특성에 따라서 입지결정, 점포계획, 상품계획 등의 소매 마케팅 변수를 조절하고 결합하는 것을 말한다. 소매업의 시대적 변천 과정을 보면, 대면판매방식에서 셀프서비스 방식으로, 단독점(單獨店) 경영에서 다점포(多店鋪) 경영으로, 중심지 입지에서 교외 입지로 그 추세가 바뀌어 왔음을 알 수 있다. 이와 같이 소매믹스 전략에 따라 시대가 변하면서 다양한 형태의 소매업태가 등장하였다가 사라지곤 하였다. 이러한 소매업태를 구분하게 하는 소매믹스 전략은 그것을 제공하는 기업의 이념에 따라서 그리고 표적고객층의 요구를 기준으로 결정되는 것이다.

한편 업태는 업종을 포함한 개념이다. 그러므로 업태의 분화와 통합도 업종에 준하여 상품 구성의 광·협(넓고 좁음)을 기준으로 구별이 가능하다. 종합적인 상

〈그림 12-6〉 상품구성과 업태 포지셔닝

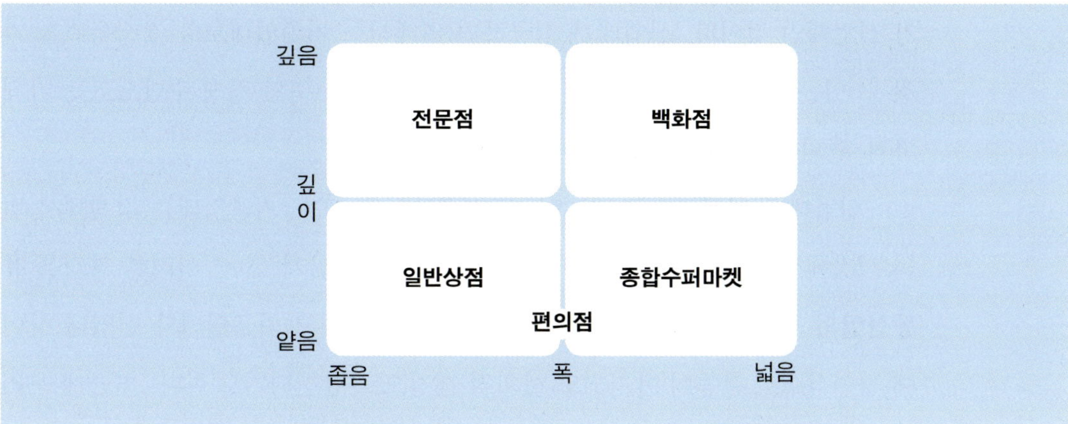

품 구성 업태는 수평적 통합이 일어난 것이며 전문적인 상품 구성 업태는 분화가 발생한 것이다. 동일 업종에서도 대상 고객과 가격 설정이 다르면, 업태는 달라진다. 신사복의 경우 고급 전문점과 할인점, 식료품의 경우 전통시장, 슈퍼마켓과 대형마트가 있다. 업태와 업종의 가장 큰 차이점을 살펴보면, 업종의 분화는 생산의 분화로부터 강한 영향을 받고, 업태의 분화와 통합은 소비자 행동의 변화에 대응하여 발생한다. 이와 같이 소비자 측면에서의 변화가 발생하면 이것을 반영한 새로운 업태들이 출현하거나 결합되는 수평적 분화나 통합 현상이 나타나게 된다.

〈그림 12-6〉은 상품의 구성과 업태와의 관계를 나타낸 것이다. 즉 상품구성의 폭이 넓고 깊이도 깊은 업태는 백화점, 폭은 넓으나 깊이는 얕은 업태는 할인점, 상품구성의 폭도 좁고 깊이도 얕은 업태는 일반상점, 그리고 폭은 좁으나 깊이는 깊은 업태는 전문점이라고 할 수 있다.

(2) 소매업태의 분화에 따른 갈등: 기존업태와 신업태

소매업은 크게 기존업태와 신업태 두 가지로 분류할 수 있다. 기존업태는 지금까지 성장하고 시장을 지배해 왔던 업태로서 소매업의 발전단계상 성숙기나 쇠퇴기에 있는 것을 말하며, 신업태는 최근에 등장하여 급속히 성장하고 있는 업태를 말한다. 1970~80년대를 기준으로 보면 슈퍼마켓과 백화점이 신업태이며, 1990년대는 홈쇼핑과 대형마트, 그리고 2000년대에 들어서서는 디지털소매가 신업태인 것이다. 신업태가 성공하기 위해서는 기존업태보다 경쟁우위를 가질 수 있는 새로운 소매믹스 전략을 도입해야 한다. 주된 경쟁 수단으로는 가격파괴, 편의성 증대, 서비스의 차별화 등을 들 수 있다.

신업태가 성공적으로 자리를 잡고 성장하게 되면, 기존업태는 경쟁에서 밀려 시장에서 점차 쇠퇴하고 도태되어 가는 과정을 밟게 된다. 이러한 과정을 **유통산업의 구조재편**이라고 표현한다. 이러한 과정에서 기존업태와 신업태 사이에 필연적으로 갈등이 야기되고 사회적 쟁점으로 발전되기도 한다. 최근에 우리나라에서 대형마트와 SSM의 출점으로 인하여 경쟁력을 상실해 가고 있는 전통시장과 영세상점을 중심으로 한 지역내 대형점의 출점반대와 같은 사회적 갈등이 그 대표적인 사례로 들 수 있다.

생활 속의 유통 대형 아웃렛, 지역상권 '블랙홀'

경기 이천시 마장면에 물류단지를 조성해 롯데에 아웃렛 부지를 분양한 한국패션유통물류(주)는 2012년 "아웃렛 입점 품목을 지역 상권과 중복되지 않는 명품 브랜드로 구성하겠다"는 각서(이행확약서)를 이천시에 제출했다. 하지만 아웃렛 개장 이후 각서는 휴지조각이나 다름없게 됐다. '롯데 프리미엄 아울렛' 입점 브랜드의 80% 이상이 지역 의류점포와 중복되면서 매출이 반토막 난 것이다.

유통 대기업들이 아웃렛 시장에 본격적으로 뛰어들면서 이런 현상이 전국으로 확산되고 있다. '유통 공룡'들이 백화점과 대형마트, 기업형슈퍼마켓(SSM)에 이어 아웃렛 경쟁에 나서면서 지역 상권을 '블랙홀'처럼 빨아들이고 있다.

지역 중소 상인들은 벼랑 끝으로 내몰리고 있지만 제동장치도 마땅히 없다. 아웃렛은 유통산업발전법상 대규모 점포로 분류돼 입점 시 자치단체에 상권영향평가서와 지역협력계획서를 제출해 심의를 받아야 한다. 하지만 아웃렛이 지역 상권에 미치는 영향을 아웃렛 측이 평가하도록 돼 있는 등 '고양이에게 생선을 맡긴 격'이다. 자치단체들은 한술 더 떠 대기업 투자와 지역경제 활성화를 명분으로 아웃렛 유치에 팔을 걷고 나서는 실정이다. 올 들어 경기 양주시와 의정부시, 전남 나주시가 각각 롯데·신세계와 아웃렛 유치를 위한 투자협약을 체결했다. 전남 나주에 2017년에 들어서는 '신세계사이먼 아울렛'은 인근 광주는 물론이고 전남·북 10개 시의 상권을 흡수할 것이란 우려가 나온다.

이광진 대전경실련 사무처장은 9일 "제대로 된 규제방안이 마련되지 않으면 지역의 중소상권을 고사시키는 결과를 초래할 것"이라고 말했다.

자료: 경향신문, 2014. 11. 9.

생활 속의 유통 대형마트와 재래시장, 꼭 상극이어야 할까

"우리 회사로서는 굉장히 의미 있는 날이에요. 근데 사회적 분위기 때문에 그냥 조용히 넘어가기로 했습니다."

지난 24일 경기 고양시에 150번째 점포인 풍산점을 오픈한 이마트 한 임원의 말이다. 이 임원은 150째 점포 오픈을 기념해 회사차원서 소규모 기념식이라도 열고 싶었으나, 대형마트가 재래시장 상권을 침해하고 있다는 사회적 분위기 때문에 그러지 못한 것을 무척 안타까워했다.

우리나라에서 대형마트와 지역 재래시장이 같은 하늘 아래 서 있을 수 없는 '상극'인 것은 상식으로 통한다. 대형마트가 들어서면 지역 재래시장이 죽고, 중소상인들의 생존권이 위협받는 것도 당연한 일로 여겨진다.

그런데 해외에서는 대형마트와 재래시장의 관계가 상극인 경우는 보기 힘들다. 오히려 지역 경제를 활성화 시키는 좋은 '친구' 관계로 상생하는 경우가 더 많다. 호주가 대표적이다. 호주의 대형마트 울워스(Woolworths)는 지역 상인들이 동네에 서로 유치하려고 난리라고 한다. 울워스가 들어오면 그만큼 장사가 더 잘되기 때문이다. 우리나라와 무슨 차이가 있는 걸까? 알고보니 비결은 별것 아니었다. 대형마트는 마트답게 모든 종류의 물건을 팔되, 가장 기본이 되는 상품만 판매하는 것이다. 예를들어 울워스에서 빵의 대표격인 식빵은 팔지만 슈크림빵이나 카스테라는 울워스와 한 건물 안에 있는 지역 상인 빵집에서만 살 수 있는 식이다.

소비자 입장에서도 불편할 게 없다. 어차피 한 건물 안에 대형마트와 지역 상인이 공존하고 있어 길을 건너거나 차를 빼 이동해야 하는 불편함도 없다. 지역상인이 보통 5시 전후에 문을 닫지만 대형마트인 울워스는 밤 늦게까지 영업하기 때문에 기본적인 물품을 사는 데 불편함은 없다.

국내 대형마트들은 신규 출점이 너무 어렵다고, 재래 시장들은 대형마트가 너무 많다고 아우성이다. 하나의 상권을 놓고 제로섬 게임을 벌이는 상극인 관계로 시각이 고정돼 있기 때문이다.이제 프레임을 바꿀때가 됐다. 해외사례서 보듯 얼마든지 대형마트와 재래시장도 상생의 모델로 발전할 수 있다. 이마트의 200호점 오픈식은 지역 상인이 참석한 가운데 성대하기 열리길 기대해 본다.

자료: 이데일리, 2014. 7. 27.

소매업태의 발전 이론

유통 기능이 분화되고 발전함에 따라 유통 기능을 담당하는 다양한 형태의 소매업태들이 출현하고 성장하다가 쇠퇴하거나 사라졌다. 이와 같은 다양한 소매업태들의 생성과 변화과정을 설명해 주는 이론들 중에서 대표적인 몇 가지를 살펴보면 다음과 같다.

1. 소매바퀴이론

미국의 맥네어(M. McNair)가 주장한 이론으로서, 소매차륜설이라고도 한다. 이 이론은 소매기관의 등장과 발달을 설명하는 데 가장 보편적으로 사용되고 있다. **소매바퀴이론**(wheel of retailing theory)에 의하면 (1) 고객서비스의 최소화, 소박한 쇼핑시설, 저렴한 지대의 입지, 그리고 한정된 상품믹스의 제공 등을 기반으로 한 저가격·저비용·저마진의 혁신적인 소매형태가 나타나는 진입기(entry phase), (2) 모방기업들의 등장으로 디스플레이의 개선, 보다 경쟁력 있는 입지의 확보, 광고비의 증대, 그리고 신용, 배달 및 기타 고객서비스제공 등을 통해서 타사와 차별화를 시도하는 격상기(trading-up phase), 그리고 (3) 서서히 그 영업의 질을 높여나간 결과 당초에 내세웠던 장점들이 퇴색하게 되고 고가격·고비용·고마진의 소매형태로 변화하게 되며, 이러한 변화는 새로운 유형의 혁신적인 소매점이 저가격·저마진·저비용으로 시장에 진입할 수 있는 여지를 제공하게 되는 취약기(vulnerability phase) 등과 같은 3단계의 순환주기를 따른다는 것이다.

〈그림 12-7〉 소매바퀴이론

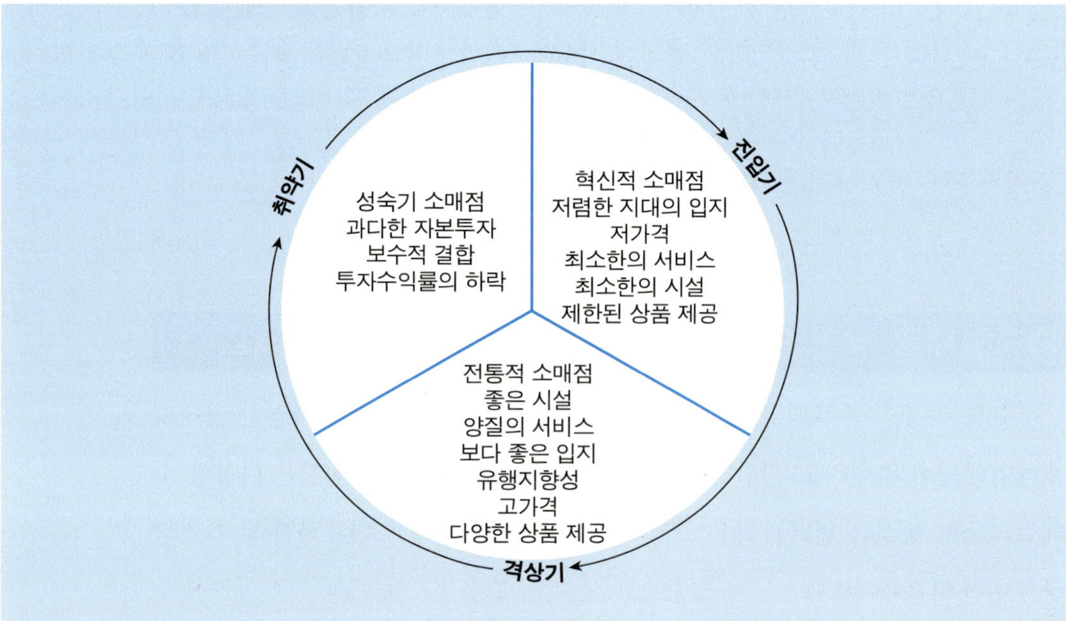

자료: Dale M. Lewison, *Retailing*, 1997, Prentice-Hall, p.640.

이와 같이 성공적으로 등장한 혁신적인 소매형태라도 성숙기에 도달하게 되면 새로운 소매형태의 혁신이 나타나게 되는, 마치 바퀴가 굴러가는 모양과 같이 새로운 소매업태의 순환이 이어진다는 것이다.

이러한 소매바퀴이론은 일부 소매업태의 변천과정을 설명하는데 유용하지만, 모든 유형의 소매업태의 발전과정에 그대로 적용하기는 어렵다. 예를 들면 편의점, 자동판매기 등은 초기 시장에 진입할 때부터 고비용 · 고마진 방식을 기반으로 하였으며, 우리나라와 같은 후발국에서는 선진국에서 개발된 다양한 업태의 소매점이 개발 순서와 관계없이 도입되었기 때문에 소매바퀴이론에 의해 소매업태의 변화과정을 설명하기에는 무리가 있다.

2. 소매수명주기이론

소매수명주기이론(retail life cycle theory)은 제품수명주기(product life cycle) 개념을 기반으로 소매기관이 도입기, 성장기, 성숙기, 쇠퇴기의 단계를 거치면서 진화하고 쇠퇴해 간다고 주장하는 이론이다. 즉 소매수명주기이론은 (1) 기존의 규범에 대한 이탈현상으로서 기존 소매업자를 능가하는 중요한 경쟁우위를 보유하는 새로운 소매기관이 탄생하여 일반대중의 수용력을 확보하면서 안정적인 매출증가를 누리게 되는 혁신기(innovation), (2) 혁신자의 지리적 확장과 모방적 경쟁자의 진입현상이 나타나면서 매출액, 수익성, 그리고 시장점유율 등이 급격히 증가하는 성장기(accelerated development), (3) 과잉팽창의 결과로서 비용상승에 의한 저항을 받게 되어 소매기관의 초기 생존력의 소멸과 새로운 경쟁적 소매형태의 공세라는 현상이 나타나는 성숙기(maturity), (4) 소매기관의 상대적 취약성이 명백해지면서 시장점유율이 떨어지고, 수익이 감소하여 결국 경쟁에서 뒤쳐지게 되는 쇠퇴기(decline)라는 네 가지 발전단계를 거친다는 것이다.

예를 들면, 우리나라의 경우 전통시장이나 구멍가게는 이미 쇠퇴기에 접어들었고, 백화점과 대형마트는 성숙기 후반, 편의점과 홈쇼핑은 성장후기를 거쳐 성숙초기로, 모바일유통은 성장기를 본격적으로 진입한 소매형태라고 할 수 있

〈그림 12-8〉 우리나라 소매업의 소매소명주기 단계

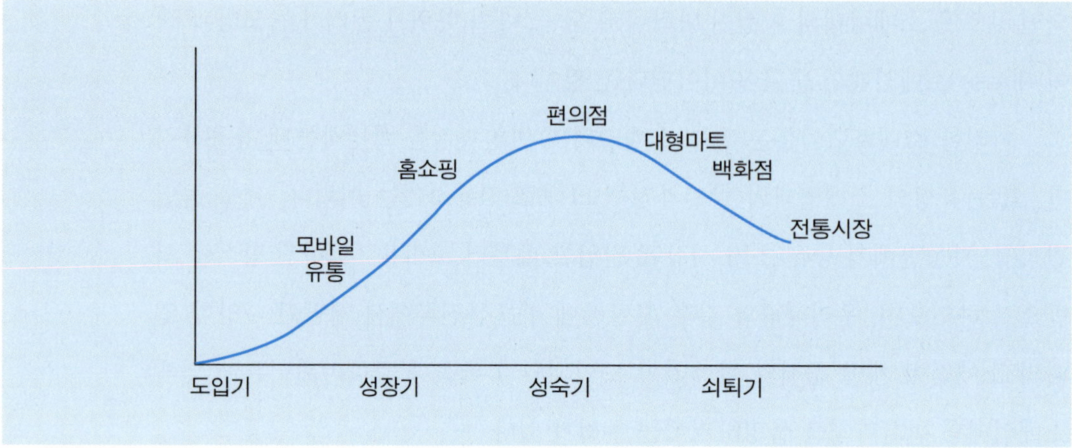

다. 일반적으로 소매기관의 발전에 관한 다른 이론들은 어떤 특별한 변화에 대한 예측과 대처가 불가능하지만, 소매수명주기이론은 소매 관리자가 각 수명주기단계를 세부적으로 분석하여 수명주기의 각 단계로의 변화를 예측하고, 이러한 환경변화에 가능한 효과적으로 소매조직을 적응시킬 수 있다는 장점을 갖고 있다.

그러나 소매상의 성장과 쇠퇴과정은 소매수명주기 이론이 설명하고 있는 것처럼 필연적인 진화의 과정이 아니라 사업환경의 변화에 대한 경영자의 지원 및 대처능력에도 기인하는 것으로 볼 수 있으며, 또한 소매수명주기상에서 소매점의 정확한 위치와 각 단계의 지속기간을 예측하기가 어렵다는 단점이 있다.

3. 소매아코디언이론

소매아코디언이론(retail accordion theory)은 종합형-전문형-종합형 주기이론(general-specific-general cycle theory)이라고도 하는데, 소매시스템에서 우세한 소매형태가 취급하는 상품계열의 수를 기준으로 소매점의 진화를 설명하는 이론이다. 즉 종합상품계열(general merchandise line)을 취급하는 소매점이 보다 한정된 상품계열을 취급하는 전문화된 전문형 소매점에 의해 대체되고, 이것이 다시 종합상품

〈그림 12-9〉 소매아코디언 이론

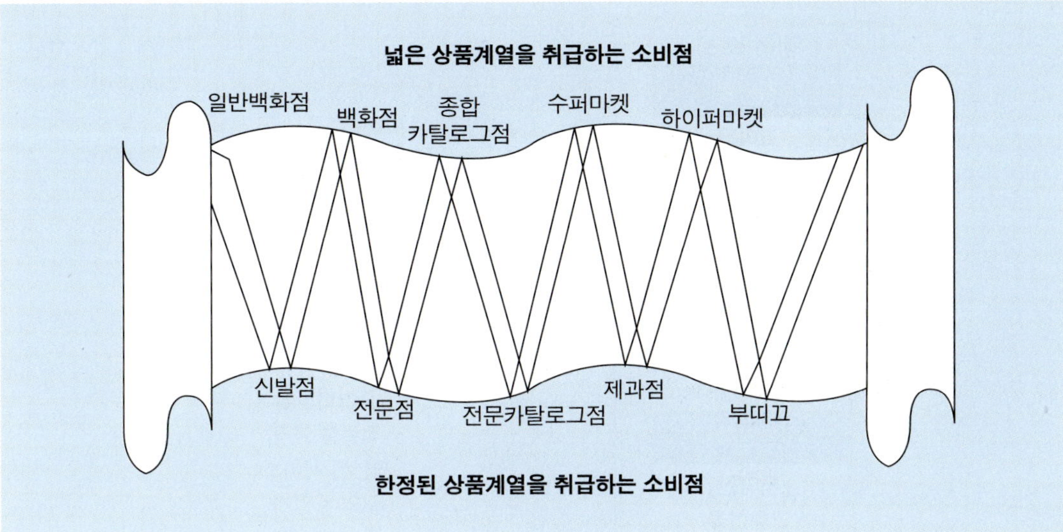

자료: Dale M. Lewison, op.cit., p. 642.

계열을 가진 소매점에 의하여 대체되는 식으로 순환되는데, 이러한 리듬식 소매기관의 발전패턴이 취급상품의 폭이 넓어졌다 좁아졌다 하는 아코디언을 닮았다 하여 소매아코디언이론이라 한다. 실제로 소매점 역사를 되돌아 볼 때, 비록 정확하게 증명하기는 어렵지만 일반잡화점, 백화점, 통신판매점, 전문점으로 발전해 오다가 다시 하이퍼마켓이나 창고형 소매기관처럼 매우 많은 품목을 종합적으로 취급하는 소매기관이 반복적으로 나타났다 다시 소수 계열만 취급하는 카테고리 킬러가 발전하는 등 이 이론은 나름대로의 설득력을 갖고 있다고 하겠다.

소매아코디언이론은 취급하는 상품계열수의 광·협(廣狹)이라는 관점에서 소매점의 발전과정을 동태적으로 설명하고 있다는 장점이 있지만, 이것은 다만 역사적 흐름에서 순환의 큰 흐름을 보여주는 데 그칠 뿐 변화가 발생하는 시점과 장소에 대해서는 제대로 설명해 주지 못한다는 한계를 가지고 있다.

4. 변증법적 과정설

변증법적 과정설(dialectic process)은 변증법의 정(thesis)–반(antithesis)–합(synthesis)

〈그림 12-10〉 변증법적 과정설

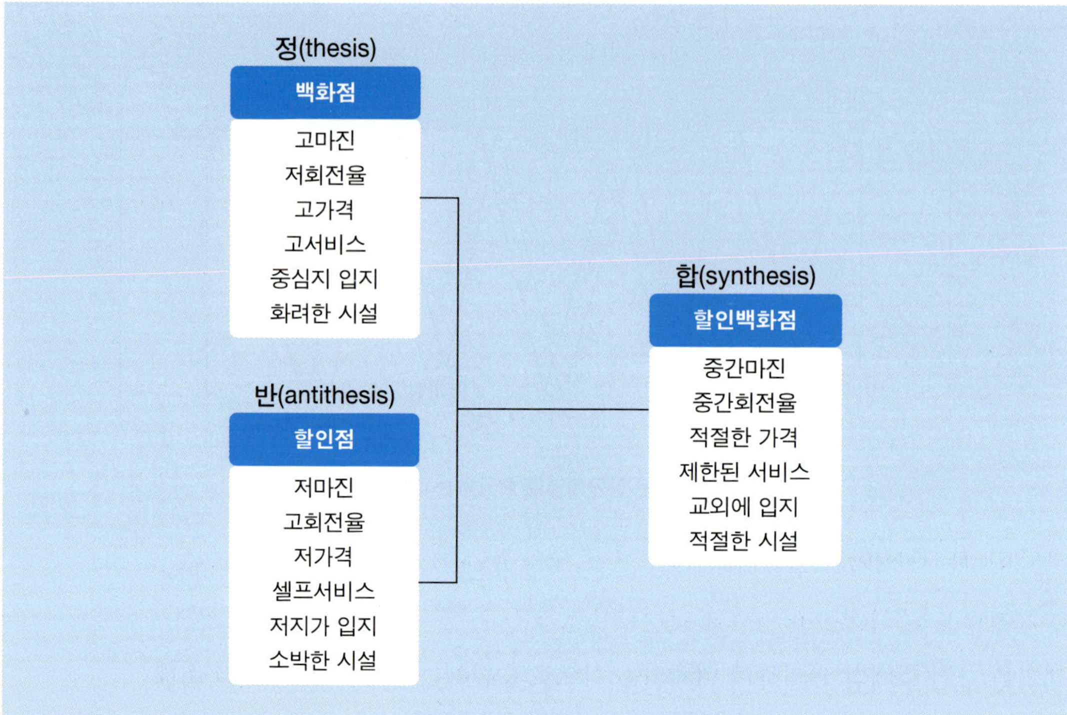

자료: Dale M. Lewison, op.cit., p.641.

의 논리에 따라 소매기관의 변화를 설명하려는 이론이다. 즉 특정유형의 소매점인 정(正)이 정반대형의 소매점인 반(反)에 의해서 도전을 받게 되면 결국 양자의 통합과정(melding process)에 의해 절충형 소매점인 합(合)이 등장하고, 다시 합은 새로운 협상과 동화의 국면을 거쳐 정이 된다는 것이다. 예를 들면 전통적인 계산대 서비스형 식품점-슈퍼마켓-셀프서비스형 식품점이나 백화점-할인점-할인백화점의 등장을 들 수 있다.

유통 기능의 분화와 통합

이상에서 유통기관의 동태에 대하여 살펴보았다. 이번에는 유통 기능의 분화와 통합이 갖는 의미에 대하여 살펴보기로 하자. 유통 기능의 분화와 통합과정에서 각 유통기관이 각자의 기능을 분화 또는 통합시키는 현상은 발생하지만 유통 기능 그 자체는 없어지거나 생략되지 않는다는 사실을 명심해야 한다. 즉, 유통 기능의 동태에 따라 유통 기능의 담당자는 바뀔 수 있다 하더라도 유통 기능은 누군가에 의하여 수행되어야 한다는 것을 의미한다.

1. 유통 기능의 이전 가능성

자급자족에서 잉여생산물의 교환으로, 다시 시장의 형성과 상인의 출현으로 유통 기능은 분화되어 왔다. 또한 그 후 상인들은 대규모의 집중적 · 획일적인 생산에 직접 대응하는 도매업자와, 그리고 소규모의 분산적 · 개별적인 소비에 대응하는 소매업자로 분화되었다. 이와 같은 상인들의 분화는 생산력의 향상과 시장의 범위 확대를 배경으로 진행되어 왔었다.

중요한 사실은, 유통에서 '고유의 도매 또는 소매 기능'이란 존재하지 않으며, 오로지 존재하는 것은 '유통의 기능'뿐이다. 전통적으로 도매업자나 소매업자가 각자 담당해 왔던 유통 기능은 어떠한 특정의 조건 아래서 자신들이 수행되어 왔던 것에 지나지 않는다. 누가 어떤 고유의 유통 기능을 가져야 하는가에

〈그림 12-11〉 유통 기능의 분화와 통합

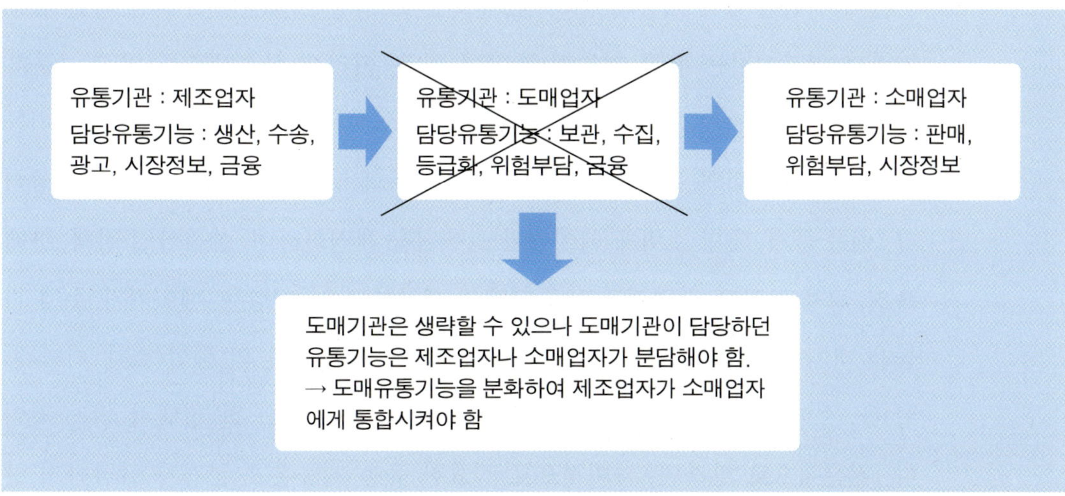

대하여 명확한 원칙이 존재하는 것은 아니다. 예를 들어, 대규모 재고보유, 대량구매의 기능은 얼핏 도매상 고유의 유통 기능인 것 같지만, 현대의 대규모 소매상(소매체인본부, 대형마트)들은 과거 도매상이 담당하던 이러한 유통 기능을 흡수한지 오래이다. 즉 재고보유나 대량구매와 같은 유통 기능은 없어진 것이 아니라, 단지 그 담당자가 달라질 수 있다는 것이다.

그러면 어떤 유통 기능을 누가 담당할 것인가? 그것은 유통환경요인의 변화와 유통혁신자의 출현에 따라서 달라진다고 할 수 있다. 예를 들어, 우리나라의 소매유통 기능은 고려 · 조선시대에 보부상, 시전상인 등이 담당했으나, 1960년대 이후에는 전통시장, 동네가게가 담당하였고, 이후 슈퍼마켓, 백화점, 대형마트 등에서 주된 역할을 담당하고 있다. 즉, 시대에 따라 새로운 환경변화와 그에 따른 혁신자의 출현으로 그 유통 기능의 담당자가 교체되는 것이다.

한 사회의 유통시스템의 구조는 유통의 수직적 · 수평적 관계에서 여러 유통 기능의 분담관계가 어떻게 결정되는냐에 달려있다. 즉, 여러 유통기관들이 어떤 유통 기능을 누가 효율적으로 담당할 수 있느냐를 놓고 경쟁함으로써, 그 유통시스템은 전체로서 가장 바람직한 상태에 도달할 수 있다. 따라서 유통시스템 내의 경쟁에 의해 유통기관은 배제되거나 없어질 수 있지만, 유통 기능이 생략되는 것은 아니며 단지 분화되거나 통합될 뿐인 것이다.

유통 기능의 분화와 통합은 유통기관 사이에 이루어지기 때문에, 한 유통기관에서 어떤 유통 기능의 분리 즉, 분화는 그 유통 기능을 인수하는 다른 유통기관의 입장에서는 유통 기능의 통합이 된다. 따라서 한 유통기관의 기능분화는 다른 유통기관의 기능통합이 된다고 하는 상호관계에 주의해야 한다. 이러한 유통 기능의 분화와 통합은 일상적인 유통활동에 널리 퍼져 있는 보편적 현상이다. 예를 들어, 대형 소비재 메이커가 소매점을 계열화하여, 상품사입 정책, 판매촉진, 교육과 같은 경영지원 프로그램을 제공하고 있는 경우, 메이커가 소매 기능을 대치한 것이다. 달리 표현하면, 메이커는 유통 기능의 통합(소매 기능 통합)을, 소매점은 유통 기능의 분화(메이커에게 넘겨줌)를 한 형태가 되는 것이다. 결론적으로 말하면, 사회적으로 필요한 유통 기능은 누군가가 담당하지 않으면 안 되는 것이며, 이러한 의미에서 '유통 기능은 유통기관과는 달리 생략할 수 없는 것이다'라고 할 수 있다.

2. 유통 기능 대치론(또는 유통 기능 통합론)

최근 대량생산 · 대량판매 시대가 전개되면서 하나 이상의 유통 기능을 전문적으로 수행하는 유통기관이나 공동으로 유통 기능을 수행하는 유통기관이 증가하고 있다. 즉, 최근 유통 기능의 분화와 더불어 유통 기능의 통합 현상이 나타나고 있다. 여기서는 **유통 기능의 대치**(functional substitutability) 즉, 유통 기능의 통합에 대해서 살펴보자.

(1) 유통 기능 대치(통합)의 방법

유통 기능의 통합은 유통의 수직적 관계와 유통의 수평적 관계로 나누어 볼 수 있다.

1) 수직적 관계에서 유통 기능의 통합방식

이것은 한 유통기관의 유통 기능 일부를 유통단계의 전방에 있는 다른 유통기관이 대치(통합)하는 **전방통합**(forward functional integration)과 한 유통기관의 유통 기능 일부를 유통단계의 후방에 있는 다른 유통기관이 대치(통합)하는 **후방통합**(backward functional integration)으로 나누어 볼 수 있다. 대형소매상이 하청공장을 거느리면서 소매업자 상표(private brand) 상품을 기획하고 생산일정을 짜고, 제

〈그림 12-12〉 수직적 기능통합

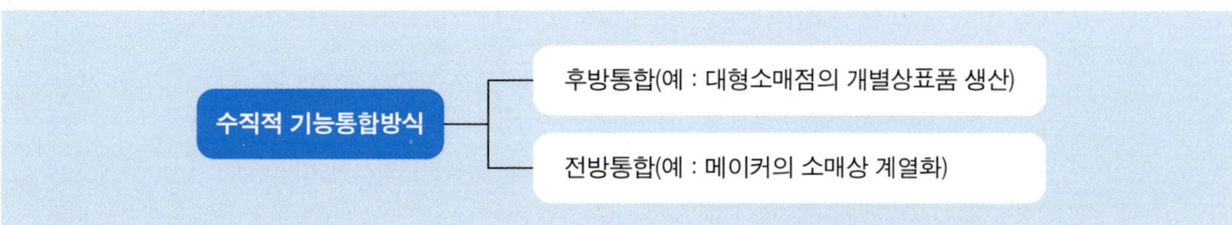

품생산을 통제하는 것이 후방통합의 예이다. 이때는 후방에 있는 메이커의 기능을 전방에 있는 소매상이 통합하였다고 할 수 있다. 반대로 메이커가 소매상을 유통계열화하여 머천다이징, 점포촉진 전략 등을 입안하고 실행한다면 이는 전방통합의 예이다. 이때는 후방에 있는 메이커가 전방에 있는 소매점의 기능을 통합하였다고 할 수 있다.

2) 수평적 관계에서 유통 기능의 통합방식

수평적으로 유통 기능을 통합하는 방식은 첫째, 한 유통기관이 동일단계에 속한 다른 기관과 공동으로 유통 기능을 수행하는 방법과 둘째, 각 유통기관이 담당하고 있던 유통 기능의 일부를 외부의 전문적인 유통 보조기관에 대치시키는 방법으로 나누어 볼 수 있다. 예를 들어 중소 슈퍼마켓들이 모여 공동구매 기구를 설립했다면 중소 슈퍼마켓들은 구매업무와 판매촉진 계획을 '공동구매 기구(예: 슈퍼마켓협동조합)'에 수평적으로 기능을 통합시켰다고 할 수 있다. 즉, 공동구매 기구는 수평적인 기능통합을 하였고 가맹 중소 슈퍼마켓은 기능분화를 한 셈이다. 한편 각 유통업체들이 담당하던 수송/보관 업무를 전문 물류회사나 창고회사로 이전하였다면, 이는 유통업체의 수평적 기능분화이고, 물류회사나 창고회사로서는 수평적 기능통합을 하였다고 볼 수 있다.

(2) 유통 기능대치(통합)의 발생이유

그럼 왜 유통 기능의 통합 현상이 발생하는가? 그 이유는 다음과 같이 세 가지로 요약해 볼 수 있다. 첫째, 개개의 유통기관이 유통 기능을 수행하는 경우보

〈그림 12-13〉 수평적 기능대치 방식

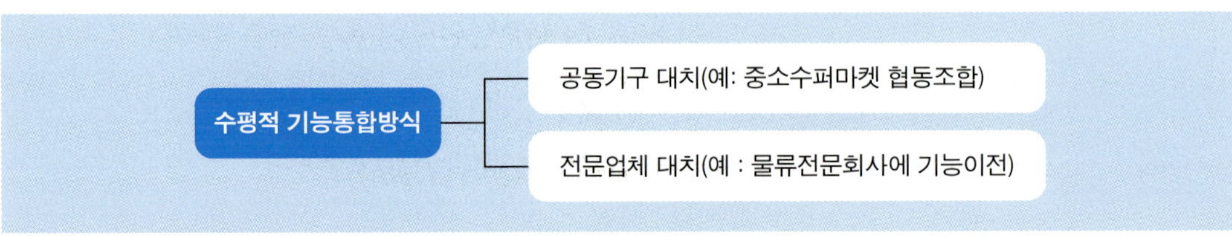

생활 속의 유통 임의연쇄점과 프랜차이즈의 기능통합 비교

일본에서 기능통합론이 각광받은 것은, 1960년대 슈퍼체인의 출현에 대항하여, 중소 소매업과 도매업이 주재하여 임의연쇄점(VC: voluntary chain)을 조직한 때이다. 임의연쇄점은 구입과 교육 등의 업무는 본부에 전담시키고, 가맹점포는 판매업무에 전념하였다. 연쇄점 본부 기능의 우열은 가맹점주가 전체 노동시간 중, 점두에서 소비하는 비율로서 판단되었다. 식품 소매업의 경우, 일반 독립점주는 40%, 우량 연쇄점의 가맹점주는 노동시간의 80%를 점두에서 소비하였다. 즉, 점포는 판매업무에 전념하고, 그 외 구매, 판촉, 교육 · 연수 등의 업무는 모두 본부가 전담함으로서 철저한 기능대치(통합)의 효용을 달성하였다. 그러나 일부 성공사례(全日食 체인)를 제외하면, 대부분의 임의연쇄점들은 어려움을 겪고 있다. 그 이유는 '본부 기능의 취약'과 '가맹점의 낮은 의식수준' 때문이다.

한편 프랜차이즈시스템은 계약관계에 의해서 기능대치를 훌륭하게 실현하고 있다. 전형적인 예는 편의점 프랜차이즈이다. 체인 가맹점은 구매, 배송, 대금정산, 자금마련, 광고, 설비구입 · 유지와 같은 각 업무로부터 완전히 해방되고, 판매 · 재고 파악, 발주, 진열 등의 점두업무에 주력할 수 있게 되었다. 본부집중 구매율은 거의 100%이기 때문에, 구매비용을 저렴하게 할 수 있었다. 유통정보기술(POS/EOS)의 조기도입으로, 수발주 업무의 고도화 · 효율화를 도모할 수 있었다.

임의연쇄점과 프랜차이즈의 차이를 살펴보면, 프랜차이즈에서는, 기능의 분담관계와 이익분배 방식이 계약서에서 명확하게 규정되어 있고, 임의연쇄점은 메이커 · 도매주재이건 소매주재이건, '독립소매업자의 동지적 결합'이란 협업이념이 토대가 되어, 본부와 가맹점의 종적관계가 약한 것이 고민의 근원이다. 임의연쇄점은 경제성/협동성/평등성이란 조직이념을 가지고 회사형 체인점과의 경쟁에 직면한 중소소매업자를 단기간에 비교적 쉽게 조직화하였지만, 판매 효율면에서 프랜차이즈시스템에 비하여 열세를 나타내게 된 것이다.

다 어떤 한 기관이 유통 기능을 통합하는 것이 규모의 경제가 발휘되어 비용이 절약되기 때문이다. 둘째, 어떤 유통 기능을 분화하는 측에서도, 그 유통 기능을 집중적으로 인수받는(통합하는) 측에서도, 각자 특정 기능을 전문화함으로써 기술향상과 발전이 촉진되기 때문이다. 셋째, 유통 기능 분담관계를 재편성함으로써 전체 유통시스템의 효율성을 개선할 수 있기 때문이다.

참고문헌

김상현 · 한동철, 유통관리, 이프레스, 2012.

김원수 · 황의록, 유통론, 경문사, 1996.

박봉두 · 박종희 · 노정구 · 박철 · 문성암, 유통학개론, 학현사, 2001.

박봉두 · 박종희 · 이동대 · 노정구 · 문성암 · 박수현, 21세기유통론, 한경사, 2007.

박은지, "사례 분석을 통한 QR 코드의 활용방안 연구: 물류 · 유통분야를 중심으로," 한국항만경제학회지, 29(4), 2013, 247-264.

박정은 · 지세윤, "국내 유통업계의 해외 진출현황 및 중소기업과 동반진출 방안 모색," 한국유통학회 동계학술대회, 2015.

박현길, "ICT 유통채널의 변화: 옴니채널," 마케팅, 한국마케팅연구원, 2015.

신종국 · 천명환 · 박민숙, 최신 유통원론, 한국맥그로힐, 2011.

안광호 · 조재운 · 한상린, 유통원론, 학현사, 2014.

오세조 · 박진용 · 김상덕, 유통관리, 박영사, 2009.

이상화 · 한경석 · 김광석, "RFID 기술도입이 SCM 경쟁우위에 미치는 영향: 방위산업의 실증연구," 전략경영연구, 16(3), 2013, 1-27.

이수동 · 여동기, 소매경영 제3판, 학현사, 2015.

이유재, 서비스마케팅, 학현사, 2013.

임영균 · 안광호 · 김상용, 유통관리, 학현사, 2015.

(株)新世界百貨店, 韓國의 市場商業史, 1992.

통계청, 전자상거래 및 사이버쇼핑 동향, 2013.

최승훈 · 옥석재 · 김진완, "RFID의 지각된 특성이 SCM 성과와 기업의 경쟁우위에 미치는 영향," 물류학회지, 20(3), 2010, 203-227.

하광옥 · 이정희, "소비자 구매 특성에 따른 쇼핑채널 선택에 관한 연구," 경영관련학회 통합학술대회, 한국유통학회, 2015.

경향신문, 2014년 11월 9일자.

농민신문, 2015년 10월 30일자.

머니위크, 2014년 7월 23일자.

물류매거진, 2014년 6월호.

서울경제, 2016년 7월 4일자.

신동아, 2014년 6월호.

아시아경제 2014년 2월 21일자.

이데일리, 2014년 7월 27일자.

전자신문 2011년 9월 25일자.

전자신문 2011년 9월 26일자.

전자신문 2014년 11월 20일자.

한국경제 2015년 1월 6일자.

한국경제 2015년 11월 4일자.

헤럴드경제 2015년 1월 20일자.

Retail Magazine, 2007년 1월호.

CHEIL WORLDWIDE, 2014년 8월 29일자.

A. Coughlan, E. Anderson, L. Stern, and A. El-Ansary, *Marketing Channels*, 6th ed., Prentice-Hall, 2001.

Andel, T. "Manage Inventory, Own Information." *Transportation & Distribution* 37(1996), p.54.

Andreoli, T. "VMI Confab Examines Value-Added Services."*Discount Store News* 34(1995), pp.4-61

Armstrong, Gary and Philip Kotler, *Marketing: An Introduction*, 11th ed., Prentice Hall, 2012.

Artman, L. B. "The Paradigm Shift from 'Push' to 'Pull' Logistics-What's the Impact on Manufacturing?" Northwestern University, Manufacturing Management Symposium, Evanston, IL, May 1995.

B. Rosenbloom, *Marketing Channels*, 7th ed., Thomson, 2004.

Ballou, R. H. *Business Logistics Management*, 3rd ed. Englewood Cliffs, NJ: Prentice Hall, 1992.

Buzzell, R. D., and G. Ortmeyer. "Channel Partnerships Streamline Distribution." *Sloan Management Review* 36 (1995), p.85.

Cachon, G. P., and M. A. Lariviere. "Supply Chain Coordination with Revenue Sharing Contract: Strengths and Limitation." Working paper, the Wharton School, University of Pennsylvania, 2000.

Chopra, S., and P. Meindl. *Supply Chain Management: Strategy, Planning and Operation*, 2nd ed. Upper Saddle River, NJ: Pearson Prentice Hall, 2004.

Cooper, Martha C. and Lisa M. Ellram, "Characteristics of Supply Chain Management and the Implication for Purchasing and Logistics Strategy," *The International Journal of Logistics Management*, Vol. 4, No. 2, (1993), pp. 13-24.

Lewison, D, *Retailing*, Prentice-Hall, 1997.

Dunne, Patrick M., Robert F. Lusch, and James R. *Carver Retailing*, 8th ed. South-Western Cengage Learning, 2013.

Ellram, Lisa M. and Martha C. Cooper, "Supply Chain Management, Partnerships, and the Shipper-Third-Party Relationship," *The International Journal of Logistics Management*, Vol. 1, No. 2, (1990), pp. 1-10.

Feizinger, E., and H. Lee. "Mass Customization at Hewlett-Packard: The Power of Postponement." *Harvard Business Review* 75, no.1 (1997), pp. 116-21.

Fisher, M. L. "What is the Right Supply Chain for Your Product?" *Harvard Business Review* March-April 1997, pp. 105-17.

Fisher, M. L.; J. Hammond; W. Obermeyer; and A. Raman. "Making Supply Meet Demand in an Uncertain World." *Harvard Business Review* May-June 1994, pp. 83-93.

Hanson, W., *Principles of Internet Marketing*, Thomson Learning, 2001.

Heide, Jan B., "Interorganizational Governance in Marketing Channels", *Journal of Marketing*, Vol. 56, Jan. 1994, pp.71-85.

Kotler, Philip and Gary Armstrong, *Principles of Marketing*, 15th, Prentice-Hall, 2013.

Lee, H. L., and C. Billington. "Managing Supply Chain Inventory: Pitfalls and Opportunities." *Sloan Management Review*, Spring 1992, pp. 65-73.

Lee, H.; P. Padmanabhan; and S. Whang. "Information Distribution in a Supply Chain: The Bullwhip Effect." *Management Science* 43 (1996), pp. 546-58.

Lewis, I. and A. Talalayevsky, "Logistics and Information Technology: A Coordination Perspective," *Journal of Business Logistics*, Vol. 18, No. 1, (1997), pp. 141-57.

Lim, Seheon, "Developing Implementation Process Measurement and selection Model in ERP system."

Louis W. Stern and Adel I. El-Ansary, *Marketing Channels*, 6th ed., Prentice-Hall, Englewood Cliffs : NJ, 2001.

Louis W. Stern, Adel I. El-Ansary, and James R. Brown, *Management in Marketing Channels*, Prentice-Hall, Englewood Cliffs : NJ, 1989.

Lusch Robert F., Patrick M. Dunne and James R. Carver, *Introduction to Retailing*, 7th ed., South-Western, 2011.

Levy, Michael and B. A. Weitz, *Retail Management*, 6th ed., McGraw-Hill, 2007.

Marshall, Greg W. and Mark W. Johnston, *Marketing Management*, McGraw-Hill, 2015.

Martin Christoper, *Logostics and Supply Chain Management*, Pitman Publishing, 1992, p. 28.

McCarthy, E. Jerome and William D. Perreault, Jr., *Basic Marketing*, 11th ed., 1993, p.367.

Perreault, William D., Joseph P. Cannon and E. Jerome McCarthy, *Basic Marketing*, McGraw-Hill, 2014.

Rangan, Kasturi V., Melvyn A. J. Menezes, and E. P. Maier, "Channel Selection for New Industrial Products: A Framework, Method, and Application," *Journal of Marketing*, Vol. 56, July 1992, pp.69-82.

Rosenbloom, Bert, *Marketing Channels, A Management View*, 8th ed., South-Western, Cengage Learning, 2013.

Simchi-Levi, D.; P. Kaminsky; and E, Simchi-Levi. *Designing and Managing the Supply Chain: Concepts, Strategies, and Case studies*. 2nd ed. New York: McGraw-Hill, 2003.

Stevens, Graham C., "Integrating the Supply Chains," *International Journal of Physical Distribution and Materials Management*, Vol. 8, No. 8,(1989). pp. 3-8.

Turban, E., Lee, J., King, D., and Chung, H. M., *Electronic Commerce*, Pearson Education, 2000.

Zipkin, P. "The Limits of Mass Customization." *Sloan Management Review*, Spring 2001, pp. 81-87.

高橋秀雄『電子商取引の動向と展望』税務経理協会, 2001年.

朴 修賢「第10章Eーコマース」『はじめて学ぶ経営情報学』高橋敏朗 編著 日科技連 2005年.

原田 保, 三浦俊彦 編著『eマーケティングの戦略原理』有斐閣, 2002年.

宮川公男 編著『経営情報システム』中央経済社, 2004年.

加藤義忠・佐佐木保幸・眞部和義, 小賣商業政策の展開, 同文館, 1996.

鈴木安昭, 日本の商業問題, 有斐閣, 2001.

鈴木安昭, 新流通と商業, 有斐閣, 1993.

鈴木武編, 現代流通論, 多賀出版, 2001.

田島義博.原田英生編, ゼミナール流通入門, 日本経済新聞社, 1997.

西村林, 現代流通論, 中央経済社, 1993.

日経流通新聞編, 流通現代史, 1993.

森田克德, 現代商業機能革新事例, 多賀出版, 2004.

保田芳昭.加藤義忠, 現代流通論入門, 有斐閣, 1994.

矢作敏行, 現代流通, 有斐閣, 1996.

www.rfiddb.or.kr

DISTRIBUTION THEORY

찾아보기

아

자

차

카

타

파

하

번호

A

B

C

D

E

F

G

H

I

L

M

● ● ● 저자 소개

박봉두

부산대학교 경영학과 졸업
부산대학교 경영학석사
일본 오사카시립대학 경영학박사
현 동의대학교 유통물류학과 교수

박종희

연세대학교 경영학과 졸업
연세대학교 경영학석사
연세대학교 경영학박사
현 울산대학교 경영학부 교수

노정구

부산대학교 경영학과 졸업
서울대학교 경영학석사
부산대학교 경영학박사
현 동명대학교 유통경영학과 교수

김상조

부산대학교 경영학과 졸업
부산대학교 경영학석사
부산대학교 경영학박사
현 동의대학교 경영학과 교수

문성암

연세대학교 경영학과 졸업
연세대학교 경영학석사
연세대학교 경영학박사
현 국방대학원 국방관리학부 교수

성민

강원대학교 경영학과 졸업
연세대학교 경영학석사
연세대학교 경영학박사
현 경성대학교 경영학과 부교수

디지털 시대의 유통론

저자	박봉두 • 박종희 • 노정구 김상조 • 문성암 • 성민
발행일	2020년 2월 21일 2쇄
발행처	**한경사**
발행인	이계남
등록사항	제10-1951호 2000년 4월 14일
주소	서울시 마포구 신수로 59-1 3층
전화번호	02_717_7264/5
팩스번호	02_717_7226
홈페이지	hankyungsa.co.kr
전자우편	hankyungsa@hanmail.net
ISBN	978-89-6844-129-5 (93320)
가 격	29,000원